個人情報保護法制

Legal System of Personal Information Protection

宇賀克也
UGA Katsuya

有斐閣

はしがき

　本書に収録した論文は，著者が東京大学在職中に執筆したものである。著者は，2018年の初頭に，それまで執筆してきた情報法関係の論文集を刊行することを企画し，論文を整理する作業を開始したところ，4冊の論文集にまとめることが適切に思われた。そこで，同年7月に有斐閣に論文集の刊行のご相談をし，ご快諾をいただいた。本書は，その1冊目であり，論文集にまとめるための作業も，同年中に完了し，原稿を有斐閣にお渡しすることができた。なお，条文等はすべて最新のものに改めた。

　本書では，我が国の個人情報保護法制の全体像とその特色を描くとともに，最近における個人情報の保護に関する法律，行政機関の保有する個人情報の保護に関する法律，独立行政法人等の保有する個人情報の保護に関する法律という一般法と，これらの法律の施行令の改正の内容とその意義について論じている。さらに，これらの法改正を受けて，地方公共団体がいかに対応すべきかについても解説している。

　本書が，我が国の個人情報保護法制の理解の増進に寄与することができれば幸いである。

　本書の刊行に当たっては，有斐閣法律編集局書籍編集部の中野亜樹氏に精緻な編集作業をしていただいた。ここに記して厚く御礼申し上げたい。

2019年7月

宇 賀 克 也

目　次

■第1章　個人情報保護法制総論 —————————————— 1

第1節　個人情報保護に関する我が国の制度の概要 ……………………… 1

1　はじめに　1
2　一般法　1
3　特別法　9

第2節　我が国における個人情報保護法制の体系とその改革 ………… 14

1　我が国における個人情報保護法制の体系　14
2　個人情報保護法制の改革　25

■第2章　2015年の個人情報保護法改正 —————————— 37

第1節　「パーソナルデータの利活用に関する制度見直し方針」について … 37

1　はじめに　37
2　見直し方針決定の背景　38
3　制度見直しの方針　40
4　おわりに　44

第2節　パーソナルデータの利活用に関する制度改正大綱について ……… 46

1　はじめに　46
2　大綱策定の背景　47
3　大綱策定の目的　49
4　個人情報保護法改正の基本的な内容　50
5　継続的な検討課題　63

6 おわりに 65

第3節　個人情報の保護と利用
  ——ポジティブ・サムを目指した改革の意義と課題 ……………… 68

1　はじめに　68
2　目的規定における保護と利用　68
3　個人情報の利用の高度化と保護制度の整備　70
4　グローバル化との関係　74
5　特別の個人情報を対象とした保護策の一般化現象　75
6　個人情報保護法改正の二面的性格　76
7　個人情報保護法改正の個別論点　77

第4節　改正個人情報保護法 …………………………………………… 83

1　はじめに　83
2　目　的　83
3　個人情報の定義　84
4　個人情報取扱事業者に係る適用除外　89
5　個人情報データベース等に係る適用除外　97
6　匿名加工情報　100
7　要配慮個人情報　114
8　不要となった個人情報を消去する努力義務　127
9　目的変更制限の緩和　127
10　開示請求権の明確化　129
11　オプトアウト手続の厳格化　138
12　トレーサビリティの確保　140
13　認定個人情報保護団体　142
14　個人情報保護委員会　144
15　個人情報データベース等提供罪　153
16　グローバル化への対応　156
17　附　則　174

第5節　個人情報保護法施行令の改正 …… 188

1　はじめに　188
2　個人識別符号　188
3　要配慮個人情報　205
4　個人情報データベース等からの除外　226
5　認定個人情報保護団体の認定の申請　230
6　電磁的記録　232
7　権限の委任　233
8　地方公共団体の長等が処理する事務　244

■第3章　個人情報・匿名加工情報・個人情報取扱事業者 ── 249

1　はじめに　249
2　個人情報の定義の明確化　249
3　要配慮個人情報　251
4　匿名加工情報　255
5　個人情報取扱事業者　257

■第4章　民間事業者が遵守すべき個人情報保護法の概要 ── 259

1　我が国の個人情報保護法制　259
2　個人情報　260
3　要配慮個人情報　261
4　個人情報データベース等　262
5　個人情報取扱事業者　262
6　個人データ　263
7　保有個人データ　263
8　個人情報取扱事業者の義務等　263
9　おわりに　273

■第5章　行政機関および独立行政法人等の個人情報保護制度の見直し ── 275

第1節　行政機関個人情報保護法および独立行政法人等個人情報保護法の改正 ── 275

1　経　緯　*275*
2　改正法の概要　*277*
3　結　語　*311*

第2節　行政機関個人情報保護法施行令等の改正 ── 313

1　はじめに　*313*
2　主要な改正内容　*314*
3　行政機関個人情報保護法施行令の構成　*315*
4　個人識別符号　*315*
5　要配慮個人情報　*316*
6　行政機関非識別加工情報ファイル　*317*
7　第三者に対する意見書提出の機会の付与に当たっての通知事項　*318*
8　手数料　*320*
9　権限の委任　*328*
10　執行命令　*329*
11　個人情報保護委員会事務局組織令　*329*
12　経過措置　*330*

■第6章　地方公共団体の課題 ── 333

第1節　行政機関個人情報保護法改正の意義と地方公共団体の課題 ── 333

1　はじめに　*333*
2　行政機関非識別加工情報制度導入の意義　*334*
3　個人識別符号と要配慮個人情報　*340*

4　地方公共団体の課題　340

第2節　個人情報保護法・行政機関個人情報保護法・独立行政法人等
　　　　個人情報保護法の改正と地方公共団体の対応 ……………………… 344

　1　はじめに　344
　2　個人情報の定義の明確化　345
　3　要配慮個人情報　345
　4　非識別加工情報　347

第3節　地方公共団体における個人情報保護の課題 ………………………… 354

　1　はじめに　354
　2　行政手続における特定の個人を識別するための番号の利用等に関する
　　　法律　354
　3　行政不服審査法の全部改正　356
　4　個人情報保護法改正　359

初出一覧　361
事項索引　362
判例索引　367

著者紹介

宇賀克也（うが　かつや）

　東京大学法学部卒業，東京大学名誉教授。この間，東京大学大学院法学政治学研究科教授（東京大学法学部教授・公共政策大学院教授），ハーバード大学，カリフォルニア大学バークレー校，ジョージタウン大学客員研究員，ハーバード大学，コロンビア大学客員教授を務める。

〈主要著書〉
行政法一般
行政法〔第2版〕（有斐閣，2018年）
行政法概説Ⅰ〔第6版〕（有斐閣，2017年）
行政法概説Ⅱ〔第6版〕（有斐閣，2018年）
行政法概説Ⅲ〔第5版〕（有斐閣，2019年）
ブリッジブック行政法〔第3版〕（編著，信山社，2017年）
行政法評論（有斐閣，2015年）
判例で学ぶ行政法（第一法規，2015年）
対話で学ぶ行政法（共編著，有斐閣，2003年）
アメリカ行政法〔第2版〕（弘文堂，2000年）

情報法関係
次世代医療基盤法の逐条解説（有斐閣，2019年）
新・情報公開法の逐条解説〔第8版〕（有斐閣，2018年）
個人情報保護法の逐条解説〔第6版〕（有斐閣，2018年）
自治体のための解説個人情報保護制度——行政機関個人情報保護法から各分野の特別法まで（第一法規，2018年）
論点解説個人情報保護法と取扱実務（共著，日本法令，2017年）
逐条解説公文書等の管理に関する法律〔第3版〕（第一法規，2015年）
情報公開・個人情報保護（有斐閣，2013年）
情報法（共編著，有斐閣，2012年）

情報公開と公文書管理（有斐閣，2010 年）
個人情報保護の理論と実務（有斐閣，2009 年）
地理空間情報の活用とプライバシー保護（共編著，地域科学研究会，2009 年）
災害弱者の救援計画とプライバシー保護（共編著，地域科学研究会，2007 年）
大量閲覧防止の情報セキュリティ（編著，地域科学研究会，2006 年）
情報公開の理論と実務（有斐閣，2005 年）
諸外国の情報公開法（編著，行政管理研究センター，2005 年）
情報公開法――アメリカの制度と運用（日本評論社，2004 年）
プライバシーの保護とセキュリティ（編著，地域科学研究会，2004 年）
解説個人情報の保護に関する法律（第一法規，2003 年）
個人情報保護の実務Ⅰ・Ⅱ（編著，第一法規，2003 年刊行・加除式）
ケースブック情報公開法（有斐閣，2002 年）
情報公開法・情報公開条例（有斐閣，2001 年）
情報公開法の理論〔新版〕（有斐閣，2000 年）
行政手続・情報公開（弘文堂，1999 年）
情報公開の実務Ⅰ・Ⅱ・Ⅲ（編著，第一法規，1998 年刊行・加除式）
アメリカの情報公開（良書普及会，1998 年）

行政手続・マイナンバー法関係

番号法の逐条解説〔第 2 版〕（有斐閣，2016 年）
行政手続三法の解説〔第 2 次改訂版〕（学陽書房，2016 年）
論点解説マイナンバー法と企業実務（共著，日本法令，2015 年）
完全対応特定個人情報保護評価のための番号法解説（監修，第一法規，2015 年）
完全対応自治体職員のための番号法解説〔実例編〕（監修，第一法規，2015 年）
施行令完全対応自治体職員のための番号法解説〔制度編〕（共著，第一法規，2014 年）
施行令完全対応自治体職員のための番号法解説〔実務編〕（共著，第一法規，2014 年）
行政手続法制定資料(11)～(16)（共編，信山社，2013～2014 年）
行政手続法の解説〔第 6 次改訂版〕（学陽書房，2013 年）
完全対応自治体職員のための番号法解説（共著，第一法規，2013 年）
マイナンバー（共通番号）制度と自治体クラウド（共著，地域科学研究会，2012 年）
行政手続と行政情報化（有斐閣，2006 年）
改正行政手続法とパブリック・コメント（編著，第一法規，2006 年）
行政手続オンライン化 3 法（第一法規，2003 年）

行政サービス・手続の電子化（編著，地域科学研究会，2002 年）
行政手続と監査制度（編著，地域科学研究会，1998 年）
自治体行政手続の改革（ぎょうせい，1996 年）
税務行政手続改革の課題（監修，第一法規，1996 年）
明解行政手続の手引（編著，新日本法規，1996 年）
行政手続法の理論（東京大学出版会，1995 年）

政策評価関係
政策評価の法制度——政策評価法・条例の解説（有斐閣，2002 年）

行政争訟関係
行政不服審査法の逐条解説〔第 2 版〕（有斐閣，2017 年）
解説行政不服審査法関連三法（弘文堂，2015 年）
Ｑ＆Ａ 新しい行政不服審査法の解説（新日本法規，2014 年）
改正行政事件訴訟法〔補訂版〕（青林書院，2006 年）

国家補償関係
条解国家賠償法（共編著，弘文堂，2019 年）
国家賠償法［昭和 22 年］（日本立法資料全集）（編著，信山社，2015 年）
国家補償法（有斐閣，1997 年）
国家責任法の分析（有斐閣，1988 年）

地方自治関係
地方自治法概説〔第 8 版〕（有斐閣，2019 年）
2017 年地方自治法改正——実務への影響と対応のポイント（編著，第一法規，2017 年）
環境対策条例の立法と運用（編著，地域科学研究会，2013 年）
地方分権——条例制定の要点（編著，新日本法規，2000 年）

法人法関係
Ｑ＆Ａ 新しい社団・財団法人の設立・運営（共著，新日本法規，2007 年）
Ｑ＆Ａ 新しい社団・財団法人制度のポイント（共著，新日本法規，2006 年）

宇宙法関係
逐条 解説宇宙二法（弘文堂，2019 年）

第 1 章

個人情報保護法制総論

第 1 節　個人情報保護に関する我が国の制度の概要

1　はじめに

　個人情報保護に関する我が国の法制度は複雑である。そこで，本節においては，その全体像を比較法的考察も踏まえて検討することとする。

2　一般法

(1)　法　律

①　個人情報保護に関する基本法

　消費者基本法，環境基本法等，我が国には，基本法[1]が少なからず存在する。個人情報保護の分野における基本法に当たるのが，個人情報の保護に関する法

---

1)　基本法については，塩野宏・行政法概念の諸相（有斐閣，2011 年）23 頁以下，小早川光郎「行政政策過程と"基本法"」成田頼明先生横浜国立大学退官記念・国際化時代の行政と法（良書普及会，1993 年）59 頁以下，川崎政司「基本法再考(1)〜(6・完)——基本法の意義・機能・問題性」自治研究 81 巻 8 号 48 頁以下・10 号 47 頁以下，82 巻 1 号 65 頁以下・5 号 97 頁以下・9 号 44 頁以下，83 巻 1 号 67 頁以下，長谷川正安「憲法体系と基本法」法時 45 巻 7 号 8 頁以下，菊井康郎「基本法の法制上の位置づけ」法時 45 巻 7 号 15 頁以下，

律(以下「個人情報保護法」という)の1章から3章までである。そこでは,何人にも適用される個人情報保護の基本理念(3条)が定められ,国および地方公共団体の責務等(4条~6条),基本方針の閣議決定(7条),国の施策(8条~10条),地方公共団体の施策(11条~13条),国および地方公共団体の協力(14条)について定められている。

② 民間部門の個人情報保護の一般法

　民間部門の個人情報保護については,一般法を有せず,部門ごとに個人情報保護に関する法律を制定するセクトラル方式と呼ばれる法制をとる国がある。米国(連邦政府)がその例で,同国は,信用情報の分野で1970年に公正信用報告法(FCRA),医療の分野で1996年に「医療保険の移転とそれに伴う責任に関する法律」(HIPPA)[2]が制定される等,分野ごとに個人情報保護を定める法律は制定されているものの,民間部門一般の個人情報保護に係る規制法は存在しない。もっとも,このことは,米国連邦政府に民間部門の個人情報保護一般を所掌事務とする行政機関が存在しないことを意味するわけではなく,消費者保護を所掌する連邦取引委員会(以下「FTC」という)が,消費者保護の一環として個人情報保護の任に当たっている。すなわち,民間企業がプライバシー・ポリシーで宣言した個人情報保護措置を遵守していない場合,FTCは,連邦取引委員会法5条a項の「不公正または欺瞞的な行為または慣行(unfair or deceptive acts or practices)」に当たるとして,法執行を行うのである。

　民間部門の個人情報保護の一般法を有する法制においては,公的部門と民間部門で異なる個人情報保護法制を定めるセグメント方式をとる国と,両者に同一の法制度を定めるオムニバス方式をとる国がある。前者の例としてカナダ(連邦政府)がある。すなわち,カナダでは,1982年に制定されたプライバシー法が公的部門の個人情報保護の一般法であり,1999年に制定された個人情報保護及び電子文書法[3]が民間部門の個人情報保護の一般法である。他方,オムニバス方式をとる例としてフランスがあり,1978年に制定された「情報処

　成田頼明「基本法の第1条を読む(1)~(10)」書斎の窓483号~492号参照。
2)　開原成充=樋口範雄編・医療の個人情報保護とセキュリティー個人情報保護法とHIPPA法〔第2版〕(有斐閣,2005年)53頁以下参照。
3)　宇賀克也・個人情報保護の理論と実務(有斐閣,2009年)23頁以下参照。

理，情報ファイル及び自由に関する法律」は，公的部門と民間部門の双方を規律している。

　我が国では，個人情報保護法の4章から7章までが，民間部門の個人情報保護の一般法である。すなわち，個人情報保護法は，基本法（1章〜3章）と民間部門の個人情報保護の一般法（4章〜7章）が接ぎ木されたユニークな法律といえる。公的部門の個人情報保護の一般法は別に存在するので，我が国は，セグメント方式を採用する国といえる。

　平成27年法律第65号の全部施行により，本法に基づく監督権限が個人情報保護委員会に一元化されることになったため，個人情報保護委員会が全分野に共通に適用される汎用的ガイドラインを策定し，従前のガイドラインは廃止することが基本的な方針とされた。個人情報取扱事業者を対象とした汎用的ガイドラインとして，2016年11月に，「個人情報の保護に関する法律についてのガイドライン（通則編）」，「個人情報の保護に関する法律についてのガイドライン（外国にある第三者への提供編）」，「個人情報の保護に関する法律についてのガイドライン（第三者提供時の確認・記録義務編）」，「個人情報の保護に関する法律についてのガイドライン（匿名加工情報編）」が公表された。なお，2017年2月に，「個人データの漏えい等の事案が発生した場合等の対応について」，「『個人情報の保護に関する法律についてのガイドライン』及び『個人データの漏えい等の事案が発生した場合等の対応について』に関するQ＆A」（2019年6月7日更新），「匿名加工情報　パーソナルデータの利活用促進と消費者の信頼確保の両立に向けて」（個人情報保護委員会事務局レポート），同7月には「中小企業向けQ＆A（抜粋版）」も公表された。さらに，非識別加工情報については，「行政機関の保有する個人情報の保護に関する法律についてのガイドライン（行政機関非識別加工情報編）」，「独立行政法人等の保有する個人情報の保護に関する法律についてのガイドライン（独立行政法人等非識別加工情報編）」が，同年3月に公表されている。

　例外的に，一部の分野においては，当該分野における個人情報の性質および利用方法ならびに規律の特殊性に鑑み，個人情報保護委員会が策定した汎用的ガイドラインを基礎としつつ，当該分野においてさらに必要となる別個のガイドラインが定められている。すなわち，金融関連分野においては，「金融分野

における個人情報保護に関するガイドライン」,「金融分野における個人情報保護に関するガイドラインの安全管理措置等についての実務指針」,「信用分野における個人情報保護に関するガイドライン」,「債権管理回収業分野における個人情報保護に関するガイドライン」が,個人情報保護委員会と当該事業を所管する省庁との連名による告示として,同年2月に公表された。さらに,「金融機関における個人情報保護に関するQ&A」が個人情報保護委員会と金融庁の連名で作成され,同年3月に公表された。医療関連分野においては,「医療・介護関係事業者における個人情報の適切な取扱いのためのガイダンス」,「『医療・介護関係事業者における個人情報の適切な取扱いのためのガイダンス』に関するQ&A（事例集）」,「健康保険組合等における個人情報の適切な取扱いのためのガイダンス」,「『健康保険組合等における個人情報の適切な取扱いのためのガイダンス』を補完する事例集（Q&A）」,「国民健康保険組合における個人情報の適切な取扱いのためのガイダンス」,「国民健康保険団体連合会等における個人情報の適切な取扱いのためのガイダンス」が存在する。

　他方,業法に基づく規律等を定める告示であって各府省において見直しを実施したものとして,「ヒトゲノム・遺伝子解析研究に関する倫理指針」,「人を対象とする医学系研究に関する倫理指針」,「遺伝子治療等臨床研究に関する指針」,「電気通信事業における個人情報保護に関するガイドライン」,「放送受信者等の個人情報保護に関するガイドライン」,「郵便事業分野における個人情報保護に関するガイドライン」,「信書便事業分野における個人情報保護に関するガイドライン」,「経済産業分野のうち個人遺伝情報を用いた事業分野における個人情報保護ガイドライン」,「職業紹介事業者,労働者の募集を行う者,募集受託者,労働者供給事業者等が均等待遇,労働条件等の明示,求職者等の個人情報の取扱い,職業紹介事業者の責務,募集内容の的確な表示等に関して適切に対処するための指針」,「派遣元事業者が講ずべき措置に関する指針」,「送出事業主が講ずべき措置に関する指針」,「私的年金分野における個人情報の技術的安全管理措置」が存在する（個人情報保護委員会が策定したガイドラインに基づき,さらに必要となる別途の規律を設けるものについては,個人情報保護委員会が内容の確認を行っている）。

　なお,個人情報保護法においては,認定個人情報保護団体も重要な役割を果

たすことが期待されている。認定個人情報保護団体は，対象事業者の個人情報等の取扱いに関する苦情の処理，個人情報等の適正な取扱いの確保に寄与する事項についての対象事業者に対する情報の提供のほか，対象事業者の個人情報等の適正な取扱いの確保に関し必要な業務を行うが（個人情報保護法47条1項），消費者の意見を代表する者その他の関係者の意見を聴いて個人情報保護指針を作成するよう努める義務を負い（同法53条1項），個人情報保護指針を作成したときは個人情報保護委員会に届け出る義務を負う（同条2項）。個人情報保護委員会は，届け出られた個人情報保護指針を公表しなければならない（同条3項）。認定個人情報保護団体は，個人情報保護指針が公表されたときは，対象事業者に対し，それを遵守させるために必要な指導，勧告その他の措置を講ずる義務を負う（同条4項）。

③ 公的部門の個人情報保護の一般法

（ア） 行政機関の保有する個人情報の保護に関する法律

日本では，公的部門の個人情報保護の一般法の性格を有する法律の制定が，個人情報保護法の制定に先行した。すなわち，我が国では，行政改革の一環として，行政に対する国民の信頼を確保する観点から，公的部門の個人情報保護の一般法の整備に優先的に取り組む方針がとられ，1988年に，「行政機関の保有する電子計算機処理に係る個人情報の保護に関する法律」（以下「行政機関電算機個人情報保護法」という）が制定された。しかし，同法による個人情報保護の対象は，法律の名称が示すように，電子計算機処理された情報に限定されていることに加え，適用除外が多いこと，訂正請求権，利用停止請求権が認められていないこと等，不十分な点が多く，民間部門の個人情報保護の一般法が制定されるのであれば，「官に甘く民に厳しい」という批判を免れないものであった。そこで，個人情報保護法の立法過程において，当時のIT戦略本部個人情報保護法制化専門委員会が2000年10月にまとめた「個人情報保護基本法制に関する大綱」において，第1に，政府と国民の間においては，行政に対する国民の信頼を一層確保することが求められていること，第2に，私人間においては，企業活動における営業の自由等との調整が問題となるのに対し，公的部門については，法律による行政の下に国民一般の利益との調整が重要になること，第3に，特に，行政機関における個人情報の取扱いに当たっては，法令に

基づく厳格な保護管理の下に置かれるよう，特別の配慮が必要であることが指摘されたのである。

そのため，総務省は，行政機関等個人情報保護法制研究会で，行政機関電算機個人情報保護法の改正を検討した。その検討結果を踏まえて，行政機関電算機個人情報保護法を全部改正する法案が作成され，2003年，「行政機関の保有する個人情報の保護に関する法律」（以下「行政機関個人情報保護法」という）が公的部門の個人情報保護の一般法として位置付けられた。

行政機関個人情報保護法を個人情報保護法と比較すると，以下のような特色がある。

第1に，個人情報該当性を判断するに当たり，他の情報との照合（モザイク・アプローチ）が問題になるが，個人情報保護法では照合の容易性が要件となるのに対し，行政機関個人情報保護法では照合の容易性は要件とされていないことである。このことは，行政機関個人情報保護法のほうが個人情報保護法よりも，個人情報の範囲を広くとらえていることを意味する。これは，以下の理由による。第1に，民間部門の個人情報保護は営業の自由との調整が問題になるのに対し，公的部門では，公権力の行使により強制的に個人情報を取得できるので，より厳格な個人情報保護が必要になることである。第2に，公的部門では，「行政機関の保有する情報の公開に関する法律」（以下「行政機関情報公開法」という）との整合性の確保が必要になることである。すなわち，行政機関情報公開法は，個人情報の本人開示を認めず，本人開示は個人情報保護法制において実現されるべきという前提で立法されたため[4]，行政機関情報公開法において不開示になる個人情報については，行政機関個人情報保護法における開示請求を可能にすることが，行政機関情報公開法制定時に課題として位置付けられていたのである。行政機関情報公開法5条1号の個人情報は，他の情報との照合の容易性を要件としていないので，もし，行政機関個人情報保護法の個人情報該当性の判断において照合の容易性を要件とすれば，上記の課題は不十分にしか解決されないことになる。したがって，行政機関情報公開法と同様，

[4) 行政改革委員会「情報公開法制の確立に関する意見」（1996年12月16日）Ⅲ（情報公開法要綱案の考え方）8（その他の事項）(1)（個人情報の本人開示）および宇賀克也・新・情報公開法の逐条解説〔第8版〕（有斐閣，2018年）93頁参照。

行政機関個人情報保護法も，個人情報該当性の判断に当たり，照合の容易性を要件としないこととしたのである。

また，行政機関個人情報保護法では，電子計算機処理に係る個人情報ファイル（以下「電算処理ファイル」という）の保有等に関する総務大臣への通知と個人情報ファイル簿の作成・公表の制度が設けられており，さらに，不開示等の決定が行政処分として構成されているため，審査請求を行うことができ，その場合，原則として，総務省に置かれた情報公開・個人情報保護審査会に諮問され，同審査会で実際に不開示等の決定の対象となった文書を見分して審査（インカメラ審理）[5]をしてもらうことができる。それに加えて，個人情報保護法と比較して，行政機関個人情報保護法においては直罰規定も多くなっている。

（イ）　独立行政法人等の保有する個人情報の保護に関する法律

公的部門の個人情報保護の一般法としての法律に関する我が国の法制の大きな特色は，行政機関個人情報保護法とは別に，「独立行政法人等の保有する個人情報の保護に関する法律」（以下「独立行政法人等個人情報保護法」という）が存在することである。ここでいう独立行政法人等とは，国とは独立の法人格を有しているが，実質的に政府の一部として行動している法人であって，行政主体として位置付けうるものである[6]。かかる法人は，多くの国に存在するが，セグメント方式をとる国においては，かかる法人は，国の行政機関を対象とする個人情報保護法の対象法人として位置付けられるのが一般的である。たとえば，カナダの連邦プライバシー法の対象機関には，カナダの連邦政府の機関のみならず，Crown corporation と呼ばれる政府周辺法人とその100％出資法人が含まれている（同法3条）。我が国が，このような方式をとらず，独立行政法人等のみを対象とする個人情報保護に関する法律を制定したのは，情報公開法制において，行政機関情報公開法と別に，「独立行政法人等の保有する情報の公開に関する法律」（以下「独立行政法人等情報公開法」という）が制定されていることと平仄を合わせたからである。それでは，なぜ，行政機関情報公開法と別に独立行政法人等情報公開法が制定されたのかが問題になる。諸外国の情報公開

---

5)　宇賀・前掲注4)269頁以下参照。なお，行政不服審査会等におけるインカメラ審理については，同・行政不服審査法の逐条解説〔第2版〕（有斐閣，2017年）276頁参照。
6)　宇賀克也・行政法概説Ⅲ〔第5版〕（有斐閣，2019年）271頁以下参照。

法制においては，実質的に政府の一部とみられる法人は，行政機関を対象とする情報公開法の対象法人とされるのが一般的であるからである。実は，独立行政法人等情報公開法の立案に当たった行政改革推進本部特殊法人情報公開検討委員会においても，当初は，行政機関情報公開法とは別に独立行政法人等情報公開法を制定することを意図していたわけではなかった。しかし，法制執務的検討の過程において，行政機関情報公開法の対象に独立行政法人等を追加する場合，条文が複雑になり分かりにくくなるので，独立行政法人等を対象とした独自の情報公開法を制定することになったのである。同様に，行政機関個人情報保護法とは別に独立行政法人等個人情報保護法が制定されたのも，法制執務的観点から，分かりやすい法制を志向した結果であって，理論的必然性によるものではなく，比較法的にみれば，稀な法制である。独立行政法人等は実質的に政府の一部を構成する法人であって，国の行政機関と基本的に同様の個人情報保護措置を講ずる必要があることが，独立行政法人等個人情報保護法が制定された理由であるから，行政機関個人情報保護法と独立行政法人等個人情報保護法の内容は，ほぼ同じである。ただし，独立行政法人等が国から独立した法人格を付与され，その自主性，自律性が尊重されるべき局面においては，行政機関個人情報保護法とは異なる制度になっている。具体的には，総務大臣への電算処理ファイルの保有に関する事前通知義務（行政機関個人情報保護法10条）がないこと，開示の実施方法，開示請求手数料は政令ではなく各独立行政法人等が定めること（独立行政法人等個人情報保護法24条1項），個人情報の取扱いに関する事務の実施状況についての総務大臣による資料の提出および説明の求め（行政機関個人情報保護法50条）ならびに総務大臣による意見陳述（同法51条）に係る規定がないこと等がその例である。

(2) 条 例

我が国の個人情報保護法制の特色として，分権的なシステムがとられていることが挙げられる。すなわち，行政機関個人情報保護法は，国の行政機関が保有する個人情報のみを対象としており，地方公共団体が保有する個人情報は対象外である。地方公共団体が保有する個人情報については，各地方公共団体が個人情報保護条例で規律している。すなわち，地方公共団体が保有する個人情

報の保護については，各地方公共団体の個人情報保護条例が一般法なのである。このことについての理解は十分に浸透していない。たとえば，2006年2月，千葉県議会は，個人情報保護法が制定された結果，萎縮効果により災害時要援護者名簿[7]の作成が困難になったとして，個人情報保護法改正を要望する意見書を衆参両院の議長，内閣総理大臣，国土交通大臣に提出しているが，災害時要援護者名簿は，地方公共団体の福祉部局が保有する個人情報を防災部局に目的外利用させる問題であるから，個人情報保護法ではなく，個人情報保護条例の問題である。

すでに，2005年度末において，すべての都道府県，市区町村が個人情報保護条例を制定している。このような分権的法制は，情報公開制度にも共通しており，各地方公共団体が保有する公文書の情報公開については，各地方公共団体の情報公開条例が一般法になっている。かかる法制が採用された大きな理由の一つとして，日本では，先進的な地方公共団体が，国に先駆けて，情報公開条例や個人情報保護条例を制定してきたことが挙げられる。

3　特別法

(1)　行政手続における特定の個人を識別するための番号の利用等に関する法律

①　目的の相違

　個人情報保護の分野での特別法は少なくないが，代表的なものが，「行政手続における特定の個人を識別するための番号の利用等に関する法律」（以下「番号法」という）である。番号法の名称には，個人情報保護という言葉は使われていないが，条文の大半は，個人番号または特定個人情報（個人番号をその内容に含む個人情報）の保護に関するものである。個人番号（ただし，死者の個人番号

---

[7]　かつては，災害時要援護者という用語が一般に用いられていたが（宇賀克也＝鈴木庸夫編・災害弱者の救援計画とプライバシー保護──先進自治体に学ぶ防災・福祉・情報部局の連携と個人情報の管理・活用・共有化（地域科学研究会，2007年）参照），災害対策基本法では，平成25年法律第54号による改正で「避難行動要支援者」（同法49条の10第1項）という用語が用いられている。この改正について，宇賀克也「防災行政における個人情報の利用と保護」季報情報公開・個人情報保護52号33頁以下参照。

を除く)[8]および特定個人情報は個人情報の一種であるから、番号法は、一般法である個人情報保護法、行政機関個人情報保護法、独立行政法人等個人情報保護法、個人情報保護条例に対して、個人番号および特定個人情報に係る特別法として位置付けられることになる。

　もっとも、番号法は、行政手続における特定の個人を識別するために個人番号を利用することを主たる目的とする法律であり、そのことは、この法律の名称に端的に現れている。個人番号および特定個人情報の保護は、法律名の「等」の部分で含意されているにすぎない。このことは、番号法の基本理念を個人情報保護法の基本理念および個人情報保護法、行政機関個人情報保護法、独立行政法人等個人情報保護法の目的と比較することにより明らかとなる。すなわち、番号法3条（基本理念）は、「個人番号……の利用に関する施策の推進は、個人情報の保護に十分配慮しつつ……利用の促進を図るとともに、……利用の可能性を考慮して行われなければならない」（2項）、「個人情報の保護に十分配慮しつつ……情報提供ネットワークシステムの利用の促進を図るとともに……情報提供ネットワークシステムの用途を拡大する可能性を考慮して行われなければならない」（4項）と定めており、個人番号や情報提供ネットワークシステムの利用の拡大を基本理念とし、その目的を達成するうえで、個人情報保護に配慮するという表現になっている。これに対し、個人情報保護法の基本理念は、「個人情報は、個人の人格尊重の理念の下に慎重に取り扱われるべきものであることにかんがみ、その適正な取扱いが図られなければならない」（3条）というものであり、個人情報の利用よりも保護を重視していることが明確である。また、個人情報保護法の目的規定は、「個人情報の有用性に配慮しつつ、個人の権利利益を保護することを目的とする」（1条）と定めている。これは、個人情報保護を絶対視するのではなく、個人情報の有用性にも配慮するが、個人情報の有用性と保護を対等に比較衡量するのではなく、個人の権利利益の保護を最重要視することを意味している[9]。行政機関個人情報保護法の目的規

---

[8]　個人番号は個人識別符号であり、それ単独で個人情報になる（個人情報保護法2条2項2号、個人情報保護法施行令1条6号、行政機関個人情報保護法2条3項2号、行政機関個人情報保護法施行令3条6号、独立行政法人等個人情報保護法2条3項2号、独立行政法人等個人情報保護法施行令1条6号）。

定は「行政の適正かつ円滑な運営を図り，並びに……個人情報の有用性に配慮しつつ，個人の権利利益を保護することを目的とする」(1条)，独立行政法人等個人情報保護法の目的規定は「独立行政法人等の事務及び事業の適正かつ円滑な運営を図り，並びに……個人情報の有用性に配慮しつつ，個人の権利利益を保護することを目的とする」(1条)と定めている。これらの目的規定も，(ⅰ)行政または独立行政法人等の事務事業の適正かつ円滑な運営を図る利益，(ⅱ)新たな産業の創出ならびに活力ある経済社会および豊かな国民生活の実現に資する等の個人情報の有用性にも配慮するが，(ⅰ)(ⅱ)を(ⅲ)個人の権利利益の保護と対等に比較衡量するのではなく，(ⅲ)を最重要視することを意味している。このように，番号法は，個人番号等の利用を最重要視し，利用に伴う個人情報保護に配慮することを求めるのに対し，個人情報保護法，行政機関個人情報保護法，独立行政法人等個人情報保護法は，個人情報保護を最重要視しつつ，個人情報の有用性に配慮することも求めるという相違があることに留意する必要がある[10]。

② 番号法による書下ろし

番号法による個人番号および特定個人情報に係る特例の中には，番号法自体で書き下ろしされたものがある。再委託の制限(10条)，委託先の監督義務(11条)，個人番号の安全管理措置義務(12条)，特定個人情報の提供の求めの制限(15条)，特定個人情報の提供制限(19条)，特定個人情報の収集保管制限(20条)，特定個人情報保護評価(28条)[11]，特定個人情報ファイルの作成制限(29条)等である。

---

9) 宇賀克也・個人情報保護法の逐条解説〔第6版〕(有斐閣, 2018年)32頁参照。
10) 宇賀克也「個人情報の保護と利用──ポジティブ・サムを目指した改革の意義と課題」法時88巻1号67頁以下参照。
11) ただし，地方公共団体が行う特定個人情報保護評価については，「特定個人情報保護評価に関する規則」(平成26年特定個人情報保護委員会規則第1号)4条10項の規定により，特定個人情報保護評価に係る番号法の規定の適用が除外され，同規則7条の規定により，改めて特定個人情報保護評価の実施が義務付けられている。特定個人情報保護評価について詳しくは，宇賀克也監修・水町雅子・完全対応 特定個人情報保護評価のための番号法解説──プライバシー影響評価(PIA)のすべて(第一法規, 2015年)参照。

③ 読替規定等による対応

　他方，一般法である個人情報保護法，行政機関個人情報保護法，独立行政法人等個人情報保護法の規定を読み替えたり，適用除外にしたりすることにより，個人番号および特定個人情報の保護に係る特例を設けている場合もある（番号法30条，31条）[12]。

④ 条例による対応

　個人情報保護条例は各地方公共団体が定めており，その内容は統一されているわけではないから，番号法で一律に読替規定や適用除外規定を設けることはできない。そこで，番号法は，「地方公共団体は，行政機関個人情報保護法，独立行政法人等個人情報保護法，個人情報保護法及びこの法律の規定により行政機関の長，独立行政法人等及び個人情報保護法第2条第5項に規定する個人情報取扱事業者が講ずることとされている措置の趣旨を踏まえ，当該地方公共団体及びその設立に係る地方独立行政法人が保有する特定個人情報の適正な取扱いが確保され，並びに当該地方公共団体及びその設立に係る地方独立行政法人が保有する特定個人情報の開示，訂正，利用の停止，消去及び提供の停止（第23条第1項及び第2項に規定する記録に記録された特定個人情報にあっては，その開示及び訂正）を実施するために必要な措置を講ずるものとする」（32条）と定めている。これを受けて，地方公共団体は，個人番号および特定個人情報の保護のための条例の制定改廃作業を行うことになった。その方式は2つに大別される。1つは，個人情報保護条例を改正して，個人番号および特定個人情報の保護に係る特例規定を追加する方式である。神奈川県個人情報保護条例がその例である[13]。いま1つは，特定個人情報保護のための特別条例を制定する方式である。この場合には，既存の個人情報保護条例は，特定個人情報以外の個人情報を保護する条例として位置付けられることになる。この方式をとった代表例が，東京都であり，2015年12月15日に「東京都特定個人情

[12) 読替えおよび適用除外の詳細については，宇賀克也・番号法の逐条解説〔第2版〕（有斐閣，2016年）168頁以下参照。
[13) 神奈川県個人情報保護条例を素材にして，番号法32条の規定に基づく改正を行う場合のモデル条例案を示したものとして，宇賀克也＝水町雅子＝梅田健史・施行令完全対応 自治体職員のための番号法解説［実務編］（第一法規，2014年）247頁以下［水町雅子執筆］参照。

報の保護に関する条例」を制定し，同月 24 日に公布している[14]。

(2) 分野別の特別法

　統計分野では，統計法 4 章が調査票情報等の保護のための一連の規定を置いている[15]。公証行政の分野では，住民基本台帳法 12 条の 3 が本人等以外の者による住民票の写し等の交付を制限し[16]，同法 4 章の 2 第 4 節が本人確認情報の保護について定め，戸籍法 10 条の 2 が戸籍謄本等の交付を制限している[17]。医療分野では，刑法 134 条 1 項の規定による医師，薬剤師，医薬品販売業者，助産師またはこれらの職にあった者の守秘義務規定のほか，保健師助産師看護師法 42 条の 2，歯科衛生士法 13 条の 6，歯科技工士法 20 条の 2，診療放射線技師法 29 条，臨床検査技師等に関する法律 19 条，理学療法士及び作業療法士法 16 条，社会福祉士及び介護福祉士法 46 条，義肢装具士法 40 条，視能訓練士法 19 条，柔道整復師法 17 条の 2，あん摩マッサージ指圧師，はり師，きゅう師等に関する法律 7 条の 2 による守秘義務規定が，個人情報保護の機能を果たしている。情報通信分野では，憲法 21 条 2 項後段，電気通信事業法 4 条 1 項，有線電気通信法 9 条，電波法 59 条による通信の秘密の保護に係る規定は，個人情報保護の機能も果たしている。金融・信用分野では，割賦販売法 39 条 1 項，2 項の目的外使用禁止規定，労働分野では職業安定法 5 条の 4 第 1 項の目的外使用禁止規定，同法 51 条，51 条の 2 による秘密，個人情報の保護規定，労働者派遣事業の適正な運営の確保及び派遣労働者の保護等に関する法律 24 条の 3 による個人情報保護規定が定められている。

---

14) 宇賀克也監修・高野祥一＝苅田元洋＝富山由衣＝上村友和＝白戸謙一・完全対応 自治体職員のための番号法解説［実例編］（第一法規，2015 年）18 頁以下，藤原静雄監修・東京都特定個人情報保護実務研究会編・Q＆A 特定個人情報ハンドブック——番号法に基づく条例整備から運用まで（ぎょうせい，2015 年）28 頁以下参照。
15) 宇賀・前掲注 3) 418 頁以下参照。
16) 2007 年の住民基本台帳法改正による住民票の写しの交付に係る制限の経緯と意義について，宇賀・前掲注 3) 353 頁以下参照。
17) 2007 年の戸籍法改正による戸籍謄本等の交付に係る制限の経緯と意義について，宇賀・前掲注 3) 386 頁以下参照。

第2節　我が国における個人情報保護法制の体系とその改革

1　我が国における個人情報保護法制の体系

(1)　セグメント方式の採用

① オムニバス方式とセグメント方式

　日本における個人情報保護の法制度について語るとき，最初に，オムニバス方式とセグメント方式の説明から開始する必要がある。オムニバス方式は，公的部門と民間部門に共通の個人情報保護に係る法制度が適用されるものであり，欧州諸国で一般的に採用されている。他方，セグメント方式は，公的部門と民間部門で異なる個人情報保護に係る法制度を適用する方式である。カナダがその例であり，連邦を例にとると，公的部門にはプライバシー法（The Privacy Act）が，民間部門には個人情報保護及び電子文書法（The Personal Information Protection and Electronic Documents Act（PIPEDA））[1]が適用される。

② 我が国の個人情報保護法制の体系

　日本もセグメント方式を採用している。すなわち，公的部門においては，「行政機関の保有する個人情報の保護に関する法律」（以下「行政機関個人情報保護法」という），「独立行政法人等の保有する個人情報の保護に関する法律」（以下「独立行政法人等個人情報保護法」という）および地方公共団体の個人情報保護条例が，個人情報保護の一般法である。これに対し，民間部門では，「個人情報の保護に関する法律」（以下「個人情報保護法」という）の4章から7章が個人情報保護の一般法である。4章から7章に限定する理由は，個人情報保護法の1章から3章までは，公的部門と民間部門に共通に適用される個人情報保護の基本法としての性格を有しているからである。日本には，「基本法」[2]という名

---

1) 同法について詳しくは，宇賀克也・個人情報保護の理論と実務（有斐閣，2009年）23頁以下参照。

前の法律が少なからず存在する。教育基本法，原子力基本法，土地基本法，官民データ活用推進基本法等がその例である。基本法は，一般的には，直接に国民を規制するものではなく，当該分野における国および地方公共団体の責務，事業者の責務，場合によっては国民の責務についても定めているが，この責務規定は，法律の目的や基本理念の実現のために各主体の果たすべき役割を宣言するものにとどまり，それに違反したからといって制裁が科されるようなものではない。個人情報保護の分野では，「個人情報保護基本法」という名称の法律はないが，個人情報保護法の1章から3章までが，この分野の基本法としての性格を有している。すなわち，そこでは，個人情報保護の基本理念，個人情報の保護に関する基本方針，国および地方公共団体の責務等，公的部門および民間部門の双方に共通する事項が定められている。このように，個人情報保護法は，基本法の部分（1章から3章まで）と民間部門における個人情報保護の一般法の部分（4章から7章まで）が接ぎ木されたユニークな構造の法律といえる。

(2) セグメント方式採用の理由

① 行政改革の一環としての行政機関電算機個人情報保護法の制定

それでは，日本では，なぜセグメント方式が採用されたのであろうか。日本で，個人情報保護に関する法整備が真剣に検討される契機になったのが，1980年のOECD8原則であった。これを受けて政府は個人情報保護に係る一般法の制定を視野に入れた検討を行うようになるが，我が国では，当時，全ての府省にまたがる分野横断的な法律を整備することは，容易なことではなかった。なぜならば，内閣が国会に法律案を提出するためには閣議決定がされることが必要であるが，閣議決定は全会一致で行われる慣行になっているため，閣議の全ての構成員，すなわち，全ての国務大臣が賛成しなければ，閣議決定はでき

---

2) 塩野宏「基本法について」同・行政法概念の諸相（有斐閣，2011年）23頁以下，小早川光郎「行政政策過程と"基本法"」成田頼明先生横浜国立大学退官記念・国際化時代の行政と法（良書普及会，1993年）59頁以下，川崎政司「基本法再考(1)～(6・完)——基本法の意義・機能・問題性」自治研究81巻8号48頁以下・10号47頁以下，82巻1号65頁以下・5号97頁以下・9号44頁以下，83巻1号67頁以下，長谷川正安「憲法体系と基本法」法時45巻7号8頁以下，菊井康郎「基本法の法制上の位置づけ」法時45巻7号15頁以下，成田頼明「基本法の第1条を読む(1)～(10)」書斎の窓483～492号参照。

ない。当時は，まだ，民間部門における個人情報保護の法規制には消極的な省が多く，法制化は困難であった。

他方，折しも，第2次臨時行政調査会が設置され，行政改革が政府の最大の課題となり，行政改革の柱の一つとして，国民の行政に対する信頼の確保が位置付けられたため，行政改革に対しては，政府全体に強い推進力が働いた。そのため，行政改革の一環として，国の行政機関が保有する個人情報の保護に関する一般法を制定することについては，政府全体の合意を得ることができ，1988年12月9日に「行政機関の保有する電子計算機処理に係る個人情報の保護に関する法律」(以下「行政機関電算機個人情報保護法」という)が成立し，同月16日に昭和63年法律第95号として公布され，1989年10月1日に全面施行された[3]。行政機関電算機個人情報保護法は，今日の眼から見れば，電子計算機処理された個人情報に対象が限定されている点，開示請求権の例外が多い点，訂正請求権が認められていない点など，不備な点が多いものであった。しかし，行政改革という総論には賛成しても，自分の府省に関わる各論になると規制に抵抗する傾向が強い中で，ともかく一般法の制定に漕ぎ着けたという点では，一歩前進と評価できるものであった。こうして，国の行政機関については，個人情報保護に係る一般法が制定されたものの，民間部門については，各府省が作成したガイドラインに基づく行政指導で対応するという体制になった。

② 電子商取引の進展と個人情報保護法の制定

その後，日本では電子商取引が急速に進展し，電子商取引の発展のためには，民間部門における個人情報保護制度を整備し，国民の電子商取引に対する信頼を確保する必要があると考えられたこと，民間企業からの個人情報の大量漏えいが相次ぎ，ガイドラインに基づく行政指導の限界が明らかになったこと，住民基本台帳ネットワークシステムの導入に対する国民の強い不安感を解消するためには，民間部門における個人情報保護制度の法制化が必要と政府が考えたこと等の理由が複合して，2003年5月23日に個人情報保護法が成立し，同月30日に平成15年法律第57号として公布され，2005年4月1日に全面施行さ

---

[3] 行政機関電算機個人情報保護法の制定経緯について，宇賀克也・個人情報保護法の逐条解説〔第6版〕(有斐閣，2018年)6〜8頁，総務庁行政管理局監修・逐条解説個人情報保護法〔新訂版〕(第一法規，1991年)6頁以下参照。

れた[4]。

③ IT戦略本部個人情報保護法制化専門委員会の「個人情報保護基本法制に関する大綱」

　その際、官民共通の個人情報保護法制を整備するオムニバス方式に転換することも、論理的には、選択肢の一つであったが、我が国では、そのような選択はされなかった。すなわち、個人情報保護法案の制定過程において、当時のIT戦略本部個人情報保護法制化専門委員会が、2000年10月にまとめた「個人情報保護基本法制に関する大綱」において、第1に、政府と国民の間においては、行政に対する国民の信頼を一層確保することが求められていること、第2に、私人間においては、企業活動における営業の自由等との調整が問題となるのに対し、公的部門については、法律による行政の原理の下に国民一般の利益との調整が重要になること、第3に、特に、行政機関における個人情報の取扱いに当たっては、法令に基づく厳格な保護管理の下に置かれるよう、特別の配慮が必要であることが指摘されている。すなわち、政府は、民間企業以上に国民からの信頼を確保しなければならないので、民間企業よりも厳格な個人情報保護に係る規律に服すべきこと、民間企業の場合には、個人情報保護についても営業の自由等との調整が問題となるので、国の行政機関と同じレベルの強い規律をかけることは適切でないことを理由として、オムニバス方式は適当でないと考え、セグメント方式を継続する選択がなされたのである。行政改革の観点から公的部門における個人情報保護の法整備を先行させ、民間部門については、営業の自由に配慮して、行政の関与をより緩やかにするという基本的思想は、個人情報保護法の立法過程においても、維持されていたのである。

(3) 行政機関電算機個人情報保護法の見直し

　しかしながら、個人情報保護法の制定は、公的部門の個人情報保護に係る法制度の見直しも迫ることになった。なぜならば、民間部門の個人情報保護法制の整備の背景には、電子商取引の進展があり、電子商取引は国境を越えて行われるので、個人情報保護に係る国際水準、具体的には、個人情報保護に関する

---

[4]　個人情報保護法の制定経緯について、宇賀・前掲注3)9〜16頁参照。

OECD 8 原則[5]を踏まえたものとする必要があったが，公的部門においてすでに存在した行政機関電算機個人情報保護法には，多くの不備があり，OECD 8 原則を遵守したものとは到底いえなかったからである。公的部門においては，民間部門よりも厳格な個人情報保護措置が講じられるべきという思想からすれば，民間部門で OECD 8 原則を踏まえた個人情報保護の法制度が整備される以上，公的部門では，OECD 8 原則を遵守することは当然として，それ以上の個人情報保護措置を講ずることが求められることになる。そこで，IT 戦略本部における個人情報保護法の要綱作成作業と並行して，行政機関電算機個人情報保護法を所掌していた総務省は，行政機関等個人情報保護法制研究会を開催し，同法の見直し作業を行ったのである。

(4) 独立行政法人等の保有する個人情報の保護

注目されるのは，この研究会では，行政機関電算機個人情報保護法の見直しにとどまらず，独立行政法人等の保有する個人情報の保護措置の法制化も検討されたことである。制定時の行政機関電算機個人情報保護法は，特殊法人と呼ばれる政府関係法人における個人情報保護措置については，努力義務を定めるにとどまっていた。しかし，その後，独立行政法人通則法が 1999 年に制定され，独立行政法人は国とは独立の法人格を有するが，行政事務を担う法人として位置付けられた。そうであるならば，独立行政法人も国の行政機関と同様に，国民に対する信頼を確保する必要があり，国の行政機関と同様の個人情報保護に係る法制度に服すべきことになる。また，独立行政法人以外の法人であっても，実質的に政府の一部をなしているといえるような法人であれば，同様の個人情報保護措置を講ずべきことになる。そこで，個人情報保護法案，行政機関電算機個人情報保護法を全部改正する行政機関個人情報保護法案と同時に，独立行政法人等個人情報保護法案も国会に提出され，これらは一括して審議され，2003 年に同時に可決・成立したのである。

独立行政法人等が実質的に政府の一部をなすので，基本的に国の行政機関と

---

[5] OECD 理事会勧告 8 原則の邦訳については，宇賀克也・解説 個人情報の保護に関する法律（第一法規，2003 年）85 頁以下参照。

同様に，個人情報保護に係る法的規律に服すべきというのであれば，行政機関個人情報保護法と別の法律を制定する必要はなく，行政機関個人情報保護法の対象法人に独立行政法人等を加えれば足りるのではないかという疑問が生ずるであろう。実際，著者の知る限り，諸外国では，そのようにしている。たとえば，アメリカ合衆国の公的部門に適用される Privacy Act が対象とする行政機関（agency）には，government corporation および government controlled corporation が含まれている[6]。同様に，カナダの連邦政府に適用される Privacy Act の対象機関である government institution には，Crown corporation および any wholly-owned subsidiary of such a corporation が含まれている。日本においても，このようなかたちで，公的部門における個人情報保護に係る一般法としての法律を1つにまとめることは可能である。しかし，そのようにすると，条文が複雑になり，国民にとって分かりにくくなるので，むしろ，別の法律にしたほうが，条文の複雑化を避けることができると考えられたのである。

　それでは，なぜ，他の諸国と異なり，日本では，条文の複雑化という問題が生じうるかというと，我が国では，独立行政法人等は，国とは独立の法人格を付与されていることに照らし，その自律性を尊重し，国の行政機関とは異なる規律に服せしめている部分があるからである。具体的には，国の行政機関（会計検査院を除く。以下に述べる行政機関個人情報保護法26条1項，50条，51条において同じ）は，個人情報ファイルを保有するとき，または保有をやめたとき等に，総務大臣に通知する義務があるが（同法10条1項・3項），独立行政法人等には，そのような義務は課されていない。また，総務大臣は，国の行政機関の長に対し，行政機関における個人情報の取扱いに関する事務の実施状況について，資料の提出および説明を求めることができ（同法50条），同法の目的を達成するため必要があると認めるときは，行政機関の長に対し，行政機関における個人

---

[6]　宇賀克也「アメリカの政府関係法人——わが国の特殊法人，独立行政法人との比較」金子宏先生古稀祝賀・公法学の法と政策（下）（有斐閣，2000年）205頁以下，同「アメリカにおける政府関係法人の歴史的展開（上）（下）」自治研究76巻4号14頁以下・7号14頁以下，中川丈久「米国法における政府組織の外延とその隣接領域——Government Corporation の日本法への示唆」前掲金子宏先生古稀祝賀473頁以下参照。

情報の取扱いに関し意見を述べることができるが（同法51条），独立行政法人等に対しては，かかる権限を有しない。さらに，国の行政機関に対する保有個人情報に係る開示請求に係る手数料は政令で定めるが（同法26条1項），独立行政法人等に対する保有個人情報に係る開示請求に係る手数料は，実費の範囲内において，独立行政法人等が定めることとされている（独立行政法人等個人情報保護法26条1項）。しかし，これらの点を除けば，行政機関個人情報保護法と独立行政法人等個人情報保護法は基本的に同じ内容である。したがって，前者を理解すれば，後者の理解は容易である。

　我が国では，情報公開法も2本立てになっており，1999年に制定された「行政機関の保有する情報の公開に関する法律」（以下「行政機関情報公開法」という）と2001年に制定された「独立行政法人等の保有する情報の公開に関する法律」（以下「独立行政法人等情報公開法」という）に分かれている。すなわち，独立行政法人等個人情報保護法に先立って，独立行政法人等情報公開法が制定されており，独立行政法人等個人情報保護法の対象法人は，基本的に，独立行政法人等情報公開法の対象法人に準拠して定められている[7]。

(5) 個人情報保護法と行政機関個人情報保護法の相違

　先に，公的部門においては，民間部門においてよりも，厳格な個人情報保護措置が必要であると考えられていることが，日本でセグメント方式が採られている理由であると説明した。以下，両者の間に，実際，どのような相違があるのかを具体的に述べることとする。

　第1に，個人情報取扱事業者は，保有個人データに関し，当該個人情報取扱事業者の氏名または名称，全ての保有個人データの利用目的，開示等の請求に応じる手続，手数料の額を定めたときは，その手数料の額その他政令で定めるものを本人の知りうる状態に置かなければならないが，本人の求めに応じて遅滞なく回答することでも足りると解されているので，事前に公表しておく義務まではないことになる（個人情報保護法27条1項）。これに対し，国の行政機関

---

[7]　厳密には，両者は完全には一致しない。この点について，宇賀・前掲注3)653頁以下参照。

や独立行政法人等は、個人情報ファイルに記録される項目および本人として個人情報ファイルに記録される個人の範囲、個人情報ファイルに記録される個人情報の収集方法、個人情報ファイルに記録される個人情報に要配慮個人情報が含まれるときは、その旨、個人情報ファイルに記録される個人情報を当該行政機関以外の者に経常的に提供する場合には、その提供先など、個人情報取扱事業者が本人の知りうる状態に置かなければならない情報よりもかなり詳細な情報を個人情報ファイル簿に掲載し公表することになっている（行政機関個人情報保護法11条1項、独立行政法人等個人情報保護法11条1項）。個人情報ファイル簿はインターネットで容易に閲覧できるという点でも国民にとって便利である。なお、2016年4月1日現在、地方公共団体の9割以上において、個人情報ファイル簿または個人情報取扱事務登録簿が作成・公表されており、この制度は、国および地方公共団体を通じた日本の公的部門における厳格な個人情報保護措置の代表例といえるように思われる。

　第2に、行政機関個人情報保護法および独立行政法人等個人情報保護法に基づく開示等の請求に対して拒否処分がされたときは、請求を行った者は、行政不服審査法に基づく審査請求を行うことができ、審査請求がされると、情報公開・個人情報保護審査会という第三者機関に原則として諮問され、この審査会は、開示等の請求の対象になった保有個人情報を実際に見分するインカメラ審理を行う権限を有している。これらの法律に基づく開示等の請求に対する拒否処分の場合と同様、個人情報保護法に基づく開示等の請求に対する拒否決定に対しても、訴訟を提起することはできるが、我が国の裁判所は、特にこれを認める明文の規定がない場合には、証拠調べの方法としてインカメラ審理を行うことは認められないと最決平成21・1・15民集63巻1号46頁は判示している。そして、個人情報取扱事業者が行った拒否決定に対しては、行政不服審査法に基づく審査請求を行うことはできず、したがって、情報公開・個人情報保護審査会によるインカメラ審理を受ける機会も保障されていないことになる。このように、訴訟よりも簡易迅速な審査請求による救済の機会および第三者機関によるインカメラ審理を受ける機会が保障されている点において、公的部門のほうが、民間部門に比べて、国民に対して、より充実した権利救済の機会を保障しているといえる。

第3に、個人情報の範囲について、民間部門では、個人情報取扱事業者がその通常業務における一般的な方法で容易に照合できる場合にのみ他の情報との照合を行えば足りるのに対し（個人情報保護法2条1項1号）、公的部門では、容易に照合可能な場合に限らず照合を行う必要があるため、個人情報の範囲がより広くなりうる（行政機関個人情報保護法2条2項1号、独立行政法人等個人情報保護法2条2項1号）。

(6) 分権的個人情報保護法制

　我が国の公的部門における個人情報保護法制の特色として、分権的個人情報保護法制であることにも言及する必要がある。すなわち、行政機関個人情報保護法は国の行政機関が保有する個人情報のみを対象としており、地方公共団体が保有する個人情報には適用されない。各地方公共団体が保有する個人情報を保護するための一般法は、各地方公共団体が制定している個人情報保護条例である。2019年5月1日現在、市区町村は1741、都道府県は47あるが、その全てが個人情報保護条例を制定している。このような分権的情報法制は、情報公開制度にも共通しており、行政機関情報公開法は、国の行政機関が保有する行政文書にのみ適用され、各地方公共団体が保有する公文書の開示請求制度については、各地方公共団体の情報公開条例が定めている。

　このような分権的情報法制になった1つの理由は、我が国では、先進的地方公共団体が国に先駆けて情報公開条例や個人情報保護条例を制定してきたことにある。行政機関情報公開法、行政機関個人情報保護法の立法過程では、これらの先進的地方公共団体の条例も参考にされた。にもかかわらず、遅れて立法を行った国が、今後は、条例を廃止して、法律で一元的に規制するという立場をとることは適切でないと判断された。また、国と地方公共団体の役割分担の観点からも、地方公共団体が保有する公文書の公開や個人情報の保護は、地方公共団体の自治事務（地方自治法2条8項）であり、「法律又はこれに基づく政令により地方公共団体が処理することとされる事務が自治事務である場合においては、国は、地方公共団体が地域の特性に応じて当該事務を処理することができるよう特に配慮しなければならない」（同条13項）ことから、地方自治を尊重して、各地方公共団体の条例に委ねているのである。

このような分権的情報法制の是非については，議論があるところである。一方において，個人情報を地方公共団体の区域を越えて流通させる必要がある場合には，地方公共団体ごとに個人情報保護のルールが異なることは不便であるという批判がある。

特に，医学研究の分野では，分権的個人情報保護法制に加えて，セグメント方式の個人情報保護法制であるため，ある患者が自宅の近くの民間の病院で診療を受けると，その病院は個人情報取扱事業者であるので，そのカルテ等に記載された患者の個人情報には，個人情報保護法の規定が適用され，診療の結果，専門医のいる公立病院の受診を勧められ，そこで診療を受けると，そのカルテに記載された患者の個人情報には，当該地方公共団体の個人情報保護条例の規定が適用される。同じ患者が，転居して，別の地方公共団体の公立病院で受診すると，そのカルテ等に記載された患者の個人情報には，その別の地方公共団体の個人情報保護条例の規定が適用される。さらに，難病であることが分かり，紹介状を書いてもらって，国立大学法人の病院を受診すると，そのカルテに記載された患者の個人情報には，独立行政法人等個人情報保護法の規定が適用される。そのため，医学研究者の間では，ある特定の患者の疾患の診療について経年的に調査することが困難であるという批判があったのである。そこで，2017年に「医療分野の研究開発に資するための匿名加工医療情報に関する法律」が制定された[8]。この法律は，医療情報取扱事業者が誰であろうと，同じルールで医療情報を認定匿名加工医療情報作成事業者に提供することを認めるもので，その限りで個人情報の取扱ルールを統一したものといえる。

このように，我が国は，セグメント方式で，かつ，分権的個人情報保護法制を採用しつつ，特に，個人情報保護のルールの統一化の要請が強い領域においては，個別法によりルールの統一を図っているのである[9]。

分権的個人情報保護法制には批判がある一方，その長所も認識しておく必要

---

8) 同法について詳しくは，宇賀克也・次世代医療基盤法の逐条解説（有斐閣，2019年）参照。

9) 防災の分野でも，2013年の災害対策基本法改正により，個人情報保護条例の相違にかかわらず，緊急時における避難行動要支援者対策等を可能としたことについて詳しくは，宇賀克也・自治体のための解説個人情報保護制度——行政機関個人情報保護法から各分野の特別法まで（第一法規，2018年）109頁以下参照。

がある。すなわち，法律との抵触を懸念することなしに，各地方公共団体の条例で自由に定めることができるので，地方公共団体の創意工夫により，国や他の地方公共団体においても参考にすべき，すぐれた条例が制定されることがあるのである。しかも，都道府県でも大都市でもない小さな市や町が，注目すべきすぐれた条例を制定することがある。詳しくは注3）の著者の文献を参照していただくこととし，本節では，一つだけ例を挙げよう。個人は，自分自身の情報を開示請求する権利が行政機関個人情報保護法，独立行政法人等個人情報保護法，個人情報保護法，個人情報保護条例で認められている。他方，法人その他の団体は，個人ではないので，これらの法令に基づいて自己情報の開示を請求することができないことは言うまでもない。しかし，法人その他の団体に自己情報の開示請求権を認める一般法は存在しない。著者は，かねてより，法人その他の団体も，国や地方公共団体等が保有している自己情報の開示を請求し，当該情報に誤りがあれば訂正を請求する権利を認められるべきであると主張してきたが[10]，国においても，そのような法整備は進んでいない。そのような中，人口約16万5000人で決して大都市とはいえない神奈川県秦野市が，個人情報保護条例において，個人の自己情報開示請求権の規定を法人等の団体にも準用する規定を設けたのである。この例からも窺えるように，人口規模の小さな市町村を過小評価してはならない。そのような市町村の中にも，独創的な条例を制定するものがあるのである[11]。分権的個人情報保護法制は，このように各地方公共団体の創意工夫を促し，その新機軸についての情報が共有されることによって，法の発展を促すという長所があることを看過すべきではないであろう。

---

10) 宇賀克也・新・情報公開法の逐条解説〔第8版〕（有斐閣，2018年）105頁以下参照。
11) 著者が，前掲注3)9)の逐条解説書において，小さな市や町の条例で独創的なものも紹介しているのは，国や他の地方公共団体の参考に供するためである。

2 個人情報保護法制の改革

(1) 法改正

　個人情報保護法が全面施行されてから約10年が経過した2015年9月3日に，「個人情報の保護に関する法律及び行政手続における特定の個人を識別するための番号の利用等に関する法律の一部を改正する法律」が成立し，同月9日に平成27年法律第65号として公布され，2017年5月30日に全面施行された。

　他方，公的部門の個人情報保護の一般法については，平成27年法律第65号による個人情報保護法の大改正（以下，この改正後の個人情報保護法を「新個人情報保護法」という）を受けて，「行政機関等の保有する個人情報の適正かつ効果的な活用による新たな産業の創出並びに活力ある経済社会及び豊かな国民生活の実現に資するための関係法律の整備に関する法律」が2016年5月20日に成立し，同月27日に平成28年法律第51号として公布され，2017年5月30日に全面施行された。平成28年法律第51号により，行政機関個人情報保護法，独立行政法人等個人情報保護法も大幅な改正を受けることになった。さらに，これらの改正を受けて，個人情報保護条例の改正が進行しつつある。

(2) 改正の意義

① 平成27年法律第65号による個人情報保護法の改正

　新個人情報保護法への改正の背景として，IT化が急速に進行し，ビッグデータ社会が到来したことがある。そして，パーソナルデータについても，個人情報保護法制定時には想像できなかったような膨大な量が収集され，また，当時の想定を超えた多様な利用方法が可能になってきた。これにより，様々な新サービスが創出される可能性が生ずるものの，パーソナルデータのうちどの範囲のものが個人情報に該当するかが明確でないため，利活用を躊躇するという「利活用の壁」が問題とされることになった。他方において，消費者の側からは，自分のパーソナルデータが知らないうちに大量に収集され，利用・提供されているのではないかという不安が高まっている。そのような状況の下で，個人情報の範囲の明確化を図り，匿名加工情報というカテゴリーを設けて，プラ

イバシー保護を図りつつ，匿名加工情報の取扱いのルールを明確化することは，ビッグデータ社会におけるパーソナルデータの保護と利用の調和を図る試みと評価できるものと思われる。

　次に，個人情報保護法の運用経験を通じて明らかになった不備の見直しの必要性の認識も改正の背景として指摘できる。個人情報保護法の成立は，我が国の個人情報保護の歴史において大きな前進であったといえるものの，同法全面施行から約10年の間に，改善が必要な面が明らかになってきた。個人情報保護法の施行にもかかわらず，個人データの大量漏えい事件は後を絶たず，十分な安全管理措置を講じていると消費者が期待していた大企業からの漏えいも少なからず発生した。とりわけ，2014年7月に発覚した大手の教育事業関係企業からの個人データの大量漏えいは，複数の名簿業者を経て，競争相手の企業が当該個人データを取得し，そのダイレクトメールを送られた消費者の口コミサイトへの書込みが，流出元企業による調査の端緒となったと言われている。この事件は，不正に取得した個人情報であっても，容易に名簿業者に売却して利益を得ることができたこと，個人情報が不正に取得され，転々流通している段階では，個人情報の本人は全くそのことを認識できず，流出元企業にのみ知らせたはずの情報を用いたダイレクトメールが他社から届いて初めて流出の可能性を認識できたこと，捜査当局ですら個人データの流通経路を明らかにすることが困難であったこと，この事案の場合には，個人情報を不正に取得した派遣社員は不正競争防止法違反で起訴されたが，「営業秘密」の要件を満たしていない場合には，同法違反で立件することはできないという限界があること等，既存の法制の大きな限界を浮き彫りにしたものと思われる。オプトアウト手続がとられていることを消費者が認識することがほぼ不可能であり，この手続が形骸化している現状を踏まえ，新個人情報保護法では，オプトアウト手続をとることについて，個人情報保護委員会に届け出ることを義務付け，個人情報保護委員会が届け出られた事項を公表することにより，消費者がオプトアウトの申出をするために必要な情報および個人情報保護委員会がオプトアウト手続が適法に行われているかを監督するために必要な情報の把握を容易にしている。また，個人データを第三者に提供するに当たり，提供の日時や提供先に関する記録の作成および保存を義務付け，受領する者に対しても，受領の日時や提供

者に関する記録の作成および保存を義務付け，さらに，提供者による取得の経緯を確認し，その記録を作成・保存する義務を課したことは，個人データのトレーサビリティを確保するうえで重要な改善である。また，データベース提供罪の創設により，不正競争防止法等，他の法律の犯罪構成要件に合致しない場合であっても，個人情報取扱事業者もしくはその従業者またはこれらであった者が，その業務に関して取り扱った個人情報データベース等を自己もしくは第三者の不正な利益を図る目的で提供し，または盗用したときに直罰を科すことができるとしたことは，抑止力を高めるものであり，大変望ましい。

　制定時の個人情報保護法は，個人情報の性質および利用方法に鑑み，個人の権利利益の一層の保護を図るため特にその適正な取扱いの厳格な実施を確保する必要がある個人情報について，保護のための格別の措置が講じられるよう必要な法制上の措置その他の措置を講ずる旨の規定を設けており，これを受けて，個人情報の保護に関するガイドラインでは，機微情報についての規定を設けたものが少なくない。「個人情報の保護に関する基本方針」および国会における附帯決議において，機微情報の典型として適切な措置が求められた医療情報については，「医療・介護関係事業者における個人情報の適切な取扱いのためのガイドライン」が制定され，法律が定める措置以上の措置をとるように努めることとされた。このガイドラインの制定は意義のあることであり，また，実際，このガイドラインを誠実に遵守している医療関係者も少なくない一方，このガイドライン制定後，10年以上を経ても，日常最も身近に訪れるコミュニティの診療所などでは，ガイドラインの存在自体が十分に認識されていないと感じることも稀でなかった。やはり，機微情報の特別の保護については，法律自体に定めることが望ましく，新個人情報保護法において，要配慮個人情報について，取得の原則禁止，オプトアウト手続による第三者提供の禁止の規定が設けられている。

　次に，グローバル化との関係について指摘しておきたい。個人情報保護法制定後，企業活動のグローバル化が一層進行し，個人データが国境を越えて流通することが当然のように行われる時代になった。新個人情報保護法では，日本に拠点を置かずに外国から日本国内の利用者に対してインターネット上で直接に商品を販売したり，サービスを提供したりする事業者にも，我が国の新個人

情報保護法が原則として適用されることを明確にし，また，外国の執行当局への情報提供に関する規定も設けられた。さらに，個人情報保護の水準が低い海外事業者に個人データが提供されることにより個人データの漏えい等の危険が高まる事態を避ける必要があるので，この点についてのルールを整備する規定が設けられている。

さらに，特定個人情報保護委員会を改組して，個人情報保護全般を所掌する個人情報保護委員会の設置を行う改正も，時宜にかなったものと考えられる。従前の個人情報保護法が採用していた主務大臣制は，事業を所管する立場から事業内容について知識を蓄積し，個人情報保護についても指針を示して業界に自主規制を行わせてきた経験を有する事業所管大臣に監督させることの実効性等を考慮して採用されたものであり，その当時の判断としては，理解できる面があった。しかし，ビッグデータ時代には，府省の所掌事務の境界を越えてパーソナルデータが利活用される場面が一層増加するものと予想され，その場合，主務大臣を定めるのに時間がかかり，機動的な法執行が困難になったり，複数の主務大臣による重畳的な法執行が行われ，事業者に過度な負担を課すことになる事案が増加することも想定される。また，個人情報保護法の執行に対する国民の信頼を確保するとともに，EUの十分性認定を受けるためにも，独立性の保障された第三者機関の存在が必要であり，この面からも，個人情報保護委員会の設置は歓迎される。

新個人情報保護法が，取り扱う個人データの数による適用除外を廃止する一方，個人の権利利益を侵害する危険性の小さいものを個人情報データベース等から除外することとしていることも重要である。事業者が取り扱う個人データの数が小さくても，その漏えいにより，個人の権利利益の重大な侵害が生じうることはいうまでもなく，かかる事業者も，個人情報保護のための適切な措置を講ずべきは当然であると考える。もっとも，取り扱う個人データの数が小さい事業者の中には，資金力の乏しい小規模事業者が少なくないと思われるが，その点については，平成27年法律第65号附則11条の規定を踏まえて，安全管理措置について，取り扱う個人データの性質や事業者の資金力等を勘案して，講ずべき措置の内容を柔軟に定めることで対応可能と思われる。

新個人情報保護法には，個人情報の利用を重視する部分と個人情報の保護を

重視する部分が併存しているが，個人情報の利用を重視する部分についても，個人情報保護を犠牲にして利用を図るというゼロ・サムの発想ではなく，従前と同様に個人情報を保護しつつ，利用を促進するというポジティブ・サムの考えを基礎にしているものと思われるし，個人情報の保護を重視する部分も，それにより個人情報の取扱いに対する国民や諸外国の信頼を確保することは，マクロで見れば，個人情報の健全な利用の促進につながるという認識に基づくものといえると思われる。

② 平成28年法律第51号による行政機関個人情報保護法，独立行政法人等個人情報保護法の改正

平成27年法律第65号附則12条1項は，新個人情報保護法の全面施行日までに，新個人情報保護法の規定の趣旨を踏まえ，行政機関個人情報保護法2条2項に規定する個人情報および独立行政法人等個人情報保護法2条2項に規定する個人情報の取扱いに関する規制の在り方について，匿名加工された情報の円滑かつ迅速な利用を促進する観点から，その取扱いに対する指導，助言等を統一的かつ横断的に個人情報保護委員会に行わせることを含めて検討を加え，その結果に基づいて所要の措置を講ずることを政府に対して義務付けた。この附則の規定が政府に求めたことを分析すると，第1に，行政機関および独立行政法人等（以下，両者を併せて「行政機関等」という）が保有する個人情報についても，新個人情報保護法の匿名加工情報に相当する情報の円滑かつ迅速な利用を促進する観点から規制の在り方について検討し，その結果に基づいて所要の措置を講ずること，第2に，当該情報の取扱いに対する指導，助言等を統一的かつ横断的に個人情報保護委員会に行わせることを含めて検討を加え，その結果に基づいて所要の措置を講ずること，第3に，以上の所要の措置を新個人情報保護法の全面施行日までに講ずることの3点になる。そして，第1，第2の点の検討に当たっては，新個人情報保護法の規定の趣旨を踏まえることが要請されている。

改正法は，第1の点について，行政機関等非識別加工情報に係る制度を新設し，提案を募集する個人情報ファイルを個人情報ファイル簿に記載して対象を明確にした上で，民間事業者が行政機関等非識別加工情報をその用に供して行う事業を提案する方式を採用している。民間のニーズを把握しないまま，行政

機関等の判断のみで行政機関等非識別加工情報を作成しても，民間のニーズに合わないおそれがあるので，民間事業者からの提案を受けて行政機関等非識別加工情報を作成する方式は，前述した平成27年法律第65号附則12条1項がいう新制度の円滑かつ迅速な利用の促進という観点から合理的なものと考えられる。

改正法において，第2の点については，行政機関等非識別加工情報の加工基準は，新個人情報保護法の匿名加工情報と同様，個人情報保護委員会が定め，行政機関等非識別加工情報の取扱いに対する監視・監督を個人情報保護委員会が一元的に行うこととされているが，行政機関等非識別加工情報が官民間で流通するものであることに照らし，新個人情報保護法の匿名加工情報について監督権限を有する個人情報保護委員会が行政機関等非識別加工情報についても監視・監督を行うことは合理的であり，また，この点も，前述した平成27年法律第65号附則12条1項の趣旨に合致するものと思われる。

第3の点については，パーソナルデータの利活用の促進は官民共通の課題であり，行政機関等非識別加工情報および匿名加工情報が官民間で流通するものであることに照らすと，両制度を同時期に一体のものとして施行することが望ましいという国会の判断によるものと考えられる。

次に，IT総合戦略本部が決定した「パーソナルデータの利活用に関する制度改正大綱」との関係について述べることとする。この大綱においては，行政機関等が保有するパーソナルデータについては，その特質を踏まえた検討を求めている。そこで，行政機関等が保有するパーソナルデータの特質とは何かが問題になるが，この点については，前述した「個人情報保護基本法制に関する大綱」において指摘された官民の個人情報保護法制の相違点が，今日においても妥当するものと思われる。それに加えて，国および独立行政法人等は，国民に対して説明責任を負う主体であり，その説明責任を履行させるための法制度として行政機関等の情報公開法がある点が，民間事業者とは決定的に異なり，行政機関等の個人情報保護法制を考えるに当たっては，行政機関等の情報公開法との関係に絶えず配慮することも重要であると考えられる。また，2007年の統計法全部改正により，「行政のための統計」から「社会の情報基盤としての統計」を重視して，統計情報の有効活用を推進するために，オーダーメード

集計や匿名データの提供という2次利用の制度が整備された[12]。行政機関等が保有する一般の個人情報についても，個人の権利利益を的確に保護することが当然の前提になるが，その上で，社会全体のために有効活用するというオープンデータの視点も必要と考えられる。平成28年法律第51号は，行政機関等の保有する個人情報の特質を踏まえて，その利活用により個人の権利利益が損なわれないこと，利活用に対する国民の不安を解消し，行政に対する国民の信頼を確保すること，行政の適正かつ円滑な運営に支障を与えないこと，行政機関等の情報公開法との関係に配慮すること，以上の前提の下に，行政機関等が保有する個人情報の適正かつ効果的な活用によるメリットの実現を志向することに配慮されたことが窺われる。具体的には，対象となる個人情報を，個人情報ファイル簿が公表されていること，情報公開請求に対して全部不開示とならないこと，行政運営に支障を生じないことの各要件を満たすものに限定し，提案の募集に関する事項，行政機関等非識別加工情報の概要を個人情報ファイル簿に記載することにより透明性と一覧性を確保し，提案の欠格事由および審査の要件を法定することにより公正性と透明性を確保することに配慮している。また，第三者に対する意見書提出の機会を付与した結果，提案に係る行政機関等非識別加工情報の作成に反対の意思を表示した意見書が提出されたときは，当該提案に係る個人情報ファイルから当該第三者を本人とする保有個人情報を除いた部分を当該提案に係る個人情報ファイルとみなすことにより，国民の不安に応えて，行政に対する国民の信頼を確保することに配慮した上で，行政機関等非識別加工情報に係る制度の新設により，新たな産業の創出ならびに活力ある経済社会および豊かな国民生活の実現への貢献を意図したものと考えられる。

③ 個人情報保護条例の改正

以上に述べた個人情報保護法，行政機関個人情報保護法，独立行政法人等個人情報保護法（以下，「個人情報保護3法」と総称する）の改正を受けて，地方公

---

[12] 宇賀克也＝中島隆信＝中田睦＝廣松毅「〈座談会〉全面施行された新統計法」ジュリ1381号4頁以下，宇賀克也「全面施行された新統計法と基本計画」ジュリ1381号28頁以下，上田聖「新しい統計制度と総務省政策統括官（統計基準担当）の役割」ジュリ1381号42頁以下，広田茂「『司令塔』の中核としての統計委員会の役割」ジュリ1381号8頁以下，高塩純子「地方公共団体の統計法制」ジュリ1381号56頁以下参照。

共団体は，どのように個人情報保護条例の見直しをすべきであろうか。以下において，ポイントを述べることとする[13]。

(a) 個人識別符号概念の導入

個人情報保護3法のいずれにおいても，個人情報の範囲の明確化の観点から，個人識別符号の概念が導入され，個人識別符号を含むものは，それ単独で個人情報として取り扱われることになった。匿名加工ないし非識別加工を行うに当たっても，個人識別符号は必ず削除しなければならない（個人情報保護法2条9項2号，行政機関個人情報保護法2条8項2号，独立行政法人等個人情報保護法2条8項2号）。個人識別符号の取扱いが，個人情報保護3法と個人情報保護条例で異なる場合，混乱を招くおそれがあるので，個人情報保護条例においても，個人識別符号の概念を導入することが望ましいといえよう。

(b) 要配慮個人情報

個人情報保護条例においては，国に先駆けて，機微情報の取得を原則として禁止するものが多い。すなわち，総務省が2016年4月1日付で行った調査によると，都道府県では，個人情報保護条例において，機微情報の収集を禁止している団体はなかったが，制限している団体は44（93.6%）で，制限していない団体は3（6.4%）にとどまった。市町村では，機微情報の収集を禁止している団体は3（0.2%），禁止まではしないが制限している団体が1664（95.6%），制限していない団体は74（4.3%）であった。すなわち，国が要配慮個人情報の概念を個人情報保護法や行政機関個人情報保護法，独立行政法人等個人情報保護法に導入する前に，普通地方公共団体の個人情報保護条例の90%以上において，機微情報の収集制限規定が置かれていたのである。神奈川県個人情報保護条例のように，機微情報については，取得に限らず，取扱い全体を原則禁止としている例も存在する。もっとも，個人情報保護法，行政機関個人情報保護法，独立行政法人等個人情報保護法が定める要配慮個人情報が全て個人情報保護条

---

[13] この問題については，宇賀克也「行政機関個人情報保護法改正の意義と地方公共団体の課題」自治実務セミナー653号2頁以下，高野祥一「行政機関個人情報保護法の改正と自治体の対応」自治実務セミナー650号36頁以下，板倉陽一郎＝寺田麻祐「平成27年個人情報保護法改正及び平成28年行政機関個人情報保護法等改正を踏まえた地方公共団体の責務についての考察」信学技報116巻71号95頁以下，小野吉昭「法改正を踏まえた個人情報保護条例の見直し」自治実務セミナー653号12頁以下等も参照。

例で機微情報とされていたわけではない。そのため、神奈川県では、個人情報保護法、行政機関個人情報保護法、独立行政法人等個人情報保護法の改正を受けて、個人情報保護条例に要配慮個人情報に係る規定を設けるに当たり、従前の機微情報には含まれていない要配慮個人情報を包含する改正が必要になった。すなわち、従前の規定では、人種、信条、社会的身分、犯罪の経歴は機微情報とされていたものの、病歴、心身の機能の障害があること、健康診断その他の検査の結果、医師等による指導または診療もしくは調剤が行われたこと、犯罪により害を被った事実、被疑者または被告人として刑事事件に関する手続が行われたこと、非行少年等として少年の保護事件に関する手続が行われたことという要配慮個人情報は、個人情報保護条例の機微情報に含まれていなかった。個人情報保護法、行政機関個人情報保護法、独立行政法人等個人情報保護法の改正を受けて、個人情報保護条例を改正するに当たり調査を行ったところ、実際には、病歴、心身の機能の障害があること、健康診断その他の検査の結果、医師等による指導または診療もしくは調剤が行われたことに係る情報のいずれかを取り扱っている可能性がある事務は731件、犯罪により害を被った事実に係る情報を取り扱っていると思われる事務が12件、被疑者または被告人として刑事事件に関する手続が行われた事実に係る情報を取り扱っていると思われる事務が1件存在した。そこで、個人情報保護法、行政機関個人情報保護法、独立行政法人等個人情報保護法の要配慮個人情報の範囲と一致させるため、従前の機微情報に含まれていなかったものも含めて要配慮個人情報とする個人情報保護条例の改正を行ったのである。しかし、従前取り扱っていた病歴等の個人情報が取り扱えなくなると事務に大きな支障が生ずることになる。神奈川県個人情報保護条例では、例外的に要配慮個人情報を取り扱える場合として、従前の機微情報の場合と同様、「あらかじめ……審議会……の意見を聴いた上で正当な事務若しくは事業の実施のために必要があると〔実施機関が〕認めて取り扱うとき」という条項があるので、改正条例施行前に、新たに要配慮個人情報とされた情報を取り扱う事務について、情報公開・個人情報保護審議会に大量の諮問が行われることになった。以上は神奈川県の例であるが、総務省の調査によると、2016年4月1日現在、機微情報の収集を制限する個人情報保護条例を有する普通地方公共団体のうち、人種が機微情報に含まれていないもの

が4.0％，信条が機微情報に含まれていないものが0.5％，社会的身分が機微情報に含まれていないものが3.4％，病歴が機微情報に含まれていないものが6.1％，犯罪の経歴が機微情報に含まれていないものが2.2％，犯罪により害を被った事実が機微情報に含まれていないものが4.6％，存在した。このことから，個人情報保護条例における機微情報の範囲は必ずしも統一されておらず，また，いずれの要配慮個人情報についても，個人情報保護条例の機微情報に必ず含まれているというわけではないことが窺われる。したがって，個人情報保護条例が機微情報として，その取扱いを制限している情報に含まれない要配慮個人情報が存在する場合，それらを個人情報保護条例の機微情報に含める改正を行うと同時に，かかる情報の取得等ができなくなると公務に重大な支障が生ずる場合には，審議会に諮問してその利用を可能にする答申を得る等の手続を履践する必要がある。

　(c)　非識別加工情報

　行政機関非識別加工情報と同様の仕組みを個人情報保護条例に導入すべきかについても検討を要する。この点については，すでに8団体が，個人情報保護条例を改正して，非識別加工情報制度を導入しているが，2018年6月15日に閣議決定された規制改革実施計画においては，「地方自治体が保有するパーソナルデータについて，同じルールで円滑に利活用することが可能な環境を迅速に実現するための工程（立法措置か条例整備かの整理等を含む。）を明確化する。その工程に基づき，その活用事例の整理を行うとともに，現行の地方における活用ルールの実効性を検証し，その結果を踏まえ，立法措置（作成組織の整備を含む。）の在り方について，具体的な論点を整理し，結論を得る。それとともに，事業採算性等の実効性を検証し，その結果に基づき必要な措置を講ずる」「工程の明確化は平成30年度上期措置。平成30年度に立法措置の在り方について検討・結論。平成31年度措置」とされた。これを受けて，総務省の「地方公共団体の非識別加工情報の作成・提供に係る効率的な仕組みの在り方に関する検討会」で，2018年8月より検討が行われ，2019年6月に「地方公共団体の非識別加工情報の作成・提供に係る効率的な仕組みの在り方に関する中間とりまとめ」が公表されている。そこでは，非識別加工情報の作成を地方公共団体とは別の組織の事務とし，個人情報保護条例の改正を要することな

く，1地方公共団体が保有している個人情報の提供を受けて非識別加工情報を作成する組織について，一定の基準に基づき国が認定し，②作成組織において，民間事業者からの提案を募集し，③提案に対応するために必要となる個人情報について，地方公共団体に対して情報提供を要請し，④地方公共団体は，要請に基づき，個人情報の目的外提供の可否を判断のうえ，提供を行い，⑤作成組織において，提供を受けた個人情報に係る非識別加工情報を作成し，提供する仕組みが構想されている。

　非識別加工情報制度は，行政機関個人情報保護法，独立行政法人等個人情報保護法に規定されたが，オープンデータ政策[14]の一環としての性格を有しており，立法政策としては，個人情報保護法制とは異なるオープンデータ法制として立法することも可能であった。地方公共団体においても，個人情報保護法制とは別のオープンデータ法制として非識別加工情報制度を立法化することは，立法政策の選択肢としてありうるところである。かかる立法により，早期に，かつ，統一的なルールの下で，地方公共団体が保有する個人情報に係る非識別加工情報制度が導入されることには意義がある。もっとも，我が国の情報法制は，先進的地方公共団体がリードすることにより進化してきたことに照らすと，地方公共団体の創意工夫の余地を排除しないかたちでの法制化が望ましいように思われる。

14）　オープンデータ政策については，宇賀克也「オープンデータ政策の展開と課題」季報情報公開・個人情報保護63号58頁以下およびそこに掲げた文献ならびに友岡史仁「日本におけるオープンデータ法制の構築と課題」行政法研究16号103頁以下等参照。

第 2 章

2015 年の個人情報保護法改正

第 1 節 「パーソナルデータの利活用に関する制度見直し方針」について

1 はじめに

2013 年 12 月 20 日，高度情報通信ネットワーク社会推進戦略本部（以下「IT 戦略本部」という）が「パーソナルデータ[1]の利活用に関する制度見直し方針」（以下「見直し方針」という）を決定した。見直し方針は，IT 戦略本部に設けられた「パーソナルデータに関する検討会」における検討を踏まえてまとめられたものである。見直し方針に基づいて 2014 年上半期に「個人情報の保護に関する法律」（以下「個人情報保護法」という）改正に向けた具体的な検討が政府において行われた。そして，個人情報保護法改正の大綱が同年 6 月にとりまとめ

---

[1] 個人情報保護法 2 条 1 項は，「個人情報」とは，生存する個人に関する情報であって，当該情報に含まれる氏名，生年月日その他の記述等により特定の個人を識別することができるもの（他の情報と容易に照合することができ，それにより特定の個人を識別することができることとなるものを含む）をいうと定義しており，特定個人識別性を要件としている。「パーソナルデータ」は，特定個人識別性を要件とせず，個人に関する情報を総称する意味で用いられている。総務省「パーソナルデータの利用・流通に関する研究会報告書——パーソナルデータの適正な利用・流通の促進に向けた方策」（2013 年 6 月）参照。

られ，パブリック・コメント手続を経て，法案作成作業が行われ，2015年通常国会に改正法案が提出された。見直し方針は，個人情報保護法の改正の方向を示す重要な羅針盤として位置付けられるものである。そこで，本節において，見直し方針について解説しつつ，私見を述べることとしたい。

2　見直し方針決定の背景

　見直し方針決定の背景として，以下のことを指摘できよう。
　第1は，情報通信技術の急速な進展により，ビッグデータの収集分析が可能になったことである。とりわけ，パーソナルデータを含むビッグデータについては，個人情報保護法の立法過程において想定されていなかったような利活用が可能になり，また，実際に行われるようになってきた。このことは，一方において，パーソナルデータを活用した新事業・サービスの創出に寄与するものとして，その有効活用への期待を高めることになった。パーソナルデータに係るビッグデータの利活用を図るための一つの方策は，当該データの特定個人識別性を喪失させ（いわゆる匿名化），個人情報でなくすることである。特定個人識別性を喪失させれば，個人情報保護法が定める第三者提供の規制（23条）も目的外利用制限の規制（16条）も適用されなくなる。しかし，匿名化された状態とは何かは決して明確ではない。個人情報から氏名，住所等のそれ自体で容易に特定個人を識別できる情報を削除しても，他の情報と容易に照合することができ，それにより特定の個人を識別することができる場合には，その情報は個人情報となるからである（モザイク・アプローチ）。そして，このモザイク・アプローチによる情報の照合を踏まえると，個人情報の匿名化は，ビッグデータの時代には，きわめて困難になることが多い。なぜならば，インターネット上に膨大な情報が存在するため，照合の対象になる情報が非常に多くなり，想定外の照合がなされてしまう可能性が増大しており，さらに，情報通信技術の著しい進展のため，従来は困難であった照合がきわめて容易に行える場合も増大しているからである。このことは，一方において，どの程度の措置を講ずれば匿名化が行われたといえるのかを不明確にし，パーソナルデータの利活用を企業に躊躇させる原因になるとともに，他方において，パーソナルデータの利

活用をしている企業としては匿名化したつもりであっても，実際には匿名化が不十分であり，そのことが批判の対象になるといったケースを生じさせている。したがって，企業にとっても，パーソナルデータの利活用ルールを明確化することが，その利活用を過度に躊躇する状態を解消し，主観的には十分であると考えた匿名化が後に不十分と批判されるリスクを回避する観点から望まれることになる。他方において，消費者にとっても，パーソナルデータの利活用ルールの明確化は，適切な匿名化措置を講じたパーソナルデータの利活用により，消費者の利便の向上につながることが期待されるし[2]，不明確なルールの下で不十分な匿名化のまま，パーソナルデータが利活用されることによるプライバシー侵害のリスクの回避につながる。

　第2は，特定の個人を識別できなくても，同一の人物であることを識別可能な場合（それが誰か一人の情報であることは判明するが，その一人が誰であるかまでは判明しない場合）が，情報通信技術の進展により増大し，それがビジネスに利活用される事例が増大するにつれ，特定の個人が識別されることを要件とする個人情報に着目した規制のみでは不十分ではないかという問題が認識されるようになったことが挙げられる。インターネット上の閲覧履歴や購買履歴を利活用した行動ターゲティング広告は，IPアドレスによりある同一人物の情報であることを認識できても，それが誰の情報かの特定までは行われていない場合があるが，たとえ，個人の特定まではされていなくても，同一人物の者と識別した上で，それをビジネスに利活用する場合，個人情報でないという一事をもって，その利活用に対する法的規制が皆無であってよいのかという疑問である。個人情報ではなくパーソナルデータという観点から議論が行われるようになった背景には，かかる事情がある。

　第3は，経済活動のグローバル化の進展に伴い，情報通信技術の面においても，クラウドサービスに代表されるような国境を越えた情報の流通が進展しており，パーソナルデータもその例外ではないため，我が国が現状のまま対策を講じないと，日本国民のパーソナルデータも日本の主権の及ばない海外に集積

---

[2] ビッグデータの活用によって生じた利益を企業と個人が共有する戦略の重要性を指摘する有力な意見について，樋口範雄「ビッグデータと個人情報保護」高橋和之先生古稀記念・現代立憲主義の諸相（下）（有斐閣，2013年）245頁で紹介されている。

し，海外で利活用される傾向が一層進展していくことが想定されることである。したがって，我が国も，パーソナルデータの保護と利活用に係る法制度について，国際的ハーモナイゼーションに留意しつつ，諸外国からパーソナルデータが集積する事業環境を整備することが喫緊の課題となっている。

　以上のような背景のもと，2013年6月14日に閣議決定された「世界最先端IT国家創造宣言」において，「『ビッグデータ』のうち，特に利用価値が高いと期待されている，個人の行動・状態等に関するデータである『パーソナルデータ』の取扱いについては，その利活用を円滑に進めるため，個人情報及びプライバシーの保護との両立を可能とする事業環境整備を進める。また，環境整備に当たっては，プライバシーや情報セキュリティ等に関するルールの標準化や国際的な仕組み作りを通じた利便性向上及び国境を越えた円滑な情報移転が重要であり，OECD等国際交渉の場を活用し，国際的な連携を推進する」，「速やかにIT総合戦略本部の下に新たな検討組織を設置し，個人情報やプライバシー保護に配慮したパーソナルデータの利活用のルールを明確化した上で，個人情報保護ガイドラインの見直し，同意取得手続の標準化等の取組を年内できるだけ早期に着手するほか，新たな検討組織が，第三者機関の設置を含む，新たな法的措置も視野に入れた制度見直し方針（ロードマップを含む）を年内に策定する。さらに，2014年以降に，制度見直し方針に示されたロードマップに従って，国際的な連携にも配慮しつつ，順次パーソナルデータ利活用環境を整備し，利活用を促進する」とされたのである。

3　制度見直しの方針

(1)　パーソナルデータ利活用に向けた見直し

　ビッグデータ時代におけるパーソナルデータの利活用を推進するために，見直し方針が打ち出した方策の柱になるのが，個人データを加工して個人が特定される可能性を低減したデータに関し，個人情報およびプライバシーへの影響ならびに本人同意原則に留意しつつ，第三者提供における本人同意を要しない類型，当該類型に属するデータを取り扱う事業者（提供者および受領者）が負うべき義務等について，所要の法的措置を講ずることである。これは，2013年6

第1節 「パーソナルデータの利活用に関する制度見直し方針」について　41

月14日に閣議決定された規制改革実施計画において，内閣官房および消費者庁が，「個人情報の保護を確保しつつ，ビッグデータ・ビジネスの普及を図る観点から，各省庁が策定している事業等分野ごとのガイドライン……で活用できるよう，どの程度データの加工等を行えば『氏名，生年月日その他の記述等により特定の個人を識別することができるもの（他の情報と容易に照合することができ，それにより特定の個人を識別することができることとなるものを含む。）』には当たらない情報となるのか等，合理的な匿名化措置の内容を明確化したガイドラインを策定する」とされ，規制改革会議の創業等ワーキング・グループ報告において，「米国FTCは，事業者が，①データに合理的な非識別化措置を講じること，②非識別化されたデータを再識別化しないことを公に約束すること，③非識別化されたデータを第三者に提供する場合，提供先が再識別化することを契約で禁止すること，の3要件を満たせば，合理的に連結可能なデータには当たらないとしている。我が国でも，ある事業者（X）が，もともと保有するデータ（元データ）と，加工等により特定の個人を識別できなくなったデータ（新データ）の両方のデータを保有し，新データのみを第三者（Y）に提供する場合において，X・Y間の契約でYによる再識別化が禁止されているときは，個人の権利利益の侵害のおそれはないのであるから，新データは『個人情報』には該当しない旨を明確化すべきではないか」という問題提起が行われたことを踏まえて検討が行われた結果である。

　この問題については，「パーソナルデータに関する検討会」の下に設けられた「技術検討ワーキンググループ」において，既存の個人情報保護法において導入可能な「再識別不可能データ」化（提供事業者において容易照合性のない技術的匿名化）措置の内容および新たな立法措置を前提とした「合理的な技術的匿名化措置」の内容の検討について，米国FTCが公表したFTCスタッフレポート（「急速な変化の時代における消費者プライバシーの保護」）における匿名化に関する前記3要件等を念頭においた検討が行われた。その結果，いかなる個人情報に対しても，識別非特定情報（一人ひとりは識別されるが，個人が特定されない状態の情報）や非識別非特定情報（一人ひとりが識別されず，かつ個人が特定されない状態の情報）となるように加工できる汎用的な方法は存在しないが，個人情報の種類・特性や利用の目的等に応じて技術・対象を適切に選択することによ

り，識別非特定情報や非識別非特定情報に加工することは不可能ではないと結論付けられた。そして，個人の特定性または識別性が低下した情報に加工した「法第23条第1項適用除外情報（仮称）」について，当該データの受領者は個人情報の特定化，識別化または識別特定化を行わないことが必要であり，このことを担保するために新たな立法措置が必要であるとされた。

また，見直し方針においては，パーソナルデータの保護は，その利活用の公益性という観点も考慮しつつ，プライバシーの保護と利活用を促進するために行うものであるという基本理念を明確にすることを検討することとされている。

(2) プライバシー保護に対する個人の期待に応える見直し

見直し方針においては，適切なプライバシー保護を実現するため，①保護すべきパーソナルデータの範囲，②個人情報の開示および訂正等における本人関与のあり方，③取り扱う個人情報の規模が小さい事業者の取扱い，④プライバシー影響評価[3]の導入，⑤データ取得時等における手続の標準化等について検討することとされている。

①については，プライバシー保護という基本理念を踏まえて，実質的に個人が識別される可能性を有するものを保護することとしており，識別非特定情報も保護対象に含まれうる。また，センシティブデータについては新類型を設け，その特性に応じた取扱いを行うこととされている。さらに，高度に専門的な知見が必要とされる分野におけるパーソナルデータの取扱いについては，関係機関が専門的知見をもって対応すること等について検討することとされている。医療分野がその例であろう。②については開示請求・訂正請求・利用停止請求の権利の明確化[4]，③については，個人情報データベース等に含まれる個人情報数による裾切りの見直しと，取り扱う個人情報の規模が小さい事業者の負担軽減策を併せて検討すること[5]，④については「行政手続における特定の個人を識別するための番号の利用等に関する法律」（以下「番号法」という）で導入

---

3) 宇賀克也「プライバシー影響評価」前掲注2)197頁以下参照。
4) 個人情報保護法を改正し，特定個人識別性のある個人データの提供を認める一方，訂正，提供停止，削除を求める手続，権利を整備すべきとするものとして，多賀谷一照「公的情報の再利用について」千葉大学法学論集28巻1・2号24頁参照。

されたプライバシー影響評価（特定個人情報保護評価）の範囲の拡大，⑤については消費者に対する情報提供，説明の適切性を評価・確認できるような標準的な取組みを示す基準の策定と，当該基準を用いたパーソナルデータの利活用を進める事業者の取組みの評価の試行（経済産業省が同時並行で実施している）が，それぞれの課題であった。

　また，専門的知見の集中化，機動的な法執行の確保および諸外国の制度との整合性をとりつつパーソナルデータの保護と利活用の促進を図るために，独立した第三者機関に分野横断的な統一的見解の提示，事前相談，苦情処理，立入検査，行政処分等の権限を付与することとされた。番号法に基づき，2014年1月1日に特定個人情報保護委員会[6]が設置されたが，その所掌事務を個人情報保護一般に拡大することが念頭に置かれていた。その際，主務大臣の監督権限との関係をいかに整理するかが，重要な論点であった。また，プライバシーに配慮したパーソナルデータの利活用の促進を図る観点から，罰則のあり方，法解釈・運用の事前相談のあり方等を検討することとされた。

　さらに，事業者が自主的に行っているパーソナルデータの保護の取組みを評価し，十分な規律に服することが担保されるマルチ・ステークホルダー・プロセスの考え方を活かした民間主導の枠組みの構築を検討することにより，パーソナルデータ利活用のルールが遵守される仕組みを整備することも提言された。

　見直し方針においては，さらに，個人データの共同利用やオプトアウト手続等の第三者提供の例外措置の要件の明確化，利用目的拡大に当たって事業者がとるべき手続の整備，わかりやすいプライバシー・ポリシーの明示等，パーソナルデータの取扱いの透明化等を検討することとされた。

(3)　グローバル化に対応する見直し

　日本の事業者が国境を越えて適切にパーソナルデータの共有，移転等を実施できるようにするために，国際的ハーモナイゼーションに配慮した制度を検討することとされた。その場合，単に欧米先進国の制度への適合を図るのみなら

---

5)　宇賀克也・個人情報保護の理論と実務（有斐閣，2009年）71頁以下参照。
6)　宇賀克也「特定個人情報保護委員会について」季報情報公開・個人情報保護49号67頁以下参照。

ず，我が国も，個人情報保護，プライバシー保護のための国際的なルールの形成に能動的に参加していくことが期待される。そのためには，特定個人情報保護のみならず個人情報一般の保護のための独立した第三者機関の設置が重要になると考えられた。さらに，我が国から他国へのパーソナルデータの移転により，プライバシー侵害が発生しないように移転の際にプライバシー保護策を講ずることについても検討すべきとされた。旧EUデータ保護指令25条のような規定を我が国も設け，パーソナルデータの保護が不十分な国へのその移転を制限することが検討課題とされたのである。そして，国境を越えた情報流通の実態を踏まえた海外事業者に対する国内法の適用等についても検討することとされた。

(4) 公的部門における個人情報保護法制の見直し

　見直し方針は，民間部門の個人情報保護法制の見直しを主眼としたものであるが，公的部門（行政機関，独立行政法人等および地方公共団体）が保有する個人情報の取扱いについて，第三者機関の機能・権限等に関する国際的な整合性，我が国の個人情報保護法制の趣旨等にも配慮しながら，必要な分野について優先順位を付けつつ，その対応の方向性について検討することとされた。我が国の個人情報保護法制は民間部門と公的部門を別個の法律で規制するセグメント方式をとり，かつ，各地方公共団体が個別に個人情報保護条例を制定する分権的法制を採用しているが，独立した第三者機関による監督を，公的部門にも及ぼすべきかが論点になる。番号法により，特定個人情報については旧特定個人情報保護委員会の監督権限が及んでいたが，個人情報一般について独立の第三者機関の監督をどのように制度化するかについて，議論を深める必要が認識されたのである。

4　おわりに

　前述した「技術検討ワーキンググループ」における検討によって明らかになったように，汎用的な匿名化の手法が存在せず，ケースバイケースの判断によらざるをえないため，事前に匿名化のための明確なガイドラインを示すことは

困難と思われる。そして，事案ごとにパーソナルデータの有用性を斟酌しつつ適切な匿名化の方法を決定することは決して容易ではないため，各企業の判断に委ねた場合，適切な匿名化が行われる保障は必ずしもないと思われる。そこで，匿名化の適切さを担保するための第三者機関による事前審査の仕組みを導入するかが，重要な論点となる。統計法に基づく匿名データの提供の場合，統計委員会匿名データ部会で事前審査が行われているが，統計法の匿名データの提供数は少数にとどまるし，その利用目的も限定されているのに対し，多種多様にわたる民間ビジネスにおけるパーソナルデータの匿名化を第三者機関が悉皆的かつ機動的に事前審査することは可能か，日本版ノーアクションレター制度による場合，照会内容の公表が前提となるため，このことがこの制度の利用の障害にならないか等，検討を深めなければならない論点が少なくないと思われる。

第2節　パーソナルデータの利活用に関する制度改正大綱について

1　はじめに

　我が国では，2013年5月に，経済産業省IT融合フォーラムの「パーソナルデータワーキンググループ」報告書が取りまとめられ，翌月，総務省「パーソナルデータの利用・流通に関する研究会」報告書も公表された。そして，同月14日，「世界最先端IT国家創造宣言」において，速やかに，高度情報通信ネットワーク社会推進戦略本部（以下「IT総合戦略本部」という）に新たな検討組織を設置し，当該組織が，第三者機関の設置を含め，新たな法的措置も視野に入れた制度見直し方針（ロードマップを含む）を年内に策定することとされた。これを受けて，IT総合戦略本部に置かれた「パーソナルデータに関する検討会」（以下「検討会」という）における検討に基づき，IT総合戦略本部は，同年12月20日，「パーソナルデータの利活用に関する制度見直し方針」[1]を決定した。検討会は，さらに検討を進め，2014年6月19日に検討会案を決定し，これに基づき，IT総合戦略本部は，同月24日に，「パーソナルデータの利活用に関する制度改正大綱」（以下「大綱」という）[2]を公表した。政府は，大綱につ

---

[1]　本章前節，岡村久道「パーソナルデータの利活用に関する制度見直しと検討課題（上）（中）（下）」NBL 1019号17頁以下，1020号68頁以下，1021号49頁以下，瓜生和久「パーソナルデータに関する検討会の背景・概要と『制度見直し方針』の解説」NBL 1017号10頁以下，伊藤亜紀「ビッグデータ時代のパーソナルデータの利活用――パーソナルデータに関する検討会による制度見直し方針を踏まえて」消費者信用32巻1号30頁以下，中崎尚「パーソナルデータ保護法制が企業に与える影響――いま何が議論されているのか」Business Law Journal 7巻5号32頁以下参照。

[2]　宇賀克也＝宍戸常寿＝森亮二「〈鼎談〉パーソナルデータの保護と利活用に向けて」ジュリ1472号ii頁以下，森亮二＝伊藤亜紀「大綱の読み方――利活用とプライバシー保護のバランスはどうあるべきか」Business Law Journal 7巻9号20頁以下，瓜生和久「『パーソナルデータの利活用に関する制度改正大綱』の概要」NBL 1029号11頁以下，進士英寛「パーソナルデータの利活用に関する個人情報保護法制の見直しと利用者からの信頼確保」NBL 1029号23頁以下，香月裕爾「個人情報保護法改正の方向性――『パーソナルデータ

いてのパブリック・コメント手続を同年6月25日から同年7月24日まで行い，その結果も参考にして，内閣官房が中心となって各府省と調整を行い，「個人情報の保護に関する法律」（以下「個人情報保護法」という）改正案を2015年通常国会に提出した。本節においては，この大綱について解説することとする。

2 大綱策定の背景

　個人情報保護法が2003年に制定されて以降のICTの進展は驚異的なものであり，同法制定当初は予想されなかったビッグデータの収集・分析が行われるようになった。これにより，医学の発展等の公益に寄与することが可能になるのみならず，産業界においても，諸種の新たなサービスの提供が可能になり，経済成長を促すとともに，国民の利便性を向上させており，今後も一層その傾向が強まるものと予想される。ビッグデータの中でも特に利用価値が高いのがパーソナルデータである。しかし，その利活用に当たっては，保護されるべき個人情報，プライバシーの範囲，事業者が遵守すべきルールが明確でない「グレーゾーン」が存在し，そのため利活用を躊躇する事態も生じており，一方において，利活用促進の観点から，保護されるべき個人情報，プライバシーの範囲，事業者が遵守すべきルールの明確化が要請されている[3]。他方において，ビッグデータの時代には，同一人物の情報であるとして個人が識別される場合，膨大な他の情報との照合により個人が特定される可能性が大きくなり[4]，消費者の側では，自分のパーソナルデータの事業者による取扱いの不透明感が増し，それが悪用されているのではないかという不安感が高まっている。このような

の利活用に関する制度改正大綱』の解説」金融・商事判例1448号1頁，伊藤亜紀＝永井利幸「『パーソナルデータの利活用に関する制度改正大綱』にみる個人情報保護法改正の方向性と実務への影響」金融法務事情1999号100頁以下，大井哲也＝白澤光音「パーソナルデータ大綱のビジネスへの影響」ビジネス法務14巻10号92頁以下参照。

[3]　「世界最先端IT国家創造宣言」においては，特に利用価値が高いと期待されている個人の行動・状態等に関するデータであるパーソナルデータの取扱いについては，その利活用を円滑に進めるため，個人情報およびプライバシーの保護との両立を可能とする事業環境整備を進めるとされている。

[4]　総務省「パーソナルデータの利用・流通に関する研究会」報告書では，実質的個人識別性の問題として論じられている。

消費者の不安を解消する制度，運用を確立していく必要性も増大している[5]。そして，消費者の信頼がなければ，当該サービスは利用されないであろうから，パーソナルデータの利活用に関する消費者の不安を解消することは，その反面において，パーソナルデータの利活用のための条件整備ともいえる[6]。

　以上が，大綱策定の最大の背景事情であるが，それに加え，個人情報保護，プライバシー保護をめぐる国際的動向も，大綱策定の背景事情といえる。すなわち，アメリカにおいて，2012 年 2 月に消費者プライバシー権利章典が公表され[7]，翌月，連邦取引委員会（以下「FTC」という）が「急速に変化する時代における消費者プライバシーの保護」と題する報告書を公表し，「特定の消費者，コンピュータその他のデバイスに合理的に連結可能でないデータ」とされるための要件として，（ⅰ）当該データセットに合理的な非識別化措置が講じられ，（ⅱ）当該事業者がそれを再識別化しないことを公に宣誓し，（ⅲ）当該事業者が提供先の利用者に対して非識別化された状態で取り扱うことを約束させることの 3 つ（以下「FTC 3 要件」という）を提示した。また，我が国の個人情報保護法制に大きな影響を与えた OECD プライバシー・ガイドラインが，

---

[5]　個人情報保護法を遵守していたとしても，消費者が想定しない方法で個人データを利用した場合，消費者の強い批判を受ける可能性がある。小向太郎「ライフログの利活用と法律問題」ジュリ 1464 号 54 頁参照。JR 東日本による日立製作所への Suica 情報の売却計画が個人情報保護法違反であったか否かについては議論があり，違法の疑いがあるとする説（鈴木正朝「Suica 問題とは何であったか──個人情報保護法改正の視点（Interview）」Business Law Journal 7 巻 5 号 39 頁以下），違法視することに疑問を提起する説（太田洋「予測可能性が失われればビジネスは萎縮する（Interview）」Business Law Journal 7 巻 5 号 36 頁以下）がある。

[6]　経済産業省は，事業者によるパーソナルデータの利活用が批判を受ける原因としては，取得段階でのパーソナルデータの取扱いに関する情報提供・説明が，消費者の理解を十分に得ていないこともあるとして，多様な事業者が参照し利用できるような「評価基準」を策定し，併せて，事業者が「評価基準」に合致した取組みを行っていることを客観的に評価し消費者に情報提供できるような第三者による評価の仕組み（事前相談評価）を設けることとしている。「評価基準」は，事業者による情報提供・説明が消費者に提示すべき情報を消費者に誤解を与えることなく分かりやすく提示できているか否かについて判断するための評価項目を示している。これについて，小柳輝「消費者に信頼されるパーソナルデータの利活用ビジネスの促進に向け，消費者への情報提供・説明を充実させるための『基準』について」NBL 1025 号 4 頁以下参照。

[7]　アメリカにおける最近のビッグデータの利用と規制について，石井夏生利「アメリカにおけるビッグデータの利用と規制」ジュリ 1464 号 32 頁以下参照。

2013 年 7 月に改正され[8]、EU において 2014 年 3 月に一般データ保護規則案[9]が欧州本会議で可決されたが、かかる国際的動向の背景には、ビッグデータ時代におけるパーソナルデータの利活用と保護についての新たなルールの形成が先進国に共通の課題となっていること、企業活動のグローバル化が一層進展し、かつ、クラウドサービス等の ICT の急速な発展により、パーソナルデータが国境を越えて流通することが日常化してきたことが挙げられる。すでに、日本国民のパーソナルデータが大量に外国企業の下に集積され、我が国の主権が及ばない外国で処理されている。このようにボーダーレスにパーソナルデータが流通する時代にあって、我が国に諸外国のパーソナルデータが集積する事業環境を整備するためには、パーソナルデータの利活用と保護について、国際的ハーモナイゼーションを図る必要がある[10]。このことも、大綱策定を促す一因であった。

3　大綱策定の目的

　以上のような背景から策定された大綱の目的は、以下のように整理できる。
　第 1 は、パーソナルデータの利活用を躊躇させる障壁となっている①個人情報の範囲についての法解釈の曖昧さ、②特定の個人を識別しないが、特定の個人の識別につながる蓋然性が高い等、その取扱いによっては個人の権利利益が侵害されるおそれがあるものについての保護の対象およびその取扱いについて事業者が遵守すべきルールの曖昧さ、という「グレーゾーン」を解消することである。

---

8)　堀部政男＝新保史生＝野村至・OECD プライバシーガイドライン――30 年の進化と未来（JIPDEC, 2014 年）、新保史生「OECD プライバシーガイドライン（2013 年改正）の解説」NBL1017 号 17 頁以下参照。
9)　藤原静雄「EU データ保護規則案の概要」NBL 975 号 4 頁以下、石井夏生利「EU 一般データ保護規則案の動向(1)(2)(3)」NBL 1025 号 30 頁以下・1029 号 30 頁以下・1031 号 18 頁以下参照。
10)　最近の欧米におけるパーソナルデータの保護と利活用の動向および第 35 回データ保護プライバシー・コミッショナー国際会議での議論については、櫻井康雄＝清水健介「パーソナルデータ保護の国際的動向とわが国の個人情報保護制度を巡る動き」金融情報システム 331 号 56 頁以下参照。

第2は，パーソナルデータの利活用が本人の意思に反して行われているのではないかという消費者の懸念を解消し，消費者が安んじて自らのパーソナルデータを提供できる環境を整備することである。

　第3に，ICTの日進月歩の発展やプライバシー意識の変化に機動的に対応可能な仕組みを整備することである。この点について敷衍すると，上記「グレーゾーン」の解消を法律改正のみで行おうとすると，機動的な対応が困難なため，ICTの進展やプライバシー意識の変化と法制度のギャップが生ずるおそれがある。そこで，法律で規定する範囲と政省令・規則に委任する範囲，ガイドラインに委ねる範囲を適切に分け，前記のギャップを可及的に縮減することである。そして，機動的な対応を可能とする上で有益な民間事業者の自主的な取組みをサポートする制度とすることである。

　第4に，法執行の確実性を確保することである。そのためには，法執行の主体が，独立性を有し，公正中立な第三者機関であることが望ましい。また，民間の自主的な取組みをサポートするためにも，それを第三者機関がオーソライズする仕組みとすることにより，その適正性を担保し，消費者の信頼を確保することが必要になると考えられる。さらに，上記「グレーゾーン」の解消のために，法解釈についてのガイドラインの提示等の普及啓発活動も，この第三者機関に期待される機能である。

　第5に，国際的ハーモナイゼーションの確保である。経済活動がグローバルに展開され，国境を越えてパーソナルデータを移転させる必要性が増大していることに鑑み，我が国の企業が，国境を越えてパーソナルデータを移転することが可能となるように，パーソナルデータの利活用と保護の制度を国際的に調和のとれたものとし，諸外国の信頼を確保することである。

4　個人情報保護法改正の基本的な内容

(1)　個人の特定可能性を低減したパーソナルデータについて本人同意なしに利活用を可能とする仕組みの導入

　膨大なパーソナルデータを分野横断的に利活用することにより，新規のサービスが創出され，医学の発展，防災の実効性向上等の公益が促進されるととも

に，経済成長にも寄与し，消費者の利便性も向上することが期待される。しかし，従前の個人情報保護法においては，個人情報の目的外利用，個人データの第三者提供には，一定の例外事由に該当する場合以外は，本人同意が必要とされている（16条1項，23条1項）。しかし，多数にのぼる個人情報ないし個人データの本人から同意をとる事務的負担はきわめて大きくなり，このことも，パーソナルデータを新規のサービスのために利活用することを躊躇させる原因となっていた。そこで，本人同意に代わる規律がなされることを前提として，本人同意なしに第三者提供等を行うことを可能とする仕組みを導入することとされた。この点について敷衍すると，FTC 3要件を参考にして[11]，①個人データ等から個人の特定性を低減したデータに加工すること，②特定の個人を識別することを禁止する等，本人同意に代替する規律を法定する方針が大綱で決定された。①の加工方法について，当初，汎用的な加工のガイドラインを示すことが，検討会に期待されていたが[12]，技術検討ワーキンググループでの検討により，全ての場合に汎用的に適用しうる加工方法は存在せず，パーソナルデータの保護と利活用がトレードオフの関係に立ちうることも考慮し，パーソナルデータの性質やその利用目的に応じて，ケースバイケースで適切な加工方法を判断せざるをえないことが明らかにされた[13]。そこで，パーソナルデータの加工方法については，その性質や利用目的の多様性に配慮し一律に法定することはせず，民間団体が自主規制ルールを策定し，第三者機関が当該ルールまたは民間団体の認定等を行うこととされた。統計法の基幹統計調査に係る匿名デー

---

11) 総務省「パーソナルデータの利用・流通に関する研究会報告」においては，FTC 3要件を充足する個人データについては，実質的個人識別性がないとして，本人同意なしに第三者提供することを可能にすべきと提言されていた。
12) 内閣府規制改革会議の「規制改革に関する答申——経済再生への突破口」（2013年6月5日）においても，「どの程度の加工等を実施すれば個人情報に当たらず，個人情報保護法の制限を受けることがなくなるのかを明確化するためのガイドラインを策定する等，いわゆる匿名化された情報の個人情報保護法上の取扱いの明確化を行う」ことが提言された。
13) 「技術検討ワーキンググループ報告書」（2013年12月10日）参照。これについては，佐藤一郎「ビッグデータとパーソナルデータ」法とコンピュータ32号39頁以下，森亮二「パーソナルデータの匿名化をめぐる議論（技術検討ワーキンググループ報告書）」ジュリ1464号25頁以下参照。匿名化の技術的問題については，中川裕志「ビッグデータ利用における個人データ保護における課題」信学技報114巻25号61頁以下も参照。

タ[14]の作成についても,「匿名データの作成・提供に係るガイドライン」において,調査票情報の特性は統計調査ごとに異なるので,各統計調査について一律に匿名化の基準を設定することは困難であるとされ,ケースバイケースで判断することとされている。基幹統計調査に係る匿名データの作成の場合には,事前に統計委員会の意見を聴取することが義務付けられているが(35条2項),匿名データについては,作成者は行政機関の長または指定独立行政法人等に限られており(同条1項),提供可能なのは,所定の要件に該当すると認められる場合に限られているので(36条,統計法施行規則35条),個々に事前に統計委員会の意見を聴取することが可能であるが,大綱が念頭に置いている「個人の特定可能性を低減したパーソナルデータ」の作成の場合,個別に第三者機関の意見聴取を義務付けることは困難と思われるので,大綱では,第三者機関の役割を自主規制ルールまたは民間団体の認定等とした。なお,適切な加工方法等についてのベスト・プラクティスの共有等を図ることとされた[15]。

(2) 「グレーゾーン」を解消する機動的な仕組みの導入

ICTが急速に進展し,それに伴い消費者のプライバシー意識も変化する状況下において,法律のみにより「グレーゾーン」解消を図ろうとする場合,頻繁な法改正が必要になり,法改正に要する期間を考えると,タイムラグが生ずることは避けがたいと思われる。そこで,法律で定めるのは大枠にとどめ,細部は政省令,規則,ガイドラインで定め,それに加えて,民間の自主規制ルールを活用することとしている。民間の自主規制ルールを活用するに当たっては,パーソナルデータの利活用の促進と個人情報およびプライバシーの保護の両立

---

14) 宇賀克也「全面施行された新統計法と基本計画」ジュリ1381号28頁以下参照。
15) 大綱では,国の行政機関および独立行政法人等が保有するパーソナルデータについては,その特質を踏まえ,当該データの所管府省等との協議や関係方面からの意見聴取を幅広く行う等,利活用可能になるパーソナルデータの範囲,類型化およびその取扱いの在り方,総務大臣の権限,機能等と第三者機関の関係に関し,調査・検討を行うこととされた。これを受けて,総務省に「行政機関が保有するパーソナルデータに関する研究会」が設けられ,2014年10月28日に「中間的な整理(座長試案)」が公表され,同年10月31日から同年11月14日まで意見募集が行われた。そして,同年11月21日に「中間的な整理」,2015年1月30日に『『中間的な整理』その2』,2016年3月7日に「行政機関個人情報保護法・独法等個人情報保護法の改正に向けた考え方」が公表された。

を図るため，消費者も参加するマルチ・ステークホルダー・プロセスを通じて，個人の特定性を低減したデータへの加工方法，法定外事項についての業界独自ルールを策定し，第三者機関がその認定等を行う仕組みを導入することとされた。

　検討会では，2014年4月16日の第7回会合において，事務局より「個人情報等保護されるパーソナルデータの範囲について」として，「(仮称)準個人情報」の定義について提案がなされ，これを踏まえて，技術検討ワーキンググループに対して，「(仮称)準個人情報」に含まれる項目についての検討が依頼された。同年5月に「技術検討ワーキンググループ報告書──『(仮称)準個人情報』及び『(仮称)個人特定性低減データ』に関する技術的観点からの考察について」がまとめられ，特定の個人が識別されていない情報であっても，特定の個人が識別されるおそれのある情報を「(仮称)準個人情報」とすることは妥当であること，特定の個人が識別されるおそれは，多くの場合，当該個人に関する多量または多様な情報が収集されることによって生ずることから，かかる情報を収集するものとしての識別子を対象とすべきであり，識別子の中でも，①本人または本人の所有物と密接性があるもの，②一意性／単射性があるもの[16]，③共用性があるもの，④容易に変更できないもの，を指標として，特に特定の個人を識別する蓋然性が高い識別子を選定すべきであることが報告された。具体的には，事務局案で「(仮称)準個人情報」の候補として挙げられた（ⅰ）パスポート番号，免許証番号，IPアドレス，携帯端末ID等の個人または個人の情報通信端末（携帯電話端末，PC端末等）等に付され，継続して共用されるもの，（ⅱ）顔認識データ，遺伝子情報，声紋，指紋等，個人の生体的，身体的特性に関する情報であって普遍性を有するもの，（ⅲ）移動履歴，購買履歴等の特徴的な行動の情報のうち，（ⅰ）（ⅱ）は「(仮称)準個人情報」に当たるものの，（ⅲ）については，現時点では，一律に「(仮称)準個人情報」に該当すると判断することは困難とされた。その後の検討会における議論の結果，個

---

[16] 「技術検討ワーキンググループ報告書」において，一意性とは，一つの対象に一つの識別子が付されており，他との重複がないことを意味し，単射性とは，個人の集合から識別子への写像において，ある値域に属する元がいずれもその定義域の唯一の元の像となる一対一の写像関係を意味している。

人情報と別に「（仮称）準個人情報」という新たな範疇を設ける案は採用されないことになり，特定の個人が識別されるおそれのある情報も個人情報として保護することになった。大綱では，指紋認識データ，顔認識データ等，個人の身体的特性に関するもの等のうち，保護の対象となるものを明確化し，必要に応じて規律を定めることとしている[17]。保護対象の見直しに当たっての留意点として，事業者の組織，活動の実態およびICTの進展等，社会の実態に即した柔軟な判断をなしうるものとすることが挙げられている。保護の対象となる「個人情報」等に包含されるか否かについては，法令のレベルで明確化することには限界があるので，第三者機関がガイドライン等により解釈の明確化を図るとともに，個別の事案に関する事前相談等により迅速な対応に努めることとされた。

(3) 個人情報取扱事業者の要件の見直し

従前の個人情報保護法は，その事業の用に供する個人情報データベース等を構成する個人情報によって識別される特定の個人の数[18]の合計が過去6月以内のいずれの日においても5000を超えない者を個人情報取扱事業者から除外していた（平成27年法律第65号による改正前の個人情報保護法2条3項5号，個人情報保護法施行令2条）。しかし，取り扱う個人情報の量が少ないということのみで，個人情報取扱事業者としての義務を一切免れることは適切ではないので，大綱においては，この裾切り規定は廃止することとされた。もっとも，個人の権利利益を侵害するおそれが少ないと認められる一定の要件を満たす者については，

---

[17] 森亮二「パーソナルデータを考える——事業者の立場から見た法規制の課題（Discussion）」Business Law Journal 7巻5号51頁は，この点につき，従前から存在したが見えにくかったプライバシー保護のルールを個人情報保護法に取り込むもので，「プライバシー保護のルールの『見える化』立法」であると評している。
[18] ただし，当該個人情報データベース等の全部または一部が他人の作成に係る個人情報データベース等であって，①氏名，住所または居所（地図上または電子計算機の映像面上において住所または居所の所在の場所を示す表示を含む），電話番号のみを含むもの，または②不特定かつ多数の者に販売することを目的として発行され，かつ，不特定かつ多数の者により随時に購入することができるもの，またはできたもののいずれかに該当するものを編集し，または加工することなくその事業の用に供するときは，当該個人情報データベース等の全部または一部を構成する個人情報によって識別される特定の個人の数は除かれていた。

義務違反行為が故意または重過失によるものである等の事由がない場合には，勧告および命令の対象としないことができるよう，必要な措置を講ずることとされた。

他方，CD-ROM，電話帳やカーナビゲーションシステム等，他人の作成に係るデータベースを利用する場合，自治会や同窓会等の構成員内部で連絡網を作成して共有する場合等，個人情報の性質および取扱いの態様を踏まえ，個人情報取扱事業者の義務規定の適用除外とする等，必要な措置を講ずることとされた。

(4) 機微情報についての厳格な保護の仕組みの導入

平成 27 年法律第 65 号による改正前（平成 15 年法律第 61 号による改正後）の個人情報保護法 6 条は，「政府は，個人情報の性質及び利用方法にかんがみ，個人の権利利益の一層の保護を図るため特にその適正な取扱いの厳格な実施を確保する必要がある個人情報について，保護のための格別の措置が講じられるよう必要な法制上の措置その他の措置を講ずるものとする」と規定しており，機微性の高い個人情報については，個別法でより厳格な保護措置を講ずることを予定していたが，個人情報保護法自体においては，機微情報に関する厳格な保護措置を定めているわけではなかった。この点は，個人情報保護条例において，機微情報の取得の原則禁止が法定されているのと対照的であった。大綱においては，社会的差別の原因となるおそれがある人種，信条，社会的身分および前科・前歴等に関する情報を機微情報として定め，その取扱いを原則として禁止する等の慎重な取扱いとすることについて検討すること，ただし，本人の同意により取得し，取り扱うことを可能とするとともに，法令に基づく場合や人の生命，身体または財産の保護のために必要がある場合の例外規定を設けることとされた。旧 EU 個人データ保護指令においては，機微情報についての厳格な保護措置が定められており，我が国の個人情報保護法に機微情報の保護についての規定が設けられることは，EU から個人データ保護の十分性認定を受けるためのプラス材料になると思われた。大綱では，社会的差別の原因となるおそれがある情報を機微情報としているが，社会的差別の原因となるおそれがある情報ではなくても，状況によって，個人情報がきわめてセンシティブになり，

厳格な保護措置が必要になることがある。一般には機微情報とされない住所が，ストーカー被害者の場合，生命にも関わりうるほどセンシティブな情報になり，格段の保護が必要になるのがその例である。したがって，個人情報保護法に機微情報に関する規定が設けられることで，そこで機微情報とされた情報以外は機微情報ではないと反対解釈しないようにしなければならない。

(5) 個人情報の取扱いに関する見直し

大綱では，個人情報の取扱いに関する見直しについて，以下のような内容が盛り込まれている。

第1に，情報が収集，突合および分析等されることにより，本人が認知できないところで特定の個人が識別される場合における，個人情報取扱事業者がとるべき手続等について必要な措置を講ずることである。

第2に，パーソナルデータの持つ多角的な価値を，適時かつ柔軟に活用できる環境を整備するため，本人の意に反する目的でデータが利用されることのないよう配慮しつつ，利用目的の変更時の手続を見直すことである。これは，目的外利用に当たってのオプトアウト方式の導入等を念頭に置いていたが，具体的な方法が定まっていたわけではなく，今後の検討に委ねられていた。仮にオプトアウト方式を採用する場合，それが形骸化してはならないので，本人が十分に認知できない方法で，個人情報を取得する際に特定した利用方法から大きく異なる利用目的に変更されることのないよう，実効的な規律を導入することが明記されていた。

第3に，オプトアウト規定の実効化を図ることとされた。個人データの第三者提供における平成27年法律第65号による改正前の個人情報保護法のオプトアウト規定（23条2項）に関しては，所定の事項について，本人に通知しなくても，本人が容易に知りうる状態に置いていればよいこととされており，ウェブサイトで公表すれば，本人が容易に知りうる状態に置いたことになると解されてきた。そのため，実際には，どのウェブサイトに自分の個人情報のオプトアウト手続について掲載されているかが分からず，オプトアウト規定は形骸化していた。そこで，大綱では，個人情報取扱事業者がオプトアウト規定を用いて個人データの第三者提供を行う場合には，従前の個人情報保護法の要件に加

え，第三者機関に対し，法定の本人通知事項を届け出ることのほか，第三者機関が届け出られた事項を公表するなど，必要な措置を講ずることとされた。これにより，第三者機関のウェブサイトにアクセスすれば，オプトアウト手続が実施されている事案を一覧することが可能になることが期待された。

　第4に，平成27年法律第65号による改正前の個人情報保護法23条4項3号が定める共同利用について，立法時の想定を超えて濫用されているという批判があることを踏まえて，個人データを共同して利用する者が一つの取扱事業者であると本人が捉えることができる場合のみ共同利用が認められるという趣旨を踏まえた運用の徹底を図ることとされた。

　第5に，本人同意の取得方法等が分かりにくく，同意取得手続が形骸化しているという批判を踏まえて，消費者等も参加するマルチ・ステークホルダー・プロセスの考え方を活かした自主規制ルール等を活用することにより改善を図ることとされた。

　第6に，保有個人データの保存期間については，一律に定めることはしないが，個人情報取扱事業者における保有個人データの取扱いの透明性を図る観点から，当該データの保存期間の公表の在り方について検討することとされた。

(6)　民間主導による自主規制ルール策定・遵守の仕組みの導入

　大綱においては，パーソナルデータの利活用の促進と個人情報およびプライバシーの保護を両立させるため，マルチ・ステークホルダー・プロセスの考え方を活かした民間主導による自主規制ルールの仕組みを導入することとされた。自主規制ルールを策定する民間団体は，法令等に規定されている事項に限らず，法令等に規定されていない事項についても，情報通信技術の進展等に応じて，個人情報およびプライバシーの保護のために機動的な対処を要する課題について，情報の性質，市場構造等の業界・分野ごとの特性，利害関係者の意見を踏まえてルールを策定し，当該ルールの対象事業者に対し必要な措置を行うことができることとされた。そして，第三者機関が当該ルールまたは民間団体の認定等を行うことができることとされた。この場合，各府省大臣の関与については，第三者機関と各府省大臣との関係の整理を踏まえて検討することとされた。自主規制ルールがない分野については，第三者機関が定めるガイドラインを適

用することになる。

(7) 民間主導による国境を越えたパーソナルデータ移転の仕組みの導入

　国境を越えたパーソナルデータの円滑な移転を実現させるために，第三者機関の認定を受けた民間団体が，国境を越えて情報流通を行おうとする事業者に対して，相手当事国が認めるプライバシー保護水準との適合性を審査して認証する業務を行い，認証業務を行う民間団体は第三者機関の監督に服するという第三者認証の仕組みを導入することとされた。この場合，各府省大臣の関与については，第三者機関と各府省大臣との関係の整理を踏まえて検討することとされた。

(8) 第三者機関の体制整備

　平成 27 年法律第 65 号による改正前の個人情報保護法は，監督について主務大臣制を採用していたが，個人情報保護法案の国会審議時に日本弁護士連合会は第三者機関の設置を主張し，衆参両院の個人情報の保護に関する特別委員会附帯決議においても，同法施行後 3 年を目途とした見直しに当たり，第三者機関の意義についてかわされた議論等も踏まえて検討することとされた。しかし，結局，この見直しにおいては，主務大臣制を当面維持することとされた。しかし，2013 年 7 月に改正された OECD プライバシー・ガイドラインは，十分な権限を有するデータ保護機関の設置を加盟国に求めている。また，ICT の進展により事業分野横断的な多機能型のデバイスが登場し，主務大臣間の調整では臨機応変に対応できない場合が増加してきた。かかる背景の下で，大綱では，法定事項についても，民間の自主規制ルールについても，独立した立場で実効性のある執行を行うことができる第三者機関[19]を，諸外国のプライバシー・コミッショナー制度等との整合性に配慮して整備することとしていた。具体的には，「行政手続における特定の個人を識別するための番号の利用等に関する法律」（以下「番号法」という）に基づき内閣府の外局として置かれている特定個

---

19) パーソナルデータに関する第三者機関について，宍戸常寿「パーソナルデータに関する『独立第三者機関』について」ジュリ 1464 号 25 頁以下参照。

人情報保護委員会[20]を拡充改組して，パーソナルデータ全般の保護と利活用の調和を図る機関とすることとしていた。この第三者機関に個人情報保護，プライバシー保護についての専門的知識を集約化し，分野横断的であり，かつ，迅速かつ適切な法執行が行われることとすることが意図された。特定個人情報保護委員会を拡充改組してパーソナルデータ全般を対象とする第三者機関とする以上，特定個人情報保護委員会と比較して委員を増員する必要があるし，また，事務局も拡充する必要がある。さらに，専門委員を置くことができることとされた。

　第三者機関には，番号法に規定されている業務に加えて，パーソナルデータの取扱いに関する監視・監督，事前相談・苦情処理，個人情報保護法7条に規定されている「個人情報の保護に関する基本方針」の策定・推進，認定個人情報保護団体等の監視・監督，国際協力等の業務（国際的な対外窓口の機能を果たすとともに，外国事業者による個人データ等の適切な取扱いを担保するために，外国執行当局に対し，職務の執行に資すると認める情報を提供すること等），パーソナルデータの利活用の促進および保護等のための方策に関する重要事項について，内閣総理大臣に対し意見を述べ，国会に対し所掌事務の処理状況を報告するとともに概要を公表し，関係行政機関の長に対し，施行状況の報告を求め当該報告を取りまとめ概要を公表し，所掌事務に関し委員会規則を制定し，パーソナルデータの利活用の促進および保護に関する広報および啓発を行うこととされた。そして，平成27年法律第65号による改正前の個人情報保護法の下で，主務大臣が個人情報取扱事業者に対して有していた権限（助言，報告徴収，勧告，命令）に加え，指導，立入検査，公表，個人情報取扱事業者からオプトアウト規定を用いた第三者提供に関する届出を受けて必要事項を公表すること，民間の自主規制ルールの認定等の権限，パーソナルデータの国境を越えた移転について相手当事国が認めるプライバシー保護水準との適合性を認証する民間団体の認定・監督権限等を付与することとされた。

　第三者機関と各府省大臣の関係をどのように整理するかについては，検討会においても見解が分かれ，大綱においても，具体的な方針が示されているわけ

---

[20]　宇賀克也・番号法の逐条解説〔初版〕（有斐閣，2014年）169頁以下参照。

ではなく，第三者機関を中心とする実効性ある執行・監督等が可能となるように各府省大臣との関係を整理することとされた。そして，その整理に当たっては，独立した第三者機関を設置する趣旨に鑑み，第三者機関と各府省大臣の役割の明確化を図るとともに，重畳的な執行を回避し効率的な運用を行うために，緊密な連携のもと業務を行うこととされた。その際に，当面の措置として，第三者機関の執行体制（人員，予算等）や知見の集積の状況等を考慮し，実効的な執行および効率的な運用が確保されるよう，主務大臣が所管事業に関し行政を行う観点から果たしてきたことで蓄積された高度に専門的な知見の活用等が特に期待される分野を中心に，各府省大臣との連携について，役割・権限を明確化し，特別な措置を講ずべきとの意見が検討会において出されたことを踏まえて検討することとされた。また，第三者機関が適切に機能するように，各府省大臣や地方支分部局からの協力が確保されるように整理することとされた。

(9) 開示等の請求権の明確化

平成27年法律第65号による改正前の個人情報保護法は，開示の求め，訂正の求め，利用停止等の求めについて定めていたが，東京地判平成19・6・27判時1978号27頁[21]は，開示の求めの規定が裁判上開示を請求する権利を付与したものではないと解した。大綱においては，これらの求めが裁判上の権利行使が可能であることを明らかにするように開示等の請求権に関する規律を定め，開示等の請求権が認められるための要件については，本人の権利利益の保護と事業者の負担との均衡に配慮し，従前の個人情報保護法の規律を基にしつつ，濫訴防止の要請も踏まえ，規律を整理することとされた。

(10) グローバル化への対応

大綱制定の背景の一つとして，経済活動のグローバル化への対応の必要性があることは前述した。大綱においては，この点について，3つの内容が記されている。

第1は，国外の拠点で個人情報データベース等を事業の用に供している外国

---

21) 宇賀克也・個人情報保護の理論と実務（有斐閣，2009年）95頁以下参照。

事業者に対して従前の個人情報保護法の規定を適用しうるかが明確でないため[22]，個人情報取扱事業者の要件を改めることである[23]。

第2は，外国事業者による個人データ等の適切な取扱いを確保するために，第三者機関が，外国において個人情報保護関係法令に相当する法令を執行する外国執行当局に対し，その職務の遂行に資すると認める情報を提供することを可能にし，また，国際的な執行協力に関する枠組みに参加し，これを有効に活用することとされた[24]。OECD は，2007 年に「プライバシー保護法の執行に係る越境協力に関する勧告」を採択し，APEC[25]は，プライバシー保護に関する越境協力制度（CPEA）を 2011 年，認証制度（CBPR）を 2012 年に設けているが，我が国も，APEC-CPEA に参加しており，2013 年 10 月 28 日の個人情報保護関係省庁連絡会議で「APEC 越境プライバシー執行のための協力取決めの実施について」を決定している。そして，2014 年 4 月 28 日に，APEC-CBPR への参加を承認されている。また，従前，我が国は，データ保護プライバシー・コミッショナー国際会議において，消費者庁のオブザーバー参加が認められるにとどまったが，第三者機関の設置は，我が国が，個人情報保護，プライバシー保護の国際的ルールの策定に，より積極的に参加することを可能にすることが期待された。実際，個人情報保護委員会は，2017 年に，同会議の正式のメンバーとして承認された。

第3に，他国への個人データ等の移転についての規制の導入である[26]。オフ

---

22) 総務省「ASP・SaaS 事業者が医療情報を取り扱う際の安全管理に関するガイドライン第 1.1 版」(2010 年 12 月) は，「所管省庁に対して法令に基づく資料を円滑に提出できるよう，ASP・SaaS サービスの提供に用いるアプリケーション，プラットフォーム，サーバ・ストレージ等は国内法の適用が及ぶ場所に設置すること」とされている。
23) 域外適用の方法としての消極的属人主義（国民保護主義），効果理論，標的基準について，板倉陽一郎「パーソナルデータの利活用に関する制度的見直しにおける国際的な論点についての考察」信学技報 114 巻 25 号 71 頁参照。
24) 越境執行協力について法定した先例としては，私的独占の禁止及び公正取引の確保に関する法律 43 条の 2，金融商品取引法 189 条，関税法 108 条の 2，特定電子メールの送信の適正化等に関する法律 30 条がある。先例となる執行協力規定においては，相互主義，提供された情報の目的外利用禁止，秘密保持義務，刑事事件への利用禁止規定等が定められている場合がある。詳しくは，板倉・前掲注 23)72 頁参照。
25) APEC 諸国における個人情報保護の動向について，達野大輔「グローバル展開で求められる個人情報保護対応」Business Law Journal 7 巻 5 号 63 頁参照。

ショアリングサービスやクラウドサービスのため，日本国民の個人データ等の処理が，我が国の個人情報取扱事業者から外国事業者に委託される場合，当該外国事業者が十分な安全管理措置を講じなければ，当該個人データ等の漏えい等の危険が大きい。同様に，外国 A の事業者から我が国の個人情報取扱事業者に提供された個人データ等の処理を我が国の個人情報取扱事業者から他の外国 B の事業者に委託する場合にも，外国 B の事業者の安全管理措置が不十分であれば，同様の危険が発生しうる。そこで，大綱では，我が国の個人情報取扱事業者から個人データ等の提供を受ける外国事業者において，個人データ等の安全管理措置のために技術進歩に対応した必要かつ適切な措置がとられるように契約の締結等の措置を講ずることを義務付け，情報移転の類型に応じた措置の内容および実効性を確保するための枠組みについて検討することとされた。また，第三者機関の認定を受けた民間団体が，国境を越えて情報流通を行おうとする事業者に対して，相手当事国が認めるプライバシー保護水準との適合性を審査して認証する業務を行う仕組みを導入することとされた。

(11) 学術研究目的の個人情報の取扱い

　平成 27 年法律第 65 号による改正前の個人情報保護法 50 条 1 項は，個人情報取扱事業者のうち，大学その他の学術研究を目的とする機関もしくは団体またはそれらに属する者[27]については，その個人情報を取り扱う目的の全部または一部が学術研究の用に供する目的であるときは，同法 4 章の個人情報取扱事業者の義務等の規定は適用しないこととしていた。そして，個人データの安全管理のために必要かつ適切な措置，個人情報の取扱いに関する苦情の処理その他の個人情報の適正な取扱いを確保するために必要な措置を自ら講じ，かつ，当該措置の内容を公表するよう努めるという努力義務を課されるにとどまっていた（同条 3 項）。しかし，学術研究機関が国の行政機関，独立行政法人等，地方公共団体である場合には，学術研究の用に供する目的で個人情報を取り扱う

---

26)　鈴木正朝「他国への個人データ越境移転制限条項の検討――個人情報保護法改正の論点」ジュリ 1464 号 59 頁以下参照。
27)　その意味について，宇賀克也・個人情報保護法の逐条解説〔第 6 版〕（有斐閣，2018 年）338 頁以下参照。

場合であっても，安全管理義務が課されている。民間の学術研究機関が学術研究の用に供する目的で個人情報を取り扱う場合に安全管理義務が課されていないことが，当該機関への情報提供を躊躇させることも懸念される。そこで，大綱においては，学術研究の目的において，提供元事業者が，第三者提供により本人または第三者の権利利益を侵害するおそれがあると考え，提供することに躊躇するということがないように，学問の自由に配慮しつつ，講ずるべき措置を検討することとされた。

5　継続的な検討課題

(1)　新たな紛争処理の在り方

　個人情報等の保護に関連した事案に特化した紛争処理体制の整備については，苦情・相談件数の推移をみても顕著な増加傾向は認められず，個人情報保護法に基づく勧告数は僅少であり，同法に基づく命令・罰則は皆無（個人情報の漏えいに関して，業法に基づく命令がなされた例は僅少ながら存在する）という現状に照らし，今後発生する紛争の実態に応じて継続して検討することとされた。

(2)　いわゆるプロファイリング

　いわゆるプロファイリングについては，第 34 回データ保護プライバシー・コミッショナー国際会議で「プロファイリングに関するウルグアイ宣言」（2012 年 10 月 26 日）が採択されており，第 35 回データ保護プライバシー・コミッショナー国際会議においても，プロファイリング開始前に，プロファイリングの必要性，具体的な運用を公表し適切な保護措置を講ずること，プライバシー・バイ・デザイン[28]の準則に則ること，データ収集は目的の範囲内にとど

---

[28]　堀部政男＝日本情報経済社会推進協会（JIPDEC）編・アン・カブキアン著・プライバシー・バイ・デザイン――プライバシー情報を守るための世界的潮流（日経 BP 社，2012 年），新保史生「プライバシー・バイ・デザイン」論ジュリ 18 号 16 頁以下，成原慧「パーソナルデータとアーキテクチャの関係をめぐる試論――プライバシー・ナッジとプライバシー・バイ・デザインを題材にして」NBL 1100 号 9 頁以下，八津川直伸「プライバシー・バイ・デザインに基づく適正なパーソナルデータの取り扱い」Unisys 技報 34 巻 4 号 221 頁以下参照。

めること，プロファイリングは最新の情報に基づき分析され正確であること，プロファイリングの結果の正確性を確保するためにプロファイリングに使用されるアルゴリズムを恒常的に評価すること，プロファイリングについて国民に啓蒙活動を行うこと等が決議された。プロファイリングの規律を個人情報保護法に設けるべきとの意見も，検討会において提出された。この点について，大綱では，多種多様な情報を，分野横断的に活用することによって生まれるイノベーションや，それによる新ビジネスの創出等が期待される中，プロファイリングの対象範囲，個人の権利利益の侵害を抑止するために必要な対応策等については，現状の被害実態，民間主導による自主的な取組みの有効性および諸外国の動向を勘案しつつ，継続して検討すべき課題とされた。

(3) プライバシー影響評価

番号法で導入された特定個人情報保護評価の制度は，プライバシー影響評価[29]であるが，この制度を特定個人情報に限らず個人情報一般に拡大するかと

---

29) 宇賀克也「プライバシー影響評価」高橋和之先生古稀記念・現代立憲主義の諸相（下）（有斐閣，2013年）197頁以下，宇賀克也監修・水町雅子著・完全対応 特定個人情報保護評価のための番号法解説——プライバシー影響評価（PIA）のすべて（第一法規，2015年），瀬戸洋一＝伊藤洋昭＝六川浩明＝新保史生＝村上康二郎・プライバシー影響評価 PIA と個人情報保護（中央経済社，2010年），瀬戸洋一・実践的プライバシーリスク評価技法——プライバシーバイデザインと個人情報影響評価（近代科学社，2014年），同「プライバシー影響評価ガイドラインの開発」産業技術大学院大学紀要4号21頁以下，永野学＝岡本直子＝岡崎吾哉ほか「個人情報影響評価ガイドラインの開発」日本セキュリティ・マネジメント学会誌29巻1号3頁以下，高坂定＝石田茂＝横山完ほか「各国におけるプライバシー影響評価とハンドブックの整備に関する分析」日本セキュリティ・マネジメント学会誌27巻1号17頁以下，石田茂＝高坂定＝横山完ほか「日本におけるプライバシー影響評価の実施に関する提案」信学技報111巻285号171頁以下，村上康二郎「プライバシー影響評価（PIA）に関する国際的動向と我が国における課題」情報ネットワーク・ローレビュー13巻2号33頁以下，小林慎太郎「プライバシー影響評価（PIA）に基づく個人情報の有効活用を考える」NRI パブリックマネジメントレビュー113号1頁以下，同「プライバシー影響評価の重要な役割——プライバシー保護とパーソナルデータ活用の両立」IT ソリューションフロンティア2014年9月号14頁以下，同「番号法が与える個人情報保護制度への影響——第三者機関とプライバシー影響評価とは何か」IT ソリューションフロンティア2013年10月号34頁以下，小泉雄介「プライバシー影響評価（PIA）の海外動向と日本への応用」日本データ通信214号10頁以下，北原宗律「プライバシー影響評価制度の検討」経済科学研究16巻2号109頁以下参照。韓国におけるプライバシー影響評価について，シン・ヨンジン（瀬戸洋一＝日本情報経済社会推進協会監訳）・情報社会の個人情報保護と影響評価——韓国におけ

いう問題がある。この点について大綱においては，事業者に過度な負担とならず個人情報の適正な取扱いを確保するための実効性あるプライバシー影響評価の実施方法等が継続的検討課題とされた。

(4) いわゆる名簿屋問題

検討会においては，個人情報を販売することを業としている事業者（いわゆる名簿屋）の問題も提起された。大綱においては，名簿業者により販売された個人情報が，詐欺等の販売行為に利用されていること，不適切な勧誘等による消費者被害を助長する等していること，およびプライバシー侵害につながりうることが社会問題として指摘されており，かかる犯罪行為や消費者被害の発生と被害の拡大を防止するためにとりうる措置等について継続的検討課題とされた[30]。

(5) 課徴金制度

検討会においては，個人情報の違法な取扱いにより利益を得る者に対する課徴金制度の導入を求める意見も出された。大綱では，その必要性や制度趣旨等については，継続的検討課題とされた。

6 おわりに

大綱においては，改正法の施行時期については，制度設計や法案の成立時期により今後変わりうるが，2015年1月以降，可能な限り早期に関係法案を国会に提出すること，改正法の成立後，周知および準備が必要な部分を除き早期に施行するとともに，可能な限り早期に第三者機関を設置し，業務を開始すること，その後，可及的速やかに残りの部分も施行することを目途とすることと

るプライバシー影響評価から見るアセスメントのあり方（勁草書房，2014年），岡本直子＝岡崎吾哉＝川口晴之ほか「韓国における個人情報影響評価の制度と実施状況」日本セキュリティ・マネジメント学会誌29巻1号17頁以下参照。

[30] 名簿業者については，個人情報保護委員会が実態調査を行い，2018年9月26日にその結果を公表している（個人情報保護委員会「個人情報の第三者提供事業等に係る実態調査結果について」）。

された。また，改正法の施行に当たっては，第三者機関の体制整備や新たな制度の周知等に努め，既存の制度における民間の取組み等を活かしながら，円滑に移行できるように取り組む必要性も指摘された。この予定通り，個人情報保護法は 2015 年通常国会で改正された。同法施行後約 10 年を経過しての大幅な改正であった。この 10 年間における ICT の飛躍的な進展，グローバル化の急速な展開に鑑みれば，パーソナルデータの利活用と保護の在り方について見直しが避けられない状況になっており，大綱がその大幅な見直しを提言したことは時宜にかなっていたといえよう。

　もっとも，消費者委員会の「『パーソナルデータの利活用に関する制度改正大綱』に関する意見」(2014 年 7 月 15 日) において，名簿屋問題は，継続的検討課題としてではなく，2015 年の通常国会における個人情報保護法改正案で対処すべき喫緊の課題であるという指摘がなされ，さらに，大綱策定後に，大手教育機関の保有する個人データが大量に漏洩する事件が発生したことを踏まえて，消費者委員会は，より具体的な「いわゆる名簿屋等に関する今後検討すべき課題についての意見」(2014 年 9 月 9 日) を公表した。そこにおいては，①個人データの受領者にも第三者機関への届出義務を課し，届出を受けた第三者機関が届け出られた事項を公表することを制度化すべきこと，②オプトアウト規定により，本人の同意なしに個人データの提供を受ける受領者に対しても，本人が自己の個人データの利用・提供の停止または消去を求める請求権を認めることを検討すべきこと，③提供者には，(ア)提供しようとする個人情報が適正に取得されたものであること，(イ)提供することができる権限 (社内的権限を含む) を有していること，(ウ)提供が適法なものであること (本人同意を得ていること，利用目的の範囲内であること等) を保証する義務を課し，受領者には，(エ)前記(ア)～(ウ)の要件を満たしていることを事前に確認する義務を課すこと，④適法な手続によらずに取得された個人情報が転々流通した場合に対応するため，当該個人情報の提供を受けた全ての事業者に，本人からの利用の停止または消去の請求に応ずることを義務付ける制度を設け，当該個人情報を取得した全ての事業者に対して，当該個人情報の利用の停止または消去を命令する権限を第三者機関または主務大臣に付与すること，⑤事業者に対し，保有個人データの取得手段，(第三者提供による保有の場合) 取得元，第三者提供した場合

の提供先の公表を原則として義務付けること，事業者が保有個人データの開示を求められた場合には，当該保有個人データとともに，その取得手段，（第三者提供による保有の場合）取得元，第三者提供する場合の提供先も開示するように義務付けること等が提言されている。このような状況を踏まえて，この問題については，大綱よりも踏み込んだ内容が個人情報保護法改正案に盛り込まれることになった。個人情報保護法の立法過程において，特筆すべきことといえる。

第3節　個人情報の保護と利用
―― ポジティブ・サムを目指した改革の意義と課題

1　はじめに

　本節では，個人情報の保護と利用の関係を中心として，これまでの個人情報保護法制の展開を跡付け，2013年に成立した「行政手続における特定の個人を識別するための番号の利用等に関する法律」（以下「番号法」という）および平成27年法律第65号による「個人情報の保護に関する法律」（以下「個人情報保護法」という）改正の意義と課題について論ずることとしたい。

2　目的規定における保護と利用

　個人情報保護法の目的規定は，「個人情報の利用が著しく拡大していることに鑑み……個人情報の有用性に配慮しつつ，個人の権利利益を保護することを目的とする」（1条）と規定しており，行政機関の保有する個人情報の保護に関する法律（以下「行政機関個人情報保護法」という）の目的規定，独立行政法人等の保有する個人情報の保護に関する法律（以下「独立行政法人等個人情報保護法」という）の目的規定も同様になっている。すなわち，個人情報の利用の拡大が，個人情報の保護のための法整備を促してきたといえる。個人情報の有用性に配慮しつつ，個人の権利利益を保護するとは，個人情報の保護を絶対視するのではなく，個人情報を利用することがもたらす便益も考慮しなければならないが，両者を対等に比較衡量するのではなく，個人の権利利益の保護を最重要視することを意味している。2015年の個人情報保護法改正では，目的規定が改正され，個人情報の「適正かつ効果的な活用が新たな産業の創出並びに活力ある経済社会及び豊かな国民生活の実現に資するものであることその他の個人情報の有用性に配慮しつつ」（1条）という表現になっているが，これは，これまでも

目的規定に使われていた「有用性」を例示したものであり、個人情報保護法の目的は変わっていないと解される。個人情報保護法3条が、基本理念において、「個人情報は、個人の人格尊重の理念の下に慎重に取り扱われるべきものであることにかんがみ、その適正な取扱いが図られなければならない」と規定していることも、個人情報保護法の目的規定におけるこのような解釈を裏付けるものと考えられる。

これに対し、番号法の目的規定（「行政運営の効率化及び行政分野におけるより公正な給付と負担の確保を図り……国民が、手続の簡素化による負担の軽減、本人確認の簡易な手段その他の利便性の向上を得られるようにするために必要な事項を定めるほか、個人番号その他の特定個人情報の取扱いが安全かつ適正に行われるよう……特例を定めることを目的とする」）（同法1条）においては、個人番号の有用性と個人の権利利益の保護を比較衡量するが、個人の権利利益の保護を最重要視することを明確にする目的規定にはなっていない。この点で、個人情報保護法の目的規定とは、明らかに異なっている。

このことは、番号法の基本理念に関する規定をみると、より明らかになる。すなわち、基本理念を定めた番号法3条2項では、個人番号および法人番号の利用に関する施策の推進は、個人情報の保護に十分配慮しつつ、利用の促進を図ると定めている。個人情報の保護と利用を比較衡量する規定になっている点は、個人情報保護法と共通であるが、個人情報保護法の目的規定では、個人情報の有用性に配慮しつつ、個人の権利利益を保護するという表現であったのに対し、番号法の基本理念規定では、個人情報の保護に配慮しつつ、個人番号の利用の促進を図るとなっており、保護と利用の関係が逆になっている。同様に、個人番号カードに関する基本理念を定めた3条3項では、カード記録事項が不正な手段により収集されることがないよう配慮しつつ、個人番号カードの活用が図られるように行われなければならないと規定されており、情報提供ネットワークシステムに関する基本理念について定めた3条4項では、個人情報の保護に十分配慮しつつ、情報提供ネットワークシステムの利用の促進を図ると定められている。このように、番号法が、個人番号等の利用を最重要視し、そのために個人番号および特定個人情報の保護を図る法律であることは、この法律の名称に端的に現れているといえる。すなわち、同法の名称においては、行政

手続における番号の利用は明確に表現されているのに対し，個人番号および特定個人情報の保護は明示されておらず，「等」の部分に含まれている。番号法は，「行政手続における特定の個人を識別するための番号の利用等に関する法律の施行に伴う関係法律の整備等に関する法律」で「番号利用法」と略称されているが，この略称は，個人番号の利用を重視したこの法律の特色をよく表わしていると思われる。

　番号法32条の規定に基づく条例整備に際し，東京都が個人情報の保護に関する条例を改正して特定個人情報の保護に関する規定を追加する方式をとらず[1]，特定個人情報保護のための条例を個人情報保護条例と別に制定する方針をとることとしたのも，個人情報保護を最重要視（「都政の適正な運営を図りつつ，個人の権利利益を保護することを目的とする」〔東京都個人情報の保護に関する条例1条〕）する個人情報の保護に関する条例の中で，個人番号等の利用を最重要視する番号法に基づく条例整備を行うことが体系的に整合しないのではないかという判断が根底にあるといえる[2]。

3　個人情報の利用の高度化と保護制度の整備

　次に，我が国における個人情報の利用の高度化とそれに伴う保護制度の整備の歴史を概観することとしたい。我が国の個人情報保護法制は，ITの進展を背景とする個人情報の利用の高度化を契機として，それに伴う個人の権利利益の侵害のおそれに対処するために整備されるという歴史を繰り返し発展してきた。

---

1)　神奈川県等，一般的には，個人情報保護条例を改正して特定個人情報の保護に関する特例を設けている。個人情報保護条例改正型のモデル条例については，宇賀克也＝水町雅子＝梅田健史・施行令完全対応　自治体職員のための番号法解説［実務編］（第一法規，2014年）183頁以下参照。
2)　東京都の特定個人情報保護条例整備の考え方について，宇賀克也監修・高野祥一＝苅田元洋＝富山由衣＝上村友和＝白戸謙一・完全対応　自治体職員のための番号法解説［実例編］（第一法規，2015年）18頁以下［高野祥一＝苅田元洋執筆］，藤原静雄監修・東京都特定個人情報保護実務研究会編・Q＆A　特定個人情報保護ハンドブック――番号法に基づく条例整備から運用まで（ぎょうせい，2015年）42頁以下参照。

第3節 個人情報の保護と利用――ポジティブ・サムを目指した改革の意義と課題

　我が国の行政機関で電子計算機を利用するようになったのは1959年からであり，その後，急速に電子計算機の利用が拡大し，行政効率の向上に大きく貢献した。しかし，その陰の面として，プライバシー侵害の危険が増大することになった。1970年，行政管理庁により事務処理用統一個人コードの検討が行われたことが，国民総背番号制の導入につながるのではないかという不安を国民に与え，個人情報保護の必要性の認識を高めることになった。このような背景の下，政府は，1976年，「電子計算機処理データ保護監理準則」を事務次官会議で申し合わせた。

　地方公共団体においては，1960年に大阪市で電子計算機の利用が開始され，以後，1961年に京都市，1962年に西宮市，1963年に神奈川県，東京都，1964年に大阪府，愛知県で電子計算機の利用が開始され，地方公共団体における電子計算機の利用が急速に進行していくことになる。それに伴い，電子計算機利用に伴うプライバシー侵害のおそれが認識され，1973年に徳島市で個人情報保護に関する内容を含む「電子計算組織運営審議会条例」が制定され，1975年に国立市で「電子計算組織の運営に関する条例」（電子計算機の利用に当たっては，市民の基本的人権を尊重し，市民の個人的秘密の保持を図らなければならない旨を規定）が制定された。初期の個人情報保護に関する条例が，電子計算機処理された個人情報のみを対象にしていたのに対し，春日市は1984年に，川崎市は1985年に，マニュアル処理の個人情報も含めた本格的な個人情報保護条例を制定し，個人情報保護条例が電子計算機処理とマニュアル処理の双方に係る個人情報を保護するものに発展していくことになる。

　個人情報保護条例においては，行政事務の電算化は不可避としてこれを前提とした上で，オンライン結合については，きわめて慎重な姿勢をとり，オンライン結合を原則として禁止する規定が一般に置かれたことが注目される[3]。なお，これまで，市町村で住民基本台帳データが大量漏えいした事案としては，

---

[3]　平成27年条例第140号による改正前の東京都個人情報の保護に関する条例11条2項（「実施機関は，事務の執行上必要かつ適切と認められ，及び個人情報について必要な保護措置が講じられている場合を除き，通信回線による電子計算組織の結合による外部提供をしてはならない」）参照。平成27年条例第140号による改正により，「を除き」は「に限り」に，「してはならない」は「行うことができる」に改められた。

宇治市等の例が有名であるが[4]，故意によるか過失によるかの相違はあるものの[5]，いずれも，住民基本台帳事務のネットワーク化とは無関係であって，住民基本台帳事務の電算化それ自体に伴う事件であったことに留意する必要がある。

　国の行政機関においては，1988年に「行政機関の保有する電子計算機処理に係る個人情報の保護に関する法律」（以下「行政機関電算機個人情報保護法」という）が制定されたが，この法律は，行政事務の電子計算機処理の進展を背景にして，電子計算機処理に係る個人情報に対象を限定したものであった。

　このように，国・地方公共団体双方において，行政事務の電算化が必要不可欠になったことが，個人情報保護法制の整備を促進する要因であったが，行政情報化は，行政事務の電算化を超えて次の段階に進んでいくことになる。デジタル・ネットワーク化社会が進展する中，電子政府・電子自治体構想においても，行政情報のネットワーク化が大きな課題となり，そのためのインフラとして，霞が関WANが1997年から運用を開始し，2002年からは，LGWANとも接続されることになった。このような中，個人情報に特化した行政情報のネットワーク処理の仕組みとして浮上したのが住民基本台帳ネットワークシステム（住基ネット）であった。住民基本台帳事務の電算化自体はすでに一般化していたが，住基ネットは，個人情報のオンライン結合を原則禁止としていた地方公共団体にも大きな方向転換を迫るものであったし，国民の間にもプライバシー侵害への懸念を惹起し，様々な議論が行われたことは周知の事実である。そして，住基ネット導入の際の住民基本台帳法の一部を改正する法律附則1条2項に「政府は，個人情報の保護に万全を期するため，速やかに，所要の措置を講ずるものとする」と規定されたが，ここでいう「所要の措置」とは，「民間部門をも対象とした個人情報保護に関する法整備を含めたシステムを速やかに整えることなどを示す」という内閣総理大臣の答弁がなされ，このことが個人情

4）　宇賀克也編・プライバシーの保護とセキュリティ——その制度・システムと実効性（地域科学研究会，2004年）217頁以下［木村修二執筆］参照。
5）　宇治市の場合には，再々委託先の職員による故意の漏えいであったが，北海道斜里町，愛媛県愛南町における住民基本台帳データの大量漏えいは，過失によるものであった。この点について，宇賀克也・判例で学ぶ行政法（第一法規，2015年）108頁も参照。

報保護関係5法の立法化に拍車をかけることになった。

　住基ネットの場合，個人情報をネットワークで取り扱うといっても，本人確認情報に限定され，本人確認のシステムにとどまるが，番号法は，「異なる分野に属する情報を照合してこれらが同一の者に係るものであるかどうかを確認することができるものとして整備された情報システムを運用して，効率的な情報の管理及び利用並びに他の行政事務を処理する者との間における迅速な情報の授受を行う」(1条) データマッチングをその本質とするといえる。番号法により，行政情報化がデータマッチングという新たな次元に入ったといえる。

　さて，民間でも電子商取引の普及が課題になったことが，個人情報保護法制の整備を促すことになる。すなわち，1998年に公表された「高度情報通信社会推進に向けた基本方針」の中に，電子商取引推進のための環境整備の一環として，プライバシー保護に関して，「法律による規制も視野に入れた検討を行っていく必要がある」という記述がなされ，高度情報通信社会推進本部の下に，個人情報保護検討部会が設置された。個人情報保護検討部会が高度情報通信社会推進本部の下に置かれたことが，電子商取引等による個人情報の利用のための環境整備の一環としての民間における個人情報保護法制整備の必要性についての政府の認識を示していると思われる。

　個人情報保護法制定を促進した社会経済的要因が電子商取引時代の到来であったのに対し，2015年の個人情報保護法改正の要因となったのは，ビッグデータ社会の到来であったと考えられる。ビッグデータの中でも，とりわけ，パーソナルデータの利用により，一方において，企業活動の効率化，新規ビジネスの創出を促進し，他方において，そのことにより消費者の利便が向上すること，また，防災・医療等におけるパーソナルデータの利活用により，国民の生命，健康の保護等，公益が促進されることが期待されている。そこで，パーソナルデータの利用を促進するための方策を講ずるとともにその保護を図ることが重要な課題となり，そのことが，政府において，個人情報保護法改正作業に着手する要因になったと考えられる。個人情報保護法改正のための検討を行った「パーソナルデータに関する検討会」が，IT総合戦略本部に置かれたことも，このことを如実に示しているといえる。

　以上みてきたように，ICTの進展に伴う個人情報の利用の高度化を背景と

して，それに伴う個人情報の漏えい等の危険に対処するために個人情報保護の強化が図られるというサイクルが存在することが，民間部門の個人情報保護法制の整備についても指摘できると思われる。

4 グローバル化との関係

次に，グローバル化との関係について述べることとする[6]。OECD 8 原則は，我が国における個人情報保護の法整備において，常にベースラインとして参照され，個人情報保護関係 5 法の制定に当たっても，OECD 8 原則との対応関係は絶えず留意されていたといえる。これに対し，2015 年の個人情報保護法改正に当たっては，「個人データ処理に係る個人の保護及び当該データの自由な移動に関する欧州議会及び理事会の指令」（以下「EU 個人データ保護指令」という）25 条の規定に基づく十分性認定を得ることが，大きな動機になっていたことが特色として指摘できる。EU 個人データ保護指令は，1995 年 10 月に制定されており，当初から，25 条において，加盟国による個人データの第三国への移転は，当該第三国が十分なレベルの保護措置を確保している場合に限って行うことができる旨の規定が設けられていた。個人情報保護法の制定後，10 年余りを経ても EU の十分性認定が得られないことから，我が国の既存の個人情報保護法では十分性認定が得られないことが明確になったこと，EU 個人データ保護指令 25 条の 20 年近い運用を通じて，判断基準がある程度明らかになってきたこと，十分性認定が得られないことによる不利益を実感した企業から改善を求める声が寄せられたこと等により，EU の十分性認定を得ることが国家目標として位置付けられたのである。我が国が EU 個人データ保護指令 25 条の十分性認定が得られない最大の原因と考えられてきたのは，個人情報保護のための独立した第三者機関の不在であったが，この点については，個人情報保護全般を所掌する個人情報保護委員会を設置することとされた。その他，要配慮個人情報についての規定を設けること，個人データの数による個人情報取

---

[6] グローバル化への対応として，個人情報保護法の立法管轄権について考察したものとして，宇賀克也「グローバル化と個人情報保護――立法管轄権を中心として」小早川光郎先生古稀記念・現代行政法の構造と展開（有斐閣，2016 年）127 頁参照。

扱事業者の裾切要件を廃止すること，開示請求権等の明確化により司法的救済を確保すること，個人データの越境移転の制限に関する規定を設けることも，EU 個人データ保護指令との整合性を意識した改正である。もとより，これらの改正は，EU 個人データ保護指令との整合性の確保のみを目的としたものではなく，かかる外在的理由を別としても，それぞれ，内在的理由により改正が必要であるという判断がなされたことも強調しておく必要がある。

5　特別の個人情報を対象とした保護策の一般化現象

　我が国の個人情報保護法制の展開を概観すると，特別の個人情報を対象として導入された保護策が，一般化していく現象がみられる。国においても地方公共団体においても，当初は，電子計算機処理に係る個人情報のみを対象とした法制度が，その後，マニュアル処理に係る個人情報も含めた法制度に一般化したことがその例であるが，番号法と 2015 年の個人情報保護法改正との関係においても，そのような例をみることができる。すなわち，特定個人情報の保護のために設置された第三者機関である特定個人情報保護委員会が，個人情報一般を保護する個人情報保護委員会に改組され，番号法では，取り扱う個人データの数が少なく個人情報取扱事業者に該当しなかった事業者が，特定個人情報についてのみ負っていた目的外利用の禁止義務，安全管理措置義務，従業者の監督義務（平成 27 年法律第 65 号による改正前の番号法 32〜34 条）[7]は，平成 27 年法律第 65 号により改正された個人情報保護法の下では，取り扱う個人データの数にかかわらない義務へと一般化されることになる。このような現象は，構造改革特区の全国展開や，行政機関の保有する情報の公開に関する法律，独立行政法人等の保有する情報の公開に関する法律で特例として採用された特定管轄裁判所制度が，2004 年の行政事件訴訟法改正で一般化した例を想起させるが，番号法が特定個人情報について定めた特例の中には，個人情報保護の一般法制でも採用を検討すべきものが他にもあると考えられる。プライバシー影響評価[8]は，個人情報一般で行われるのが理想であるので，番号法が導入した特

---

[7]　宇賀克也・番号法の逐条解説〔初版〕（有斐閣，2015 年）162 頁以下参照。

定個人情報保護評価制度[9]は，将来的には，個人情報一般に拡張されるべきと思われる。もっとも，大幅な負担増を避けるため，特定個人情報以外の個人情報について，当面は，全項目評価は行わず，基礎項目評価と重点項目評価に相当するもののみでもよいと考える。再委託が行われる場合の最初の委託元による承認制，委託・再委託・再々委託等が行われる場合の各委託元による委託先の監督義務の連鎖に関する規定も，個人情報一般に拡張されるべき規定と思われる。

6 個人情報保護法改正の二面的性格

次に，平成27年法律第65号による個人情報保護法改正の評価について述べることとする。この改正には，個人情報の利用を重視した部分と個人情報の保護を重視した部分が併存している。個人情報の利用を重視した部分としては，匿名加工情報，利用目的の変更の要件の緩和がある。個人情報の範囲の明確化は，一方において，グレーゾーンを解消することにより，利用を促進する面があるが，他方において，個人識別符号として明確に個人情報として位置付けられたものについては，個人情報の保護につながる面もあり，利用と保護の一方にのみ資するものと割り切ることはできないと思われる。個人情報の利用を重視した部分も，個人情報の保護を犠牲にして利用を促進するというゼロ・サム思考によるものではなく，個人情報の保護水準は維持しつつ，利用を促進するというポジティブ・サム思考によるものであったと考えられる。

個人情報の保護を重視する部分としては，個人情報取扱事業者の裾切要件廃止，要配慮個人情報の範疇の導入，不要な個人データの消去の努力義務，オプトアウト制度を利用することの個人情報保護委員会への届出と個人情報保護委員会による公表，トレーサビリティの確保（第三者提供に係る記録・保存義務）と個人情報データベース等提供罪の新設，開示等の請求権の明確化，外国にあ

---

8) 宇賀克也「プライバシー影響評価」高橋和之先生古稀記念・現代立憲主義の諸相（下）（有斐閣，2013年）197頁以下参照。
9) 詳しくは，宇賀克也監修・水町雅子著・完全対応 特定個人情報保護評価のための番号法解説――プライバシー影響評価（PIA）のすべて（第一法規，2015年）参照。

る第三者への個人データ提供の制限，個人情報保護委員会の設置と同委員会への立入検査権等の付与，認定個人情報保護団体による対象事業者の個人情報保護指針遵守確保措置の義務化，個人情報保護法の義務の一部の域外適用の明確化，外国執行当局への情報提供がそれに当たるといえると思われる。個人情報の保護を重視する部分も，それにより消費者の信頼を得たり，諸外国の信頼を得てEUの十分性認定を得たりすることが，マクロでみれば，個人情報の健全な利用の進展につながるという発想によるものであったと考えられる。すなわち，個人情報の保護と利用をトレードオフの関係でとらえるのではなく，両立しうるものととらえられているとみることができるように思われる。このような発想は，プライバシー・バイ・デザインの要素でもある。

7　個人情報保護法改正の個別論点

(1)　個人識別符号

　平成27年法律第65号による個人情報保護法改正で注目されるものの一つとして，個人情報の範囲の明確化がある。その背景には，ICTの進展により照合技術が飛躍的に発展し，また，インターネットの利用が急速に拡大し，インターネット上に膨大なパーソナルデータが存在するようになり，特定の個人を容易に照合できる場合が増加するとともに，個人を特定できないが識別できる場合も増加し，個人情報の外延が不明確になったことがある。そのため，事業者からは，Suica事件等を契機に，個人情報の概念が不明確なため利用を躊躇するという「利活用の壁」が指摘され，消費者の間では，自分の個人情報が無断で利用されているのではという不安が高まっていると思われる。そこで，個人識別符号については，個人情報として位置付けることにより，個人情報の範囲の明確化を図ることとされた。個人識別符号については，個別にモザイク・アプローチを行うことなく，個人情報であることが明確になるので，その点で，個人情報の範囲の明確化に資するものといえる。もっとも，個人識別符号に含まれないものであっても，モザイク・アプローチにより特定の個人が識別されるかを判断する必要があるので，個人情報か否かの判断が微妙な場合は残ると思われる。また，個人が特定はされないが識別される場合には，個人情報には

当たらないことになるが，このようなパーソナルデータについては，特定の個人が識別されるようになる可能性があるので，後述する匿名加工情報に当たらない場合であっても，個人が特定される可能性を低減する保護措置が必要と思われる。

(2) 匿名加工情報

匿名加工情報は，特定の個人を識別できないように加工され，当該個人情報を復元できないようにしたものであり，個人情報に該当しないが，匿名加工情報であることを明示したり，取り扱う情報の項目を公表する義務，安全管理措置等の努力義務が課されている。平成 27 年法律第 65 号による改正前の個人情報保護法においては，特定の個人を識別できないように加工され，かつ，当該個人情報を復元できないようにすれば，個人情報ではなくなり，目的外利用や第三者提供の制限はかからなくなるのに対し，匿名加工情報については，上記のような義務または努力義務が課されているので，規制緩和とみるべきではなく，匿名加工情報制度導入の意義は，どのような措置をとれば匿名化したといえるかを明確化したことにあると思われる。もっとも，汎用的な加工方法は存在しないので，個人情報保護委員会規則で定める加工基準は，かなり概括的なものにとどまらざるをえず，「個人情報の保護に関する法律についてのガイドライン（通則編）」，「個人情報保護委員会事務局レポート：匿名加工情報」でより詳細な加工基準が示されている。しかし，匿名加工の方法は，業種，利用方法による異なりうるので，認定個人情報保護団体の個人情報保護指針が重要になる。認定個人情報保護団体の個人情報保護指針は，一般に事業者団体が作成するために利用の便宜が個人情報保護との関係で過大に重視されるおそれがあり[10]，消費者を代表する者その他の関係者の意見を聴く努力義務が課されている。実効性のあるマルチ・ステークホルダー・プロセスを実現するためには，消費者を代表し，かつ，個人情報保護について識見を有する者が十分に確保されることが重要と思われる。

---

[10] 牧田潤一朗「パーソナルデータ保護法制における自主規制論」自由と正義 65 巻 12 号 28 頁も参照。

もっとも，認定個人情報保護団体が存在しない分野であれば，個人情報保護指針は作成されないし，認定個人情報保護団体が存在しても，匿名加工情報の取扱いを業務としていない場合，個人情報保護指針には匿名加工情報の加工方法は定められないことになる。また，認定個人情報保護団体が存在しても，当該事業者が当該認定個人情報保護団体に加入していない場合，個人情報保護指針の加工基準を遵守する義務はないことになる。このような場合，個人情報保護委員会規則，「個人情報の保護に関する法律についてのガイドライン（通則編）」，「個人情報保護委員会事務局レポート：匿名加工情報」はあるものの，それ以外については，匿名加工情報取扱事業者のケースバイケースの判断で加工がなされることになる。したがって，認定個人情報保護団体の個人情報保護指針や個人情報取扱事業者のケースバイケースの判断で定められる加工方法の適切性をいかに担保するかが，きわめて重要になる。

基幹統計調査に係る匿名データを作成する場合，統計委員会の事前の意見聴取が義務付けられているが，匿名加工情報の作成の場合，個人情報保護委員会の事前の意見聴取や同委員会への届出義務はない。そこで，加工方法の適切性を判断するために必要な情報を個人情報保護委員会，認定個人情報保護団体がいかに入手するかが課題になる。匿名加工情報に含まれる情報の項目については公表義務があるので，それをチェックすることが考えられるが，消費者からの苦情が重要と思われる。国民生活センターや地方公共団体の消費者センターに寄せられた匿名加工情報に係る苦情が，個人情報保護委員会にも通知されるように，消費者庁と個人情報保護委員会が連携することも重要と思われる。

なお，民間部門における既存の統計情報も，形式的には匿名加工情報の定義に該当するようにも読めるが，特定個人の識別禁止措置を講じなくても特定の個人が識別されるおそれがないといえる程度まで加工された統計情報は匿名加工情報に該当しないとして整理する必要があるであろう[11]。もっとも，個人情報保護法4章2節の匿名加工情報取扱事業者等の義務・努力義務を定めた規定は，匿名加工情報データベース等を構成する匿名加工情報のみを対象としてい

---

11) この問題について，坂下昭宏＝藤井啓介「改正法における統計の扱い」Business Law Journal 8巻8号49頁以下参照。

るので（36条1項），匿名加工情報を容易に検索することができるように体系的に構成されていない統計情報については，同法4章2節の規定の適用はないと解することが可能なように思われる。

(3) 要配慮個人情報

平成27年法律第65号による改正前の個人情報保護法6条は，「政府は，個人情報の性質及び利用方法にかんがみ，……特にその適正な取扱いの厳格な実施を確保する必要がある個人情報について，保護のための格別の措置が講じられるよう必要な法制上の措置その他の措置を講ずるものとする」と規定しており，衆参両院の附帯決議および閣議決定された「個人情報の保護に関する基本方針」においては，医療，情報通信，金融の3分野が，保護のための格別の措置が講じられるべき分野として例示されていた。

他方，我が国の個人情報保護条例および「個人情報の保護に関するガイドライン」の多くにおいて，また，JIS Q 15001:2006, EU一般データ保護規則（GDPR）において規定されている機微情報は，主として，社会的差別の原因となる個人情報を念頭に置いており，医療情報のように共通する面はあるものの，「個人情報の保護に関する基本方針」とは，やや異なる視点から，格別の保護措置を講ずべき個人情報をとらえている。平成27年法律第65号により改正された個人情報保護法の要配慮個人情報も，差別，偏見を生むおそれのある情報という観点から対象が画されている。しかし，諸外国においても，これまで機微情報としてとらえられてこなかった「犯罪により害を被った事実」が要配慮個人情報として例示されている点が注目される。犯罪の中には，その被害にあった事実が社会的に同情の対象になりこそすれ，差別，偏見を生むおそれがあるとはいえないものもある。他方，性犯罪の被害にあった事実のように，差別，偏見を生むおそれのある情報も確かに存在する。しかし，差別，偏見を生むおそれがあるか否かの線引きは困難なので，「犯罪により害を被った事実」全体を要配慮個人情報としたものと思われる。なお，「犯罪により害を被った事実」は，身体的被害，精神的被害，金銭的被害の別を問わないので，いわゆる「カモリスト」も，要配慮個人情報に該当し，その取得が原則として禁止され，オプトアウト方式による提供も禁止されることになる。したがって，これは，名

簿屋対策としての一面を持ちうるのではないかと思われる。

　要配慮個人情報は，一般的に機微性が高いといえる情報を対象としているが，一般的には機微性が高くなくても，コンテクストによっては機微性が高くなる情報があることは，DV による避難者にとっての住所，性同一性障害者にとっての性別等を考えれば明らかである。これらについては，個別に対応する必要があり，実際，DV 被害者等支援制度，不要な性別欄の削除等の対応がなされているが，要配慮個人情報に該当しない個人情報は機微性がないと反対解釈しないことが重要と思われる[12]。

(4)　個人情報保護委員会

　平成 27 年法律第 65 号による改正前の個人情報保護法が採用していた主務大臣制は，事業内容について知識を蓄積し，個人情報保護についても指針を示して業界に自主規制を行わせてきた経験を有する事業所管大臣に監督させることの実効性等を考慮して採用されたものであり，同法制定時の判断としては，理解できる面があった。しかし，ビッグデータ時代には，府省の所掌事務の境界を越えて個人情報が利用される場面が一層増加するものと予想され，その場合，主務大臣を定めるのに時間がかかり，機動的な法執行が困難になったり，複数の主務大臣による重畳的な法執行が行われ，事業者に過度な負担を課すことになる事案が増加することも想定される。また，同法の執行に対する国民の信頼を確保するとともに，EU の十分性認定を受けるためにも，独立性の保障され

---

[12]　このような個人情報については，慎重な取扱いが必要なことはいうまでもない。ストーカーや DV の被害者に係る住民基本台帳の一部の写しの閲覧ならびに住民票および戸籍の附表の写し等の交付制限措置が講じられていること，不要な性別欄の削除等の動きが進みつつあることは，このような認識が広がってきたことの現れといえる。後者について敷衍すると，精神障害者保健福祉手帳については，2006 年より性別欄の記載が任意になり，2014 年 4 月より性別欄が削除されている。国民健康保険証については，2012 年 9 月に，被保険者からの申出によりやむを得ない理由があると保険者が判断した場合には，性別を裏面に記載できることになった。地方公共団体においても，埼玉県新座市，鳥取県鳥取市，埼玉県草加市等が 2002 年に申請者等における性別欄の見直しを始めている。埼玉県草加市が 2002 年に申請様式等の見直しを行い，61 事務 200 様式の約 7 割に当たる 136 様式の性別欄を削除したことにつき，宇賀克也編・プライバシーの保護とセキュリティ——その制度・システムと実効性（地域科学研究会，2004 年）131 頁以下［増淵俊一執筆］参照。

た第三者機関の存在が必要であり，この面からも，個人情報保護委員会の設置は歓迎される。ただし，膨大な数の個人情報取扱事業者等を監督することになるので，事務局の定員・予算の十分な拡充が期待される[13)14)]。

---

13) 個人情報保護委員会の事務局は，2015年1月1日に，定員52名に非常勤職員若干名を加えた体制で発足し，52名の定員のうち番号法関係が39名，個人情報保護法関係が13名であった。行政機関職員定員令（平成31年3月29日政令第74号により最終改正）では，同委員会事務局の定員は131名に増加しており，定員増への格別の配慮がなされたといえる。
14) 個人情報保護委員会について残された重要な検討課題として，公的部門の監督のあり方がある。これについて，宍戸常寿「個人情報保護委員会の機能と権限」自由と正義66巻9号29頁以下参照。

第4節　改正個人情報保護法

1　はじめに

　2015年9月3日,「個人情報の保護に関する法律及び行政手続における特定の個人を識別するための番号の利用等に関する法律の一部を改正する法律案」が,第189回国会で可決され,同月9日,平成27年法律第65号として公布された。これにより,「個人情報の保護に関する法律」(以下「個人情報保護法」という)が大幅に改正された。本節においては,この改正前の個人情報保護法を改正前個人情報保護法,改正後の個人情報保護法を改正個人情報保護法と称し,改正個人情報保護法の内容について解説することとする。

2　目　的

　改正前個人情報保護法1条は,「個人情報の有用性に配慮しつつ,個人の権利利益を保護することを目的とする」と定めていた。改正個人情報保護法では,「個人情報の適正かつ効果的な活用が新たな産業の創出並びに活力ある経済社会及び豊かな国民生活の実現に資するものであることその他の個人情報の有用性に配慮しつつ,個人の権利利益を保護することを目的とする」と規定している。「個人情報の適正かつ効果的な活用が新たな産業の創出並びに活力ある経済社会及び豊かな国民生活の実現に資するものであること」は「個人情報の有用性」の例示であり,同年2月12日の自由民主党「個人情報保護法改正に関する提言」および翌日の公明党「個人情報保護法改正に関する提言」を受けて挿入されたものである。改正前個人情報保護法1条の「個人情報の有用性」は,「新たな産業の創出」のようなものも元来含んでおり,したがって,この挿入は,かかる点も考慮すべきことを明確化したものであって,個人情報の有用性も斟酌すべきであるが,それと個人の権利利益の保護を対等に比較衡量するの

ではなく，個人の権利利益の保護が最重要の目的である点は変わらないと解される。

3　個人情報の定義

(1)　個人情報の範囲の明確化の要請の背景

①　他の情報との照合に起因する不統一

　2015年の個人情報保護法改正の背景に，個人情報の範囲の明確化の要請があった。個人情報の範囲の明確化の要請は，大別すると，以下の3つの要因によるものと思われる。

　第1は，個人情報の範囲が事業者ごとに異なりうることに起因する個人情報の範囲の明確化の困難性である。これは，個人情報保護法制定時から存在する問題である。以下，この点について敷衍する。改正前個人情報保護法は，個人情報を「生存する個人に関する情報であって，当該情報に含まれる氏名，生年月日その他の記述等により特定の個人を識別することができるもの（他の情報と容易に照合することができ，それにより特定の個人を識別することができることとなるものを含む。）」(2条1項)と定義していた。「特定」を要件としていたのは，その情報が誰のものかが明確にわかり，また，名寄せも一般に容易に行われるため，その取扱いにより，本人の権利利益の侵害が生ずるおそれがあるからである。個人情報該当性は，当該情報のみならず，容易に照合できる他の情報との組み合わせ，すなわち，モザイク・アプローチ[1]により判断される。その判断主体は事業者であり，当該事業者の管理体制，照合技術等を基準とするため，同種の情報であっても，事業者により，他の情報との照合が容易か否かが異なることはありうることになる。その結果，個人情報取扱事業者は，個人情報該当性について確信を持つことができず，パーソナルデータの利活用を躊躇するという「利活用の壁」が指摘されていたのである。他方，消費者も，パーソナルデータのうちどの範囲のものが個人情報として保護されるかが不明確であるため，不安を抱かざるをえない状態にあった。

---

[1]　宇賀克也・個人情報保護法の逐条解説〔第6版〕（有斐閣，2018年）38頁以下参照。

② ITの急速な進展

　第2は，個人情報保護法制定後，急速にITが進展かつ普及したことに起因するものである。その結果，誰の情報かの「特定」はされていないものの，誰か1人の情報であることを識別子により「識別」できるパーソナルデータが大量に集積し，それがビジネスに活用され，複数の事業者間で共有されるビッグデータ時代が到来した。たとえば，スマートフォンのような情報通信端末にアプリケーションをダウンロードする場合，アプリケーション事業者は，スマートフォンを識別するIDを利用して，同一人物のダウンロード履歴および各種サイトへのアクセス履歴を継続して収集することが可能である。複数のアプリケーション事業者が，当該IDと紐づいた情報を共有すれば，一層多様な情報を収集することができることになる。このように，個人の嗜好を示すデータが，個人を「識別」した状態で大量に集積されるようになると，それが他の情報と照合されることにより，個人が「特定」され，個人の権利利益を侵害する蓋然性が高くなる。また，監視カメラが増加しているが，それにより顔認識ベクトルデータが大量に集積され，個人の行動履歴を示すパーソナルデータになっている。これも複数の事業者間で共有することにより，同一人物の一層詳細な行動履歴を示すデータになる。それが他の情報と容易に結合し，個人が「特定」され，個人の権利利益を侵害する蓋然性が高くなる。したがって，個人を「特定」しなくても「識別」する個人識別符号の保護が重要になっており，そのどこまでを個人情報として保護するかが重要な課題になっていたのである。

③ グローバル化の進展

　第3は，グローバル化の進展に起因するものである。個人情報保護法制定時にも企業活動のグローバル化はかなり進展していたものの，同法制定後の10年余で一層急速に進展している。日本企業が外国企業とパーソナルデータを共有したり，相互に移転させたりするニーズは一層高まっており，保護されるべき個人情報の範囲に不一致が生じないように，国際的ハーモナイゼーションを図る必要がある。その際に留意すべきは，アメリカやEUでは，個人情報の定義の仕方に差異はあるものの，識別子は，個人情報として保護していることである。

　アメリカで2012年に公表された「消費者プライバシー権利章典」では，個

人情報を「特定の個人に連結可能なあらゆるデータ（集計データを含む）」とし，特定のコンピュータその他の機器に連結されたデータを個人情報に包含している。また，1988年に制定された児童オンラインプライバシー保護法（COPPA）では，（ⅰ）氏名，（ⅱ）自宅その他の住所，（ⅲ）電子メールアドレス，（ⅳ）電話番号，（ⅴ）社会保障番号，（ⅵ）その他特定の個人自体またはオンライン上の連絡先の識別子，（ⅶ）ウェブ上で児童から収集され，かつ，上記（ⅰ）〜（ⅵ）の識別子と連結された児童または児童の両親に関する情報を個人情報として保護している。

EUでは，1995年の旧EUデータ個人保護指令において，「識別された又は識別可能な自然人と関連する全ての情報」を個人データと定義し，個人識別番号（ID），IPアドレス等は，個人データに該当すると解されていた[2]。

(2) 大綱における整理

① 特定の個人を識別する蓋然性が高いパーソナルデータの個人情報への包摂

以上の状況を踏まえて，「パーソナルデータの利活用に関する制度改正大綱」（2014年6月24日高度情報通信ネットワーク社会推進戦略本部決定）（以下「大綱」という）においては，「特定の個人が識別された状態にないパーソナルデータであっても，特定の個人の識別に結びつく蓋然性が高いなど，その取扱いによっては個人の権利利益が侵害されるおそれがあるものに関して，保護される対象及びその取扱いについて事業者が遵守すべきルールの曖昧さ」を解消する必要があるとして，「指紋認識データ，顔認識データなど個人の身体的特性に関するもの等のうち，保護の対象となるものを明確化し，必要に応じて規律を定めることとする」とされた。

その趣旨を敷衍すると，現在，同一人物であることは識別しながら個人を特定せずに利活用されているパーソナルデータのように，単独では特定の個人を識別できず個人情報に該当しないとされている情報であっても，多量または多様な情報を収集する性質を有し，それを索引情報ないし鍵情報として情報を収

---

[2] 2016年のEU一般データ保護規則（2018年5月25日に施行）4条2号においては，「個人データ」は，データ主体に関するあらゆる情報と定義されているが，ID，位置データ，オンライン識別子等が，あらゆる状況下で必ず「個人データ」となるわけではないとする。

集し，利活用することにより，情報の集積，突合の結果，特定の個人を識別する蓋然性が高いもの（特に複数の者の間で共有可能な識別子については，その傾向が顕著といえる）について，他の情報の保有状況や管理技術が不統一なため事業者により異なりうるモザイク・アプローチの判断を経ることなく，個人情報に含めることを明確化し，事業者と消費者の双方にとっての予見可能性を高め，グレーゾーンを解消することを企図したのである。

② **具体的な考慮要素**

具体的にいかなる範囲の個人識別符号が個人情報に含まれるかは，政令で定める方針としていたが，特定の個人が識別されることにより生ずる権利利益の侵害を未然に防止する観点から個人情報に含める以上，特定の個人が識別されるおそれがある情報を対象にすべきことになる。特定の個人が識別されるおそれは，一般に，当該個人に関する多量または多様なパーソナルデータが収集されることにより発生する。したがって，多量または多様なパーソナルデータを収集することになる高度の蓋然性があるものに限定する考慮要素として，以下の3つが考えられていた。

第1は，本人または本人の所有物との密接性があるものである。（ⅰ）生体認証に用いられる顔認識データ，指紋データ，掌の静脈データ，声紋データのように本人が生来的に有する特性，（ⅱ）筆跡，歩行パターン等の後天的な環境により形成される特性は，それを第三者が同一人物のものと識別できる場合には，識別子と同様の機能を果たすことになる。また，（ⅲ）特定の個人を識別するために付される番号，記号等は，本人と直接関係があり，特定の個人が識別される蓋然性が高いといえる。携帯電話は，特定の個人を識別する情報に付与されたものではなく，他者に貸与することもありうるが，一般的には，携帯電話はその所有者が常時携帯するため，本人と密接な関係があり，特定の個人を識別する蓋然性がかなり高い情報通信端末であるといえよう。

第2は，一意性であり，同一の対象に他と重複せずに単一の識別子が付されている場合（唯一無二性），異なる対象に同一の識別子が付されている可能性がある場合と比較して，特定の個人が識別される蓋然性が高くなる。DNA情報には一意性があるが，人種，血圧，脈拍，身長，体重等の情報には一意性がない。

第3は、不変性である。すなわち、付与された番号を本人の意思により変更可能でない場合には、そうである場合と比較して、本人についての多量または多様な情報が集積される蓋然性が高いといえる。本人の意思により変更可能な場合であっても、容易に変更できるか否かには差異がありうる。容易に変更できない場合には、変更が容易な場合と比較して、特定の個人が識別される蓋然性は高まることになる。また、付与された番号等の利用停止機能がない場合には、ある場合（デバイスにCookieの無効化機能が実装されている場合等）と比較して、特定の個人が識別され、本人の権利利益が侵害される蓋然性が高くなると考えられる。

以上を踏まえて、大綱では、「指紋認識データ、顔認識データなど個人の身体的特性に関するもの等のうち、保護の対象となるものを明確化し、必要に応じて規律を定めることとする」とされ、情報通信端末ID等を対象とするか否かは、この「等」の問題として検討されることになった。

(3)　「パーソナルデータの利活用に関する制度改正に係る法律案の骨子（案）」における整理

2014年12月19日に公表された「パーソナルデータの利活用に関する制度改正に係る法律案の骨子（案）」においては、生存する個人に関する情報であって、（ⅰ）特定の個人の身体の一部の特徴を電子計算機の用に供するために変換した符号であって、当該個人を識別することができるもの（例：指紋データおよび顔認識データ）、（ⅱ）個人に提供される役務の利用もしくは個人に販売される商品の購入に関し割り当てられ、または個人に発行される書類に付される符号であって、その利用者もしくは購入者または発行を受ける者ごとに異なるものとなるように割り当てられ、または付されるもの（例：携帯電話番号、旅券番号および免許証番号）、のいずれかに該当する文字、番号、記号その他の符号のうち政令で定めるものが含まれるものを個人情報として新たに位置付けることとされた。

(4)　改正案の規定

しかし、2015年2月の前述の自由民主党提言においては、個人情報の定義

（範囲）の拡大は行わないこと，個人情報といえないものの，メールアドレスや携帯電話番号のように，それ単体が本人の意思に反して提供・流通することにより，個人のプライバシーへの影響が小さくないものがあることから，個人情報保護委員会が規定するこのような情報の第三者提供については，取扱事業者が自主ルールを定めるなどの対応をすることとされた（公明党の提言では，個人情報保護委員会が取扱事業者の自主ルールの策定を支援するなど，懸念を払拭することとされているが，基本的方針は，自由民主党提言と同一であると思われる）。

　その結果，改正案2条1項2号で「個人識別符号が含まれるもの」が個人情報に該当することとされたが，同条2項で，個人識別符号とは，（ⅰ）特定の個人の身体の一部の特徴を電子計算機の用に供するために変換した文字，番号，記号その他の符号であって，当該特定の個人を識別することができるもの，（ⅱ）個人に提供される役務の利用もしくは個人に販売される商品の購入に関して割り当てられ，または個人に発行されるカードその他の書類に記載され，もしくは電磁的方式により記録された文字，番号，記号その他の符号であって，その利用者もしくは購入者または発行を受ける者ごとに異なるものとなるように割り当てられ，または記載され，もしくは記録されることにより，特定の利用者もしくは購入者または発行を受ける者を識別することができるもの，のいずれかに該当する文字，番号，記号その他の符号のうち，政令で定めるものをいうこととされた。すなわち，個人識別符号のうち，特定の個人を識別可能であるものが政令で指定されることになる。指紋認識データ，顔認識データは（ⅰ）に該当し，個人番号，旅券番号，免許証番号，保険証番号は（ⅱ）に該当することになることが想定されていた。携帯電話番号については，法人契約の場合には個人情報に該当しないことは明確であるが，個人契約の場合については，国際的な動向や技術の進展，利活用の実態等を踏まえて，政令の制定過程で慎重に検討されることとなった。

4　個人情報取扱事業者に係る適用除外

(1)　改正前個人情報保護法の仕組み

　改正前個人情報保護法は，「個人情報データベース等」とは，個人情報を含

む情報の集合物であって，(ⅰ)特定の個人情報を電子計算機を用いて検索することができるように体系的に構成したもの，(ⅱ)前記(ⅰ)に掲げるもののほか，特定の個人情報を容易に検索することができるように体系的に構成したものとして政令で定めるものと定義していた（2条2項）。そして，「個人情報取扱事業者」とは，個人情報データベース等を事業の用に供している者をいうとしつつ，「その取り扱う個人情報の量及び利用方法からみて個人の権利利益を害するおそれが少ないものとして政令で定める者」を除くこととしていた（同条3項5号）。政令では，その事業の用に供する個人情報データベース等を構成する個人情報によって識別される特定の個人の数（当該個人情報データベース等の全部または一部が他人の作成に係る個人情報データベース等であって，(ⅲ)個人情報として氏名，住所または居所〔地図上または電子計算機の映像面上において住所または居所の所在の場所を示す表示を含む〕，電話番号のみが含まれるもの，(ⅳ)不特定かつ多数の者に販売することを目的として発行され，かつ，不特定かつ多数の者により随時に購入することができるもの，またはできたもの，のいずれかに該当するものを編集し，または加工することなくその事業の用に供するときは，当該個人情報データベース等の全部または一部を構成する個人情報によって識別される特定の個人の数を除く）の合計が過去6月以内のいずれの日においても5000を超えない者を個人情報取扱事業者から除外していた（改正前個人情報保護法施行令2条）。

(2) 改正前個人情報保護法の問題

しかし，取り扱う個人情報の量が少ないことのみをもって，個人情報取扱事業者から除外することには疑問がある。個人の側からみれば，取り扱う個人情報の量が多い事業者からの漏えいであれ，少ない事業者からの漏えいであれ，それにより，自己の権利利益が侵害されることに変わりはない。実際，消費者庁「個人情報の保護に関する事業者の取組実態調査（平成23年度）報告書」によれば，保有する個人情報の量が少ない事業者を個人情報取扱事業者から除外していることに対して，「保有する個人情報が少なくても，情報の内容や取扱いの方法によっては本人に対して甚大な被害を与えることもあるので不適当である」という回答が46.4％で最も多く，「保有する個人情報の少ない事業者が委託先や第三者提供先となることもあり，自社のリスクでもあるので特別な

扱いは却って問題である」という回答が 22.8％ で 2 番目に多かった。「保有する個人情報が少ないことを理由に，法令の対象外となる事業者がいるのは不公平である」という回答も 12.6％ にのぼった。とりわけ，個人情報保護法制定時と比較して，今日では，インターネットを通じた取引が急増しており，取り扱う個人情報の量が少ない事業者であっても，クレジットカード情報や購買履歴等の多様な個人情報を管理する者が増加している。したがって，取り扱う個人情報の量が少ない事業者から，クレジットカード情報や購買履歴等の情報が漏えいして，個人が権利利益の重大な侵害を受ける可能性は高まったといえる。しかしながら，改正前個人情報保護法は，取り扱う個人情報の量が少ない事業者を個人情報取扱事業者から除外していたため，主務大臣は個人情報保護法に基づく監督措置を講ずることができず，漏えい等が発生した原因の把握も，改善に向けての方策も十分には講ずることができないという重大な問題を抱えていた。さらに，そもそも，その事業の用に供する個人情報データベース等を構成する個人情報によって識別される特定の個人の数の合計が過去 6 月以内のいずれの日においても 5000 を超えないか否かは外部からは明らかではないため，誰が個人情報取扱事業者に該当するかを消費者も知りえない場合が稀でなく，当該業界を監督する大臣が報告を求めても，個人情報取扱事業者に該当しないので，報告する義務はないと回答された場合，それ以上の対応を講じられないという限界があった[3]。

(3) 比較法的検討

この点について，比較法的にみても，EU では，取り扱う個人情報の量が少ないことのみをもって，個人情報保護に係る義務を包括的には免除していない。すなわち，EU の一般データ保護規則（GDPR）の前身である個人データ保護指令およびこれを受けた加盟国の個人情報保護法制においても，取り扱う個人情報の量が少ないことを理由として，EU 個人データ保護指令上の義務を包括的に免除している例はなかった。ドイツにおいては，連邦の個人データ保護法に

---

[3]　この問題については，宇賀克也「消費者保護と情報管理」ジュリ1461号28頁で詳しく論じている。

おいて、2006年改正により、個人データの取扱従事者が9人以下の小規模事業者について、データ保護担当者の任命義務を免除し、事業者自身が担当者になることを認め、また、当事者の同意が存在するか、または自動処理が本人との契約関係または契約類似の信頼関係に資する場合に個人データを自動処理するに当たっての監督官庁への届出義務を免除したが、これも、個人情報保護に係る義務の一部の免除にとどまる。したがって、我が国の改正前個人情報保護法のように、取り扱う個人情報の量が少ない事業者について、個人情報保護に係る義務を包括的に免除することは、旧EU個人データ保護指令に基づくEU域外への個人データの移転に係る十分性認定の阻害要因になると考えられ、この面からも、上記の包括的免除規定は削除されるべきと考えられたのである。

なお、アメリカにおいては、2012年3月にFTCが「急速に変化する時代における消費者プライバシーの保護」と題するレポートを公表し、その中で、年間5000未満の消費者の機微でない情報のみを収集し、かつ、当該情報を第三者と共有しない場合に限り、プライバシー・フレームワークの適用を除外することとしているが、このプライバシー・フレームワークは、事業者がプライバシーに関するシステムを開発・維持したり、プライバシーに関するプロセスを整備したりするための勧告としての性格を有するものであって、FTCの規則で、かかる適用除外が定められているわけではない。

(4) 負担への配慮

　改正前個人情報保護法が、取り扱う個人情報の量が少ない事業者について、個人情報保護に係る義務を包括的に免除する方針をとったのは、かかる事業者に過大な負担を負わせることを避けるという配慮によるものであったが、義務ごとに個別に検討すると、取り扱う個人情報の量が少ない事業者を個人情報取扱事業者に含めても、問題はないことが判明する。

① **利用目的の特定**（改正前個人情報保護法15条），**利用目的の制限**（同法16条）

　取り扱う個人情報の量が少ない事業者の場合、一般に、多様な目的で個人情報を利用することは少ないと考えられるので、利用目的を特定する負担、原則として特定した目的の範囲内で利用する制限は、過大な負担を課すことにはならない。もっとも、取り扱う個人情報の量が少ない事業者であっても、多様な

目的で個人情報を利用する場合はありうるが、かかる事業者は、個人情報保護の観点から、上記の義務を負うべきであり、それを過大な負担とみるべきではない。なお、「行政手続における特定の個人を識別するための番号の利用等に関する法律」（以下「番号法」という）は、平成27年法律第65号による改正前は、個人情報取扱事業者に該当しない個人番号取扱事業者にも、個人番号利用事務等を処理するために必要な範囲を超えて特定個人情報を扱うことを禁止していたが（同法32条）、これは不作為義務であり、個人情報取扱事業者に該当しない個人番号取扱事業者に過大な負担を課すものではないとして、かかる義務が定められていた[4]。個人情報保護法16条による利用目的の制限も不作為義務であり、このことからも、過大な負担ではないといえよう。

② **適正な取得**（同法17条）

取り扱う個人情報の量が少ない事業者であっても、個人情報を不正に取得しない義務を負うべきは当然であり、これも過大な負担を課すものではない。

③ **利用目的の通知・公表**（同法18条）

取り扱う個人情報の量が少ない事業者は、本人から直接書面で個人情報を取得する場合が少なくないと考えられる。かかる場合には、あらかじめ、本人に対し、その利用目的を明示する義務を原則として負うことになるが（同条2項）、直接本人から取得するに当たり、利用目的を明示することは決して過大な負担とはいえない。本人から直接ではなく、間接的に個人情報を取得することもありうるが、その場合には、あらかじめその利用目的を公表している場合を除き、速やかに、その利用目的を、本人に通知し、または公表しなければならないことになる（同条1項）。この場合、本人に通知しなくても、ウェブサイトで公表したり、パンフレットを配布したり、事業者の窓口に掲示したりする方法による公表も認められているから、これも過大な負担とはいえない。

④ **個人データの内容の正確性の確保**（同法19条）

個人情報取扱事業者は、利用目的の達成に必要な範囲内において、個人データを正確かつ最新の内容に保つよう努めなければならないとされている。この規定が適用されるのは、個人情報ではなく個人データに限定されている。個人

---

[4] 宇賀克也・番号法の逐条解説〔初版〕（有斐閣、2014年）164頁参照。

データとは，個人情報データベース等を構成する個人情報をいうから（同法2条4項），個人情報データベース等で管理していなければ，そもそもこの規定は適用されない。また，この規定が適用される場合であっても，「利用目的の達成に必要な範囲内」において対応すれば足りるから，個人データを用いて事業を行う以上，当然にすべき対応であって，かつ，努力義務にとどめられているから，過大な負担を課すものとはいえない。

⑤ **安全管理措置**（同法20条）

この規定が適用されるのは，個人情報ではなく個人データに限定されているから，個人情報データベース等で管理していなければ，そもそもこの規定は適用されない。安全管理措置は多様であり，個人データを保管する部屋への出入りを指紋認証にしたり，常時警備員を配置したりすることは，多額の費用を要し，取り扱う個人情報の量が少ない事業者にまでかかる安全管理措置を義務付ければ，過大な負担といえよう。しかし，いかなる安全管理措置を講ずべきかは，事業者の規模に応じて柔軟に考えるべきであり，零細企業に大企業と同等の安全管理措置を講ずることは期待されていないと考えられる。このように，安全管理措置の内容を事業者の資金力等を勘案して柔軟に解釈すれば，取り扱う個人情報の量が少ない事業者に安全管理措置を義務付けても，過大な負担にはならないといえよう。

実際，番号法は，平成27年法律第65号による改正前は，個人情報取扱事業者に該当しない個人番号取扱事業者にも，特定個人情報の安全管理措置義務を課していたが（同法33条），これは，安全管理措置義務の内容を事業者の資金力等を勘案して柔軟に解釈することを前提にしていた[5]。

⑥ **従業者の監督**（個人情報保護法21条），**委託先の監督**（同法22条）

これらの規定が適用されるのは，個人情報ではなく個人データに限定されているから，個人情報データベース等で管理していなければ，そもそもこれらの規定は適用されない。

また，取り扱う個人情報の量が少ない事業者は，一般的には，従業者数は少ないと考えられるから，その監督の負担は大きくないと思われる。また，取り

---

[5] 宇賀・前掲注3)166頁参照。

扱う個人情報の量が少ない事業者は，委託を行うことも多くないと考えられる。もっとも，取り扱う個人情報の量が少ない事業者であっても，従業者が多かったり，委託を行う場合もありえないわけではない。しかし，その場合の監督義務の内容は，事業者の資金力等を勘案して柔軟に解釈すべきである。実際，平成27年法律第65号による改正前の番号法は，個人情報取扱事業者に該当しない個人番号取扱事業者にも，特定個人情報について，従業者の監督義務を課していたが（同法34条），これは，かかる義務の内容を事業者の資金力等を勘案して柔軟に解釈することを前提にしていた[6]。

⑦ **第三者提供の制限**（同法23条）

この規定が適用されるのは，個人情報ではなく個人データに限定されているから，個人情報データベース等で管理していなければ，そもそもこの規定は適用されない。また，取り扱う個人情報の量が少ない事業者は，個人データを第三者に提供する必要が生ずることは稀と考えられる。また，第三者提供を行う場合には，個人の権利利益の侵害を防止するために，本人同意をとったり，オプトアウトのための措置を講ずることは，当然行うべきことであり，過大な負担を課すものとみるべきではないと考えられる。

⑧ **保有個人データに関する事項の公表等**（同法24条）

保有個人データに関する事項の公表（同条1項）は，営業所への掲示，備付け，ウェブサイトへの掲載で足りる。しかも，本人の求めに応じて遅滞なく回答することでもよいと解されているから，過大な負担とはいえない。保有個人データの利用目的の通知義務（同条2項）も，求めがあった場合のみ生ずるものであるし，取り扱う個人情報の量が少ない事業者の場合，保有個人データの数も少ないことになり，利用目的の通知の求めが頻繁になされることは考えにくいから，この面からも，過大な負担を課すものとはいえないと思われる。

⑨ **開示，訂正等，利用停止請求**（同法25条～30条）

開示，訂正等，利用停止の請求[7]に応ずる義務は，請求があった場合にのみ生ずるものであるし，取り扱う個人情報の量が少ない事業者の場合，保有個人

---

6) 宇賀・前掲注3)167頁参照。
7) 改正案では，「求め」の代わりに「請求」という文言を用いることにより，これが本人に権利を付与するものであることを明確にしている。

データの数も少ないことになり，開示等の請求が頻繁になされることは考えにくいから，この面からも，過大な負担を課すものとはいえないと思われる。

⑩　苦情の処理（同法31条）

　個人情報を取り扱う者が，その取扱いに関する苦情を自ら適切かつ迅速に処理すべきは当然であり，取り扱う個人情報の量が少ない事業者であるからといって，苦情を放置してよいわけではないことはいうまでもない。しかも，この規定は努力義務を定めるにとどまるから，取り扱う個人情報の量が少ない事業者にこの規定を適用することが過大な負担を課すものとはいえない。

⑪　監督措置（同法32条～34条）

　個人情報保護法が定める監督措置は，個人の権利利益を保護するために必要な範囲で行われるにすぎず，取り扱う個人情報の量が少ないという理由で，かかる監督措置の対象から除外する合理的理由はない。改正個人情報保護では，監督措置の種類が増大することになるが，それによって，前記の点に変わりがあるわけではない。

⑫　罰則（同法56条～58条）

　個人情報保護法が定める罰則は，個人の権利利益を保護するために必要な範囲で定められているものであり，取り扱う個人情報の量が少ないという理由で，かかる罰則の対象から除外する合理的理由はない。改正個人情報保護では，データベース提供罪という新しい罰則が定められているが，それによって，前記の点に変わりがあるわけではない。

⑬　附則11条

　与党から，個人情報保護委員会が取扱事業者の業態や事業規模に配慮した指導・助言・監督等を行う旨を明記することが提言されたことを受けて，改正個人情報保護法附則11条には，「個人情報保護委員会は，新個人情報保護法第8条に規定する事業者等が講ずべき措置の適切かつ有効な実施を図るための指針を策定するに当たっては，この法律の施行により旧個人情報保護法第2条第3項第5号に掲げる者が新たに個人情報取扱事業者となることに鑑み，特に小規模の事業者の事業活動が円滑に行われるよう配慮するものとする」と定められた。すなわち，個人情報保護委員会が，事業者等が講ずべき措置に関する指針（ガイドライン）を策定するに当たり，特に小規模の事業者の円滑な事業活動を

妨げないように配慮することとしている。ここでいう配慮は，もとより，小規模事業者について個人情報取扱事業者の義務を免除する趣旨ではないが，事業の規模や個人情報の利用形態に応じて，履行すべき義務の内容は一律ではなく，たとえば，安全管理措置義務について，義務の内容を小規模事業者の資金力，利用形態等を勘案して柔軟に解することを求めたものといえる。具体的には，紙の顧客名簿のみを保有している場合の安全管理措置としては，鍵のかかる場所で保管すれば足り，生体認証システムで出入室を管理する必要はないであろう。

5　個人情報データベース等に係る適用除外

(1)　個人情報の性質および利用方法に照らした適用除外

　改正前個人情報保護法は，個人情報データベース等を，個人情報を含む情報の集合物であって，(ⅰ)特定の個人情報を電子計算機を用いて検索することができるように体系的に構成したもの，または(ⅱ)前記(ⅰ)に掲げるもののほか，特定の個人情報を容易に検索することができるように体系的に構成したものとして政令で定めるもの，をいうと定義していた（同法2条2項）このように，個人情報データベース等は，個人情報の性質および利用方法を問わず，検索の容易性に着眼して定義されていたのである。しかし，個人情報の性質および利用方法によっては，個人の権利利益を侵害するおそれが少ないものも存在する。かかるものについても個人データ保護に係る義務を課すことは，事業者全体にとり，過大な負担となるといえる。改正個人情報保護法では，個人の権利利益の保護の要請と個人情報取扱事業者の負担を必要最小限に抑える要請との調和を図るため，取り扱う個人情報の量に基づく個人情報取扱事業者からの適用除外規定を削除する一方，個人情報の利用方法からみて個人の権利利益を侵害するおそれが少ないものとして政令で定める個人情報の集合物を個人情報データベース等から除外している（2条4項かっこ書）。個人情報取扱事業者とは，個人情報データベース等を事業の用に供している者をいうが（改正個人情報保護法2条5項柱書本文），改正個人情報保護法2条4項かっこ書に該当する場合には，個人情報データベース等には当たらないので，改正個人情報保護法2条4項か

っこ書に該当するもののみを事業の用に供している場合，個人情報データベース等を事業の用に供している者ではないので，そもそも個人情報取扱事業者に該当しないことになる。また，個人情報取扱事業者に当たる者が，改正個人情報保護法2条4項かっこ書に該当する情報を事業の用に供していても，個人データとは，個人情報データベース等を構成する個人情報をいうので，改正個人情報保護法2条4項かっこ書に該当する情報は個人データには当たらず，個人データに係る義務は生じないことになる。

(2) 適用除外される情報

改正前個人情報保護法2条3項5号では，「その取り扱う個人情報の量及び利用方法からみて個人の権利利益を害するおそれが少ないものとして政令で定める者」を個人情報取扱事業者から除外しており，改正前個人情報保護法施行令2条1号では，当該個人情報データベース等の全部または一部が他人の作成に係る個人情報データベース等であって，（ⅰ）氏名，（ⅱ）住所または居所（地図上または電子計算機の映像面上において住所または居所の所在の場所を示す表示を含む），（ⅲ）電話番号のみが含まれるものは，個人情報によって識別される特定の個人の数から除外していた。したがって，他人により作成され，一般に市販され，（または無料で公開されている）氏名入りのカーナビ，電子住宅地図，電話帳（ハローページ，CD-ROM電話帳）を編集も加工もせずに事業の用に供する場合などは，個人情報データベース等を構成する個人の数に算入されなかった[8]。

また，2008年の個人情報保護法施行令改正[9]により，個人情報データベース等に含まれる個人情報の数が5000件を超えていないかを判断するに当たり，個人情報の性質および利用方法に照らし，「不特定かつ多数の者に販売することを目的として発行され，かつ，不特定かつ多数の者により随時に購入することができるもの又はできたもの」（個人情報保護法施行令2条2号）に当たる場合には，個人情報データベース等を構成する個人情報によって識別される特定の個人の数から除くとされていた[10]。政官要覧，市販の職員録，弁護士会名簿，

---

8) 他人の作成に係るものでなく，市販の名簿を自ら作成したもの（作成を委託した者を含む）は，この要件を満たさない。
9) 詳しくは，宇賀克也・個人情報保護の理論と実務（有斐閣，2009年）84頁以下参照。

税理士会名簿，医師名簿，薬剤師名簿，会社四季報，役員四季報等がこれに当たる。

　これを参考に，本法施行令3条1項は，「不特定かつ多数の者に販売することを目的として発行されたものであって，かつ，その発行が法又は法に基づく命令の規定に違反して行われたものでないこと」(1号)，「不特定かつ多数の者により随時に購入することができ，又はできたものであること」(2号)，「生存する個人に関する他の情報を加えることなくその本来の用途に供しているものであること」(3号) のいずれにも該当するものを個人情報データベース等から除外することとしている。

　カーナビゲーションシステム，電子住宅地図，市販の職員録，電話帳 (CD-ROM電話帳を含む) のように，一般向けに販売されているものに含まれる個人情報は，公になっている情報ということができ，これらの購入者が，他の個人情報を追加することなく，本来の用途に供している場合には，仮に漏えいしたとしても，それにより個人の権利利益が侵害されるおそれは小さいので，個人情報データベース等から除外することとしたのである。

　他方，自治会や同窓会の名簿の中には，氏名，住所または居所，電話番号のみを含むものもありうるが，かかる名簿を個人情報データベース等から除外してしまうと，かかる名簿を名簿業者が購入し販売する行為を本法の規律 (オプトアウトによる個人データの第三者提供の届出義務，個人データの第三者提供時の確認義務等) を及ぼすことができなくなる。このことは，名簿業者を介在させて，氏名，住所または居所，電話番号のみを記載した自治会名簿，同窓会名簿が流通し，振込め詐欺等に利用されている実態に鑑み，是認できるものではない。したがって，自治会や同窓会の名簿は，個人情報データベース等に当たることになる。

　また，平成28年政令第324号による改正前の本法施行令2条柱書は，個人

---

10) 特定の地域に限定して販売されていたり，会員のみに頒布されていたり，高所得者しか購入しえないような高額で販売されていたり，閲覧のために特殊な機器やソフトウェアを購入する必要がある場合には，不特定多数の者により取得することができるという要件を満たさないと考えられた。また，取得のために，多数の仲介人を介在させる必要がある等，手続がきわめて複雑な場合，販売期間が短期間に限定されている場合等は，随時に取得できるという要件を満たさないと考えられた。

情報取扱事業者から除外される者について、個人情報データベース等を「編集し、又は加工することなく」その事業の用に供することを要件としていた。しかし、個人情報データベース等を本来の用途に供しているが、自己の検索の便宜を向上させるために、独自の検索機能を付加することが、個人情報の本人の権利利益を害することになるとはいえないと考えられる。そこで、本法施行令3条1項3号は、「編集し、又は加工することなく」という要件は設けていない。

(3) 名簿業者対策との関係

かかる個人情報データベース等の適用除外規定を設けた場合、名簿業者の取り扱う名簿も適用除外となるとすれば、不正な手段により取得された名簿が名簿業者により買い取られ流通したり（ベネッセ事件の例）、名簿業者が販売する名簿が振り込め詐欺等の犯罪に使用されたりすることが大きな社会問題になっている今日、前記の適用除外への国民の支持は得難いと思われる。そこで、この点について検討すると、名簿業者が自ら名簿を作成する場合には適用除外の要件を満たさないし、他人が作成した名簿を購入して転売する場合にも、一般的には、属性別に分類する等の編集・加工を行っているので、市販名簿をそのまま転売する例外的な場合を除いては、個人情報データベース等からの適用除外にはならないと考えられる。また、名簿事業者から購入した名簿は、一般に市販されているものでなく、特定の事業者に対してのみ販売されるのが通常と考えられるので、不特定かつ多数の者に販売または頒布されることを目的として作成または発行されたものとはいえず、適用除外の要件を満たさないと思われる。したがって、前記のような個人情報データベース等の適用除外規定を設けることが、名簿業者に係る社会問題の解決に逆行するとはいえないと考えられる。

6 匿名加工情報

(1) 経　緯

匿名加工情報についての規定が、改正個人情報保護法に設けられた経緯は、以下の通りである。ICTが急速に進展し、インターネットやICカードを利用

した取引は急増している。また，SNS の利用者は激増し，スマートフォンのアプリケーションにより多種多様なサービスが提供されている。その結果，これらのサービスの利用者に関する膨大なパーソナルデータが蓄積されている。ポイントカードの購買履歴や交通系 IC カードの乗降履歴等のビッグデータを個々の企業や業界の垣根を越えて利用することによって，様々なイノベーションが起こり，新規のビジネスが産み出され，経済が活性化するとともに，消費者の利便性も向上することが期待される。さらに，公共交通機関の路線再編計画，都市再開発計画，商業施設の建設計画等に乗降履歴のビッグデータを活用したり，医療機関が保有する医療情報のビッグデータを臨床研究や新薬開発に活用することも考えられる。

　しかし，個人情報の目的外利用には原則として本人の同意が必要であり（個人情報保護法16条1項），個人データの第三者提供にも原則として本人の同意が必要である（同法23条1項）。個人データの第三者提供については，オプトアウト方式を用いることもできるが，第三者提供を目的としていなかった場合には，目的外の取扱いをすることについて，本人同意を得なければならない。大量の個人情報を取り扱う個人情報取扱事業者にとって，個別に多数のサービス利用者から同意を得ることの手続コストが大きく，そのことがパーソナルデータの利活用を躊躇させているという声が高まってきた。もっとも，特定の個人が識別されないように加工措置を施せば，個人情報の取扱いに関する個人情報保護法の規律はかからないことになるが，どのような加工措置を行えば個人情報でなくなるかが不明確であるため，主観的には十分な加工措置であって個人情報ではなくなったと考えた場合であっても，消費者の側からは不十分という批判を受けることもあった[11]。

　そして，2013年6月14日に閣議決定された規制改革実施計画において，内閣官房および消費者庁に対して，「個人情報の保護を確保しつつ，ビッグデー

---

11)　2013年7月に大きな社会問題になった JR 東日本による Suica 乗車履歴販売事件も，JR 東日本としては加工により個人情報ではないと考えて行った日立製作所への販売が，個人情報保護違反の可能性を指摘された例である。この問題について，鈴木正朝「Suica 問題とは何であったのか──個人情報保護法改正の視点は何か（Interview）」Business Law Journal 7巻5号39頁以下，太田洋「予測可能性が失われればビジネスは萎縮する（Interview）」Business Law Journal 7巻5号36頁以下参照。

タ・ビジネスの普及を図る観点から、各省庁が策定している事業等分野ごとのガイドライン……で活用できるよう、どの程度データの加工等を行えば『氏名、生年月日その他の記述等により特定の個人を識別することができるもの（他の情報と容易に照合することができ、それにより特定の個人を識別することができることとなるものを含む。）』には当たらない情報となるのか等、合理的な匿名化措置の内容を明確化したガイドラインを策定する」ことが義務付けられた。

また、規制改革会議の創業等ワーキング・グループ報告において、「米国FTCは、事業者が、①データに合理的な非識別化措置を講じること、②非識別化されたデータを再識別化しないことを公に約束すること、③非識別化されたデータを第三者に提供する場合、提供先が再識別化することを契約で禁止すること、の3要件を満たせば、合理的に連結可能なデータには当たらないとしている。我が国でも、ある事業者（X）が、もともと保有するデータ（元データ）と、加工等により特定の個人を識別できなくなったデータ（新データ）の両方のデータを保有し、新データのみを第三者（Y）に提供する場合において、X・Y間の契約でYによる再識別化が禁止されているときは、個人の権利利益の侵害のおそれはないのであるから、新データは『個人情報』には該当しない旨を明確化すべきではないか」という問題提起が行われた。

この問題については、「パーソナルデータに関する検討会」の下に設けられた「技術検討ワーキンググループ」において、既存の個人情報保護法において導入可能な「再識別不可能データ」化（提供事業者において容易照合性のない技術的匿名化）措置の内容および新たな立法措置を前提とした「合理的な技術的匿名化措置」の内容の検討について、米国FTCが公表したFTCスタッフレポート（「急速な変化の時代における消費者プライバシーの保護」）における匿名化に関する前記3要件等を念頭においた検討が行われた。その結果、いかなる個人情報に対しても、識別非特定情報（一人ひとりは識別されるが、個人が特定されない状態の情報）や非識別非特定情報（一人ひとりが識別されず、かつ個人が特定されない状態の情報）となるように加工できる汎用的な方法は存在しないが、個人情報の種類・特性や利用の目的等に応じて技術・対象を適切に選択することにより、識別非特定情報や非識別非特定情報に加工することは不可能ではないと結論付けられた。そして、個人の特定性または識別性が低下した情報に加工した

「法第 23 条第 1 項適用除外情報（仮称）」について，当該データの受領者は個人情報の特定化，識別化または識別特定化を行わないことが必要であり，このことを担保するために新たな立法措置が必要であるとされた。IT 総合戦略本部が 2014 年 6 月 24 日に決定した「パーソナルデータの利活用に関する制度改正大綱」においては，個人が特定される可能性を低減したデータへの加工方法については，データの有用性や多様性に配慮し一律には定めず，事業等の特性に応じた適切な処理を行うことができることとし，さらに，当該加工方法等については，民間団体が自主規制ルールを策定し，第三者機関は当該ルールまたは民間団体等の認定等を行うことができるとした。かかる背景の下で，個人データを加工して特定の個人を識別することができないようにした匿名加工情報について，本人同意なしに第三者に提供することを認めつつ，かかるデータの提供者および受領者が負う義務等を定めるべく，政府部内で検討が進められた。

(2) 基本的考え方

匿名加工情報は，特定の個人を識別することができないように個人情報を加工して得られる個人に関する情報であるから，加工後は，個人情報ではなくなっていることになる。

かかる加工を行うこと自体は，それを当初から目的に含めていなくても，目的外利用に当たらないという一般的な考え方[12]を前提とすれば，個人情報を加工して特定の個人を識別できないようにし，それを利用・提供することについて，個人情報保護法の規制はかからないことになる。しかし，匿名加工情報は個人情報を加工して作成されたものであるから，作成元の個人情報取扱事業者は，削除等の加工が行われる前の情報を保有しており，単に社内規程で両者の照合を禁止する程度では，容易照合性を否定するには十分とは考えられない。したがって，匿名加工情報が個人情報に該当しないといえるためには，匿名加

---

[12]　「パーソナルデータに関する検討会」の審議当時，個人情報保護法を所管していた消費者庁の Q＆A の A6-4 では，「個人情報の匿名化は，誰に関する情報であるか分からなくするための加工であり，本人の権利利益の保護につながるものです。本人の権利利益を侵害するおそれが小さく，法律上の『個人情報』にも当たらなくなることから，個人情報を匿名化することや匿名化した情報を利用することを利用目的として特定し，本人に通知又は公表することまで求めるものではありません」とされていた。

工情報を作成した個人情報取扱事業者において，容易照合性を否定することが必要になる。そこで，改正個人情報保護法では，個人情報取扱事業者が，匿名加工情報を作成して自ら匿名加工情報を取り扱うに当たっては，当該匿名加工情報の作成に用いられた本人を識別するために，当該匿名加工情報を他の情報と照合することを禁止している（36条5項）。このように照合禁止義務が法的に課されているため，匿名加工情報を作成した個人情報取扱事業者において，当該匿名加工情報がモザイク・アプローチの下でも個人情報には該当しないことが法的に担保されることになる。

個人情報保護法における個人情報該当性は，第三者提供される場合，提供元基準で判断されるため，匿名加工情報が個人情報でない以上，個人情報保護法16条，23条の規制はかからず，匿名加工情報の第三者提供に本人同意は不要になる。したがって，改正前個人情報保護法の下においても，個人情報に該当しないように加工措置を施せば，個人情報の取扱いに関する義務はかからないことになるが，具体的な加工の方法・程度が不明確であったために，事業者が利活用を躊躇する傾向があったり，逆に，十分な加工措置を施すことなく匿名化を行ったと考えて，利活用することもなかったとはいえないと思われる。匿名加工情報という範疇を設けルールを明確化することは，パーソナルデータの利活用を促進する環境を整備するとともに，個人の権利利益も保護することを意図した改正といえる。

しかし，匿名加工情報の第三者提供には，以下のような問題がある。確かに，匿名加工情報は，特定の個人を識別できないように加工された情報であるが，匿名加工情報として想定されているものは，ポイントカードの購買履歴や交通系ICカードの乗降履歴等のビッグデータであり，識別非特定情報である。かかる識別非特定情報としてのパーソナルデータを第三者提供した場合，提供先が有する情報との照合により，特定の個人が識別されてしまう可能性は低くない。このような可能性をできる限り低くするためには，加工の程度を強化する必要があるが，それにより匿名加工情報の有用性が低減してしまうことになる。個人データの第三者提供に当たり，本人同意が原則とされているのは，個人データが第三者に提供されると，その後，当該個人データがいかに流通し，いかに使用されるかが不透明な状態に置かれることになり，かつ，個人データは他

の個人データとの結合・照合等が容易であり、第三者に提供された場合、個人の権利利益に重大な被害を及ぼすおそれがあるからであるが、匿名加工情報については、個人データではなくても、第三者提供により、同様のリスクが生ずるのである。したがって、匿名加工情報については、提供元においてモザイク・アプローチによっても特定の個人が識別されないことのみではなく、提供先において保有するまたは取得可能な情報との照合により、特定の個人が識別されないような措置が講じられる必要がある。しかし、匿名加工情報を提供する者にとって、匿名加工情報を受領する者がいかなる情報を保有しているかを常に予見することはできず、匿名加工情報が個人情報となるリスクを完全に排除することは不可能を強いることになる。そこで、一定の加工方法をとればよいこととし、匿名加工情報を取得した匿名加工情報取扱事業者が匿名加工情報を取り扱うに当たっては、当該匿名加工情報を他の情報と照合することを禁止することとしている。また、当該匿名加工情報の作成に用いられた個人情報に係る本人を識別するために、当該個人情報から削除された記述等もしくは個人識別符号または加工の方法に関する情報を取得することも禁止し、当該個人情報を復元できないことを法的に担保している（個人情報保護法38条）。

　匿名加工情報取扱事業者が識別禁止義務を遵守していても、これが漏えいすれば、他者が匿名加工情報を入手して、特定の個人を識別し不正な取扱いを行うおそれがある。そこで、匿名加工情報取扱事業者は、匿名加工情報の安全管理のために必要かつ適切な措置を自ら講じ、かつ、当該措置の内容を公表する努力義務を負う（同法39条）。

　なお、匿名加工情報取扱事業者について個人情報保護委員会への届出制とすることも検討されたが、個人情報を取り扱う個人情報取扱事業者について届出制が採用されていないこととの均衡等も考慮し、届出制は採用されなかった。

(3) 加工方法

　特定の個人が識別されるおそれの類型を措定し、各類型ごとにいかなる対策を講ずべきかを検討すると、以下のようになる。

　特定の個人が識別されるおそれがある場合としては、まず、個人情報に含まれる氏名、生年月日、住所等の項目から直接に特定の個人が識別される場合が

考えられる。これへの対策としては，第1に，直接に特定の個人を識別する情報を削除したり（属性削除〔Suppression〕），識別できないような変換措置を講じたりすること（仮名化〔Pseudonymization〕）が必要になる。第2に，旅券番号，運転免許証番号等，複数者間で共有されうる個人識別符号により大量の情報が集積されて特定の個人が識別されたり，当該個人識別符号を索引情報とするマッチングにより特定の個人が識別されたりするおそれがある場合が想定される。これへの対策としては，当該個人識別符号を全部削除したり，当該個人識別符号を復元することのできる規則性を有しない方法により他の記述等に置き換えることが必要になる。

そこで，個人情報保護法2条9項では，匿名加工情報とは，特定の個人を識別することができないように個人情報を加工して得られる個人に関する情報であって，当該個人情報を復元することができないようにしたものと定義し[13]，加工措置については，同条1項1号に該当する情報と同項2号に該当する情報を分けて規定している。同条1項1号に該当する情報，すなわち，「当該情報に含まれる氏名，生年月日その他の記述等（文書，図画若しくは電磁的記録……に記載され，若しくは記録され，又は音声，動作その他の方法を用いて表された一切の事項（個人識別符号を除く。）をいう……）により特定の個人を識別することができるもの（他の情報と容易に照合することができ，それにより特定の個人を識別することができることとなるものを含む。）」については，当該個人情報に含まれる記述等の一部を削除すること（当該記述等を復元することのできる規則性を有しない方法により他の記述等に置き換えることを含む）が加工措置とされている。たとえば，氏名と住所が組み合わさると，同姓同名であっても当該住所に居住する当該氏名の者は1人に限定されるのが通常であり，特定の個人が識別されるから，氏名の全部削除（またはAさんという無為の記述への置換え），住所の全部または一部（市町村以下等）等の加工措置が必要になる。

---

[13] 統計情報は，特定個人識別性がなく個人情報に該当しないため，個人情報保護法の規制を受けていない。統計情報は，複数人の情報に共通する項目を抽出し，同一の分類ごとに集計して得られる数値データである。かかる統計情報は個人情報保護法が定める匿名加工情報よりも，個人との対応関係が稀薄な状態に加工されており，個人の権利利益の保護のための匿名加工情報に係る規制を及ぼすことは過剰規制になるおそれがある。統計情報は「個人に関する情報」に該当せず，個人情報保護法の規制外であるという解釈を政府はとっている。

「当該記述等を復元することのできる規則性を有しない方法により他の記述等に置き換えること」には，詳細な情報を抽象化すること，たとえば，生年月日を年齢に置き換えたり，20代，30代等の年代への置換えによる大括り化等を含む。他方，同条1項2号に該当する情報，すなわち，「個人識別符号が含まれるもの」については，業種を超えて取り扱われていることが想定されるので，受領者が特定の個人を識別するおそれをできる限り低減させるため，当該個人情報に含まれる個人識別符号の全部を削除すること（当該個人識別符号を復元することのできる規則性を有しない方法により他の記述等に置き換えることを含む）が加工措置とされている。

　加工方法は，個人情報保護委員会が基準を定め，それに従うことになる（個人情報保護法36条1項）。個人情報保護委員会規則では，いずれの事業者にも適用される一般的な必要最小限の加工方法（個人識別符号を全部削除する〔当該個人識別符号を復元することのできる規則性を有しない方法により他の記述等に置き換えることを含む〕等）を示すにとどめ，より具体的な加工方法は，「個人情報の保護に関する法律についてのガイドライン（匿名加工情報編）」，「個人情報保護委員会事務局レポート：匿名加工情報」で示されている。実際の匿名加工の基準は，これらを参考にして，かつ，個人情報の内容，想定される利用方法等を考慮して，個別具体的に個人情報取扱事業者が判断することになるが，認定個人情報保護団体が存在する分野では，認定個人情報保護団体の作成する個人情報保護指針において，当該分野の特性に応じた加工方法の詳細について定められることが想定されている。

(4) 加工が不十分な場合

　もとより，個人情報取扱事業者が主観的に匿名加工情報を作成したと考えたとしても，客観的には特定の個人を識別可能であれば，それは個人情報に該当し，第三者提供には本人同意が原則として必要になる。もし，匿名加工情報として明示されたものであっても，加工が不十分であるため個人情報に当たる場合には，個人情報保護法4章1節の義務等が課されることになり，これらの義務等に違反する場合には，個人情報保護委員会による監督が行われることになる。加工が不十分な個人情報が「匿名加工情報」として公表されて流通してい

ることが，消費者からの苦情や公表された「匿名加工情報」に含まれる情報の項目等により判明すれば，個人情報保護委員会は，当該事業者から任意に聞取りを行い，また，当該事業者が認定個人情報保護団体に所属している場合には，認定個人情報保護団体からも聞取りを行って事実関係を確認し，必要に応じて報告もしくは資料の提出を求め，またはその職員に立入調査をさせたり，間接強制調査としての質問，物件の検査を行い（個人情報保護法40条1項。この間接強制調査を拒んだ場合には，30万円以下の罰金に処せられる。同法85条1号），指導および助言を行うことになる（同法41条）。もし，当該個人データの第三者提供について，個人の権利利益を保護するため必要があると認めるときは，当該個人情報取扱事業者に対し，「匿名加工情報」の提供の停止，加工方法の是正等の再発防止策の実施等を勧告し（同法42条1項），当該勧告に係る措置がとられず，個人の重大な権利利益の侵害が切迫していると認めるときは，当該勧告に係る措置をとるべきことを命ずることができる（同条2項）。この命令に違反した者は，6月以下の懲役または30万円以下の罰金に処せられる（同法84条）。また，本人から，個人情報保護法23条1項違反を理由として，保有個人データの第三者提供の停止を請求できる（同法30条3項）。

　統計法に基づく基幹統計調査に係る匿名データ[14]を作成しようとするときは，あらかじめ，統計委員会の意見を聴かなければならないのに対し（同法35条2項），匿名加工情報については個人情報保護委員会の事前の意見聴取や事前または事後の届出は義務付けられていないので，法執行の実効性をいかに確保するかが重要な課題になる。消費者からの苦情を端緒とする個人情報保護委員会による調査も重要であるが，個人情報保護委員会の人的資源の制約に鑑みると，認定個人情報保護団体が存在する分野では，認定個人情報保護団体も重要な役割を果たすべきと考える。すなわち，認定個人情報保護団体が個人情報保護指針において匿名加工情報への加工方法を定めて公表したときは，個人情報保護法53条4項において，認定個人情報保護団体は，対象事業者に対し，当該個人情報保護指針を遵守させるために必要な指導，勧告その他の措置をとる義務があるので，個人情報保護指針で定めた加工方法を遵守しない結果，特定の個

14）　宇賀克也「全面施行された新統計法と基本計画」ジュリ1381号37頁参照。

人が識別されるものが「匿名加工情報」として作成され利用・提供されていないかを注意深くモニタリングすることが望ましく，疑義があれば調査して，問題があれば是正措置を指導，勧告すべきである。また，加工方法に関する苦情についての解決の申出が本人その他の関係者からあったときは，調査を行い，対象事業者に迅速な解決を求める義務がある（同法52条1項）。認定個人情報保護団体は，個人情報保護指針で定めた加工方法について対象事業者による遵守が確保されることの重要性を認識して，この面でも積極的に活動することが期待される。

(5) 復元の防止

匿名加工情報を取得した事業者が，加工の方法に関する情報を入手し，加工のアルゴリズムが判明した場合には，加工前の個人情報を復元することができることになるので，加工の方法に関する情報を取得することが禁止されている。また，当該個人情報から削除された記述等または個人識別符号を取得することにより，個人情報を復元することも禁止されている（個人情報保護法38条）。さらに，個人情報取扱事業者は，匿名加工情報を作成したときは，その作成に用いた個人情報から削除した記述等および個人識別符号ならびに加工の方法に関する情報の漏えいを防止するために必要なものとして個人情報保護委員会規則で定める基準に従い，これらの情報の安全管理のための措置を講ずる義務を負う（同法36条2項）。

(6) 公表義務

個人情報取扱事業者は，匿名加工情報を作成したときは，本人に対する透明性を確保するため，個人情報保護委員会規則で定めるところにより，当該匿名加工情報に含まれる個人に関する情報の項目（利用日時，年齢，性別，居住する都道府県，購入商品名等）を公表しなければならない（同法36条3項）。また，個人情報取扱事業者は，匿名加工情報を作成して当該匿名加工情報を第三者に提供するときは，個人情報保護委員会規則で定めるところにより，あらかじめ，第三者に提供される匿名加工情報に含まれる個人に関する情報の項目およびその提供の方法について公表しなければならない（同条4項）。匿名加工情報を受

領したものが，さらに別の事業者に匿名加工情報を提供する場合にも，この公表義務を負う。匿名加工情報を作成したときと第三者に提供したときの双方において，当該匿名加工情報に含まれる個人に関する情報の項目の公表義務を課しているのは，作成された匿名加工情報全体を自社で利用し，その一部のみを第三者提供する場合も考えられるので[15]，いかなる項目の匿名加工情報が作成され，提供されているかを公表することにより透明性を確保する必要があるからである。

(7) 明示義務

　個人情報取扱事業者は，匿名加工情報を作成して当該匿名加工情報を第三者に提供するときは，個人情報保護委員会規則で定めるところにより，あらかじめ，当該第三者に対して，当該提供に係る情報が匿名加工情報である旨を明示しなければならない（同法36条4項）。

　匿名加工情報を受領したものが，さらに別の事業者に匿名加工情報を提供する場合にも，この明示義務を負う。ここでいう「提供」には，特定の者に匿名加工情報を渡すことのみならず，ウェブサイトに公開することも含む。そのため，受領者が受領した情報が匿名加工情報であることの認識が欠如し，匿名加工情報に係る義務の履行を懈怠するおそれがある。そこで，匿名加工情報の受領者が受領したものが匿名加工情報であることを確実に認識できるようにするため，当該提供に係る情報が匿名加工情報である旨を明示することを提供者に義務付けているのである。明示する方法については，売買契約を締結する場合には契約書に記載することになると思われるが，ウェブサイトに公開する場合には，当該サイトに，「本情報は匿名加工情報であり，その取扱いには，個人情報の保護に関する法律第4章第2節の定める義務が生ずることに御留意をお願いします」というような注記をすることが考えられる。

---

[15] 匿名加工情報に別の情報（匿名加工情報を含む）を付加する場合であっても，それにより特定の個人が識別されなければ匿名加工情報に当たる。

(8) 識別禁止義務

　個人情報取扱事業者が，匿名加工情報を作成して自ら当該匿名加工情報を取り扱うに当たっては，当該匿名加工情報の作成に用いられた個人情報に係る本人を識別するために，当該匿名加工情報を他の情報と照合することが禁止されていることは前述した（同法36条5項）。

　匿名加工情報は，個人情報に含まれる記述等の一部を削除し，それ単独で特定の個人が識別されないようにするとともに（同法2条9項1号），個人識別符号の全部を削除することにより（同項2号），他の情報との照合によっても，特定の個人が識別される蓋然性を低下させている。しかし，ICTの飛躍的発展に伴い，匿名加工情報取扱事業者自身が保有する情報や，国，地方公共団体，私人等により公開されている膨大かつ多様な情報と照合して分析を行うと，それらの情報に共通に含まれる項目からパーソナルデータが集積される等して，特定の個人が識別される可能性を否定することは困難である。そのため，匿名加工情報を提供することにより，提供先で個人情報に復元される可能性を懸念し，匿名加工情報の提供を躊躇したり，復元の可能性を根絶するほどの削除等を行い，情報としての有意性を喪失させてしまっては，匿名加工情報という範疇を設けることにより，パーソナルデータの利活用の促進を図る立法政策を実現することはできないことになる。したがって，匿名加工情報の有意性を確保しつつ，そこから特定の個人が識別されることを抑止する対策を講ずる必要がある。

　そこで，個人情報保護法では，匿名加工情報の提供を受けた匿名加工情報取扱事業者は，匿名加工情報を取り扱うに当たっては，当該匿名加工情報の作成に用いられた個人情報に係る本人を識別するために，当該個人情報から削除された記述等もしくは個人識別符号もしくは匿名加工情報を作成するための加工の方法に関する情報を取得し，または当該匿名加工情報を他の情報と照合することを禁じられている（同法38条）。これによって，匿名加工情報の提供を受けた匿名加工情報取扱事業者の側で匿名加工情報が個人情報とならないように法的な担保措置を講じているのである。個人識別符号の取得が禁止されるのは，それが特定されると，それが付番されたパーソナルデータの集積が容易になり，

特定の個人が識別されるおそれが高まるからである。同法38条の識別禁止義務を履行するために、匿名加工情報の提供を受けた匿名加工情報取扱事業者は、自己の保有する個人情報や他の匿名加工情報と取扱いを峻別する必要があり、当該匿名加工情報にアクセスできる者を必要最小限に限定し、ファイアウォールを設定する等のシステム上の分離措置も講じておくべきであろう。このような識別禁止義務が匿名加工情報を受領した匿名加工情報取扱事業者に課されることにより、それ単体では特定の個人を識別できない匿名加工情報について、他の情報との照合等により特定の個人を識別できるようにすることも禁じられているから、モザイク・アプローチによる特定の個人の識別性もないことになり、個人情報に該当しないものとして位置付けることが可能になる。

なお、同法38条の識別禁止義務を負う匿名加工情報取扱事業者とは、匿名加工情報を含む情報の集合物であって、特定の匿名加工情報を電子計算機を用いて検索することができるように体系的に構成したものその他匿名加工情報を容易に検索することができるように体系的に構成したものとして政令で定めるもの（匿名加工情報データベース等）を事業の用に供している者であって、同法2条5項各号に掲げる者（国、地方公共団体、独立行政法人等、地方独立行政法人）を除いたものを意味する（同条10項）。事業の用に供している者であることが要件になっているため、私的利用を行う者は含まれない。

(9) 安全管理措置等の（努力）義務

個人情報取扱事業者は、匿名加工情報を作成したときは、その作成に用いた個人情報から削除した記述等および個人識別符号ならびに加工方法に関する情報の漏えいを防止するために必要なものとして個人情報保護委員会で定める基準に従い、これらの情報の安全管理のための措置を講じなければならない（同法36条2項）。加工方法等に関する情報の漏えいを防止することはきわめて重要であるので、加工方法等の秘匿を徹底し、アクセス・クリアリングを設定する等の措置が必要になると考えられる。

他方、匿名加工情報は、特定の個人を識別することができなくされ、かつ、元となる個人情報への復元をすることもできないように加工されているので、それが漏えいしたり、違法に提供されたとしても、直ちに個人の権利利益が侵

害されるわけではない。もっとも，匿名加工情報を他の情報と照合したり，加工方法に係る情報を不正に取得したりして，特定の個人が識別されるおそれが全くないわけではない。そこで，個人情報取扱事業者は，匿名加工情報を作成したときは，当該匿名加工情報の安全管理のために必要かつ適切な措置（従業者による不正な持出し，過失による漏えい，ハッカーによる不正取得等を防止するための措置），当該匿名加工情報の作成その他の取扱いに関する苦情の処理その他の当該匿名加工情報の適正な取扱いを確保するために必要な措置を自ら講じ，かつ，当該措置の内容を公表する努力義務を負うこととされた（同条6項）。また，匿名加工情報を受領した匿名加工情報取扱事業者も，安全管理措置等の努力義務を負う（同法39条）。

もし，匿名加工情報の不正取得が行われた場合，当該情報が営業秘密に該当する場合には，不正競争防止法により処罰される可能性があり，また，漏えいや不正取得によりプライバシー侵害が発生すれば，被害者は，不法行為に基づく損害賠償請求が可能である。

(10) 匿名加工情報を取り扱う海外の事業者の義務

個人情報保護法は，国内にある者に対する物品または役務の提供に関連してその者を本人とする個人情報を取得した個人情報取扱事業者が，外国において当該個人情報または当該個人情報を用いて作成した匿名加工情報を取り扱う場合についても適用される（同法75条）。すなわち，外国における行為であっても，本人から直接に個人情報を取得した場合については，我が国との関係の強度や本人の権利利益の保護の観点から，我が国の個人情報保護法を域外適用する方針を採用したのである。そのため，同法36条の規定は，かかる海外の事業者にも適用することとしている。他方，個人情報の本人からではなく，他の事業者から匿名加工情報を取得して取り扱う場合については，我が国の個人情報保護法を適用することを正当化するほど我が国との関係が強くないという判断の下，他の事業者から匿名加工情報を取得した匿名加工情報取扱事業者の義務ないし努力義務を定める同法37条（匿名加工情報の提供），同法38条（識別行為の禁止），同法39条（安全管理措置等）の規定は，海外の事業者には適用されないことになっている。もっとも，将来，他の事業者から匿名加工情報の提供

を受けた海外の匿名加工情報取扱事業者により，我が国の国民の権利利益の侵害が少なからず発生するような立法事実が確認されれば，我が国の個人情報保護法の域外適用についての上記のような立法政策を再考する必要が生ずることになろう。

7 要配慮個人情報

(1) 背 景

　個人情報保護法に要配慮個人情報についての規定が設けられたのは，以下の理由による。

　いわゆる機微情報について特別の保護をすべきか否かについては，個人情報保護法の制定過程においても議論されたところである。しかし，何が機微情報に該当するかについて社会的な合意を得ることは困難と思われること等を理由として，制定時には，個人情報保護法自体においては，情報の性質，内容を問わないで，最低限必要と思われる規律を行い，機微情報については，個別の法律や指針等でより厳格な措置を講ずる方針がとられた。そのため，制定時の個人情報保護法6条は，「政府は，……個人情報の性質及び利用方法に鑑み，個人の権利利益の一層の保護を図るため特にその適正な取扱いの厳格な実施を確保する必要がある個人情報について，保護のための格別の措置が講じられるよう必要な法制上の措置その他の措置を講ずるものとする」（同条3項）と定めていた。そして，制定過程における衆参両院の附帯決議，同法7条の規定に基づき2004年4月2日に閣議決定された当時の「個人情報の保護に関する基本方針」においては，特に厳格な保護措置が必要とされたのは，医療，情報通信，金融の3分野であった。

　他方，大半の個人情報保護条例においては，思想，信条に関する個人情報，社会的差別の原因となる個人情報について，その収集を制限する規定が設けられている。たとえば，東京都個人情報の保護に関する条例は，「実施機関は，思想，信教及び信条に関する個人情報並びに社会的差別の原因となる個人情報については，収集してはならない。ただし，法令又は条例……に定めがある場合及び個人情報を取り扱う事務の目的を達成するために当該個人情報が必要か

つ欠くことができない場合は，この限りでない」（4条2項）と定め，機微情報の収集を原則として禁止している。また，個人情報保護法8条の規定に基づき，主務大臣により策定されていた個人情報保護に関するガイドラインにおいても，機微情報の保護に関する規定が置かれることが少なくなかった。たとえば，金融分野における個人情報保護に関するガイドライン[16]では，政治的見解，信教（宗教，思想および信条をいう），労働組合への加盟，人種および民族，門地および本籍地，保健医療および性生活ならびに犯罪歴に関する情報を機微情報として位置付け，原則として，取得，利用または第三者提供を行わないこととしていた（6条1項）。また，2017年4月18日の改正前の電気通信事業における個人情報保護に関するガイドラインでは，思想，信条および宗教に関する事項，人種，門地，身体・精神障害，犯罪歴，病歴その他の社会的差別の原因となるおそれのある事項に係る個人情報について，自己または第三者の権利を保護するために必要な場合その他社会的に相当と認められる場合を除き，取得しないものとしていた（4条2項）。さらに，JIS Q 15001: 2006においては，思想，信条または宗教に関する事項，人種，民族，門地，本籍地（所在都道府県に関する情報を除く），身体・精神障害，犯罪歴その他社会的差別の原因となる事項，勤労者の団結権，団体交渉その他団体の行為に関する事項，集団的示威行為への参加，請願権の行使その他の政治的権利の行使に関する事項，保健医療または性生活に関する事項に係る個人情報を機微情報として位置付け，明示的な本人の同意がある場合等，一定の場合を除き，その取得，利用または提供を行ってはならないとしていた（3.4.2.3）[17]。また，旧EU個人データ保護指令においては，人種または民族，政治的意見，宗教または思想信条，労働組合への加入，健康，性生活に関する個人データの処理を原則として禁止し（8条1項～4項），犯罪，刑事事件の有罪判決に関する個人データの処理は，公的機関の管理の下

---

[16] 現在は「金融分野における個人情報保護に関するガイドライン」（平成29年個人情報保護委員会・金融庁告示1号）5条1項において，機微情報について定められている。

[17] 堀部政男監修・鈴木正朝＝新保史生＝斎藤雄一＝太田克良著・個人情報保護マネジメントシステム要求事項の解説（日本規格協会，2006年）78頁以下参照。2017年12月20日に公示された「個人情報保護マネジメントシステム―要求事項」について，藤原静雄監修・新保史生編・小舘康史＝佐藤慶浩＝篠原浩美＝鈴木靖者・JIS Q 15001: 2017個人情報保護マネジメントシステム　要求事項の解説（日本規格協会，2018年）参照。

でのみ行わせることができ，行政制裁または民事事件の判決に関する個人データについても，公的機関の管理の下で処理されなければならないとする旨を定めることができるとされていた[18]。この指令を受けて，加盟国の個人情報保護法では，機微情報（sensitive information）（イギリス，スウェーデン等）ないし特別な種類のデータ（special categories of data）（フランス，ドイツ等）について，特に厳格な規律を設けていたし，EU 加盟国以外であっても，オーストラリア，韓国等の個人情報保護法において，機微情報について特に厳格な規律が設けられていた。アメリカの FTC が 2012 年 3 月に公表した報告書（「急速に変化する時代における消費者のプライバシーの保護――産業界と政策立案者に向けた提言」）においては，（13 歳未満の）子ども，金融および健康に関する情報，社会保障番号ならびに一定の位置情報は，少なくともセンシティブデータであるとし，センシティブデータを特定の目的で収集する場合，事前に利用および収集を認める明示の同意を得るべきとしている。個人情報保護条例，個人情報保護に関するガイドライン，JIS Q 15001: 2006，旧 EU 個人データ保護指令における機微情報に係る規律は，社会的差別の原因となる個人情報の取扱いを厳格化する観点から設けられていたといえる。そして，改正前個人情報保護法に機微情報についての規定が設けられていなかったことは，我が国の個人情報保護が不十分とみなされる一因となり，旧 EU 個人データ保護指令 25 条の規定に基づく十分性認定が得られていない理由の一つと考えられていた。改正個人情報保護法は，EU の十分性認定を受けることにより，EU 加盟国との間での個人データの移転に係る障壁を除去することを重要な目的の一つとしており，このことが，改正個人情報保護法に要配慮個人情報についての規定が置かれた重要な理由の一つであった。このように，改正個人情報保護法の要配慮個人情報の規定は，個人情報保護条例，個人情報の保護に関するガイドライン，JIS Q 15001: 2006，旧 EU 個人データ保護指令の機微情報に関する規定を参考にして，社会的差別の原因となる個人情報の不必要な取扱いを制限するために設けられたものであり，「すべて国民は，法の下に平等であつて，人種，信条，性別，社会

---

18) 宇賀克也・解説個人情報の保護に関する法律（第一法規，2003 年）88 頁以下参照。現在の EU の一般データ保護規則（GDPR）9 条においても，「特別な種類の個人データの取扱い」について定められている。

的身分又は門地により、政治的、経済的又は社会的関係において、差別されない」という憲法 14 条 1 項の規定も参考にしている。

(2) 定　義

　個人情報保護法 2 条 3 項は、要配慮個人情報を「本人の人種、信条、社会的身分、病歴、犯罪の経歴、犯罪により害を被った事実その他本人に対する不当な差別、偏見その他の不利益が生じないようにその取扱いに特に配慮を要するものとして政令で定める記述等が含まれる個人情報」と定義している。「あらゆる形態の人種差別の撤廃に関する国際条約」(以下「人種差別撤廃条約」という) 1 条 1 項は、「この条約において、『人種差別』とは、人種、皮膚の色、世系又は民族的若しくは種族的出身に基づくあらゆる区別、排除、制限又は優先であって、政治的、経済的、社会的、文化的その他のあらゆる公的生活の分野における平等の立場での人権及び基本的自由を認識し、享有し又は行使することを妨げ又は害する目的又は効果を有するものをいう」と規定している。「人種」とは、皮膚の色等の身体的特徴を共有するとされている人の集団を意味し、「世系又は民族的若しくは種族的出身」を広く指称する。「世系」とは、祖先から代々続いている血統（広辞苑）であり、日系 3 世、在日韓国・朝鮮人のように、人種、民族からみた系統を示す用語である。「民族」とは、「同一の人種的並びに地域的起源を有し、又は有すると信じ、歴史的運命および文化的伝統、特に言語を共通にする基礎的社会集団」（広辞苑）、「種族」とは、「同一の人種系統・言語系統・文化的系統に所属するとおもわれる人々の、客観的分類の単位」（広辞苑）を意味する。文化的な伝統ないし系統には、宗教や慣習を含めて解することができよう。「アイヌ」であることは「民族的若しくは種族的出身」に該当する。人種差別撤廃条約 1 条 1 項は、「皮膚の色」による差別を人種差別としている。「皮膚の色」は人種という要配慮個人情報を推知させる情報であるが、要配慮個人情報を推知させるにとどまる情報は要配慮個人情報に含まないこととされており、「皮膚の色」は要配慮個人情報には当たらない。人種差別撤廃条約は、「この条約は、締約国が市民と市民でない者との間に設ける区別、排除、制限又は優先については、適用しない」(1 条 2 項)、「この条約のいかなる規定も、国籍、市民権又は帰化に関する締約国の法規に何ら影響を及

ぼすものと解してはならない。ただし、これらに関する法規は、いかなる特定の民族に対しても差別を設けていないことを条件とする」（同条3項）と規定している。国籍は法的地位であり、その有無により法の適用において異なる取扱いがされる場合があることが予定されているので、差別の原因となる人種には該当しない。

「信条」とは、個人の基本的な考え方を意味し、思想と信仰の両者を包含する。宗教に関する書籍の購買情報は、信仰を推知させる情報であり、慎重な取扱いがされるべきであるが、信仰それ自体の情報ではないので、ここでいう「信条」には含まれない。

「社会的身分」とは、「人が社会において占める継続的な地位」（最大判昭和39・5・27民集18巻4号676頁）を意味し、職業的地位は含まれない。「社会的身分」の具体例は、嫡出でない子であること（東京高決平成5・6・23高民46巻2号43頁）、被差別部落出身であること等である。旧EU個人データ保護指令では、「社会的身分」は機微情報に含まれていなかったが、我が国の歴史的経緯等を踏まえて、憲法14条1項で「社会的身分」が明記されたことに照らし、個人情報保護法は、要配慮個人情報の例として列記している。他の法律においても、「社会的身分」による差別を禁ずる規定が置かれていることが少なくない（教育基本法4条、生活保護法47条2項、船員職業安定法4条、日本赤十字社法11条、労働基準法3条、労働者派遣事業の適正な運営の確保及び派遣労働者の保護等に関する法律27条）。

「病歴」とは、病気に罹患した経歴である。これが例示されているのは、病気がその種類によっては差別・偏見を生じさせるからであり、我が国においては、その典型例は、「らい予防法」の下で不合理な隔離政策がとられたハンセン病であろう。「ハンセン病療養所入所者等に対する補償金の支給等に関する法律」前文では、「ハンセン病の患者は、これまで、偏見と差別の中で多大の苦痛と苦難を強いられてきた」と述べており、「ハンセン病問題の解決の促進に関する法律」前文では、「『らい予防法』を中心とする国の隔離政策により、ハンセン病の患者であった者等が地域社会において平穏に生活することを妨げられ、身体及び財産に係る被害その他社会生活全般にわたる人権上の制限、差別等を受けたことについて、平成13年6月、我々は悔悟と反省の念を込めて

深刻に受け止め，深くお詫びするとともに，『ハンセン病療養所入所者等に対する補償金の支給等に関する法律』を制定し，その精神的苦痛の慰謝並びに名誉の回復及び福祉の増進を図り，あわせて，死没者に対する追悼の意を表することとした。この法律に基づき，ハンセン病の患者であった者等の精神的苦痛に対する慰謝と補償の問題は解決しつつあり，名誉の回復及び福祉の増進等に関しても一定の施策が講ぜられているところである」「しかしながら，国の隔離政策に起因してハンセン病の患者であった者等が受けた身体及び財産に係る被害その他社会生活全般にわたる被害の回復には，未解決の問題が多く残されている。とりわけ，ハンセン病の患者であった者等が，地域社会から孤立することなく，良好かつ平穏な生活を営むことができるようにするための基盤整備は喫緊の課題であり，適切な対策を講ずることが急がれており，また，ハンセン病の患者であった者等に対する偏見と差別のない社会の実現に向けて，真摯に取り組んでいかなければならない」「ここに，ハンセン病の患者であった者等の福祉の増進，名誉の回復等のための措置を講ずることにより，ハンセン病問題の解決の促進を図るため，この法律を制定する」と述べられており，ハンセン病患者に対する差別と偏見が存在したことを率直に認めている。

　また，「感染症の予防及び感染症の患者に対する医療に関する法律」の前文では，「我が国においては，過去にハンセン病，後天性免疫不全症候群等の感染症の患者等に対するいわれのない差別や偏見が存在したという事実を重く受け止め，これを教訓として今後に生かすことが必要である」と述べられ，ハンセン病以外の感染症の患者に対する差別や偏見が存在した事実も認めている。

　刑法134条1項が，「医師，薬剤師，医薬品販売業者……又はこれらの職にあった者が，正当な理由がないのに，その業務上取り扱ったことについて知り得た人の秘密を漏らしたときは，6月以下の懲役又は10万円以下の罰金に処する」と定めていることからも，病気に関する情報が機微な情報であることが窺える。すなわち，病気に関する情報は，一般に他人に知られたくない機微な情報であるが，治療のためには，病状等の事実を包み隠さず医療関係者に伝えることが重要であり，そのためには，医療関係者が秘密を漏えいしないことへの患者の信頼が不可欠であり，刑罰の威嚇により，秘密保持義務を遵守させる必要があると考えられたのである。

もっとも，病気の全てが差別や偏見を生むわけではなく，多くの者が罹患する軽微な病気（風邪，花粉症等）の場合には，そのような懸念はないといえよう。しかし，要配慮個人情報に当たる病気と当たらない病気の線引きは困難であるので，病気の種類，症状の軽重を問わず，要配慮個人情報として取り扱うべきであろう。健康診断の結果，身長に比して体重が極端に重かったり，中性脂肪の数値がかなり高かったりした場合，これらの結果は，病気を推知させる情報といえよう。したがって，これらの個人情報も慎重に取り扱われるべきことはいうまでもない。しかし，病気を推知させる情報まで要配慮個人情報に含めた場合，長期間にわたって気分が塞ぎこんでいるという事実はうつ病を推知させる情報といえるか等，病気の概念の外延が不明確にならざるをえないので，個人情報保護法の要配慮個人情報である「病歴」には，病気を推知させる情報までは含まず，病気自体を示す部分を意味すると解される。もっとも，病気を推知させる個人情報は，他の情報との照合により，病気それ自体を示す情報となる場合がありうると考えられる。

　なお，「障害を理由とする差別の解消の推進に関する法律」1条が，「この法律は，障害者基本法（昭和45年法律第84号）の基本的な理念にのっとり，全ての障害者が，障害者でない者と等しく，基本的人権を享有する個人としてその尊厳が重んぜられ，その尊厳にふさわしい生活を保障される権利を有することを踏まえ，障害を理由とする差別の解消の推進に関する基本的な事項，行政機関等及び事業者における障害を理由とする差別を解消するための措置等を定めることにより，障害を理由とする差別の解消を推進し，もって全ての国民が，障害の有無によって分け隔てられることなく，相互に人格と個性を尊重し合いながら共生する社会の実現に資することを目的とする」と規定していることからも窺えるように，障害も差別を生じさせる傾向があり，要配慮個人情報とされるべきと思われる。障害を病気に含めていると解される法令が存在する一方，両者を区別している法令（国家公務員共済組合法1条1項，旅券法8条3項参照）も存在する。個人情報保護法2条3項の「病歴」には障害を含めていないが，政令で，「身体障害，知的障害，精神障害（発達障害を含む。）その他の個人情報保護委員会規則で定める心身の機能の障害があること」（同法施行令2条1号）が要配慮個人情報とされている。

「犯罪の経歴」とは、前科（確定判決で刑の言渡しを受けた事実）を意味する。もっとも、前歴（逮捕、勾留を受ける等、犯罪捜査の対象となった事実）のみならず、刑罰法令に触れる行為を行い補導された事実、少年院送致等の保護処分を受けた事実等の非行歴も要配慮個人情報とされている。他方、犯罪を犯しても、捜査の対象にもならなかった場合（万引きが見つかったが、謝罪し代金を支払ったことにより、店主が警察に通報せず、捜査も行われなかった場合等）は要配慮個人情報には含まれない。暴力団のような反社会的集団の構成員であったり、当該団体と関係を有しているという事実のみでは、「犯罪の経歴」に当たらない。

「犯罪により害を被った事実」とは、一定の犯罪の被害を受けた事実を意味し、身体的被害、精神的被害、金銭的被害の別を問わない。金銭的被害の例としては、振込め詐欺の被害にあった事実が考えられ、それが要配慮個人情報とされることにより、かかる被害者の名簿（いわゆる「カモリスト」）を取得すること、オプトアウト方式により第三者提供を行うことが禁止されることになる。

諸外国の個人情報保護法や府省の個人情報の保護に関するガイドラインにおいて機微情報とされているものであって、個人情報保護法の要配慮個人情報として例示されていないものには、本籍地、労働組合への加盟、団体交渉等への参加等、性生活がある。個人情報保護委員会が2018年9月に定めた「個人情報の保護に関する法律に係るEU域内から十分性認定により移転を受けた個人データの取扱いに関する補完的ルール」においては、EU域内から十分性認定に基づき提供を受けた個人データに、EU一般データ保護規則（GDPR）において特別な種類の個人データと定義されている性生活、性的指向または労働組合に関する情報が含まれる場合には、個人情報取扱事業者は、当該情報について、改正個人情報保護法2条3項における要配慮個人情報と同様に取り扱うこととするとされている。

（3）取得の制限

個人情報保護法17条2項は、個人情報取扱事業者が、あらかじめ本人の同意を得ないで要配慮個人情報を取得することを原則として禁止している。そして、その例外として、（ⅰ）法令に基づく場合、（ⅱ）人の生命、身体または財産の保護のために必要がある場合であって、本人の同意を得ることが困難である

とき，(ⅲ)公衆衛生の向上または児童の健全な育成の推進のために特に必要がある場合であって，本人の同意を得ることが困難であるとき，(ⅳ)国の機関もしくは地方公共団体またはその委託を受けた者が法令の定める事務を遂行することに対して協力する必要がある場合であって，本人の同意を得ることにより当該事務の遂行に支障を及ぼすおそれがあるとき，(ⅴ)当該要配慮個人情報が，本人，国の機関，地方公共団体，同法76条1項各号に掲げる者（放送機関，新聞社，通信社その他の報道機関〔報道を業として行う個人を含む〕，著述を業として行う者，大学その他の学術研究を目的とする機関もしくは団体またはそれらに属する者，宗教団体，政治団体）その他個人情報保護委員会規則で定めるものにより公開されている場合，(ⅵ)その他前記(ⅰ)〜(ⅴ)に掲げる場合に準ずるものとして政令で定める場合が挙げられている。すなわち，本人の同意がある場合，本人や他の利益のために必要やむをえない場合に限り例外が認められている。(ⅰ)〜(ⅳ)は，個人情報の目的外利用が認められる場合（同法16条3項），個人データの第三者提供が認められる場合（同法23条1項）に対応している。同法17条2項により取得が原則として禁止されるのは，要配慮個人情報であるから，たとえば，「Xはガンである」という情報であっても，Xが誰かが他の情報と容易に照合することにより特定できなければ，当該情報は個人情報ではないので，要配慮個人情報として取得が原則として禁止されるわけでない。

　取得の原則禁止は，個人の権利利益を保護するためであるから，あらかじめ本人の同意を得た場合には取得が認められる。事後の同意を認めた場合，事前の本人同意なしに安易に要配慮個人情報が取得され，事後の同意が得られなかった時点で当該情報の利用・提供を停止したとしても，すでに個人の権利利益の侵害は発生してしまっており，完全な救済は困難である。したがって，事後の同意による追完は認められない。同意を得る方式は限定されていないので，口頭による同意も認められるが，同意の有無について明確にしておくことが望ましいので，できる限り書面で同意を得るべきであろう。黙示の同意が認められる場合も全く考えられないわけではないが，同意は原則として明示的に与えられるべきである（GDPR 9条2項a号においても，本人の明示の同意の存在を機微情報の取扱いを認める例外事由の一つとしている）。

　(ⅰ)〜(ⅳ)は，本人の意思よりも優先する利益の保護のために要配慮個人情

報を取得する必要性がある場合であり，（ⅴ）は，適正に公開されている以上，取得を制限する合理的理由がない場合である。

　法令という用語は，法律および法律に基づく命令を意味する場合と，それに加えて条例も意味する場合がある[19]。（ⅰ）の法令は，条例も含む。法令に基づくといえるためには，法令に要配慮個人情報を取得するための具体的根拠規定があることが必要である。たとえば，相続事件を受任した弁護士が，戸籍法10条の2第3項の規定に基づき，戸籍謄本の交付を請求し，嫡出でない子を含む相続人の有無を確認し，嫡出でない子（社会的身分）に関する要配慮個人情報を取得する場合が考えられる。

　（ⅱ）の「人」は，本人に限らず他人も含み，財産の保護も念頭に置いているから，自然人に限らず，法人その他の団体も含まれる。人の生命，身体または財産を侵害するおそれがあること（法益侵害の予見可能性）のみならず，個人情報の利用によって当該法益を保護しうること（結果回避可能性）も合理的に認められることが必要である。GDPR 9条2項c号においては，本人が物理的または法的に同意を与えることができない場合であって，データ主体またはその他の自然人の生命に関する利益を保護するために取扱いが必要になるときには，機微情報の取扱い禁止原則の例外としている。「本人の同意を得ることが困難であるとき」とは，①本人の同意を得ることが物理的に不可能または困難な場合（本人が死亡している場合，本人が行方不明の場合等），②本人に同意を求めたが同意を拒否された場合，③本人に同意を求めることによって違法または不当な行為を助長するおそれがある場合のいずれをも含む。要配慮個人情報を取得しなくても，他の方法により生命，身体または財産の保護が可能である場合にまで要配慮個人情報の取得を認める趣旨ではない。（ⅱ）に該当する典型的な場合は，人事不省に陥った者の緊急手術のために輸血を行ってよいかを判断する必要上，本人が「エホバの証人」のように輸血を拒否する宗教を信仰していないかについて，家族等に尋ねる場合である。財産の保護のために必要がある場合の例としては，ある宗教団体が詐欺的な霊感商法を行っており，その被害者が提起した損害賠償請求訴訟の原告代理人が，被告が当該宗教団体の構成員であ

---

[19]　宇賀克也・行政法概説Ⅰ〔第6版〕（有斐閣，2017年）8頁参照。

ることを立証するための情報を取得することが考えられる。

　(ⅲ)の「公衆衛生の向上」のための要配慮個人情報の取得の例としては，がんの疫学的研究，人種ごとの薬品の効能の研究のように，疾病の予防，治療のための研究の目的のために，人種に関する情報を取得する場合が考えられる。「児童の健全な育成の推進」のための要配慮個人情報の取得の例としては，児童虐待防止の目的で，児童養護施設の職員に児童虐待に係る犯罪の経歴がないかを公開情報を用いて調査する場合が考えられる。

　(ⅳ)の「法令の定める事務」とは，国または地方公共団体の所掌事務とする組織規範があることで足り，当該個別具体の作用についての根拠規範が存在することまで必要とするものではない。

　(ⅴ)は，本人自身や報道機関，公的機関等が公開した情報は，本人の意思により，または国民の知る権利に資するため，もしくは公共の安全等の公益に資するために公開されたのであり，その取得を禁止する合理的理由はないので，取得を認めている。報道機関，公的機関等が公開した場合には，適法に公開されていることが推定されるので，本人同意を得なければ取得できないとすることは，過剰な規制になると考えられるからである。本人による公開とは，著書，ブログ，Facebook，Twitter 等を用いて公開している場合等である。公的機関が公開している場合としては，警察庁や都道府県警察が刑事事件の被疑者の人種，犯罪の経歴等について公開する場合が考えられる。報道機関が警察等の公的機関が記者発表した内容に基づき，または自らの取材に基づき，人種，犯罪の経歴，信条等の要配慮個人情報を報道している場合も，取得禁止原則の例外となる。もっとも，報道機関，公的機関等が公開した情報について要配慮情報の取得禁止原則の例外が認められるのは，これらの機関による公開の場合，適法に公開されたと推定しうるからであり，報道機関による公開であっても，「報道の用に供する目的」（個人情報保護法 76 条 1 項 1 号）でない公開は含まれないし，「公安及び善良な風俗を害しないこと」（放送法 4 条 1 項 1 号），「報道は事実をまげないですること」（同項 3 号）という放送番組編集の基本原則に反する場合，名誉毀損罪（刑法 230 条）に該当する場合は含まれないと考えられる。また，公的機関による公開であっても，行政機関個人情報保護法，個人情報保護条例に違反した公開は含まれないと解される。(ⅴ)については，個人情報保

護委員会規則で定める者により公開されている場合も挙げられている。具体的には，外国政府，外国の政府機関，外国の地方公共団体または国際機関または外国において同法76条1項各号に掲げる者に相当する者である（同法施行規則6条）。

（ⅵ）の政令で定める場合は，（ⅰ）本人を目視し，または撮影することにより，その外形上明らかな要配慮個人情報を取得する場合，（ⅱ）同法23条5項各号に掲げる委託，合併その他の事由による事業の承継，共同利用において，個人データである要配慮個人情報の提供を受けるときである（同法施行令7条）。

(4) オプトアウト方式による第三者提供の禁止

改正個人情報保護法23条2項は，要配慮個人情報については，オプトアウト方式による第三者提供を禁止している。改正前個人情報保護法のオプトアウト方式は，個人の権利利益の保護の要請と個人データの第三者提供を業とする産業の保護の要請の調和を図る目的で設けられたものであるが，オプトアウト方式が採られていること自体を本人が認識できないのが通常であり，形骸化しているという批判が少なくなかった。改正個人情報保護法では，オプトアウト方式を採る場合には，個人情報保護委員会への届出を義務付け（同法23条2項），個人情報保護委員会は届出のあった事項を公表する義務を負うとすることにより（同条4項），オプトアウト方式の形骸化への批判に応えており，この点が前進であることは確かであるが，個人情報保護委員会のウェブサイトを閲覧する者が限られることに鑑みると，事前の同意に完全に代替しうるものとはいえない。要配慮個人情報については，産業の保護の要請よりも，個人の権利利益の保護の要請をはるかに重視すべきであるので，同法23条1項各号に掲げる場合以外に，本人同意のない個人データの第三者提供を許容すべきでなく，オプトアウト方式による提供は認めないこととしたのである（要配慮個人情報に当たる部分を削除する加工をした個人データであれば，オプトアウト方式を利用できる）。なお，前述したように，個人情報保護法17条2項では，事前の本人同意のない要配慮個人情報の取得を1号から6号の6つの場合に限定している。他方，個人情報保護法23条1項では，事前の本人同意のない個人データの第三者提供を1号から4号の4つの場合に限定している。個人データの第三者提供は，

提供を受ける側にとっては個人データの取得に当たり，同法 17 条 2 項で列記された 6 つの場合以外には認められない。同項 5 号の場合には，公開された情報の取得であるので，第三者から提供を受けることはない。同項 6 号の規定に基づく委任を受けた本法施行令 7 条 1 号は，「本人を目視し，又は撮影することにより，その外形上明らかな要配慮個人情報を取得する場合」であるから，第三者からの提供ではない。改正個人情報保護法 17 条 2 項 1 号〜4 号に該当する場合は，同法 23 条 1 項 1 号〜4 号と同じである。したがって，要配慮個人情報である個人データを取得できる場合には，オプトアウト形式による取得の場合は含まれないことになる。その意味では，オプトアウト形式による要配慮個人情報の提供禁止は，確認的意味を有するといえる。しかし，同法 17 条 2 項は，取得する側の行為規範を規定するのに対し，同法 23 条は提供する側の行為規範を規定するものであるので，提供する側の責任を明確にする意義がある。

(5) コンテクストにより機微性が高くなる個人情報

個人情報保護法は，一般的に機微性が高い個人情報を要配慮個人情報と定義し，特に厳格な保護措置を定めている。このことは望ましいことであるが，同時に，一般的には機微性が高くないとされる個人情報であっても，コンテクストにより機微性が高くなる個人情報があることに留意する必要がある。ストーカーや DV の被害者にとっての住所，性同一性障害者にとっての性別がその例である。要配慮個人情報の法定により，それ以外の個人情報は機微情報でないと反対解釈をしないことが重要である。このような個人情報については，慎重な取扱いが必要なことはいうまでもない。ストーカーや DV の被害者に係る住民基本台帳の一部の写しの閲覧ならびに住民票および戸籍の附票の写し等の交付の制限措置が講じられていること，不要な性別欄の削除等の動きが進みつつあることは，このような認識が広がってきたことの現れといえる。後者について敷衍すると，精神障害者保健福祉手帳については，2006 年より性別欄の記載が任意となり，2014 年 4 月より性別欄が削除されている。国民健康保険証については，2012 年 9 月に，被保険者からの申出によりやむをえない理由があると保険者が判断した場合には，性別を裏面に記載できることになった。地

方公共団体においても，埼玉県新座市，鳥取県鳥取市，埼玉県草加市が2002年に申請書等における性別欄の見直しに取り組んでいる[20]。

8　不要となった個人情報を消去する努力義務

　個人情報取扱事業者は，あらかじめ本人の同意を得ないで，特定された利用目的の達成に必要な範囲を超えて，個人情報を取り扱ってはならない（個人情報保護法16条1項）。したがって，利用目的を達成した個人情報は可及的速やかに廃棄すべきことになる。もっとも，当初の利用目的を達成した後，直ちに廃棄することは実務上困難な場合が少なくなく，シュレッダーによる一斉廃棄のスケジュールに合わせて廃棄するために，それまでの期間は保存するというような運用はよくみられるところであり，必ずしも違法とはいいがたい。他方において，文書のデジタル化が進展し，保存スペースの問題が解消される傾向にあることから，不要になった個人情報の廃棄の努力を怠りがちであることは否めない。目的を達し，当面，目的を変更して再利用する計画もない個人情報を保存スペースに困らないからといって漫然と保有し続けることは，漏えい等の危険を伴うため避けるべきである。そこで，個人情報保護法19条は，個人情報取扱事業者は，利用する必要がなくなったときは，当該個人データを遅滞なく消去するよう努めなければならないと定めている。

9　目的変更制限の緩和

　「パーソナルデータの利活用に関する制度改正大綱」（2014年6月24日高度情報通信ネットワーク社会推進戦略本部）（以下「大綱」という）第3（制度設計）Ⅲ（基本的な制度の枠組みとこれを補完する民間の自主的な取組みの活用）1（基本的な制度の枠組みに関する規律）(3)（個人情報の取扱いに関する見直し）②においては，

---

[20]　埼玉県草加市が2002年に申請様式等の見直しを行い，61事例200様式の約7割に当たる136様式の性別欄を削除したことにつき，宇賀克也編・プライバシーの保護とセキュリティ――その制度・システムと実効性（地域科学研究会，2004年）131頁以下［増渕俊一執筆］参照。

「パーソナルデータの持つ多角的な価値を，適時かつ柔軟に活用できる環境を整備するため，本人の意に反する目的でデータが利用されることのないよう配慮しつつ，利用目的の変更時の手続を見直すこととする。」「例えば，利用目的を変更する際，本人が十分に認知できる手続を工夫しつつ，新たな利用目的による利活用を望まない場合に本人が申し出る仕組みを設けて本人に知らせることで，利用目的の変更を拒まない者のパーソナルデータに限って変更後の利用目的を変更すること等が考えられるが，具体的な措置については，情報の性質等に留意しつつ，引き続き検討することとする。なお，検討に当たっては，本人が十分に認知できない方法で，個人情報を取得する際に特定した利用目的から大きく異なる利用目的に変更されることとならないよう，実効的な規律を導入することとする」とされていた。

　これを受けて立案作業が進められ，2014年12月19日の第13回「パーソナルデータに関する検討会」で示された「パーソナルデータの利活用に関する制度改正に係る法律案の骨子（案）」（以下「骨子（案）」という）2（適切な規律の下で個人情報等の有用性を確保するための規定の整備②）(2)（利用目的の制限の緩和）においては，個人情報取扱事業者は，個人情報を取得する際に本人に利用目的を変更することがある旨を通知し，または公表した場合において，（ア）変更後の利用目的，（イ）変更に係る個人情報の項目，（ウ）本人の求めに応じて変更後の利用目的による取扱いを停止すること，および本人の求めを受け付ける方法を，個人情報保護委員会規則で定めるところにより，あらかじめ本人に通知し，または本人が容易に知りうる状態に置くとともに，個人情報保護委員会に届け出たときは，利用目的の変更をすることができることとし，この場合において，個人情報保護委員会は，その内容を公表しなければならないこととしていた。この骨子（案）は，目的変更におけるオプトアウト手続の導入と位置付けられよう。かかる提言がなされた理由は，ICTの急速な進展の結果，多様なパーソナルデータの大量蓄積と分析が可能になり，データ駆動型（ドリブン）イノベーションの創出が期待されるようになっているが，個人情報の目的変更について改めて同意を得ることは現実にはきわめて困難なことが多いこと，そのこともあり，当初から包括的な利用目的を定める例がみられ，利用目的を具体的に特定することにより個人情報の取扱いの透明性を高める趣旨が没却される場

合があること，個人データを取り扱う者が変更しない場合の利用目的の変更よりも第三者提供のほうが個人データの保護の面でより重大な影響を持ちうるにもかかわらず，第三者提供についてはオプトアウト手続が認められているのに対し，利用目的の変更にはそれが認められていないことは均衡を失することであった。

しかし，大綱にあった「本人が十分に認知できない方法で，個人情報を取得する際に特定した利用目的から大きく異なる利用目的に変更されることとならないよう，実効的な規律を導入することとする」の部分が，骨子（案）に盛り込まれていなかったことから，消費者団体は，自由民主党，公明党の与党ヒアリングの場で，目的変更におけるオプトアウト手続の導入にこぞって反対し，その結果，政府提出法案には，この手続は導入されなかった。それに代えて，従前は，変更前の利用目的と「相当の関連性」を有すると合理的に認められる範囲で可能であった変更を，変更前の利用目的と「関連性」を有すると合理的に認められる範囲で可能とすることになった（個人情報保護法15条2項）。もっとも，これにより実際にどの程度，利用目的の変更が容易になるかは定かではない。個人情報の利用目的をできる限り具体的に特定する趣旨（同法15条1項）に照らせば，個人情報の本人が利用目的の変更に合理性を認めて納得する範囲での変更でなければならないと考えられる。したがって，過去において，個人情報取扱事業者が過度に萎縮して，個人情報の本人が納得するような利用目的の変更をも躊躇する傾向があったとしたら，それを是正する効果はあると思われるものの，個人情報の本人が納得しがたいような利用目的の変更が認められるわけではなく，変更前の利用目的と関連性を有すると合理的に認められる範囲は何かについて，個人情報保護委員会や認定個人情報保護団体がマルチ・ステークホルダー・プロセスでガイドラインを作成することが望まれる。

10 開示請求権の明確化

改正前個人情報保護法においては，開示の求め（25条），訂正等の求め（26条），利用停止等の求め（27条）が定められていたが，行政機関個人情報保護法（12条，27条，36条），独立行政法人等個人情報保護法（12条，27条，36条）

と異なり，個人情報取扱事業者の義務として規定していたことから，裁判上の請求ができる権利であるか否かについて議論があり，東京地判平成19・6・27判時1978号27頁[21]，東京地判平成26・9・10判例集未登載のように，否定説に立つ裁判例もあった。他方，東京地判平成25・9・6判例集未登載は，被告が裁判上の請求権性を争わなかった事案において，裁判上の請求権が存在することを前提とした審理を行っており，裁判上の請求権の有無が抗弁事項でなく職権調査事項であることからすると，肯定説に立つものといえる[22]。また，傍論においてではあるが，東京高判平成27・5・20判例集未登載のように，本人の開示の求めの背景に，裁判規範性を有する保有個人データの開示請求権が存することを完全に否定することもためらわれるとする裁判例もある。同判決は，その理由として，以下の(ⅰ)～(ⅹⅳ)を挙げている。

　(ⅰ)改正前個人情報保護法は，「個人の権利利益を保護することを目的とする」と規定し (1条)，「個人情報は，個人の人格尊重の理念の下に慎重に取り扱われるべきものであることに鑑み，その適正な取扱いが図られなければならない」と規定しており (3条)，公益等を含む「個人情報の有用性」に配慮しつつも，個人の権利利益の保護を最も重要な目的とし，個人の人格尊重を基本理念としているのであるから，開示規定の解釈は，これらの法の目的および基本理念に適ったものでなければならない。

　(ⅱ)立法過程において，高度情報通信社会推進本部決定「我が国における個人情報保護システムの確立について」(1999年12月3日) に基づき，我が国における個人情報保護システムの中核となる基本的な法制の確立に向けた法制的な観点からの専門的な検討を行うため，高度情報通信社会推進本部の下に開催

---

21)　同判決について詳しくは，宇賀克也・個人情報保護の理論と実務 (有斐閣，2009年) 95頁以下参照。
22)　福岡地判平成23・12・20判例集未登載は，改正前個人情報保護法に基づく開示の求めの裁判上の請求権の侵害に対する損害賠償請求について，被告は2010年3月以前は個人情報取扱事業者から除外されており，個人情報取扱事業者に該当することとなった後，本件訴えにより原告から診療記録の開示を請求されたのに対し，2011年6月2日にこれを開示していることからすれば，改正前個人情報保護法を根拠に被告が不法行為責任を負うと認めることはできないと判示している。もし，改正前個人情報保護法上，裁判上の開示請求権がないと解するのであれば，そのことを指摘すれば足りるので，改正前個人情報保護法上，開示を求める裁判上の開示請求権があることを前提としているようにも読める。

された個人情報保護法制化専門委員会が2000年10月11日付けで公表した「個人情報保護基本法制に関する大綱」では，「苦情が当事者間で解決しない場合，……事案によっては，人権関係機関等や司法手続を利用できる場合もあると考えられる」としている。

（ⅲ）同委員会における議論をみると，委員および事務局の間で，訴訟手続における具体的な請求態様はともかく，少なくとも開示の求めの規定が個人情報取扱事業者との間で裁判規範性を有することについては，あまり異論がなかったものと認められ，裁判上請求しうる請求権を履行請求権として構成するのか，損害賠償請求権として構成するのかという問題が提起された後，開示請求権を認めるという方向で，大きな異論なく議論が進んだが，まずは苦情処理の方法で争ってもらうという形に持って行くために，苦情処理の方法等の具体化の作業をするようになったことが窺われる。

（ⅳ）その後，改正前個人情報保護法が成立した第156回国会において，国務大臣は，「政府案におきましても，開示……について明確に規定していることは，やはり個人のそれぞれの権利を明確にしているものであるということは言えると思います」，「あくまでも個人情報取扱事業者に対して苦情処理をいたしまして，それがどうしても駄目な場合は裁判手続に行くのであります。基本的に民事法において裁判で決めなければならないことになります」などと答弁しており，これらの答弁に関しては，質問者からも異論が述べられなかったことが認められる（衆議院・個人情報の保護に関する特別委員会の会議録第3号および参議院・個人情報の保護に関する特別委員会の会議録第6号）。

（ⅴ）以上の事実を総合すれば，少なくとも法案を提出した内閣その他の立法関係者としては，本人の開示の求めは，本人の権利であり，第一次的には，保有個人データの取扱いに関する苦情を個人情報取扱事業者等による自主的な解決手段に委ねるものの，それによって解決することができない場合には，訴訟手続によって解決することを予定しており，このように，本人が保有個人データの取扱いに関する紛争を訴訟手続によって解決することを請求することができる背景ないし根拠として，改正前個人情報保護法が成立することにより，本人が裁判規範性を有する保有個人データの開示請求権を有することになるものと考えていたとみることもできる。

(vi)改正前個人情報保護法7条1項の規定に基づき策定された「個人情報の保護に関する基本方針」(2004年4月2日閣議決定)の「7」に,「個人情報の利用・提供あるいは開示・不開示に関する本人の不平や不満は,訴訟等によるのではなく,事案の性質により,迅速性・経済性等の観点から,むしろ苦情処理の制度によって解決することが適当なものが多いと考えられる。法は,苦情処理による国民の権利利益の保護の実効を期すため,個人情報取扱事業者自身の取組により苦情を解決することを基本としつつ,認定個人情報保護団体,地方公共団体等が苦情の処理に関わる複層的な仕組みを採っている」との記載があるが,この記載は,開示・不開示に関する本人の不平や不満を訴訟手続によって解決することがあることは当然の前提とした上で,苦情処理の制度は,迅速性・経済性等の観点から訴訟手続とともに設けられた複層的な解決手段として位置付けているものと解することができる。

(vii)改正前個人情報保護法は,個人情報取扱事業者および認定個人情報保護団体による苦情の処理について強制力を伴う解決手段を認めていないため,これらの苦情処理の制度のみによっては,本人と個人情報取扱事業者との間の紛争が最終的に解決される保障がなく,また,同法は,主務大臣による監督等について,実体および手続の両面において謙抑的であり,主務大臣による権限行使についても厳格な要件を課しているため,主務大臣による監督等によっても,本人と個人情報取扱事業者との間の紛争が最終的に解決される保障がないため,本人と個人情報取扱事業者との間の紛争が苦情処理の制度および主務大臣による監督等によっても最終的に解決されない場合,本人の裁判規範性を有する保有個人データの開示請求権を否定すれば同法の目的である本人の権利利益の保護(1条)を実現することができなくなる。

(viii)改正前個人情報保護法は,個人情報取扱事業者の諸権限を規定しているが,これらは,開示・不開示に関する本人の不平や不満を解決するための基本的な仕組みである個人情報取扱事業者自身の取組によって解決する場合の権限規定であるから,これらの規定があるからといって,紛争解決のための複層的な仕組みの一つである訴訟手続による解決が否定されることにはならない。

(ix)改正前個人情報保護法が個人情報取扱事業者の諸権限を規定している以上,同法は,本人が個人情報取扱事業者が定めた受付方法(手数料の納付を含

む）を経ないまま裁判上の請求をすることは許容していないと解することもできるし，訴訟手続に要する時間および費用を考慮すれば，本人が個人情報取扱事業者に対する開示の求めをしないまま直ちに訴訟を提起することは，実際上想定し難いから，本人に裁判規範性を有する保有個人データの開示請求権を認めたとしても，個人情報取扱事業者の諸権限に関する規定が無意味になるわけではない。

（ⅹ）改正前個人情報保護法は，訴訟手続において本人の開示請求が認容された場合の執行方法を規定していないため，現実の執行段階において不明確な部分が生じる可能性も否定することはできないが，開示すべき保有個人データが特定されれば間接強制が可能であり，行政機関個人情報保護法にも不開示決定の取消しおよび開示決定の義務付けの判決がされた場合における執行方法の規定がないこととの対比を考慮すれば，このことも，本人に裁判規範性を有する保有個人データの開示請求権を否定する根拠として十分なものとはいえない。

（ⅹⅰ）改正前個人情報保護法は，4章1節において，個人情報データベース等を用いて大量の個人情報を取り扱う個人情報取扱事業者が，個人情報を適切に取り扱い，本人の権利利益を侵害することのないよう，個人情報取扱事業者に対する種々の義務を規定しているところ，本人の開示の求めに関する規定は，同節の中に置かれているので，本人の開示の求めは，個人情報取扱事業者の義務の履行の実効性を担保する手段の一つとして位置付けられており，そのために，法制上は，個人情報取扱事業者の義務を定める形式を採ったものと理解することが可能である。

（ⅹⅱ）本人の開示の求めをめぐる紛争は，訴訟手続ではなく，迅速性・経済性等の観点から，苦情処理の制度によって解決することが適当なものが多い上，主務大臣による監督等も設けられているために，訴訟手続による第一次的な紛争解決を想起させる「請求」という文言を用いることは適当でないとも考えられる。

（ⅹⅲ）本人と個人情報取扱事業者との間の紛争が法律上の争訟である限り，本人が法律上の争訟の解決手段として訴訟手続を利用することができることは，明文の規定を設けるまでもなく，当然のことでもある。（裁判所法3条1項）

（ⅹⅳ）以上の観点から，本人の開示請求権を正面から規定せず，個人情報取

扱事業者の義務を定める形式を採っているが，その義務は本人に対する義務であり，上記義務に対応する本人の権利として，本人に対し，裁判規範性を有する保有個人データの開示請求権を付与していると解することもできる。

　そして，以上の事情を総合的に考慮すれば，改正前個人情報保護法に規定する本人の開示の求めの法的な性質は，法制上の不明瞭さを考慮してもなお，裁判規範性を有する保有個人データの開示請求権に基づくものと解することが不可能であるとまで断定することはできないと判示しているのである。

　このように，裁判例は分かれていたが，開示，訂正等について裁判上の請求権が認められなければ，OECD 8 原則が定める本人参加の原則すら保障されないことになる。また，旧 EU 個人データ保護指令 12 条は，加盟国に，全てのデータ主体に対して，自己の個人データにアクセスし，訂正，消去，封鎖を求める権利等を保障し，22 条で，この権利の侵害に対して司法救済を受ける権利が保障されなければならないとしていた。もし，改正前個人情報保護法が，開示・訂正等・利用停止等の求めについて司法救済を与えないものであれば，旧 EU 個人データ保護指令 12 条，22 条の求めるレベルに達していなかったことになってしまい，旧 EU 個人データ保護指令 25 条の規定に基づく十分性認定（以下「EU 十分性認定」という）を受けることも困難と言わざるをえなかった。実際，2010 年 1 月 20 日に，欧州委員会が改正前個人情報保護法についての調査報告を公表しているが，その中で，前掲東京地判平成 19・6・27 に言及され，このような判決が続けば，改正前個人情報保護法の下での非常に限定的な行政的救済に依存するか，苦情処理に依存するしかないと指摘されていた[23]。

　私人間で開示請求権を認めることについて，最判平成 17・7・19 民集 59 巻 6 号 1783 頁は，貸金業者の取引履歴開示義務が貸金業法の適用を受ける金銭消費貸借契約の付随義務として信義則上生ずると判示したが，個人情報取扱事業者と個人データの本人に契約関係がない場合には，契約に付随する信義則上の義務としての開示請求権を導くことはできない。しかし，特定電気通信役務

---

23) European Commission, Comparative study on different approaches to new privacy challenges, in particular in the light the technological developments, Country Studies B5: Japan（http://ec.europa.eu/justice/policies/privacy/docs/studies/new_privacy_challenges/final_report_country_report_B5_japan.pdf.）．

提供者の損害賠償責任の制限及び発信者情報の開示に関する法律（プロバイダ責任制限法）4条1項は，契約関係にない私人間において，発信者情報の開示請求権を認めている[24]。個人情報取扱事業者と個人データの本人の間に契約関係がなくても，個人情報取扱事業者は，個人データを適正に取り扱う義務を負っており，個人データの本人に対しても，信義則上，当該個人データを適正に取り扱う義務があると解すべきであり，それを基礎として，改正個人情報保護法が開示請求権，訂正等請求権，利用停止等請求権を法定したと考えることもできるように思われる[25]。

　改正個人情報保護法28～34条は，開示，訂正等，利用停止等について「請求」という文言を用いることにより裁判上の請求権を明確化する改正を行っている[26]。開示請求権の規定（同法28条）を例として，条文の構造を説明すると以下のようになる。まず，同条1項で「本人は，個人情報取扱事業者に対し，当該本人が識別される保有個人データの開示を請求することができる」と規定している。同項は，原告が裁判上求めることができる権利と請求原因を示している。改正前個人情報保護法25条においては，「開示」に当該本人が識別される保有個人データが存在しないときにその旨を知らせることを含むこととされていた（同条1項）。これに対し，改正個人情報保護法28条は，「開示」に当該本人が識別される保有個人データが存在しないときにその旨を知らせることを含んでいない。これは，原告が請求しているのは当該本人が識別される保有個人データが開示されることであり，不存在は否認事由となり，請求棄却となると考えられるからである。同条2項本文は，「個人情報取扱事業者は，前項の規定による請求を受けたときは，本人に対し，政令で定める方法により，遅滞

---

[24]　その他，私人間において，一方からの求めに応じて他方が情報提供に応ずる義務を負う例として，金融商品取引法40条の2第5項，特定家庭用機器再商品化法13条4項，保険業法297条，労働安全衛生法102条等がある。
[25]　この問題について，斎藤邦文「個人情報保護法における本人関与規定の民事的効力」法時85巻2号90頁以下参照。
[26]　他の例として，行政機関個人情報保護法12条，27条，36条，独立行政法人等個人情報保護法12条，27条，36条，行政機関の保有する情報の公開に関する法律3条，独立行政法人等の保有する情報の公開に関する法律3条，私的独占の禁止及び公正取引の確保に関する法律24条，特定商取引に関する法律58条の18等参照。

なく，当該保有個人データを開示しなければならない」として，個人情報取扱事業者に開示義務を課すとともに，同項ただし書において，「開示することにより次の各号のいずれかに該当する場合は，その全部又は一部を開示しないことができる」として，「本人又は第三者の生命，身体，財産その他の権利利益を害するおそれがある場合」（1号），「当該個人情報取扱事業者の業務の適正な実施に著しい支障を及ぼすおそれがある場合」（2号），「他の法令に違反することとなる場合」（3号）を挙げている。同項ただし書は，被告となる個人情報取扱事業者が請求を拒否するために立証しなければならない抗弁事由を規定するものである。同条3項は，「個人情報取扱事業者は，第1項の規定による請求に係る保有個人データの全部又は一部について開示しない旨の決定をしたとき又は当該保有個人データが存在しないときは，本人に対し，遅滞なく，その旨を通知しなければならない」と定めている。同条では，「開示」に当該本人が識別される保有個人データが存在しないときにその旨を知らせることを含んでいないので，「開示しない旨の決定をしたとき」と「当該保有個人データが存在しないとき」を区別して規定している。同条4項は，「他の法令の規定により，本人に対し第2項本文に規定する方法に相当する方法により当該本人が識別される保有個人データの全部又は一部を開示することとされている場合には，当該全部又は一部の保有個人データについては，第1項及び第2項の規定は，適用しない」と定めている。この規定も被告の抗弁について定めたものと位置付けられる。

　これらの請求に係る訴えを提起しようとするときは，その訴えの被告となるべき者に対し，あらかじめ，当該請求を行い，かつ，その到達した日から2週間を経過した後でなければ，その訴えを提起することができない（ただし，当該訴えの被告となるべき者が請求を拒んだときは，この限りではない）（改正個人情報保護法34条1項）。裁判上の請求権が明記されても，当事者間で円満に解決することが望ましく，また，いきなり裁判上の請求を認めることは，事業者に過度な負担を課すことになるので，裁判上の請求を行う前に裁判外で開示請求を行い，2週間を経過してからでないと裁判上の請求をすることができないとしているのである。類似の立法例として，消費者契約法41条がある。同条1項は，適格消費者団体は，差止請求に係る訴えを提起しようとするときは，その

訴えの被告となるべき者に対し，あらかじめ，請求の要旨および紛争の要点その他の内閣府令で定める事項を記載した書面により差止請求をし，かつ，その到達した時から1週間を経過した後でなければ，その訴えを提起することができないが，ただし，当該被告となるべき者がその差止請求を拒んだときは，この限りでないとしている。

　改正個人情報保護法34条1項は出訴の時期について制限を課しているので，これが裁判を受ける権利を侵害しないかという問題がある。しかし，合理的理由に基づき，直ちに出訴することを制限したとしても，裁判を受ける権利の侵害とはならないと考えられる[27]。これを国の行政機関，独立行政法人等，地方公共団体の保有個人情報の開示請求の場合と比較すれば，これらの場合には，直ちに開示を求める給付訴訟を提起できるわけではなく，まず開示請求を行い，相当の期間を経過しても不作為の状態が継続して初めて不作為の違法確認訴訟と併合して開示決定の義務付け訴訟を提起できることになる。また，不開示決定がされれば，直ちに当該決定の取消訴訟と併合して開示決定の義務付け訴訟を提起できることになる。行政機関個人情報保護法，独立行政法人等個人情報保護法の場合には，開示請求がなされてから開示・不開示の決定を行うまでの期間は原則として30日以内とされている（行政機関個人情報保護法19条1項本文，独立行政法人等個人情報保護法19条1項本文）。個人情報保護条例においては，開

---

[27]　不服申立前置との関係についてであるが，最大判昭和26・8・1民集5巻9号489頁（評釈として，金子宏・判例百選112頁，同・判例百選〔第2版〕28頁，綿貫芳源・行政判例百選194頁，同・行政判例百選〔増補版〕194頁参照）は，行政事件訴訟特例法2条が規定する訴願前置主義は憲法32条に違反するものではないと判示する。国税通則法115条1項が規定する審査請求前置主義が憲法32条違反でないとしたものとして東京高判昭和49・9・26税務訴訟資料76号848頁，国民年金法101条の2が規定する審査請求前置主義およびその運用が憲法32条違反でないとしたものとして京都地判昭和53・9・29タ395号132頁参照。学説においては，個別法による不服申立前置の仕組みが採られている場合においても，行政事件訴訟法8条2項で例外が認められているので，現行制度が法令違憲とはいえないが，適用違憲の問題が生じうると指摘するものもある。園部逸夫編・注解行政事件訴訟法（有斐閣，1989年）138頁［渋谷秀樹執筆］参照。また，憲法上，損失補償が必要な場合には，通説判例である請求権発生説によれば，直接に憲法に基づく補償請求をすることができることになるが，それは損失補償の行政手続が法定されていない場合であって，実定法上，補償手続が定められている場合には，それによらずに，直接，訴訟を提起して補償請求をすることはできないと解されている（最判昭和62・9・22集民151号685頁）。宇賀克也・国家補償法（有斐閣，1997年）478頁，同・行政法概説II〔第6版〕（有斐閣，2018年）503頁参照。

示請求があった日から 15 日以内（神奈川県個人情報保護条例 22 条 1 項本文，大阪府個人情報保護条例 19 条 1 項本文，埼玉県個人情報保護条例 22 条 1 項本文，千葉県個人情報保護条例 22 条 1 項本文，川崎市個人情報保護条例 27 条 1 項本文，千代田区個人情報保護条例 25 条 1 項本文等）に開示・不開示の決定をすることを原則としている例が多いが，14 日以内（東京都個人情報の保護に関する条例 14 条 1 項本文）としている例もある。したがって，改正個人情報保護法 34 条 1 項の 2 週間という期間が開示請求を処理するための期間として不合理に長いとはいえないと思われる。このように，公的主体の保有個人情報の場合と同様，まず裁判外で開示請求を行う仕組みとし，請求を受けた個人情報取扱事業者が請求を拒否した場合を除き，請求が到達した日から 2 週間を経過した後でなければ，その訴えを提起することができないとする改正個人情報保護法 34 条 1 項は合理的なものであり，違憲とはいえないと考えられる。

11　オプトアウト手続の厳格化

　オプトアウト手続の形骸化は，かねてより指摘されてきた。そこで，改正個人情報保護法 23 条 2 項は，オプトアウト手続をとろうとするときは，あらかじめ，（ⅰ）第三者への提供を利用目的とすること，（ⅱ）第三者に提供される個人データの項目，（ⅲ）第三者への提供の方法，（ⅳ）本人の求めに応じて当該本人が識別される個人データの第三者への提供を停止すること，（ⅴ）本人の求めを受け付ける方法を個人情報保護委員会に届け出ることを義務付けた[28]。
　（ⅴ）については，従前，改正前個人情報保護法 23 条 2 項 4 号の「本人の求めに応じて当該本人が識別される個人データの第三者への提供を停止すること」という規定に基づき，実際上，第三者提供の停止の申出方法を知らせていたと考えられるが，改正個人情報保護法では，個人情報保護委員会規則で具体

---

[28]　この届出義務違反に対する罰則は定められていない。もし，届出義務に違反した場合には，指導および助言（改正個人情報保護法 41 条），勧告および命令（同法 42 条）を行い，命令違反に対しては罰則（同法 84 条）を科すこともできるため，実効性は確保されると考えられたからである。届出義務違反に対する罰則のない例として，資金決済に関する法律 15 条，絶滅のおそれのある野生動植物の種の保存に関する法律 37 条 8 項，廃棄物の処理及び清掃に関する法律 15 条の 2 の 5 等がある。

的に定められているので，その中から個人情報取扱事業者が選択することになる。そして，個人情報保護委員会は，この届出があったときは，個人情報保護委員会規則で定めるところにより，当該届出に係る事項を公表しなければならないこととされている（同条4項）。これにより，オプトアウト手続がとられている個人情報取扱事業者を個人情報保護委員会のウェブサイトで一覧することが可能になり，大きな改善といえる。

　もっとも，オプトアウト手続をとっている個人情報取扱事業者を網羅的に知ることができたとしても，どの個人情報取扱事業者が自分の個人データを第三者提供しているのかまでは分からないので，自分の個人データを第三者提供していると思われる個人情報取扱事業者に対して開示請求をすることが考えられる。開示請求の対象になるのは，当該本人が識別される保有個人データであり（改正個人情報保護法28条1項），保有個人データとは，個人情報取扱事業者が，開示，内容の訂正，追加または削除，利用の停止，消去および第三者への提供の停止を行うことのできる権限を有する個人データであって，その存否が明らかになることにより公益その他の利益が害されるものとして政令で定めるものまたは1年以内の政令で定める期間以内に消去することとなるもの以外のものをいうので（同法2条7項），当該個人情報取扱事業者が開示請求者の個人データを保有している場合，開示請求を行えば，原則として，自己の個人データの保有を知ることができ，オプトアウト手続をとることができる。

　また，オプトアウト手続についての届出を受けた個人情報保護委員会は，届け出られた項目をみて，たとえば，オプトアウト手続をとることができない要配慮個人情報が含まれている場合や，本人の求めを受け付ける方法がきわめて不適切な場合（直接，当該個人情報取扱事業者の事務所に来訪して申出をする方法のみを定めている場合等）等に勧告・命令を含む監督措置を講ずることができる。

　もっとも，実際にオプトアウト手続による個人データの第三者提供が行われる前に，個人情報保護委員会が届け出られたオプトアウト手続に問題がないかを審査して許可する仕組みをとれば，不適切なオプトアウト手続による個人データの第三者提供を事前に抑止することができる。しかし，オプトアウト手続による個人データの第三者提供が行われている件数は，きわめて多いと想定されるので，許可制を採用するためには，それを可能とするだけの予算定員を確

保する必要があるが、当面は困難と思われる。また、許可制を採用した場合に、審査に時間を要することになると、迅速な事業展開への支障が大きくなることも予想される。

このような理由から、改正個人情報保護法は、オプトアウト手続について届出制をとりつつ、事後的な監督措置により、不適切なオプトアウト手続の是正を図ることとしている。実際には、個人情報取扱事業者は、顧客への配慮から、個人情報保護委員会にオプトアウト手続を行う旨を届けてから、実際に第三者提供を行うまでに、十分な周知期間を置くことが少なくないと思われるが、そうでない例もあるので、できる限り、十分な周知期間が確保されるように個人情報保護委員会が指導または助言を行うことが期待される。

12 トレーサビリティの確保

改正個人情報保護法25条は、個人情報取扱事業者は、個人データを第三者(国の機関、独立行政法人等、地方公共団体、地方独立行政法人を除く。以下同じ)に提供したときは、個人情報保護委員会規則で定めるところにより、当該個人データを提供した年月日、当該第三者の氏名または名称その他の個人情報保護委員会規則で定める事項に関する記録を作成しなければならないと定めている。ただし、当該個人データの提供が個人情報保護法23条1項各号または5項各号のいずれか（外国にある第三者への個人データの提供にあっては、同法23条1項各号のいずれか）に該当する場合は、この限りでないとされている（同法25条1項）。個人情報取扱事業者は、当該記録を、当該記録を作成した日から個人情報保護委員会規則で定める期間保存しなければならない（同条2項）。

また、個人情報取扱事業者は、第三者から個人データの提供を受けるに際しては、個人情報保護委員会規則で定めるところにより、（ⅰ）当該第三者の氏名または名称および住所ならびに法人にあっては、その代表者（法人でない団体で代表者または管理人の定めのあるものにあっては、その代表者または管理人）の氏名、（ⅱ）当該第三者による当該個人データの取得の経緯の確認を行わなければならないとされている。ただし、当該個人データの提供が個人情報保護法23条1項各号または5項各号のいずれかに該当する場合は、この限りでないとされて

いる（同法26条1項）。個人データを提供する第三者は，個人情報取扱事業者が同項の規定による確認を行う場合において，当該個人情報取扱事業者に対して，当該確認に係る事項を偽ってはならないとされている（同条2項）。個人情報取扱事業者は，同条1項の規定による確認を行ったときは，個人情報保護委員会規則で定めるところにより，当該個人データの提供を受けた年月日，当該確認に係る事項その他の個人情報保護委員会規則で定める事項に関する記録を作成しなければならず（同条3項），当該記録を，当該記録を作成した日から個人情報保護委員会規則で定める期間保存しなければならないとされている（同条4項）。

以上の記録作成・保存義務の主体は個人情報取扱事業者であるが，記録作成・保存義務が生ずるのは個人データを第三者に提供する場合または第三者から個人データの提供を受ける場合であり，ここでいう第三者は国の機関，独立行政法人等，地方公共団体，地方独立行政法人以外の者であるから，個人情報取扱事業者に限らず一般の私人を含むことになる。

以上の義務のうち，罰則が定められているのは同法26条2項違反のみであるが（10万円以下の過料。同法88条1号），この義務は，第三者が個人データを提供する場合において，個人情報取扱事業者が確認する事項を偽ってはならないという義務であり，一般私人もこの罰則の対象になりうる。基本的に個人情報取扱事業者を規制する改正個人情報保護法において，一般私人にも義務を課し，その違反に対して過料とはいえ罰則を科すことが妥当かは，とりわけ，この義務違反により直ちに個人の権利利益が侵害されるわけではないことに鑑みると，疑問も提起されるかもしれない。しかし，個人データの提供に際し，提供者が虚偽申告をすれば，トレーサビリティの確保という目的が達成できなくなるおそれがあるほか，不正に取得された個人データが流通することになりうるので[29]，それを抑止する必要性は大きい。

このように，事業者ではない一般の私人を含めて申告の真実性を担保する必要性が大きい場合には，行政罰を科すことにより，違法行為を抑止する例は他

---

[29] 偽りその他不正の手段により取得された個人情報であることを明確に認識しながら取得することは，改正個人情報保護法17条1項に違反することになり，取得が禁じられることになる。宇賀克也・個人情報保護法の逐条解説〔第6版〕（有斐閣，2018年）141頁参照。

にも存在する。携帯音声通信事業者による契約者等の本人確認等及び携帯音声通信役務の不正な利用の防止に関する法律19条，犯罪による収益の移転防止に関する法律26条が行政刑罰，行政機関個人情報保護法57条，独立行政法人等個人情報保護法54条，住民基本台帳法52条，裁判員の参加する刑事裁判に関する法律111条，犯罪被害者等の権利利益の保護を図るための刑事手続に付随する措置に関する法律16条，介護保険法213条が行政上の秩序罰を科すのがその例である。以上の例のうち，前二者は，国・地方公共団体の機関や独立行政法人等に対する届出・申告ではなく，民間の事業者に対する虚偽申告を行政刑罰をもって処罰する例であり，かかる例すらあることに鑑みると，改正個人情報保護法88条1号が，同法26条2項違反に対して10万円以下の過料を科すこととしたことは，比例原則に反するとはいえず，行政刑罰を科すことすら検討の余地があるように思われる。

13　認定個人情報保護団体

(1)　個人情報保護指針の対象

認定個人情報保護団体は，個人情報のみならず匿名加工情報についても個人情報保護指針で定めることができる（改正個人情報保護法53条1項）。

(2)　個人情報保護指針の作成方法

個人情報保護指針を作成するに当たっては，消費者の意見を代表する者その他の関係者の意見を聴いて，マルチ・ステークホルダー・プロセスで作成するように努めなければならないこととされた（同項）。

(3)　個人情報保護指針の届出と公表

改正前個人情報保護法においては，認定個人情報保護団体による個人情報保護指針の作成・公表は努力義務にとどめられていた（同法43条1項）。実際には，認定個人情報保護団体は，法律上の義務ではなくても，作成した個人情報保護指針をウェブサイトで公表することもあったが，問題が発生してから，主務大臣が報告徴収等により個人情報保護指針の内容を把握することもあった。改正

個人情報保護法は，作成した個人情報保護指針の個人情報保護委員会への届出を義務付け（同法53条2項），個人情報保護委員会は届けられた個人情報保護指針を公表する義務を負うこととした（同条3項）。したがって，個人情報保護委員会のウェブサイトにアクセスすることにより，認定個人情報保護団体の個人情報保護指針を一覧することが法的に保障されることになる。また，認定個人情報保護団体の個人情報保護指針の内容を個人情報保護委員会が遅滞なく認識することができるようになるため，問題のある個人情報保護指針の変更を求める指導を行ったりすることができるし，逆に，優れた個人情報保護指針を認識したときは，それを国の施策に反映したり，他の認定個人情報保護団体に情報提供をしたりすることが可能になる。

認定個人情報保護団体による個人情報保護指針の届出義務の懈怠に対する罰則は定められていない。これは，個人情報保護委員会が認定個人情報保護団体に対する命令（同法57条），認定取消し（講学上の撤回。同法58条）の権限を有するので，それにより，届出義務の実効性を確保しうると考えられたからである。すなわち，届出義務の懈怠があれば，改正個人情報保護法57条の「その他の必要な措置」として，届出を命ずることができるし，この命令に従わなければ，認定の撤回が可能であるからである（同法58条1項4号）[30][31]。

(4) 個人情報保護指針の遵守

改正前個人情報保護法においては，認定個人情報保護団体は，対象事業者に個人情報保護指針を遵守させるための指導，監督その他の措置については努力義務を負うにとどまったが（同法43条2項），個人情報保護指針の公表を法律

---

[30] 届出義務の実効性を団体の登録の撤回権限により担保するものとして，在宅就業障害者に係る業務に関する規程の届出義務（障害者の雇用の促進等に関する法律74条の3第11項）違反を在宅就業支援団体の登録撤回事由としている例（同条18項2号），指定法人の事業計画書，事業報告書ならびに収支予算書および収支決算書の提出義務（アイヌの人々の誇りが尊重される社会を実現するための施策の推進に関する法律23条1項・2項）違反に対する命令（同法29条）に違反したときは，指定を撤回できるとする例（同法30条）がある。
[31] 認定業務を廃止する場合の届出義務（改正個人情報保護法50条1項）の懈怠には10万円以下の過料が科されるが（同法88条2号），これは，認定業務を廃止した者に対しては，命令や認定の撤回によって届出義務の実効性を確保することはできないからである。

上義務付け，国民に信頼される個人情報保護指針とする趣旨に照らすと，個人情報保護指針の実効性を確保することが重要になる。そこで，認定個人情報保護団体は，個人情報保護指針が公表されたときは，対象事業者に対し，当該個人情報保護指針を遵守させるため必要な指導，報告その他の措置をとらなければならないこととされた（改正個人情報保護法 53 条 4 項）。

(5) 認定個人情報保護団体以外の自主的な協定

認定個人情報保護団体でなくても，業界における個人情報保護・プライバシー保護のための指針を自主的に作成して，当該業界の事業者に遵守させるように努めている法人が存在する。一般社団法人日本インタラクティブ広告協会（JIAA）がその例である。かかる自主的な協定について，個人情報保護委員会が個人情報保護規則で定める基準への適合性を審査して，基準に適合すると認定した協定の内容および当該協定に参加する事業者の名称等を公表する制度を新設することにより，国民の信頼を得ることができるようにすれば，かかる自主的な協定の締結を促進することを期待しうる。類似の仕組みとしては，環境教育等による環境保全の取組の促進に関する法律 21 条の 5 がある。かかる協定の認定制度の導入も検討されたが，法定化は見送られた。

14　個人情報保護委員会

(1)　制定時の個人情報保護法における主務大臣制採用の理由

改正個人情報保護法は，主務大臣制を廃止し，内閣府の外局として個人情報保護委員会という第三者機関を置くこととした（同法 59 条 1 項）。すでに，番号法により，内閣府の外局として特定個人情報保護委員会という第三者機関が置かれており，それを拡充改組して，2016 年 1 月 1 日に個人情報保護委員会を設置することとされたのである。

個人情報保護法制定過程においては，政府が主務大臣制による監督体制を定める法案を提出したのに対して，野党（民主党・無所属クラブ，自由党，日本共産党，社会民主党・市民連合）からは，内閣府の外局である個人情報保護委員会による監督体制を定める対案が提出された[32]。かかる対案に政府が反対した理由

は，（ⅰ）事業所管官庁として当該事業に関する専門的知見を蓄積し，個人情報保護に関するガイドラインを作成する等して，当該業界における個人情報保護についても取り組んできた各府省の経験を活かすことができるメリットが主務大臣制にはあり，法執行の実効性を確保することが期待できること，（ⅱ）膨大な数にのぼる個人情報取扱事業者を単一の第三者機関が監督することの実効性に疑問が持たれ，実効性を持った監督をすることができる新たな第三者機関を設置するとすれば，地方組織を含む大規模な行政組織が必要になり，行政改革の流れに逆行すること，（ⅲ）第三者機関と事業所管大臣の二重行政の弊が生ずることであった[33]。

(2) 改正個人情報保護法が個人情報保護委員会を設置することとした理由

① 事業所管大臣への委任による対応

しかし，（ⅰ）については，第三者機関が必要に応じて，事業所管大臣に委任することにより，事業所管大臣の専門知識を活用することが可能であり，（ⅱ）についても，同様に，事業所管大臣への委任により，巨大な組織を設けなくても効率的な法執行が可能になると考えられることに加え，新たな第三者機関を設置するのではなく，既存の特定個人情報保護委員会を改組するため[34]，合理

---

[32] 日本弁護士連合会からも，独立した第三者機関の設置が提言されていた。また，衆参両院の個人情報の保護に関する特別委員会における個人情報の保護に関する法律案に対する附帯決議において，第三者機関の意義について交わされた議論等さまざまな国会における議論を踏まえ，全面施行後3年を目途として，本法の施行状況について検討を加え，その結果に基づいて必要な措置を講ずることとされていた（平成15年4月25日衆議院個人情報の保護に関する特別委員会附帯決議6，同年5月21日参議院個人情報の保護に関する特別委員会附帯決議6）。

[33] 平成15年4月8日衆議院会議録第21号6頁，8頁［細田博之国務大臣発言］，11頁［小泉純一郎内閣総理大臣発言］参照。

[34] 平成27年法律第65号による番号法改正附則6条2項において，「政府は，この法律の施行後1年を目途として，この法律の施行の状況，個人情報の保護に関する国際的動向等を勘案し，特定個人情報保護委員会の取扱いに関する監視又は監督に関する事務を委員会の所掌事務とすることについて検討を加え，その結果に基づいて所要の措置を講ずるものとする」と定めていた。これについては，衆議院内閣委員会において，担当大臣が真摯に対応する旨，発言している。平成25年3月27日衆議院内閣委員会会議録第4号19頁における高木美智代委員の質問に対する甘利明国務大臣（社会保障・税一体改革担当）発言参照。

的再編成の原則[35]にも反しないといえる。また、(ⅲ)については、事業所管大臣に行政調査権限の委任が行われる場合であっても、委任の範囲が明確にされれば、個人情報保護委員会と事業所管大臣の重畳的な行政調査が行われることは想定されず、二重行政の弊が生ずるとは考えられない。

② 重畳的な監督の回避と機動的な法執行

　他方、主務大臣制の運用経験を経て、その問題も明らかになってきた。その一つは、複数の分野にわたる事業を行う事業者の場合、複数の主務大臣の監督に服し、異なる個人情報保護ガイドラインを遵守する必要がある場合が存在することである。このような場合、重畳的な監督が非効率に行われ、事業者にとって過度な負担になることがありうる。具体例として、2011年に、ソニー・コンピュータエンタテインメント（現在はソニー・インタラクティヴエンタテインメント）の情報システムに対するサイバー攻撃により、約7700万人の氏名・住所・生年月日等が漏えいした事案においては、総務省・経済産業省・金融庁の3省庁が主務大臣として調査を行った。

　また、主務大臣が明確に定まっていない分野で個人情報の取扱いに関する問題が発生した場合、主務大臣を定めるのに時間を要し、機動的な法執行を行うことが困難なことがある。具体例として、2014年に、ベネッセコーポレーションの情報システムの保守管理を再委託された会社の派遣職員が約3504万件の個人データを窃取して名簿業者に売却した事案においては、主務大臣が明確ではなく、改正前個人情報保護法36条1項ただし書の規定に基づき、内閣総理大臣が経済産業大臣を主務大臣として指定した。ベネッセホールディングスが顧客情報の漏えいを発表したのが同年7月9日であり、内閣総理大臣が主務大臣を指定したのが同年9月12日であるから、漏えいが公表されてから主務大臣の指定まで2月以上を要したことになる。とりわけ、ビッグデータ時代には、府省の所掌事務の境界を越えてパーソナルデータが利活用される場面が一層増加するものと予想され、その場合、主務大臣を定めるのに時間がかかり、機動的な法執行が困難になったり、複数の主務大臣による重畳的な法執行が行われ、事業者に過度な負担を課すことになる事案が増加したりすることが想定

---

35) 宇賀克也・行政法概説Ⅲ〔第5版〕（有斐閣、2019年）185頁参照。

される。したがって，重畳的な監督が非効率に行われることを回避し，機動的な法執行を可能にするためには，一元的な監督体制を設けることが望ましい。

③ 所管業界からの独立性

主務大臣制の下で，法執行が十分に行われてきたかについても，疑問の余地がある。すなわち，改正前個人情報保護法が全部施行された2005年4月1日から10年以上経過していたにもかかわらず，同法に基づく命令が出された例は皆無であり，間接罰であるため，命令違反に対する罰則が適用された例もなかった。原則として命令に前置される勧告は，2005年度から2013年度までの9年間で7件にとどまり，年に1件にも満たなかった[36]。もとより，監督措置が多ければよいというわけではなく，監督措置を講ずる必要がほとんどないほど，個人情報が適切に取り扱われているのであれば望ましいことである。しかし，主務大臣により監督措置の頻度に大きな差異がある実態に鑑みると，監督措置の少なさが，監督措置の必要性の小ささを示すものといえるかには疑問も生じうる。すなわち，上記9年間の317件の報告徴収のうち289件（約91％）は金融庁長官によるものであり，その他は，経済産業大臣によるものが12件，厚生労働大臣によるものが8件，総務大臣によるものが4件，国土交通大臣，農林水産大臣によるものが各2件にとどまる。報告徴収件数も皆無の主務大臣が少なくないのである。上記9年間における勧告数については，金融庁長官によるものが4件（約57.8％），経済産業大臣によるものが2件，総務大臣によるものが1件であり，勧告件数が皆無の主務大臣が多い。他の業界と比較して，金融業界がこれほどまでに突出して監督措置の必要性が高いとは考えられないので，金融庁長官がフォーマルな法執行を積極的に行っているのに対し，他の主務大臣は，フォーマルな法執行には消極的で，行政指導により対応している場合が少なくないのではないかとも推測される。インフォーマルな法執行が問題であると一概にはいえないものの，所管業界との関係の密接性が，フォーマルな法執行を躊躇させる一因であるとすれば，独立した第三者機関による監督の必要性の根拠の一つになろう。改正個人情報保護法の執行に対する国民の信

---

36) 主務大臣による監督で最も多いのは報告の徴収であり，2005年度から2013年度までの9年間で317件であり，平均して1年度に約35件であった。助言は，上記の9年間で2件（経済産業大臣と財務大臣によるものが各1件）にとどまった。

頼を確保するためにも，独立性の保障された第三者機関の存在が重要と考えられたことも，個人情報保護委員会設置の一因といえよう。

④ 国際協力

さらに，我が国に個人情報保護の分野における独立した第三者機関が存在しないことは，我が国が個人情報保護に関するグローバルな協力の枠組みに参加する上で支障を生じさせていたことも指摘せざるをえない。すなわち，個人情報保護の分野では，独立した第三者機関が監督を行う体制がグローバル・スタンダードになっており，そのため，国際協力の枠組みも，かかる独立した第三者機関の存在を所与としているため，かかる枠組みに我が国が対等な立場で参加することが困難な状況がみられた。この点について，以下に敷衍することとする。

改正前個人情報保護法には，国際協力に関する規定は置かれていなかったが，「個人情報の保護に関する基本方針」(2004年4月2日閣議決定。2016年2月19日の変更前のもの) においては，OECDをはじめとして，APEC，EU等様々な場で進められている国際的な取組を踏まえ，プライバシー保護に関する越境執行協力等，国際的な協調を図っていくとともに，併せて，我が国の法制度についても国際的な理解を深めていくことが重要であること (1(3))，「プライバシー保護法の執行に係る越境協力に関するOECD勧告」(2007年6月12日採択) に基づき，消費者庁は，各省庁と協力し，必要な対応・措置を検討すること (2(5)) が定められていた。これを受けて，消費者庁を中心に，総務省，経済産業者は，プライバシー保護に関する種々の国際会議に出席し，情報収集，情報提供を行うとともに，国際的な制度の立案に関する議論にも参画してきた。

プライバシー保護に関する越境執行協力の具体的取組みとしては，2008年に設立されたGPEN (Global Privacy Enforcement Network) があり，2014年4月現在，33か国が参加していた。GPENは，個人情報保護機関がグローバルな法執行に係る協力を行うために，各国の経験や抱える問題点を共有して議論する会議を定期的に開催していたが，2015年10月末現在，我が国は未加盟であった[37]。また，1979年から毎年開催されているデータ保護プライバシー・

---

37) もっとも，APECの電子商取引運営グループ (ESCG) により，2004年にプライバシ

コミッショナー国際会議には，2012 年現在，57 か国の個人データ保護機関が構成員として参加していたが，我が国は，プライバシー保護のための独立した第三者機関を有しなかったため，個人情報保護法を所管する消費者庁（特定個人情報保護委員会設置後は特定個人情報保護委員会も）がオブザーバーとして参加してきた。アジア太平洋地域の個人データ保護機関の組織としては，APPA（Asia Pacific Privacy Authorities）があり，2015 年 11 月 1 日現在，アメリカ，カナダ，ブリティッシュ・コロンビア州，オーストラリア，ニューサウスウェールズ州，クイーンズランド州，ビクトリア州，ノーザンテリトリー，ニュージーランド，シンガポール，韓国，香港，マカオ，メキシコ，コロンビア，ペルーが構成員として参加していたが，我が国は消費者庁（特定個人情報保護委員会設置後は特定個人情報保護委員会も）がオブザーバーとして参加してきた。改正個人情報保護法により，国際機関その他の国際的な枠組みへの協力を通じて，各国政府と共同して国際的に整合のとれた個人情報に係る制度を構築するために必要な措置を講ずる義務が政府に課されており（改正個人情報保護法 6 条）[38]，個人情報保護委員会の設置は，GPEN，APPA，データ保護プライバシー・コミッショナー国際会議へ正式メンバーとして加盟し，積極的に議論に参加することへの期待に支えられており[39]，実際，これらへの加盟が実現した。

⑤　EU 十分性認定

　我が国に個人情報保護分野における独立した第三者機関が存在しないことは，EU 十分性認定を我が国が得ることができない重要な理由の一つでもあると考えられていた[40]。個人情報保護に係る独立した第三者機関は，EU 十分性認定

　　ー・フレームワークが承認され，2009 年 9 月に APEC 閣僚会議で CPEA（Cross-border Privacy Enforcement Arrangement）が承認され，越境執行協力の枠組みができ，我が国も改正前個人情報保護法上の主務大臣を擁する 16 省庁が参加してきた（2011 年 10 月 28 日個人情報保護関係省庁連絡会議決定）。2011 年には，APEC プライバシー・ルールへの適合性認証制度である CBPR（Cross-border Privacy Rules）が承認されていた。

38)　改正個人情報保護法 6 条と類似の規定として，知的財産基本法 17 条参照。

39)　1981 年に署名された欧州評議会の欧州評議会条約 108 号条約（個人データの自動処理に係る個人の保護に関する条約）は欧州評議会の非加盟国も批准することができ，ウルグアイがその例である（同条約の見直しについて，石井夏生利・個人情報保護法の現在と未来──世界的潮流と日本の将来像〔新版〕（勁草書房，2017 年）243 頁以下参照）。

40)　2010 年に欧州委員会が公表した我が国の個人情報保護制度に対する評価では，取り扱う

を受けるためのみならず、個人情報保護法制の適正な執行のためという内在的理由からも、日本弁護士連合会、消費者団体、個人情報保護の専門家等から要請されていたのであるが、改正個人情報保護法により、主務大臣制を廃止して個人情報保護委員会が一元的に監督する体制に移行することについて、政府部内においても経済界においても、ほとんど異論がみられなかったのは、EU十分性認定を受けるためには、独立した第三者機関の設置が不可欠なことについての認識が共有されていたためと思われる。

(3) 合議制機関

　独立した第三者機関を設置する場合に、独任制機関とするか合議制機関とするかという選択肢がある。諸外国でも、カナダの連邦政府におけるプライバシー・コミッショナーのような独任制機関の場合と、フランスのCNILのような合議制機関の場合がある。プライバシー・コミッショナーのような独任制の機関でなく、個人情報保護に係る合議制の委員会であっても、GPENに加盟している例は多く（ベルギー、ブルガリア、フランス、ルクセンブルク、韓国等）、また、かかる委員会がCPEAに参加している例もある（韓国、シンガポール）。したがって、独任制のプライバシー・コミッショナー型にしなければ、国際的観点から、独立した第三者機関として認められないというわけではないと考えられる。我が国においては、独立した第三者機関として最も一般的な外局としての委員会を設置する方式が選択された[41]。

　　個人データの量が少ない事業者の適用除外、越境データ制限の不在、前掲東京地判平成19・6・27による開示請求権の否定、独立した第三者機関の不在、データ漏えい通知制度の不在、事業者登録制度の不在等の多岐にわたる問題が指摘されていた。European Commission, supra note 23. オーストラリアのように、プライバシー・コミッショナーが存在しても、EU十分性認定を得られなかった例もあるので（Opinion 3/2001 on the level of protection of the Australian Privacy Amendment (Private Sector) Act 2000 (Adopted by the Working Party on 26 January 2001)、独立した第三者機関を設置しさえすれば、EU十分性認定が得られるというわけではない。しかし、独立した第三者機関が存在しない場合には、EU十分性認定を得ることは、きわめて困難と考えられる。

41)　委員会として最も独立性が高いのは、憲法上内閣から独立した会計検査院であるが、かかる機関は憲法を改正しない限り設置できないので現実的ではない。また、内閣の所轄の下にある人事院は、会計検査院に次いで独立性の高い委員会であるが、人事院がかかる特殊な組織法上の位置付けになっている理由は、公務員人事が「基盤行政」（辻清明・公務員制の

(4) 専門委員

　個人情報保護委員会の委員長および委員には，（ⅰ）個人情報の保護および適正かつ効果的な活用に関する学識経験のある者，（ⅱ）消費者の保護に関して十分な知識と経験を有する者，（ⅲ）情報処理技術に関する学識経験のある者，（ⅳ）特定個人情報が利用される行政分野に関する学識経験のある者，（ⅴ）民間企業の実務に関して十分な知識と経験を有する者，ならびに（ⅵ）地方自治法263条の3第1項の連合組織で同項の規定による届出をしたものの推薦する者が含まれるが（改正個人情報保護法63条4項），個人情報保護委員会の広範にわたる所掌事務全般についての専門知識を網羅することは困難である。また，多岐にわたる事務の全てを委員長および委員が行うことは，委員長および委員にとって過度な負担になるおそれがある。そこで，個人情報保護委員会には専門委員を置くことができるとされている（同法69条1項）。

　専門委員の活用が想定される分野としては，①事業分野ごとの個人情報保護ガイドラインの策定，②匿名加工情報への匿名加工に係る規則の策定，③越境移転制限に関して，我が国と同等の個人情報保護の水準にあると認められる外国の法制・運用の調査等が考えられる。専門委員は，個人情報保護委員会の申出に基づいて内閣総理大臣が任命する（同条2項）[42]。

(5) 権限の委任

① 事業所管大臣への委任

　個人情報保護委員会は，緊急かつ重点的に個人情報等の適正な取扱いの確保を図る必要があることその他の政令で定める事情があるため，個人情報取扱事業者等に対し，勧告または命令を効果的に行う上で必要があると認めるときは，政令で定めるところにより，改正個人情報保護法40条1項の報告徴収および

　　研究（東京大学出版会，1991年）2頁以下参照）であることに求められると考えられるので，個人情報保護について，府省の外局としての委員会という組織形態とすることは適切と考えられる。

[42]　府省の外局である委員会の専門委員の任命については，委員会の意見を聴いて主務大臣が行う例（運輸安全委員会設置法14条2項），委員会の申出に基づいて主務大臣が行う例（公害等調整委員会設置法18条2項）がある。

立入検査の権限を事業所管大臣に委任することが認められている（同法44条1項）。そして，内閣総理大臣は，個人情報保護委員会から委任された権限を金融庁長官に委任することとされている（同条4項）。

改正前個人情報保護法36条1項ただし書および49条1項は，内閣総理大臣による主務大臣の指定について定めていたが，改正個人情報保護法には，委任すべき事業所管大臣が不明確な場合における内閣総理大臣による事業所管大臣の指定に関する規定は置かれていない。その理由は，（ⅰ）事業所管大臣が不明確になるのは，一般に，複数の事業所管大臣が存在し，そのいずれが主たる事業所管大臣かが即断できない場合であると考えられるが，かかる場合には，個人情報保護委員会がリーダーシップをとりつつ，関係府省と連絡をとって，権限を委任する事業所管大臣を定めることができる場合が多いと思われること，（ⅱ）委任すべき事業所管大臣の調整が容易でない事態が稀に生じた場合には，個人情報保護委員会が自ら報告徴収・立入検査を行うことが可能と考えられることによる。

② 地方公共団体の長その他の執行機関への委任

改正前個人情報保護法は，主務大臣の権限に属する事務は，政令で定めるところにより，地方公共団体の長その他の執行機関が行うこととすることができると定めていた。改正個人情報保護法77条は，個人情報保護委員会の権限および同法44条1項または4項の規定により事業所管大臣または金融庁長官に委任された権限に属する事務は，政令で定めるところにより，地方公共団体の長その他の執行機関が行うこととすることができるとしている。事業所管大臣と地方公共団体が業法に基づき分担して事業者を監督している場合，両者が連携協力して行政調査を行うことが効率性の観点から望ましいことがありうる。かかる場合には，個人情報保護委員会から事業所管大臣に委任された権限の一部を地方公共団体の長その他の執行機関に委任することができることになる[43]。また，業法に基づく報告徴収権限が地方公共団体の長その他の執行機関にのみ付与されている場合には，事業所管大臣への委任を経ずに，個人情報保護委員

---

43) 主務大臣の権限に属する事務の一部を地方公共団体の長その他の執行機関が行うことができるとされている例として，消費税の円滑かつ適正な転嫁の確保のための消費税の転嫁を阻害する行為の是正等に関する特別措置法19条参照。

会の権限を直接に地方公共団体の長その他の執行機関に委任するほうが効率的である。そこで，改正個人情報保護法 77 条は，個人情報保護委員会から事業所管大臣に委任された権限を地方公共団体の長その他の執行機関に再委任する場合のみならず，個人情報保護委員会から直接に地方公共団体の長その他の執行機関に委任することも可能にしているのである。

(6) 国会への報告

平成 27 年法律第 65 号による改正前の番号法 56 条は，特定個人情報保護委員会は，毎年，内閣総理大臣を経由して国会に対し所掌事務の処理状況を報告するとともに，その概要を公表しなければならないと定めていた。所掌事務の全てについて国会への報告が義務付けられたのは，国会による民主的統制を重視したからである[44]。同様の国会報告の例として，公害等調整委員会設置法 17 条がある。個人情報保護委員会についても，特定個人情報保護委員会と同様に，毎年，国会に所掌事務の処理状況を報告するとともに，その概要を公表することを義務付けている（改正個人情報保護法 79 条）。

15　個人情報データベース等提供罪

(1)　直罰規定を設ける理由

改正前個人情報保護法は，基本的に間接罰の仕組みを採用していた。その理由は，同法が，性質も利用方法も多様な個人情報について一律に事前規制をしており，そのため，違反行為に伴う個人の権利利益の侵害可能性も大小様々であり，また，行為の悪質性にも大きな幅があるため，結果の重大性や行為の悪質性という実質に着目して直罰を科すのになじまないと考えられたからである。しかし，個人情報取扱事業者の従業者が不正に個人データを取得し，それを売却して利益を得る事案が稀でなく，かかる場合，当該従業者は，ベネッセ事件のように，不正競争防止法等の他の法律違反で起訴されることはありうるが，営業秘密に該当しない場合には，不正競争防止法違反で立件することはできな

---

[44]　宇賀克也・番号法の逐条解説〔初版〕（有斐閣，2014 年）204 頁参照。

い等，他の法律違反で処罰できないことがありうる。改正前個人情報保護法上は，個人情報取扱事業者は安全管理措置義務違反，監督義務違反で間接罰を科される可能性はあったが，従業者個人に対する直罰規定はなかった。そのため，従業者個人に対する抑止力が脆弱なことがかねてより問題とされ，自由民主党政務調査会「e-Japan 重点計画特命委員会・情報漏洩罪検討プロジェクトチーム」が改正前個人情報保護法の改正案をまとめたが，実現していなかった。そこで，ベネッセ事件を契機に，個人情報データベース等提供罪が新設されることになった。

(2) 構成要件と罰則

個人情報データベース等提供罪は，個人情報データベース等（その全部または一部を複製し，または加工したものを含む）を自己または第三者の不正な利益を図る目的で提供し，または盗用したことを犯罪構成要件としている。個々の個人データではなく個人情報データベース等を対象としている理由は，個人情報データベース等が個人情報を含む情報の集合物であって，特定の個人情報を電子計算機を用いて検索することができるように体系的に構成したもの，以上のほか，特定の個人情報を検索することができるように体系的に構成したものとして政令で定めるものを意味し（改正個人情報保護法 2 条 4 項），個人情報の数が相当数にのぼるのみならず，特定の個人を容易に検索できるため，悪用の可能性が高いからである。平成 27 年法律第 65 号により改正された番号法 48 条が個人の秘密に属する事項が記録された特定個人情報ファイル（同法 2 条 9 項）を，行政機関個人情報保護法 53 条，独立行政法人等個人情報保護法 50 条が個人の秘密に属する事項が記録された個人情報ファイル（行政機関個人情報保護法 2 条 6 項，独立行政法人等個人情報保護法 2 条 6 項）を，正当な理由なく提供したときに重罰を科すこととしているのも同じ理由による[45]。個人情報データベース等

---

[45] 単一の情報であっても，当該情報自体を保護する必要性が高い場合には，その不正な提供を厳罰に処する必要がある（貸金業法 47 条の 3 が定める信用情報の不正提供，割賦販売法 49 条の 2 が定めるクレジットカード番号等の不正提供，番号法 49 条が定める個人番号の不正提供がその例）。また，公的部門では，単一の情報であって類型的に秘匿性が高いとはいえない個人情報を不正な利益を図る目的で提供する行為に直罰を科している（行政機関個人情報保護法 54 条，独立行政法人等個人情報保護法 51 条，統計法 59 条）。このことは，公

提供罪は，対象を個人情報データベース等に限定しており，かつ，図利目的による悪質な行為に限定し，罰則も1年以下の懲役または50万円以下の罰金とされており，特定個人情報ファイルの不正提供（4年以下の懲役または200万円以下の罰金）（番号法48条），個人情報ファイルの不正提供（2年以下の懲役または100万円以下の罰金）（行政機関個人情報保護法53条，独立行政法人等個人情報保護法50条），信用情報の不正提供（2年以下の懲役または300万円以下の罰金）（貸金業法47条の3），クレジットカード番号の不正提供（3年以下の懲役または50万円以下の罰金）（割賦販売法49条の2），個人番号の不正提供（3年以下の懲役または150万円以下の罰金）（番号法49条）よりもかなり軽く，保有個人情報の不正提供（行政機関個人情報保護法54条，独立行政法人等個人情報保護法51条），統計調査に係る調査票情報または匿名データの不正提供（統計法59条）の場合と同じ罰則に抑えられている。したがって，比例原則に反するとはいえないと考えられる。

(3) 適用除外との関係

　個人情報データベース等提供罪の規定（改正個人情報保護法83条）は，同法7章（罰則）に置かれており，同法4章に置かれているわけではないので，同法76条で同法4章の規定の適用が除外されている報道機関等の個人情報取扱事業者の従業者であっても，本罪の規定は適用される。その理由は以下のとおりである。同法76条の適用除外の規定は，同法の規定が，基本的に被害が発生する前の予防的規定であることに鑑み，憲法で保障された報道の自由，言論の自由，信教の自由，学問の自由，政治活動の自由との比較衡量の結果，同法4章の個人情報取扱事業者の義務等の規定の適用を除外した上で，自主的に安全管理措置等を講ずる努力義務を課すにとどめている。これに対し，個人情報データベース等提供罪は，不正な利益を図る目的で行われるものであることを構成要件としており，報道，言論活動，信教活動，学問，政治活動の目的との関係で行われることは想定し難く，窃盗，横領，背任に匹敵する悪質な行為であり，刑罰をもって抑止する必要性が大きい。したがって，たとえば，報道機関

　権力を行使して個人情報を収集しうる公的部門は，私的自治の中で個人情報を収集する民間部門に比べて，より厳格に個人情報を保護することにより国民の信頼を確保する必要があることを示している。

の従業者が報道の用に供する目的で保有する個人情報データベース等であっても，それを自己の不正な利益を図る目的で提供した場合には，これを処罰することの公益を優先させるべきといえる。

　また，改正個人情報保護法43条は，個人情報取扱事業者等に対し報告もしくは資料の提出の要求，立入検査，指導，助言，勧告または命令を行うに当たっては，表現の自由，学問の自由，信教の自由および政治活動の自由を妨げてはならないこと，個人情報保護委員会は，個人情報取扱事業者等が同法76条1項各号に掲げる者（それぞれ当該各号に定める目的で個人情報等を取り扱う場合に限る）に対して個人情報等を提供する行為については，その権限を行使しないものとすることを定めている。この規定は，主として，報道機関の取材に応じて個人情報を提供する場合を念頭に置いて，取材源に生ずる萎縮効果に対する懸念の声に応えて設けられたものである。個人情報データベース等提供罪の規定は，同法43条に該当する場合を適用除外にしていない。その理由は，不正な利益を図る目的で行われる個人情報データベース等の提供を抑止する必要性のほうが，前述の萎縮効果を軽減する必要性よりも優越すると考えられたからである。

16　グローバル化への対応

(1)　グローバルな視点の重要性

　経済活動がグローバル化し，日本企業が国外に子会社を設立する事例が増加し，また，国外の企業に個人データの処理を委託することも稀でなくなった。さらに，インターネットの普及に伴い，国外の企業がインターネットを使用して，直接に我が国に居住する者に対して物品を販売したり役務を提供したりするケースは，顕著に増加している。このような経済環境の変化，ICTの急速な発展に伴い，日本企業の現地法人の顧客や従業者の個人データを日本国内の親会社に移転したり，我が国に居住する者の個人データが，国境を越えて外国企業に移転したりする事例は増加の一途をたどっている。したがって，我が国の個人情報保護法制を考えるに当たっても，グローバルな視点が不可欠といえる。

(2) EU 十分性認定取得の目的

　もとより，我が国の個人情報保護法制は，従前から，グローバルな視点を欠いていたわけではない。すなわち，我が国の個人情報保護法制は，国内における行政情報化の進展に伴う個人情報保護の要請に応える必要から整備されてきたが[46]，他方において，OECD 8 原則と呼ばれるプライバシー保護の基本原則に絶えず配慮して整備されてきた。我が国の個人情報保護法制をおおむね国際水準にキャッチアップさせたと評価しうる 2003 年の個人情報保護関係 5 法も，OECD 8 原則への適合性を念頭に置いて立案されている。他方，改正個人情報保護法の立法過程の特色は，OECD 8 原則への適合は（解釈の分かれる点は残るものの）すでに達成されているという前提の下に，1995 年 10 月に公表された旧 EU 個人データ保護指令 25 条 1 項の「十分な水準の保護措置」を確保することが，改正の主たる目的の一つとされたことにある。その背景としては，我が国の個人情報保護法制が EU 十分性認定を得られていないため，EU 域内の個人データを我が国に移転する場合，モデル契約を締結するか，拘束的企業準則（BCR）[47]の承認を得る必要があり，かなりの手続的コストを要するので，EU 十分性認定を得ることが産業界の要望となっていたことがある。

　このことは，個人情報の保護と利用が常にトレードオフの関係にあるわけではなく，保護の水準を上げることによって，利用を容易にするというポジティブ・サムの関係に立つことがありうることを示すものといえる[48]。

(3) EU 十分性認定の審査基準との関係

① 29 条作業部会による解説

　EU 十分性認定の審査基準については，欧州委員会司法総局 29 条作業部会

---

[46]　詳しくは，本章第 3 節参照。
[47]　モデル契約については，消費者庁・国際移転における企業の個人データ保護措置調査報告書（2010 年 3 月）92 頁以下，拘束的企業準則については同報告書 58 頁以下で詳細な検討が行われている。
[48]　個人情報保護の水準を上げることが，我が国に個人データが集積する環境を形成するという産業政策の観点からも重要であることを指摘するものとして，鈴木正朝「個人情報保護法のグローバル化対応」ジュリ 1489 号 57〜59 頁参照。

による解説[49]により，おおむねその内容を知ることができた。その中で，改正前個人情報保護法において対応できていなかったことが明確なのは，(ⅰ)独立の機関による外部監督，(ⅱ)センシティブデータ（機微情報）に対する特別の保護，(ⅲ)再移転の制限である。(ⅰ)については，改正前個人情報保護法では主務大臣に監督権限を与えていたため，独立した第三者機関による監督ではないという問題があった。(ⅱ)は，センシティブデータの取扱いについて，本人の明示的同意を必要とする等，特別な保護措置を講ずるとする基準である。(ⅲ)は，海外から個人データの移転を受けた国が，これを第三国に再移転することは，原則として，当該第三国が十分なレベルの保護措置を講じている場合にのみ認められるとする基準である。

2010年に欧州委員会が公表した我が国の個人情報保護制度に対する評価では，取り扱う個人データの量が少ない事業者の適用除外，越境データ制限の不在，前掲東京地判平成19・6・27による開示請求権の否定，独立の監督機関の不在，データ漏えい通知制度の不在，事業者登録制度の不在等の問題が指摘されたことは前述したとおりである[50]。

② オーストラリアに関する審査

EU十分性認定が得られなかった先進国の例として，オーストラリアがある[51]。その理由は，(ⅳ)小規模事業者が原則として適用除外になっていること，(ⅴ)被雇用者のデータが適用除外とされていること，(ⅵ)個人情報保護の原則に対する法律による例外が広範に認められていること，(ⅶ)公開されているデータが適用除外になること，(ⅷ)個人情報を取得する前または取得時にそのこ

---

49) Working Document: Transfers of personal data to third countries: Applying Articles 25 and 26 of the EU data protection directive（Adopted by the Working Party on 24 July, 1998）。EU十分性認定の審査基準については，村上裕章「国境を超えるデータ流通と個人情報保護──欧州連合個人データ保護指令の第三国条項を手がかりとして」同・行政情報の法理論（有斐閣，2018年）271頁以下，消費者庁・個人情報保護制度における国際的水準に関する検討委員会・報告書（2012年3月）7頁以下［事務局執筆］，67頁以下［堀部政男執筆］，88頁以下［宮下紘執筆］等参照。

50) 宮下紘「欧州委員会EUデータ保護改革と国際的水準への影響」消費者庁・個人情報保護制度における国際的水準に関する検討会・報告書（2012年3月）100頁以下参照。

51) Opinion 3/2001 on the level of protection of the Australian Privacy Amendment (Private Sector) Act 2000（Adopted by the Working Party on 26 January 2001）.

とを本人に告知できないときは，取得後可及的速やかに通知すれば足りるとされていること，(ix) ダイレクトマーケティングを第1次的目的として個人情報が取得された場合，オプトアウトもできないこと，(x) センシティブデータについては，保健情報を除き，取得以外については特別の規制がないこと，(xi) オーストラリアに永住していない EU 市民のアクセス権，訂正権の保障が不十分なこと，(xii) オーストラリアのプライバシー法の域外適用は外国人を対象としていないので，EU 市民の個人データを輸入したオーストラリアの会社が，当該データを個人情報保護が不十分な国に輸出した場合，EU 市民の権利利益が害されるおそれがあることであった[52]。

③　個人情報保護法改正による対応

　平成27年法律第65号による個人情報保護法改正に当たっては，上記①②等も踏まえて，以下のような対応がとられた。

　(i) について，主務大臣制を廃止し，内閣府の外局として個人情報保護委員会という第三者機関を置くこととされた。個人情報に係る独立した第三者機関は，EU 十分性認定を受けるためのみならず，個人情報保護法の適正な執行のためという内在的理由からも，法曹，消費者団体，個人情報保護の専門家等から要請されていたことは，前述した通りである。

　(ii) については，EU 十分性認定を受けるためには，要配慮個人情報についての規定を設けることが必要と考えられ，しかも，単に取得を原則禁止（改正個人情報保護法17条2項）とするのみでは足りないと考えられるため（上記(x)），オプトアウト方式による第三者提供も禁止したのである（同法23条2項柱書）。もとより，要配慮個人情報についての規定が改正個人情報保護法に設けられたのは，EU 十分性認定を受けることのみを目的としていたわけではない。個人情報保護法制定時には，機微情報の外延が不明確なことから，情報の種類を問わずミニマムの規制をした上で，情報の性質および利用方法に鑑み，個人の権利利益の保護を図るため特にその適正な取扱いの厳格な実施を確保する必要がある個人情報について，保護のための格別の措置が講じられるよう必要な法制上の措置その他の措置を講ずることが政府に義務付けられていたのである。

---

52) *Id.* at 4-6.

そして，改正前個人情報保護法8条の規定に基づく個人情報の保護に関するガイドラインや個人情報保護条例の大半において，機微情報についての規定が設けられ，機微情報の外延が，ある程度明確になってきたこともあり，個人情報保護法という一般法自体において，要配慮個人情報についての特別の保護を図る機が熟していたということもいえる。

(iv)については，改正個人情報保護法において，取り扱う個人データの数による個人情報取扱事業者の裾切り要件は撤廃された。これも，EU十分性認定を得るという目的のほか，かかる裾切りの合理性自体が疑問視されていたことは，先に述べた通りである。

改正前個人情報保護法における開示，訂正等，利用停止等の求めに係る規定が，裁判上の請求権であるかについて裁判例・学説が分かれていたため，開示請求権等の明確化を図る改正がなされたが，この改正も，EU十分性認定を得ることも目的としていた。

さらに，越境移転制限（上記(iii)(xⅱ)）も，EU十分性認定を得ることを念頭に置いて改正個人情報保護法で導入されたものである。以上のうち，越境移転制限以外については，すでに論じているので，以下においては，越境移転制限について敷衍することとする。

(4) 個人データの越境移転制限

個人データの越境移転制限は，EU十分性認定を得るために行われた個人情報保護法改正のうち，グローバル化との関係が最も密接なものである。改正前個人情報保護法23条には，個人データの第三者提供を制限する規定は置かれていたが，個人データの越境移転に着目した特別の規定は存在しなかった。しかし，グーグル等の多国籍企業が膨大な個人データを国境を越えて取得しており，また，外国の事業者の海外にあるサーバに個人データを保存して管理するクラウドサービスの利用が進んでおり，日本国内に居住する者が国内の事業者に提供した個人データが，本人が知らないまま越境移転する場合が増大している。越境移転先における個人データ保護措置が十分に講じられていれば問題ないが，それが不十分であると，我が国に居住する者の権利利益が侵害されるおそれがある。国民の間でも，個人データとくにセンシティブな個人データの越

境移転への不安が大きいことは,パナソニックヘルスケア(現在の社名はPHC)株式会社がアメリカのコールバーグ・クラビス・ロバーツ・アンド・カンパニー・エルピー(KKR)との株式譲渡契約の締結および共同持株株式会社設立を公表した際に,医療情報の越境移転への懸念の声が少なからず聞かれたことからも窺える[53]。

また,外国から我が国に移転された個人データが第三国に再移転される場合,当該第三国での個人情報保護が不十分であれば,我が国に移転された個人データの本人の権利利益を害するおそれがある。いわゆるデータ・ヘブンないしデータ・ショッピングの問題であり,我が国が,個人情報保護が不十分な国への個人データ移転の裏口となるおそれがあれば,我が国への個人データの移転が制限される可能性がある。そこで,日本に移転された個人データの第三国への再移転(Onward Transfer)についても制限する必要がある。個人データが我が国に越境移転した後に,我が国から第三国に再移転される場合,再移転について事前に本人同意をとることはきわめて困難であるので,パーソナルデータに関する検討会では,越境再移転は原則として禁止し,当該パーソナルデータの提供元である外国事業者等が当該パーソナルデータが越境再移転可能なものであると認めた場合(本人と外国事業者等との間で越境再移転に関する明示的な同意がある場合等)に限り,越境再移転を可能とする事務局案が示された。しかし,改正個人情報保護法24条では,越境再移転と,それ以外の再移転を区別していない。これは,再移転の場合も,同条の規制がかかるのであれば,別途の規制を設ける必要はないと判断されたからである[54]。

2011年に公表されたOECDの報告書[55]では,越境データ移転を制限する規定を設けている国は,すでに60にのぼっていた。また,EU十分性認定を受

---

[53] 医療情報の海外移転に係る問題について,鈴木正朝「他国への個人データ越境移転制限条項の検討——個人情報保護法改正の論点」ジュリ1464号60頁以下参照。

[54] かかる再移転については,通常の越境移転制限とは別の制限を課すべきとする意見もある。板倉陽一郎「パーソナルデータの利活用に関する制度見直しにおける国際的な論点についての考察」情報処理学会研究報告(Vol. 2014-DCC-7 No. 12) 73頁参照。

[55] Kuner, C (2011), "Regulation of Transborder Data Flows under Data Protection and Privacy Law: Past, Present and Future", OECD Digital Economy Papers, No. 187, OECD Publishing, at 18.

けている国の越境データ移転規定は，3つに大別できる。第1は，原則として越境データ移転を禁止し，国または地域ごとに移転の可否を判断する類型である。スイス，イスラエル，アルゼンチン，ウルグアイ等が，この類型に属し，EU個人データ保護指令に倣ったものといえる。個人情報保護制度が不十分な国に個人データが移転することを防止するには，最も適した仕組みであり，また，かかる国に個人情報保護制度を整備するインセンティブを付与するというメリットがあるものの，十分性認定には，相当の期間を要することが少なくないと思われる。もっとも，EU個人データ保護指令では，十分性認定を得られていない国の企業等が，欧州委員会によって承認されたモデル契約を利用する場合または越境データ移転に係る拘束力ある企業準則を定めて，データ保護機関に申請して承認を得た場合には，越境データ移転を認めていたため，第1類型でも，かかる例外を認めることになると考えられる。しかし，かかる例外的取扱いが認められるためには，手続的コストがかかり，経済活動の円滑化に支障を与えないかという問題がある。また，EU－アメリカ間のセーフ・ハーバー協定[56]のように，十分性認定が政治力により左右される懸念もないわけではない。

　第2は，越境データ移転は原則自由であるものの，一定の場合には，規制当局に個人データの越境移転を中止または制限する権限を付与する類型である。ニュージーランドがこの類型に属する。この類型は，経済活動に支障を与える懸念は少ないものの，個人データの越境制限措置が講じられるのは，実際には，被害が発生してからになり，事前の対応が不十分になるのではないかという懸念がある。

　第3は，越境データ移転は原則自由であるものの，提供先において自国と同等水準の保護が確保されることを契約等により担保されるようにする義務を提供元に課す類型である。カナダがこの類型に属する。この類型では，経済活動に与える支障は少ないものの，モデル契約を作成して，それに準拠するのでなければ，個人情報保護に十分な内容の契約であるかは，契約当事者間の判断に

---

[56] 同協定について，石井・前掲注 **39**）481 頁以下，宮下紘・プライバシー権の復権（中央大学出版部，2015 年）97 頁以下参照。欧州司法裁判所は，2015 年 10 月 6 日，同協定が無効であると判示した。

第 1 次的には委ねられることになり，不十分な契約の結果，提供先で問題が発生してからでないと，是正策が講じられないおそれがある。

そこで，改正個人情報保護法 24 条は，外国にある第三者に個人データを提供する場合[57]，（a）個人の権利利益を保護する上で我が国と同等の水準にあると認められる個人情報の保護に関する制度を有している外国として個人情報保護委員会規則で定める国に移転する場合，（b）個人データの取扱いについて改正個人情報保護法の個人情報取扱事業者が講ずべきこととされている措置に相当する措置を継続的に講ずるために必要なものとして個人情報保護委員会規則で定める基準に適合する[58]体制を整備している者に提供する場合以外は，同法 23 条 1 項各号に掲げる場合を除くほか，あらかじめ外国にある第三者への提供を認める旨の本人の同意を得なければならないこととしたのである。（b）に該当する場合として，立法過程で念頭に置かれていたのは，APEC-CBPR に基づく認証を受けている事業者等である[59]。

外国にある第三者に個人データを提供することができるのは，（b）または本人の同意がある場合のみとすることは，個人情報保護法制が我が国と同等の水準にあると認められる外国の事業者に対しても，我が国と同等の個人情報保護の水準の契約の締結をするか，本人同意を得ることを強いることになり，過剰な規制となるため，（a）も認めている。旧 EU 個人データ保護指令のみならず，

---

[57] 改正個人情報保護法 24 条の規定に基づき，国内で取得した個人データを外国にある第三者へ提供する場合には，（ア）国内で取得した個人データを外国の第三者に提供する場合（第三者への越境提供），（イ）国内で取得した個人データの取扱いを外国の第三者に委託する場合（委託に伴う越境提供），（ウ）合併その他の事由により事業を外国の事業者が承継する場合（事業承継に伴う越境提供），（エ）特定の外国事業者と共同利用する場合（共同利用に伴う越境提供）が考えられる。なお，第三者か否かは法人単位でとらえるため，日本国内の企業が外国の支店または営業所に個人データを移転する場合には，第三者への提供にはならない。この場合には，日本国内の企業は，改正個人情報保護法 20 条の安全管理措置義務，21 条の従業者の監督義務により，移転先の個人データの取扱いの適正を確保することになり，それが不十分な場合には，個人情報保護委員会は，国内の企業に対して監督措置を講ずることができる。

[58] 外国における行為について我が国の基準への適合を求める例として，船員法 32 条の 2 第 3 号参照。

[59] 第 189 回国会衆議院内閣委員会議録第 7 号（2015 年 5 月 20 日）27 頁（向井治紀政府参考人答弁）参照。

EUから十分性認定を受けたアルゼンチン，イスラエル，ウルグアイ，スイス，ニュージーランドの個人情報保護法においても，（a）が認められていた[60]。（a）の要件を満たしている国または地域を個人情報保護委員会規則で定めることとしているのは，個人情報保護法制についての高度の専門的知識が必要であるからである[61]。（b）を定めず（a）または本人の同意に限定した場合，（a）の認定に長期間を要すると，個人データが大量であり本人同意を得ることも困難な場合，（a）の認定までの期間，当該外国への個人データの移転が不可能になり，個人情報取扱事業者の事業活動に過大な制約を及ぼすので，（b）を併用する立法政策は適切と考えられる。EUが，その十分性認定を受けていない国であっても，EUにより承認されたモデル契約を利用する場合や拘束的企業準則の承認を得た場合に，個人データの越境移転を認めているのも，かかる点に配慮したものといえる。（b）に基づく契約等が遵守されていない場合には，個人データの移転は違法となり，個人情報保護委員会は，移転先事業者の個人情報保護体制が整備されるまで，個人データの移転禁止命令[62]を国内の個人情報取扱事業者に課すことによって，（b）の実効性を担保することができる。

改正個人情報保護法23条1項各号に掲げる場合には，個人データの越境移転が認められるが，同項1号の「法令に基づく場合」とは，外国への移転が法令[63]で義務付けられる場合に限らず，破産法245条2項の規定に基づく破産管財人の外国管財人への情報提供の努力義務のように，外国への個人データの越境移転について法令に具体的な根拠規定がある場合を含むと解される[64]。改正個人情報保護法23条1項2号の「人の生命，身体又は財産の保護のために必

---

60) もっとも，EU十分性認定を受けていたカナダは，（a）は定めず，（b）による提供を原則としていた。
61) 個人情報保護委員会規則は，府省令と同等に位置付けられるが，外国の法制度が我が国のそれと同等の水準にあることの認定を省令で行っている例として，農林物資の規格化等に関する法律15条の2第2項，同法施行規則37条，政令で行っている例として，道路交通法107条の2，同法施行令39条の4参照。
62) 改正個人情報保護法24条違反に対しては，緊急に個人データの越境移転を中止する必要があるため，勧告を前置せずに命令を出すことができることとされている。同法42条3項参照。
63) ここでいう法令は条例を含む。
64) 宇賀克也・個人情報保護法の逐条解説〔第6版〕（有斐閣，2018年）165頁参照。

要がある場合であって，本人の同意を得ることが困難であるとき」としては，日本国内のホテルにおける火災の発生に際して，外国人宿泊客の安否確認のために，日本へのツアーを企画した外国の旅行業者に外国人宿泊客の個人データの越境移転を行う場合等が考えられる。同項3号の「公衆衛生の向上又は児童の健全な育成の推進のために特に必要がある場合であって，本人の同意を得ることが困難であるとき」とは，日本で発生した感染症の国際共同研究のため，患者の個人データを外国の医療機関に提供する場合等が考えられる。同項4号の「国の機関若しくは地方公共団体又はその委託を受けた者が法令の定める事務を遂行することに対して協力する必要がある場合であって，本人の同意を得ることにより当該事務の遂行に支障を及ぼすおそれがあるとき」とは，在外日本国大使館からの依頼に基づいて，日本国内の個人情報取扱事業者が個人データを提供する場合等が考えられる。

　改正個人情報保護法23条5項は，①委託（1号），②事業承継（2号），③共同利用（3号）に該当する場合には，個人データの提供先を「第三者」に該当しないこととし，同条の第三者提供の制限をしないこととしている。これは，①については，委託先の監督義務（同法22条），②については目的外の取扱いの禁止（同法16条2項），③については，共同利用先における個人データの不適切な取扱いについて提供元が事実上の影響力を行使して抑止することが期待されることに加えて，利用目的等の通知または公表が義務付けられているため（同法23条5項3号），目的外に利用されないことが担保されているからである（ただし，目的の変更はありうるが，変更された目的も本人に通知または公表される。同条6項）。これに対して，個人情報保護制度が十分に整備されていない国の個人情報保護体制が不十分な者に個人データが提供される場合には，上記①～③の場合であっても，提供制限が不要とはいいがたい。そこで，外国にある第三者への提供制限に係る個人情報保護法24条は，23条5項各号に掲げる場合にも適用することとされている。

　また，第三者提供に係る記録の作成等について定める改正個人情報保護法25条1項は，国内の第三者に提供する場合には，同法23条5項各号に掲げる場合を対象外としている（柱書ただし書）。その理由は，上記①～③に該当する場合には，個人データの提供者と受領者の関係が継続するものであったり（上

記①③),事業承継に伴い個人データが移転したりするものであるから（上記②),受領者から個人データが流通することは通常は想定されず,トレーサビリティの確保のために記録の作成を義務付ける必要はないと考えられたためである。他方,個人情報保護制度が十分に整備されていない国の個人情報保護体制が不十分な者に個人データが提供される場合には,上記①～③に該当する場合であっても,提供に係る記録の作成を義務付ける必要があるといえよう。そこで,改正個人情報保護法25条1項は,かかる場合には,同法23条5項各号に掲げる場合を対象外としていない。

個人データの第三者提供を受ける際の確認等について規定する改正個人情報保護法26条も,上記①～③に該当する場合には適用されない（1項柱書ただし書）。外国の事業者が同法24条の規定が適用された個人情報取扱事業者から個人データの提供を受ける場合には,上記①～③に該当する場合であっても,第三者提供を受ける際の確認等を義務付ける規定を置いていない。国内の事業者が外国の事業者に個人データを提供した場合には,提供した国内の事業者が改正個人情報保護法25条の規定に基づき記録を作成・保存することになるので,その限りでトレーサビリティは確保されることになる。

(5) 域外適用

我が国に居住する者に対して,外国の事業者がインターネットを通じて物品を販売したり,役務を提供したりすることと関連して,日本に居住する者の個人情報を取得する例は増加の一途をたどっている。このようにして外国の事業者が取得した個人情報の外国での取扱いについて,我が国の個人情報保護法が適用できないならば,日本に居住する個人の権利利益を守ることは困難になる。そこで,我が国の個人情報保護法の域外適用 (extraterritorial application) が重要な課題として浮上することになった。この問題は,立法管轄権 (legislative jurisdiction) ないし規律管轄権 (prescriptive jurisdiction) の問題と言い換えることができる。国際法上,一般的に認められた立法管轄権は,属地主義ないし領域主義 (territorial principle) である[65]。外国の事業者がインターネット等を通

---

65) Alexander Orakhelashvili (ed.), Research Handbook on Jurisdiction and Immunities in

じて直接に我が国に居住する者に対して物品を販売したり，役務を提供したりして，その者の個人情報を取得する場合，取得のプロセスの重要な一部は，我が国で行われているとみることができるので，属地主義により，改正個人情報保護法が適用されることになり，域外適用を検討する必要はない。他方，我が国に在住する者から直接に取得した個人情報であっても，その国外での取扱いについては，属地主義の下では立法管轄権は及ばないと解される。しかし，かかる個人情報が国外で不当に取り扱われ，個人情報の本人の権利利益が侵害されることを我が国が拱手傍観することは，我が国に居住する者の期待に背くものといわざるをえないであろう。もっとも，域外適用の範囲を無制限に広げることができるわけでは，もちろんない。我が国の個人情報保護法の域外適用を行うためには，日本と外国事業者の間に特別の関連性が必要であり，かつ，我が国として保護すべき必要性が肯定されなければならないと思われる。立法管轄権を行使しても，執行管轄権（enforcement jurisdiction）は原則としてないため，法執行については，後述するように，外国執行当局に協力を依頼せざるをえないが，そもそも域外適用が外国執行当局の理解を得られないようなものであれば，執行協力も期待しがたいと思われる。その意味でも，域外適用が国際的に理解を得られるものでなければならない。

　外国にある個人情報取扱事業者に対する我が国の個人情報保護法の適用については，パーソナルデータに関する検討会の第 8 回で議論されたが，そこでは，消極的属人主義（passive personality principle），効果理論（effect theory），標的基準（targeting criteria）の比較が行われた。消極的属人主義は，自国民を保護するため，外国で行われた外国人の行為に対しても自国の立法管轄権を行使するもので，我が国の刑法 3 条の 2 が，この考え方を採用したものとされている。しかし，個人情報保護を基本的人権とする欧州でも消極的属人主義は採用されておらず，比較法の観点から，適当ではないとする事務局案が示された。実際，改正個人情報保護法 75 条では，「国内にある者に対する物品又は役務の提供に関連してその者を本人とする個人情報を取得した」ことが要件となっており，「国内にある者」は国籍を要件としていないので，消極的属人主義は採用され

International Law (2015), at 2.

なかったといえる。もっとも，消極的属人主義という概念は，自国内に居住する者であれば国籍を問わずに保護する意味で使われることもあるが[66]，改正個人情報保護法 75 条は，我が国に居住する者の個人情報を第三者から提供を受けた国外の事業者による個人情報の取扱いは射程外としているので，やはり，消極的属人主義が採用されたとはいえないと考えられる。

　競争法の分野で一般的に採用されている効果理論は，外国における行為が自国内の領域に影響を与え，行為者がそれを予見することができる場合に，外国における行為に自国の管轄権を行使するもので，旧 EU 個人データ保護指令がこの考え方を採用していたという説もある。しかし，クラウド型サービスには世界中どこからでもアクセスできるため，たとえば，英語のみでサービスを提供しており，事業者自身はアメリカ人向けにサービスを提供していると認識していたとしても，日本人がそのサービスを受けることは可能であり，また，事業者は日本人がサービスを受けていることに気付かない可能性が高い。このような事業者にまで我が国の個人情報保護法の規定が適用されるとした場合，世界中のクラウドサービスが潜在的に適用対象となりうるため，域外適用先の国家主権との関係からも，諸外国の賛同を得ることは困難ではないかという見解が事務局から示された。そして，事務局としては，当時，審議中であった EU 一般データ保護規則（GDPR）案の考え方も参考にして，日本国内に居住する者を対象にサービスを提供する事業者に限定し，法適用の対象とする標的基準を採用することが提案された。この点については，検討会の委員から，特に異論は出されなかった。改正個人情報保護法 75 条の「国内にある者に対する物品又は役務の提供に関連してその者を本人とする個人情報を取得した」という要件は，この標的基準に親和的であるように思われる。

　改正個人情報保護法 75 条の規定に基づき域外適用の対象になる規定は，15 条（利用目的の特定），16 条（利用目的による制限），18 条（2 項を除く）（取得に際しての利用目的の通知等），19 条（データ内容の正確性の確保等），20 条（安全管理措置），21 条（従業者の監督），22 条（委託先の監督），23 条（第三者提供の制限），24 条（外国にある第三者への提供制限），25 条（第三者提供に係る記録の作成等），27

---

[66]　森下忠・新しい国際刑法（信山社，2002 年）57 頁参照。

条（保有個人データに関する事項の公表等），28条（開示），29条（訂正等），30条（利用停止等），31条（理由の説明），32条（開示等の請求に応じる手続），33条（手数料），34条（事前の請求），35条（苦情の処理），36条（匿名加工情報の作成等），41条（指導および助言），42条1項（勧告），43条（個人情報保護委員会の権限の行使の制限），76条（適用除外）である。17条（適正な取得）の規定が適用されないのは，取得については，その行為の一部が日本国内で行われると考えられるので，属地主義の立場からも日本法を適用できるし，改正個人情報保護法75条は，「個人情報を取得した個人情報取扱事業者」の義務等を定める規定であり，取得は，同条適用の前提になっているからである。同法18条2項（本人から書面で個人情報を取得する場合の利用目的の明示）が対象とされていないのは，利用目的の明示は取得の前に行われる行為であるところ，改正個人情報保護法75条は取得行為を前提として適用される規定であるからである。

外国の個人情報取扱事業者が，本人から直接書面に記載された当該本人の個人情報を取得する場合，あらかじめ本人に利用目的を明示していなければ，同法18条1項の規定の適用により，取得後速やかに，その利用目的を本人に通知し，または公表しなければならないことになる。改正個人情報保護法26条（第三者提供を受ける際の確認等）は，第三者から個人データの提供を受けるに際しての確認義務を定めるものであるところ，日本国内にある者に対する物品または役務の提供に関連してその者を本人とする個人情報を取得した場合の取扱いとは関係がない。改正個人情報保護法75条は，日本国内にある者に対する物品または役務の提供に関連してその者を本人とする個人情報を取得した場合に限り，立法管轄権を拡張するものであるから，26条は適用しないこととされた。44条は，事業者に対する権限行使について直接定める規定ではなく，行政機関間の関係について定めるものであるので，適用対象とされていない。改正個人情報保護法37条（匿名加工情報の提供），38条（識別行為の禁止），39条（安全管理措置等）は，個人情報取扱事業者または匿名加工情報取扱事業者から匿名加工情報の提供を受けた匿名加工情報取扱事業者の義務等を定めるものであるので，標的基準によれば，同じく立法管轄権の対象にできないことになる。同法40条の立入検査に係る部分は，間接強制調査であり，外国政府の同意がない限り，当該外国の執行管轄権を侵害するおそれがあるし，同条1項の報告

または資料提出の求めに係る部分，同法42条2項・3項（命令）は，外国で物理的に公権力を行使するものではないものの，名宛人に対する行政処分であるから，当該外国の主権を侵害するおそれがあり，域外適用の対象とはせずに，当該外国の公的機関に情報提供を行い，執行協力を求めることにより対応することとしている。同法45条は，事業所管大臣の請求について定めるものであるが，外国の事業者に対して，事業所管大臣の請求が必要になる場合は稀と思われることに加えて，外国の事業者に対して個人情報保護委員会が講ずることができる措置は限定されているので，事業所管大臣の請求まで認める必要はないと考えられ，適用対象とされていない。同法46条は事業所管大臣について定めるものであるが，同法45条を適用しない以上，同法46条についても，同法75条に明記する必要はないとされたものと考えられる。同法4章4節は，民間団体による個人情報の保護の推進に関する規定であり，外国に所在する個人情報取扱事業者による個人情報の取扱いとそれに対する監督について定める同法75条に明記する必要はないことから同条において適用対象に含められなかった。もっとも，このことは，外国に所在する個人情報取扱事業者が，認定個人情報保護団体の対象事業者となることを妨げるものではない[67]。

(6) 外国執行当局への情報提供

① 越境執行協力の必要性

クラウド型サービスの普及等，日本国内に支店，営業所等の拠点を置かずに，日本国内に居住する者に物品または役務を提供する傾向は一層強まっている。EU司法裁判所が，スペイン人の過去の情報を掲載した古いリンクの削除をグーグル株式会社に命ずる等，EUとアメリカのIT企業の間で越境移転した個人データの取扱いをめぐり紛争が生じているが，我が国も，海外に拠点を置く企業が，日本国内に居住する者に物品または役務を提供することに関連して取得した個人情報の取扱いについては，我が国の立法管轄権を及ぼし，改正個人情報保護法上の義務を原則として課すこととした。しかし，執行管轄権は有し

---

[67] グローバル化への対応として，改正個人情報保護法の立法管轄権について考察したものとして，宇賀克也「グローバル化と個人情報保護――立法管轄権を中心として」小早川光郎先生古稀記念・現代行政法の構造と展開（有斐閣，2016年）127頁参照。

ないし[68]，勧告文書を郵送したとしても[69]，外国の事業者が従わない場合には，法執行の実効性を確保するため，外国執行当局に個人情報を提供して法執行を依頼することができるようにしておく必要がある[70]。また，外国執行当局に個人情報の提供を求めるためには，相互主義の観点から，我が国も，外国執行当局の求めに応じて，個人情報を提供できるようにしておく必要がある。我が国は，個人情報保護委員会設置後，上記のような越境執行協力のシステムに積極的に参加し[71]，個別の事案においてかかるシステムを活用する予定であり，そ

---

[68]　日本国内にいない者に対しては，我が国の裁判権を行使することもできない。

[69]　国税通則法に基づき外国の名宛人に送達する場合には，原則として郵送している。志場喜徳郎＝荒井勇＝山下元利＝茂串俊編・国税通則法精解［平成31年改訂］（大蔵財務協会，2019年）250頁参照。これに対し，独禁法70条の7，金融商品取引法185条の10では，民事訴訟法108条の規定を準用しており，外国の事業者への送達については領事送達が行われる。公正取引委員会は，外国事業者が日本国内に支店等を有する場合には，当該支店等に送達することができるし，支店等が日本国内に存在しない場合であっても，日本国内に文書受領権限を有する代理人を選任すれば，当該代理人に送達することができる（エム・ディ・エス・ノーディオン社事件の勧告は，この直接送達の方法で行われた。同事件について，小林渉「わが国に拠点をもたない外国事業者による私的独占事件」NBL 663号24頁以下参照）。領事送達が行われるのは，かかる支店等も代理人も存在しない例外的な場合である。公正取引委員会が領事送達を行う場合には，相手国の同意を得ることが必要であり，外交ルートを通じて相手国の同意を得たうえで，我が国の在外公館等から外国事業者に書類等を送達している。外国においてすべき送達について，（ⅰ）民事訴訟法108条の規定の準用によることができず，または（ⅱ）これによっても送達をすることができないと認めるべき場合，（ⅲ）民事訴訟法108条の規定の準用により外国の管轄官庁に嘱託を発した後6月を経過してもその送達を証する書面の送付がない場合には，公示送達を行うこともできる（独禁法70条の8第1項2号・3号）。公示送達の場合には，相手国の同意は不要である。

[70]　個人情報を提供せずに，外国執行当局に情報提供を依頼した例は過去に存在する。すなわち，2011年4月，ソニー・コンピュータエンタテイメント（現ソニー・インタラクティブエンタテインメント）が運営するプレイステーション等のネットワークへの不正アクセスにより，利用者の個人情報が大量に流出した事案において，個人情報の管理を委託されていたアメリカ法人への監督が不十分であった可能性があるとして，日本政府は，複数の外国執行当局に情報提供を求めている。外国執行当局に個人データを提供する根拠規定があれば，アメリカの連邦取引委員会（FTC）に漏えいした個人データ等を提供し，受託会社の個人情報の管理体制に対する調査を依頼し，当該調査の結果，管理体制が不適切であったことが判明すれば，連邦取引委員会法に基づく排除命令を依頼することができたと考えられる。

[71]　プライバシー・コミッショナーのような独任制の機関でなく，個人情報保護に係る合議制の委員会であっても，GPENに加盟している例は多く（ベルギー，ブルガリア，フランス，ルクセンブルク，韓国等）。また，かかる委員会がCPEAに参加している例もある（韓国，シンガポール）。

のためには，外国執行当局への情報提供の根拠を明確に法定しておく必要があるのである[72]。また，執行協力の進展は，域外適用の必要性を減少させる面も有することに留意する必要がある[73]。

　改正前個人情報保護法には，外国執行当局への個人情報の提供に関する規定は存在しなかったため，我が国の行政機関が外国執行当局へ個人情報を提供する場合，かかる情報提供自体を目的として特定していなければ，目的外提供になるが，行政機関個人情報保護法8条2項のうち，外国執行当局への情報提供の根拠となりうるのは，同項1号の「本人の同意があるとき」，同項4号の「本人以外の者に提供することが明らかに本人の利益になるとき，その他保有個人情報を提供することについて特別の理由のあるとき」に限られる。そこで，改正個人情報保護法に相当する外国の法令を執行する外国執行当局に対し，我が国の個人情報保護委員会の職務に相当する職務の遂行に資すると認める情報を提供する権限を我が国の個人情報保護委員会に付与し，外国で漏えいや不正利用等が発生した場合等に日本に居住する者の個人情報提供の根拠規定を設けることにより，行政機関個人情報保護法8条1項の「法令に基づく場合」として，個人情報の目的外提供を可能としている（改正個人情報保護法78条1項）[74]。

② **外国執行当局による目的外利用・提供の禁止**
　我が国の個人情報保護委員会が外国執行当局に提供した個人情報は，我が国の個人情報保護委員会の職務に相当する職務の遂行に資すると認めて提供されたものであり，それ以外の目的に利用・提供されれば，個人情報の本人の権利利益を侵害するおそれがある。そこで，外国執行当局による職務の遂行以外に使用されないような適切な措置をとる義務を個人情報保護委員会に課している

---

[72]　特定電子メールの送信の適正化等に関する法律に置かれている外国執行当局への情報提供規定に基づく情報提供は，スパム対策協力に関する多国間覚書を調印した9か国・地域を対象として行われている。改正個人情報保護法に基づく外国執行当局への情報提供は，主として，GPEN または CPEA に参加している国・地域のプライバシー・コミッショナーまたは個人情報保護委員会等に対して行われると考えられる。

[73]　小寺彰「競争法執行の国際協力——日米独禁協力協定の性格」公正取引590号19頁参照。

[74]　外国執行当局への情報提供規定の先例として，独禁法43条の2第1項，金融商品取引法189条1項，関税法108条の2第1項，特定電子メールの送信の適正化等に関する法律30条1項，犯罪による収益の移転防止に関する法律13条1項参照。

日）即日施行されたものがある。個人情報保護委員会の新委員の任命のために必要な行為は，個人情報保護委員会発足日（2016年1月1日）前に行うことができるように，附則7条2項は，公布の日から施行された。政令の制定準備は速やかに開始する必要があるため，政令への委任規定（附則10条）も，公布の日から施行された。附則12条が定める検討も，可及的速やかに開始することが望ましいので，公布即日施行とされた（附則1条1号）。

　第2に，改正個人情報保護法1条（目的，基本方針の策定，個人情報保護委員会の設置・任務・所掌事務〔匿名加工情報・認定個人情報保護団体に係る部分を除く〕・職権行使の独立性，組織等，身分保障，罷免，委員長，会議，専門委員，事務局，政治運動等の禁止，秘密保持義務，給与，規則の制定，施行の状況の公表，国会に対する報告，個人情報保護委員会の委員長等の秘密保持義務違反に対する罰則，その国外犯処罰等），4条（個人情報保護委員会の設置に伴う特定個人情報保護委員会関係規定の改正，個人情報取扱事業者の範囲の拡大に伴う個人番号取扱事業者に係る規定の改正，委員長または委員の任命等・守秘義務に関する経過措置，罰則の適用に関する経過措置等），附則5条（特定個人情報保護委員会がした処分等に関する経過措置），6条（特定個人情報保護委員会規則に関する経過措置），7条1項・3項（委員長または委員の任命等に関する経過措置），8条（守秘義務に関する経過措置），9条（罰則の適用に関する経過措置），13条（特別職の職員の給与に関する法律の一部改正），22条（組織的な犯罪の処罰及び犯罪収益の規制等に関する法律の一部改正），25条（行政機関が行う政策の評価に関する法律の一部改正），26条（行政手続等における情報通信の技術の利用に関する法律の一部改正），27条（民間事業者等が行う書面の保存等における情報通信の技術の利用に関する法律の一部改正），30条（地方自治法の一部を改正する法律），32条（内閣府設置法の一部改正），34条（財務省設置法の一部改正），37条（消費者庁及び消費者委員会設置法の一部改正）にあっては，2016年1月1日に施行された（附則1条2号）。改正個人情報保護法は，個人情報保護委員会規則に委任しているものが少なくない。したがって，個人情報保護委員会を早期に設置し，個人情報保護委員会規則の制定を改正個人情報保護法の全部施行に先行させる必要がある。そこで，個人情報保護委員会は2016年1月1日に設置することとし，そのために必要な規定は同日施行とされた。これにより，個人情報保護法の所管は，消費者庁から個人情報保護委員会に移管された。他方，個人情報取扱事

業者等の義務等およびその監督に関する規定等については，公布の日から起算して2年以内で政令で定める日に施行されたので，それまでは主務大臣による監督が継続した[82]。

　第3に，公布の日から起算して1年6月を超えない範囲において政令で定める日から施行された部分がある。改正個人情報保護法によりオプトアウト手続が変更になり，新たに同改正後の同法23条2項5号に掲げる事項に相当する事項について本人に通知するとともに，同項各号に掲げる事項に相当する事項について個人情報保護委員会に届け出ることが義務付けられた。この部分の改正規定は，平成28年政令第385号が定める日（2017年3月1日）に施行された。同法の全部施行後に，上記の通知や届出をしないと，有効なオプトアウト手続にならないとすると，オプトアウト手続をとっている個人情報取扱事業者の事業の円滑な継続が阻害されるおそれがある。そこで，改正個人情報保護法の全部施行より前に，オプトアウト手続に係る経過規定（附則2条）を先行して施行することとしたのである（附則1条4号）。

　第4に，大部分の規定は，公布の日から起算して2年を超えない範囲内において政令で定める日（2017年5月30日）から施行された（附則1条柱書）。改正個人情報保護法は，個人情報保護に関する規定に重要な改正を加えるとともに，新たに匿名加工情報制度を設け，また，個人情報データベース等に含まれる個人データの数による適用除外が廃止されたことにより，新たに個人情報取扱事業者となる事業者が多数発生することになる。また，同法は，政令や個人情報保護委員会規則に委任する部分が少なくないため，これらの制定に必要な期間，さらに制定後の周知期間を十分に確保する必要がある。そのため，同法は，原則として，公布の日から起算して2年を超えない範囲内において政令で定める日から施行することとされたのである。

---

[82]　なお，2016年1月1日施行時の改正個人情報保護法69条の施行状況の公表に係る規定は，個人情報保護委員会が関係する行政機関の長に対し，改正個人情報保護法の施行状況に関して報告を求め，その取りまとめを行う根拠規定であるが，平成27年法律第65号の全部施行後は，個人情報保護委員会自身が監督権限を行使することになるので，この規定は削除された

(2) 通知等に関する経過措置

　改正個人情報保護法は，オプトアウト手続に係る規定を改正し，本人に通知し，または容易に知りうる状態に置くべき事項として「本人の求めを受け付ける方法」を追加し，また，オプトアウト手続をとる場合には事前に個人情報保護委員会への届出を義務付けた（同法23条2項5号）。この改正規定の施行前に，個人情報取扱事業者が「本人の求めを受け付ける方法」を本人に通知した場合，それが改正個人情報保護法施行後も有効なのかを明確にしておく必要がある。実際，個人情報保護法制定附則4条においては，「第23条第2項の規定により本人に通知し，又は本人が容易に知り得る状態に置かなければならない事項に相当する事項について，この法律の施行前に，本人に通知されているときは，当該通知は，同項の規定により行われたものとみなす」旨を規定していた（制定附則5条も通知に係る経過措置である）。また，オプトアウト手続をとる旨の個人情報保護委員会への届出を当該改正規定の施行日後に行わなければならないとすると，個人情報取扱事業者の事業活動の円滑な継続に支障を来すおそれがあるので，当該改正規定の施行日前に届出を行うことを可能にしている。附則2条の経過規定により，当該改正規定の施行日前になされた本人への通知および個人情報保護委員会への届出は，当該改正規定の施行日以後は，当該改正規定による通知および届出とみなされることになる。なお，同法23条2項には，本人への「通知」のほかに，本人が「容易に知り得る状態」に置くことも規定しているが，「容易に知り得る状態」に置くことは，継続性を有する状態を意味しており，経過規定を置くことは不要と判断された（制定附則4条も同じ）。

(3) 外国にある第三者への提供に係る本人の同意に関する経過措置

　改正個人情報保護法は，24条（外国にある第三者への提供の制限）の規定を新設した。同条の規定の施行前に外国にある第三者への個人データの提供に同意が与えられている場合も考えられ，その同意が，同規定の施行後も，同条の同意として有効かについて疑念が生ずるおそれがある。そこで，当該同意が，同条の同意に相当するものであるときは，同条の同意があったものとみなすことを明確にしている（附則3条）。制定附則2条（同法16条1項・2項の目的外利用

の同意），3条（同法23条1項の第三者提供の同意）も，本人の同意に関する経過措置を規定していた。

(4) 主務大臣がした処分等に関する経過措置

　改正個人情報保護法の全部施行時に個人情報取扱事業者および認定個人情報保護団体に対する監督権限が主務大臣から個人情報保護委員会に移ったが，その前に主務大臣が勧告，命令その他の処分または通知その他の行為を行っていた場合，全部施行日以後は，個人情報保護委員会がした勧告，命令その他の処分または通知その他の行為とみなされることになる（附則4条1項）。その結果，全部施行日以前に主務大臣が改正前個人情報保護法34条1項の規定に基づく勧告を行っていた場合，全部施行日以後に個人情報保護委員会が改めて改正個人情報保護法42条1項の規定による勧告を行わなくても，勧告を前置したものとして，個人情報保護委員会は，同条2項の規定に基づく命令をすることができることになる。また，全部施行日以前に主務大臣から報告を求められた[83]個人情報取扱事業者が，全部施行日後に報告を懈怠した場合，個人情報保護委員会の報告の求めに対する懈怠とみなして，改正個人情報保護法85条1項の規定に基づき，罰則を科すことができる。附則4条1項の「その他の処分又は通知その他の行為」としては，認定個人情報保護団体の認定，認定の取消し，認定の公示，認定個人情報保護団体の廃止届出の公示等もある。したがって，全部施行日前に主務大臣から認定個人情報保護団体の認定を受けていれば，全部施行日後は，個人情報保護委員会から認定を受けたとみなされるので，改めて個人情報保護委員会から認定を受ける必要はなく，従前の業務を継続できる。もとより，全部施行日後に新たに匿名加工情報に係る業務を個人情報保護指針に加える等，個人情報保護指針を変更した場合には，個人情報保護委員会への届出が必要である。個人情報保護委員会は，届け出られた事項を審査し，当該認定個人情報保護団体が新たな業務を適正かつ確実に行うのに必要な業務の実施方法を定めていないと判断したり，当該業務を適正かつ確実に行うに足りる

---

[83]　平成27年法律第65号による改正の前後を問わず，報告の求めに応じなかった場合には罰則が科されるので，報告の求めは，応答義務を課すものであり，附則4条1項にいう「その他の処分」に当たると解される。

知識および能力ならびに経理的基礎を有しないと判断したりすれば，認定を取り消すことができる。

改正個人情報保護法の全部施行時に個人情報取扱事業者および認定個人情報保護団体に対する監督権限が主務大臣から個人情報保護委員会に移ったが，その前に主務大臣に対して申請，届出その他の行為が行われていた場合，全部施行日以後に改めて個人情報保護委員会に対して，これらの行為を行わなければならないとすることは，煩瑣な手続を強いることになるので，個人情報保護委員会に対する行為がされたものとみなすこととしている（附則4条2項）。したがって，認定個人情報保護団体となろうとする者が，全部施行日前に主務大臣に対して認定個人情報保護団体の認定申請を行っており，それに対する諾否の応答がなされないまま全部施行日を経過した場合，当該申請は個人情報保護委員会に対してされたものとみなされるので，改めて個人情報保護委員会に申請を出し直す必要はない。また，改正前個人情報保護法においては，認定個人情報保護団体が認定業務を廃止しようとするときは，事前に主務大臣に届け出なければならないとされているが（59条1号），全部施行日前に主務大臣に対してこの届出がされたが，主務大臣がその公示をしないまま，全部施行日を経過した場合，当該届出は個人情報保護委員会に対してされたものとみなされるので，個人情報保護委員会に対して改めて廃止の届出をする必要はなく，個人情報保護委員会は自らに対して届出があったものとみなして，公示を行うことになる。

改正個人情報保護法の全部施行日前に主務大臣に対して届出その他の行為をする義務があるにもかかわらず，全部施行日前にその手続が行われていない場合，全部施行日後は，個人情報保護委員会に対する届出その他の行為をする義務の懈怠があったものとみなすこととしている（附則4条3項）。したがって，認定個人情報保護団体は個人情報保護委員会に届出をする義務を負うことになる。

(5) 特定個人情報保護委員会がした処分等に関する経過措置

特定個人情報保護委員会が行った勧告は，2016年1月1日以後は，個人情報保護委員会が行った勧告とみなすこととされ，個人情報保護委員会は，改め

て勧告を行うことなく、すでに勧告が前置されたものとして（勧告前置が要件となる）命令を発することができる（附則5条1項）。

特定個人情報保護委員会に対して申請、届出その他の行為を行った場合、2016年1月1日以降は、個人情報保護委員会に対する申請、届出その他の行為とみなされる（同条2項）。したがって、特定個人情報保護委員会に対して特定個人情報保護評価の承認申請が2016年1月1日前になされており、それに対する諾否の応答がないまま、2016年1月1日を経過した場合には、個人情報保護委員会に対する特定個人情報保護評価の承認申請があったものとみなされ、個人情報保護委員会が諾否の応答をすることになる。

特定個人情報保護委員会に対する届出等の義務の懈怠があった場合、2016年1月1日以後は、個人情報保護委員会に対する届出等の義務の懈怠があったものとみなされることになる（同条3項）。したがって、地方公共団体が特定個人情報保護委員会に対する特定個人情報保護評価結果書の提出（特定個人情報保護評価に関する規則7条5項）を懈怠したまま、2016年1月1日を経過した場合には、個人情報保護委員会に対する特定個人情報保護評価書の提出の懈怠があるものとみなされ、個人情報保護委員会に対して特定個人情報保護評価書を提出しなければならない。

(6) 特定個人情報保護委員会規則に関する経過措置

個人情報保護委員会は、特定個人情報保護委員会の所掌事務を承継するが、個人情報保護委員会が設置される際に、個人情報保護委員会が改めて特定個人情報保護委員会規則と同内容の個人情報保護委員会規則を制定し、特定個人情報保護委員会規則を廃止するのは非効率である。そこで、2016年1月1日以後は、当該時点まで有効であった特定個人情報保護委員会規則は、個人情報保護委員会規則として有効なものとすることとしている（附則6条）。

(7) 委員長または委員の任命等に関する経過措置

個人情報保護委員会の委員長または委員の任命は、両議院の同意を得て、内閣総理大臣が行うこととされているが、2016年1月1日に特定個人情報保護委員会の委員長または委員である者は、（実際には、改めて上記の手続を経ること

なく）この手続を経て任命されたものとみなされる（附則7条1項前段）。このみなし任命の場合，個人情報保護委員会の委員長または委員の任期は，特定個人情報保護委員会の委員長または委員の任期の残任期間と同一となる（同項後段）。したがって，たとえば，2014年1月1日に特定個人情報保護委員会の委員に任命された者は，2016年1月1日時点で，特定個人情報保護委員会の委員としての残任期間が3年間になるので，個人情報保護委員会委員としての任期は3年間になる。航空・鉄道事故調査委員会が運輸安全委員会に改組されたときの委員長・委員の身分の引継ぎについても，同様の経過措置がとられた（国土交通省設置法等の一部を改正する法律附則3条）。

特定個人情報保護委員会の委員が2016年1月1日に自動的に個人情報保護委員会の委員になる場合については，附則7条1項の規定が適用されるのに対して，新たに任命される委員については，両院の同意を得て内閣総理大臣が任命を行うので，2016年1月1日より前に手続を進めることができるようにしている（附則7条2項）。

個人情報保護委員会は新たな事務も所掌するものの，特定個人情報保護委員会の所掌事務も承継する。したがって，個人情報保護委員会設置の際に従前の特定個人情報保護委員会の事務局の職員である者は，別に辞令を発せられない限り，2016年1月1日に，同一の勤務条件で個人情報保護委員会の事務局の相当の職員となることとされた（附則7条3項）。組織変更に伴い，旧組織の職員が同一の勤務条件をもって新組織の相当の職員となるとした先例として，中央省庁等改革のための国の行政組織関係法律の整備等に関する法律附則3条がある。

(8) 守秘義務に関する経過措置

2016年1月1日前に特定個人情報保護委員会の委員長，委員または事務局の職員を退職した者は，平成27年法律第65号による改正前の番号法48条の規定により守秘義務を負っている。これらの者には，同改正による個人情報保護委員会の委員長，委員または事務局の職員の守秘義務規定は適用されないが，同改正前の番号法48条の規定に基づく守秘義務が継続することを明確にしている（附則8条）。

(9) 罰則の適用に関する経過措置

　施行日前にすでに罰則規定の適用を受ける違法行為が行われていた場合には，施行日後においても，施行日前の罰則規定が適用される。たとえば，主務大臣が改正前個人情報保護法32条の規定に基づき報告を求めたところ，虚偽報告が行われたことが改正個人情報保護法の公布の日から起算して2年を超えない範囲内で政令で定める施行日（2017年5月30日）以後に判明した場合であっても，違法行為自体は，当該施行日前に行われているので，改正前個人情報保護法57条の規定により罰則を科すことになる。また，主務大臣が改正前個人情報保護法34条2項の規定に基づく命令を発し，この命令への違反が改正個人情報保護法の公布の日から起算して2年を超えない範囲内で政令で定める施行日（2017年5月30日）前にすでに発生していた場合には，同施行日以後であっても，改正前個人情報保護法56条の規定により罰則を科すことになる。これに対し，同施行日前に主務大臣が報告の求めをしたり，改善命令を出していた場合であっても，違反行為は同施行日以後になされた場合には，改正個人情報保護法附則4条1項の規定が適用され，改正後の罰則規定が適用されることになる。中央省庁等改革関係法施行法1254条により外国船舶製造事業者による船舶の不当廉価建造契約の防止に関する法律が改正された際も，施行日前にした行為に対する罰則の適用について，なお従前の例によるとされている（中央省庁等改革関係法施行法1303条）。

(10) 政令への委任

　附則2条〜9条に定める経過措置のほか，本法の施行に関し必要な経過措置について政令に委任することとしている。

(11) 事業者等が講ずべき措置の適切かつ有効な実施を図るための指針の策定に当たっての配慮

　改正前個人情報保護法においては，「その取り扱う個人情報の量及び利用方法からみて個人の権利利益を害するおそれが少ないものとして政令で定める者」（同法2条3項5号）は個人情報取扱事業者に当たらないものとされており，

政令では、「その事業の用に供する個人情報データベース等を構成する個人情報によって識別される特定の個人の数……の合計が過去6月以内のいずれの日においても5000を超えない者」(同法施行令2条) とされていた。

　このように、従前、個人データ数による裾切りのために個人情報取扱事業者に該当しなかった者が、裾切り要件の撤廃のため、個人情報取扱事業者に該当することになる。そこで、附則11条は、特に小規模の事業者の事業活動に過度な負担とならないような配慮を個人情報保護委員会に求めているのである。ここでいう小規模事業者をどのような基準 (個人データの数、従業者数、資本金額、売上高等) で定めるかという問題があり、この点は個人情報保護委員会の判断に委ねられている。小規模事業者への配慮が問題になるのは、安全管理措置であると思われる。国会における政府参考人答弁においても、この配慮は、一般的には、安全管理措置義務を緩和することであり、たとえば、鍵をかけた引出しで管理すること等が考えられるとする[84]。改正前個人情報保護法の下において出された「個人情報の保護に関する法律についての経済産業分野を対象とするガイドライン」(2-2-3-2〔安全管理措置〕、2-2-3-3〔従業者の監督〕、2-2-3-4〔委託先の監督〕) は、5000件を超える個人データを事業の用に供している個人情報取扱事業者についてではあるが、中小企業者 (中小企業基本法2条1項各号に掲げる中小企業者) においては、事業の規模および実態、取り扱う個人データの性質および量等に応じた措置を講ずることが望ましいとしていたし、「特定個人情報の適正な取扱いに関するガイドライン (事業者編)」別添の「特定個人情報に関する安全管理措置 (事業者編)」においても、中小規模事業者 (原則として、事業者のうち従業員の数が100人以下のもの) に過度な負担とならないような対応方法が示されている。大規模事業者と同等の安全管理措置を小規模事業者に求めることは無理な場合もあるので、「個人情報の保護に関する法律についてのガイドライン (通則編)」8 (別添) では、小規模事業者が講ずべき安全管理措置について配慮がされている。

---

84) 第189回衆議院内閣委員会議録第7号 (2015年5月20日) 21頁 [向井治紀政府参考人答弁] 参照。

(12) 検　討

① 行政機関等の保有する個人情報と匿名加工情報

　改正個人情報保護法が，匿名加工情報という制度を設け，個人情報を保護しつつ，パーソナルデータの利活用を促進しようとした趣旨を踏まえ，行政機関個人情報保護法，独立行政法人等個人情報保護法についても，匿名加工情報の円滑かつ迅速な利用を促進する観点からの検討が求められている。現在の我が国の個人情報保護法制は，公的部門と民間部門を別の法律で規律するセグメント方式を採用しており，公的部門では行政機関個人情報保護法および独立行政法人等個人情報保護法が，民間部門では個人情報保護法4章～7章が一般法となっている（個人情報保護法の1章～3章は，基本法としての性格を有しており，何人にも適用される）。また，我が国の個人情報保護法制は分権的な仕組みを採用していることにも特色があり，地方公共団体の保有する個人情報の保護のための一般法は，各地方公共団体の個人情報保護条例であり，普通地方公共団体および特別区の全ては，個人情報保護条例を制定している。しかし，番号法に基づく特定個人情報の保護については，個人情報保護委員会が一元的な監督を行うことになる。附則12条1項は，国の行政機関および独立行政法人等による匿名加工情報の取扱いに関しても，個人情報保護委員会が一元的に監督することの是非について検討を求めるものである。この問題については，行政機関個人情報保護法，独立行政法人等個人情報保護法を所管する総務省において，「行政機関等が保有するパーソナルデータに関する研究会」を設け，検討を進めてきた。この問題について，政府は検討結果に基づき，改正個人情報保護法の公布の日（2016年9月9日）から起算して2年以内の範囲で政令で定める施行日までに所要の措置を講ずるものとされた。

② 個人情報保護委員会の体制等の見直し

　個人情報保護委員会は，個人情報取扱事業者，匿名加工情報取扱事業者，認定個人情報保護団体を一元的に監督する独立した第三者機関であり，その機能が十全に発揮されるためには事務局の人員や予算の拡充等が必要になる。そこで，改正個人情報保護法施行後3年を目途として，改善についての検討を行い，その結果に基づいて必要な措置を講ずることを政府に義務付けている（附則12

条2項)。

③ 個人情報保護法の見直し

　個人情報保護の分野では，国際的ハーモナイゼーションが重要であるが，特に2012年以降，OECD，EU，アメリカ等において，個人情報保護法制の見直しの動きが急速に進展した。今後も，個人情報保護に関する国際的動向を絶えず注視して適確に対応していく必要がある。また，ICTの進展は日進月歩であり，個人情報保護法制も，それに即応していかなければならない。さらに，個人情報を活用した新たな産業の創出および発展の状況等も勘案して，個人情報保護法について見直しをしていく必要がある。一般に通則的な法律が制定されたり，大幅に改正された場合，一定期間経過後（行政機関の保有する情報の公開に関する法律制定附則2項は4年，公文書等の管理に関する法律制定附則13条1項は5年，全部改正された行政不服審査法制定附則6条は5年，行政事件訴訟法の一部を改正する法律〔平成16年法律第84号〕附則50条は5年）に見直し規定を置くことが多い。個人情報保護法の見直しは3年ごととされた（附則12条3項）。3年という期間は見直し期間としては短いほうであるし，また，「施行後3年を目途として」ではなく，「施行後3年ごとに」とされている点は，きわめて注目に値する（「民間資金等の活用による公共施設等の整備等の促進に関する法律」制定附則2条は，平成17年法律第95号により改正され，「政府は，少なくとも3年ごとに，この法律に基づく特定事業の実施状況（民間事業者の技術の活用及び創意工夫の十分な発揮を妨げるような規制の撤廃又は緩和の状況を含む。）について検討を加え，その結果に基づいて必要な措置を講ずるものとする」と規定された。その影響もあってか，同法は，最近，2～3年ごとに改正されている）。ICTが想像もつかない速度で進展している状況に鑑みれば，3年ごとの見直しという立法政策は望ましいものといえる。

④　サイバーセキュリティ

　「個人情報の保護に関する法律及び行政手続における特定の個人を識別するための番号の利用等に関する法律の一部を改正する法律案」が第189回国会で参議院内閣委員会において審議中の2015年6月1日に，標的型メールにより日本年金機構から大量の個人情報が流出した事件が発覚したため，審議が中断することになった。そして，同年8月27日に，民主党の藤本祐司議員から修正案が提出され，同日可決された（翌日，参議院本会議で修正された政府案が可決

され，同年9月3日，衆議院が修正部分に同意して，法案が成立した）。この修正により，附則12条5項が設けられた。サイバーセキュリティ基本法2条に規定するサイバーセキュリティとは，「電子的方式，磁気的方式その他人の知覚によっては認識することができない方式（以下……「電磁的方式」という。）により記録され，又は発信され，伝送され，若しくは受信される情報の漏えい，滅失又は毀損の防止その他の当該情報の安全管理のために必要な措置並びに情報システム及び情報通信ネットワークの安全性及び信頼性の確保のために必要な措置（情報通信ネットワーク又は電磁的方式で作られた記録に係る記録媒体……を通じた電子計算機に対する不正な活動による被害の防止のために必要な措置を含む。）が講じられ，その状態が適切に維持管理されていること」を意味する。同法13条は，国が，（ⅰ）国の行政機関，（ⅱ）独立行政法人および特殊法人等におけるサイバーセキュリティに関し，国の行政機関および独立行政法人および指定法人におけるサイバーセキュリティに関する統一的な基準の策定，国の行政機関における情報システムの共同化，情報通信ネットワークまたは電磁的記録媒体を通じた国の行政機関，独立行政法人または指定法人の情報システムに対する不正な活動の監視および分析，国の行政機関，独立行政法人および指定法人におけるサイバーセキュリティに関する演習および訓練ならびに国内外の関係機関との連携および連絡調整によるサイバーセキュリティに対する脅威への対応，国の行政機関，独立行政法人および特殊法人等の間におけるサイバーセキュリティに関する情報の共有その他の必要な施策を講ずるものとすると定めている。そして，附則12条5項は，政府は，国の行政機関等が保有する個人情報の安全を確保する上でサイバーセキュリティに関する対策の的確な策定および実施が重要であることに鑑み，国の行政機関等における同法13条に規定する基準に基づく対策の策定および実施に係る体制の整備等について検討を加え，その結果に基づいて所要の措置を講ずるものと規定する。

⑤　オムニバス方式の検討

　政府は，改正個人情報保護法の施行の状況，行政機関等匿名加工情報に係る措置の実施の状況その他の状況を踏まえ，改正個人情報保護法2条1項に規定する個人情報および行政機関等保有個人情報の保護に関する規定を集約し，一体的に規定することを含め，個人情報の保護に関する法制の在り方について検

討するものとされている（附則12条6項）。現在のセグメント方式に代えて，オムニバス方式に移行するかについての検討を求めるものである。この問題を考えるに当たっては，公的部門の個人情報保護法制は，民間部門の個人情報保護法制よりも，厳格な個人情報保護措置を講じていることに留意する必要がある。公的部門は罰則の威嚇により個人情報の提出を義務付ける等，公権力を行使して個人情報を収集することができることに鑑み，収集した個人情報の保護への信頼を確保する要請は非常に大きいのに対し，民間部門では営業の自由，産業の振興にも配慮して，個人情報保護措置が緩和されている面がある。公的部門のほうが個人情報の範囲が広いこと（モザイク・アプローチにおける照合の容易性が要件とされていないこと），公的部門ではオプトアウト手続による保有個人情報の第三者提供が認められていないこと，公的部門のほうが直罰規定が多いこと等に両者の相違が現れている。したがって，オムニバス方式を検討するに当たっては，それによって，公的部門の個人情報保護の水準を低下させないことに配慮する必要があると思われる。他方において，民間部門の個人情報保護の水準を公的部門のそれに合わせる場合には，民間の営業活動を過度に制約するおそれがある。したがって，仮に個人情報保護に係る法律を一本化するとしても，その中で，公的部門と民間部門で差異を設けなければならない部分は残ると思われる。

第5節　個人情報保護法施行令の改正

1　はじめに

　2015年に個人情報保護法が大幅に改正されたことは周知の通りである。これを受けて，個人情報保護法施行令も大幅に改正された。本節では，この個人情報保護法施行令の改正について解説を行うこととする。

2　個人識別符号

(1)　意　義

　個人情報取扱事業者からは，個人情報該当性が不明確であるため，パーソナルデータの利活用を躊躇するという問題が提起され，個人情報の本人からは，個人情報の範囲の不明確性ゆえに，個人情報に当たるものが個人情報でないとして利活用されているのではないかという懸念が示されていた。そこで，個人識別符号の概念を設け，個人識別符号が含まれるものは，それ単独で個人情報として取り扱うこととされた（個人情報保護法2条1項2号）。

　個人識別符号には，(ⅰ)「特定の個人の身体の一部の特徴を電子計算機の用に供するために変換した文字，番号，記号その他の符号であって，当該特定の個人を識別することができるもの」（同条2項1号。以下「1号個人識別符号」という），(ⅱ)「個人に提供される役務の利用若しくは個人に販売される商品の購入に関し割り当てられ，又は個人に発行されるカードその他の書類に記載され，若しくは電磁的方式により記録された文字，番号，記号その他の符号であって，その利用者若しくは購入者又は発行を受ける者ごとに異なるものとなるように割り当てられ，又は記載され，若しくは記録されることにより，特定の利用者若しくは購入者又は発行を受ける者を識別することができるもの」（同項2号。以下「2号個人識別符号」という）の2類型がある。個人識別符号は，(ⅰ)または

(ⅱ)のいずれかに該当する文字，番号，記号その他の符号のうち，政令で定めるものをいう（同項柱書）。

(2) 1号個人識別符号

① 政令指定の理由

1号個人識別符号は，次に掲げる身体の特徴のいずれかを電子計算機の用に供するために変換した文字，番号，記号その他の符号であって，特定の個人を識別するに足りるものとして個人情報保護委員会規則で定める基準に適合するものである（同法施行令1条1号柱書）。1号個人識別符号とされた情報は，特定の個人固有のものであり，生涯または長期間にわたり不変であるため，特定の個人との連結性が強いこと，これらの情報を媒介にして他の個人情報を照合するインデックス機能を有すること，ひとたび取得されると，情報解析技術を用いることにより，確実かつ容易に特定の個人を識別可能であることから，それを含むものを個人情報としている。

② 「細胞から採取されたデオキシリボ核酸（別名DNA）を構成する塩基の配列」（同号イ）

DNAとは，染色体を展開して得られる物質であって，塩基，糖（デオキシリボース），リン酸という化合物が結合したものを意味し，ゲノムデータ（情報）とは，DNAを構成する塩基の配列を文字列で表記したものを意味する。ゲノム解析結果は，原則として万人不同（双子の場合を除く）であり，また生涯不変であるため，特定の個人を識別可能である。遺伝情報は個体識別鑑定に用いられるほか，遺伝病等素因解析，DTC遺伝学的検査（Direct-to-Consumer Genetic Testing）等においても用いられるが，いずれの目的で行われた場合であっても，特定の個人を識別する情報といえるので，ゲノム解析の目的は問わない。

③ 「顔の骨格及び皮膚の色並びに目，鼻，口その他の顔の部位の位置及び形状によって定まる容貌」（同号ロ）

顔は年齢を経るにつれ変化するが，顔の骨格は通常は変化しない。したがって，顎の形状・長さ，鼻の長さ，鼻翼点，両目間の距離等の特徴点を抽出し（多点特徴点抽出法），またはその構造を数値化することにより個体識別鑑定を行うことができるので，本人を認証することを目的とした装置やソフトウェアに

より，本人を認証することができるようにしたものが個人識別符号とされている。顔ランドマーク検出は，小売店における万引き対策，商業施設における動線調査，空港・駅構内における犯罪捜査，SNSの投稿画像の分析によるタグ付け，入退管理における生体認証，二重投票防止のための認証，入管審査のための認証等に用いられうる。動画に限らず静止画であっても，またいかなる記録媒体が用いられるかを問わず，利用可能であるため，これらの如何を問わず，個人識別符号になる。

④ 「虹彩の表面の起伏により形成される線状の模様」（同号ハ）

虹彩は，眼球の血管膜の前端部にあり，角膜の後方にある瞳孔を囲む環状の膜である。虹彩は万人不同，生涯不変の性質を有するので，本人を認証することを目的とした装置やソフトウェアにより，赤外光や可視光等を用いて抽出した特徴情報で本人を認証することができるようにしたものを個人識別符号としている。虹彩による個人識別鑑定を行うためには，虹彩部分を円弧状に複数層に区分して抽出し，その輝度変化を示すアイリスコードを特徴量として数値化することになる。アイリスコードは，入退管理における生体認証等で用いられている。

⑤ 「発声の際の声帯の振動，声門の開閉並びに声道の形状及びその変化」（同号ニ）

人間の発声は，気道を声門閉鎖により遮断し，呼気圧を加えて息を流入させて声門を反復して開閉して断続的な圧力変動（咽頭原音）を発生させ，声道による共鳴効果で連続的な波形に整え，舌・歯・唇・口腔・鼻腔等の調音機能により母音・子音を付加して行われる。すなわち，声帯振動により発生した音声波は声門，口腔，鼻腔を経由して唇，鼻孔に到達する過程で，複数の周波数に共鳴し，特定の音声となって口から発せられるのである。人の声の特徴は，生体振動に影響される声の強度，高さ，音色等ならびに声道における共鳴により発生した周波数形状（ホルマント）およびその帯域幅等に示される。その周波数成分を図形化して表示した紋様は万人不同であるため，人物同定のための個体識別鑑定や生体認証等に用いられている。そこで，話者認識システム等の本人を認証することを目的とした装置やソフトウェアにより本人を認証することができるようにしたものが個人識別符号とされている。

⑥　「歩行の際の姿勢及び両腕の動作，歩幅その他の歩行の態様」（同号ホ）

　歩行の態様（歩容）は，両腕の動作（腕の振り），歩幅，姿勢，動きの左右非対称性等の歩行の特徴であり，加齢，生活環境等による変化があり生涯不変ではないものの，通常，数年間では変化せず，万人不同であり，また，顔と異なり，正面画像でなく不鮮明な画像や望遠画像でも人物同定が可能である。そのため，防犯カメラ画像を用いた個人識別，商業施設における動線調査等に利用されている。そこで，上記の特徴情報を本人を認証することを目的とした装置やソフトウェアにより，本人を認証することができるようにしたものが個人識別符号とされている。

⑦　「手のひら又は手の甲若しくは指の皮下の静脈の分岐及び端点によって定まるその静脈の形状」（同号ヘ）

　末梢の毛細血管から血液を心臓に送る静脈の血管の分岐，端点等は双子も含めて万人不同，生涯不変の性質を有するため，その解析結果は，入退管理やATMによる生体認証等に用いられている。静脈認証は，手のひらまたは手の甲もしくは指の皮下の静脈を用いて行われる。具体的には，手に近赤外光を照射し，血液中の還元ヘモグロビンが近赤外線を吸収するために静脈を影として撮影し，その分岐や端点等のパターンを特徴量として数値化することになる。

⑧　「指紋又は掌紋」（同号ト）

　「指紋」とは，指の表面の隆線等である。「掌紋」とは，手のひらにある弓状，渦状の線で形成された皮膚の隆起線である。指紋，掌紋は万人不同，生涯不変の性質を有する。そのため，人物同定のための個体識別鑑定や入退管理，ATMおよび携帯電話端末等における生体認証等に用いられている。特徴点（マニューシャ）の種類，位置，方向，品質，数を登録しておいて比較する方法，細線化したスケルトンのパターンを比較する方法等が存在する。端点，分岐点，両者の間の隆線の本数，谷部分を用いて数値化が行われる。

⑨　政令で指定されなかったもの

　立案過程において，1号個人識別符号とすることが検討されたが，政令で指定されなかったものとして，筆跡がある。東京高判平成12・10・26判タ1094号242頁[1]は，筆跡の異同判定の対照資料とされた日記帳の文字に変動があり，いずれの文字を選択するかによって，筆跡の異同判定の結論が左右されること

等を指摘し，筆跡の鑑定結果を採用しなかった。そして，同判決は，筆跡鑑定は，科学的検証を経ていないというその性質上，その証明力に限界があり，特に異なる者の筆になると積極的にいう鑑定の証明力については疑問なことが多いとし，筆跡鑑定には，他の証拠に優越するような証拠価値が一般的にあるわけではないことに留意して，事案の総合的な分析検討を行うべきと判示している。実際，遺言書の効力をめぐる事件では，当事者双方から筆跡の鑑定結果が提出されることが少なくないが，結論の反する筆跡鑑定結果が提出されることが稀でない。このように，筆跡による認証精度は，生体認証に比して低く，他の認証方法に対する補助的手段として利用されるにとどまるため，1号個人識別符号とされなかった。歯形については，主として死者の人物同定に用いられ，生存する特定の個人を識別する目的ではあまり利用されていないので，指定されなかった。

⑩ **個人情報保護委員会規則**

1号個人識別符号の基準を個人情報保護委員会規則で定めることとしたのは，技術の進展に応じ，臨機応変に改正することを可能にするためである。個人情報保護法施行令1条1号の個人情報保護委員会規則で定める基準は，特定の個人を識別することができる水準が確保されるよう，適切な範囲を適切な手法により電子計算機の用に供するために変換することとされている（個人情報保護法施行規則2条）。このような抽象的な規定にならざるをえないのは，この分野では技術が日進月歩で発展しており，技術の標準化もなされていないため，コンピュータ等で利用可能なように数値化等をする特徴の選択，数値化に使用する特徴の取得方法，符号への変換方法を一義的に決定することには現時点では無理があるからである。

(3) 2号個人識別符号

① **政令指定の要件**

2号個人識別符号には，個人に1つずつ重複せずに付番されるものであって，一般に変更の自由がないか，制限されており[2]，したがって，特定の個人との

---

1) 塩崎勤・登記インターネット35号95頁以下参照。

連結性が強度であり、また、同一人の情報を突合し集積するために用いることができるものが指定された。2号個人識別符号の指定に当たっては、(ア)それ単独で個人情報とされ、個人情報保護法の規制がかかるので、個人識別符号とするに足る明確性、(イ)個人の権利利益の侵害のおそれという観点から2号個人識別符号とする必要性をメルクマールとしている。(ア)に関しては、「個人情報の保護に関する法律及び行政手続における特定の個人を識別するための番号の利用等に関する法律の一部を改正する法律案」に対する衆参両院の附帯決議においても、「保護対象を可能な限り明確化する等の措置を講ずること」とされていたところである。

具体的には、(ア)については、(ⅰ)行政機関(それに準ずる公的機関を含む)が付番するもの、または付番に当たり本人確認が法定されているもののいずれかに当たり、本人であることが確実であるもの、(ⅱ)法人その他の団体の番号と紛れるおそれがないこと、(イ)については、(ⅲ)社会において広く流通し、利用される実態があること、(ⅳ)番号の存続期間が非常に短いものでないこと、の全ての要件を満たすものを指定する方針がとられた。

② **旅券法6条1項1号の旅券の番号**(個人情報保護法施行令1条2号)

旅券は、外務大臣が発給する旅券に記載され、諸外国において本人の認証のために用いられ、旅券に記載される旅券番号(旅券法6条1項1号)については、同一の番号が他者に重複して付されることはないので、(ⅰ)の要件を満たす。また、法人その他の団体には付番されないので、(ⅱ)の要件も満たす。そして、2015年の旅券統計によると、国民の約4人に1人が旅券を保有しており、旅行代理店に旅券発給の申請を委任することもあるので、(ⅲ)の要件も満たすともいいうる。さらに、一般旅券の有効期間は原則10年であり(同法5条1項)、18歳未満の者であっても5年(同項2号)であり、また、国際民間航空機関(ICAO)が定める国際標準に従って付番され、原則として変更されることはないから、(ⅳ)の要件も満たす。そこで、2号個人識別符号とされている。

---

2) ただし、住民票コードのように、制度上は任意に変更できるものも含まれている(住民基本台帳法30条の4第1項)。

③ 国民年金法 14 条に規定する基礎年金番号（個人情報保護法施行令 1 条 3 号）

　国民年金，厚生年金保険，共済組合という全ての公的年金制度において共通して使用される基礎年金番号は，20 歳以上になれば付番され，各人の番号が異なり，年金手帳等に記載されるもので，（ⅰ）の要件を満たす。自然人のみ対象であるから，（ⅱ）の要件も満たす。また，転職等の際に行う手続，年金に関する照会等で広く利用され，就職に際して雇用主へ申告することもあるので，（ⅲ）の要件も満たす。さらに，原則として番号の変更は行われず，終生，同一の番号を使用し続けることになるので，（ⅳ）の要件も満たす。そこで，2 号個人識別符号とされている。

④ 道路交通法 93 条 1 項 1 号の免許証の番号（個人情報保護法施行令 1 条 4 号）

　運転免許証番号は，都道府県公安委員会が発行する運転免許証に付される場合であり，免許を受ける者ごとに異なる番号が付されているので，（ⅰ）の要件を満たす。また，法人には付されないので，（ⅱ）の要件も満たす。さらに，我が国における運転免許証保有者は，2015 年の運転免許統計では 8000 万人を超えており，不在時に配達された郵便物等の郵便局での受取り，レンタルビデオ店での会員登録等，本人確認のために広範に利用されているので，（ⅲ）の要件も満たす。さらに，更新が行われたり，別の種類の免許を取得しても変更されるわけではないので，（ⅳ）の要件も満たす。そこで，2 号個人識別符号とされている。

⑤ 住民基本台帳法 7 条 13 号に規定する住民票コード（個人情報保護法施行令 1 条 5 号）

　地方公共団体情報システム機構（以下「機構」という）[3]は，当該市区町村長が住民票に記載することのできる住民票コードを指定し，これを当該市区町村長に通知する（住民基本台帳法 30 条の 2 第 1 項）。無作為に作成された 10 桁の数字と 1 桁の検査数字（住民票コードを電子計算機に入力するときの誤りを検出すること

3）　地方公共団体情報システム機構のガバナンスについて，宇賀克也・行政法概説Ⅲ〔第 5 版〕（有斐閣，2019 年）330 頁以下，板倉陽一郎「地方公共団体情報システム機構のガバナンスの問題点——法人法制及び情報法制の観点から」自治研究 93 巻 1 号 64 頁以下，板倉陽一郎＝寺田麻佑「地方公共団体情報システム機構のガバナンス改革に関する考察」電子情報通信学会技術研究報告 117 巻 69 号 9 頁以下，総務省自治行政局住民制度課「地方公共団体情報システム機構法等の一部改正について（通知）」住民行政の窓 442 号 36 頁以下参照。

を目的として，総務大臣が定める算式により算出される数字をいう）をその順序により組み合わせて定めるものであり（同法施行規則1条），機構は，住民票コードの指定を行う場合には，市区町村長に対して指定する住民票コードが当該指定前に指定した住民票コードと重複しないようにしなければならないので（同法30条の2第2項），重複がない。このように，住民票コードは，地方共同法人[4]である機構により指定されるので，（ⅰ）の要件を満たす[5]。また，住民票を基礎とするものであり，法人には付番されないから，（ⅱ）の要件も満たす。さらに，住民基本台帳ネットワークシステムの本人確認情報を利用することができる事務は，法律または条例で定めたものに限られるとはいえ，住民票コードにより本人確認を行い，住民票の提出が不要になる旅券申請事務など，すでに広範に利用されているので，（ⅲ）の要件も満たすといえると思われる。もっとも，住民票コードは任意に変更可能であるが，実態としては，変更の例は乏しく，また，変更した場合でも重複した番号が付されることはない（同法30条の4第3項）。そこで，（ⅳ）の要件も満たすとされ，2号個人識別符号とされている。

⑥ 行政手続における特定の個人を識別するための番号の利用等に関する法律2条5項に規定する個人番号（個人情報保護法施行令1条6号）

「行政手続における特定の個人を識別するための番号の利用等に関する法律」（以下「番号法」という）2条5項に規定する個人番号（マイナンバー）は，住民票コードを変換して得られる番号であって，当該住民票コードが記載された住民票に係る者を識別するために市区町村長により指定されるものであるので，住民票を有する者全員に悉皆的に，かつ，重複なく付番される[6]。したがって，（ⅰ）の要件を満たす。また，法人には，別途，桁数の異なる法人番号（個人番号は12桁，法人番号は13桁）が付されるので，個人番号との混同が生ずること

---

[4] 地方共同法人について，宇賀・前掲注3)329頁参照。
[5] 住民票コードは住民票に記載され（住民基本台帳法7条13号，30条の3第1項），特別の請求を行えば，本人等は，住民票コードも記載された住民票の写しの交付を受けることができるので（同法12条の4第4項），「個人に発行されるカードその他の書類に記載され」（個人情報保護法2条2項3号）の要件も満たす。
[6] 個人番号は個人番号カードに記載され（番号法2条7項，7条1項），また，住民票等の行政事務に関する書類にも記載されて行政目的で利用されるものであるので，「個人に発行されるカードその他の書類に記載され」（個人情報保護法2条2項2号）の要件も満たす。

はなく，(ⅱ) の要件も満たす。さらに，番号法9条が定める場合に利用できるが，かなり広範な行政事務に利用されており，(ⅲ) の要件も満たすといいうる。そして，個人番号の変更は原則としてできず，個人番号が漏えいして不正に用いられるおそれがあると認められるときに，その者の請求または職権により，変更が認められる場合があるにとどまるので（同法7条2項），(ⅳ) の要件も満たす。したがって，2号個人識別符号とされた。

⑦ 次に掲げる証明書にその発行を受ける者ごとに異なるものとなるように記載された個人情報保護委員会規則で定める文字，番号，記号その他の符号（個人情報保護法施行令1条7号）

(イ) 国民健康保険法9条2項の被保険者証
(ロ) 高齢者の医療の確保に関する法律54条3項の被保険者証
(ハ) 介護保険法12条3項の被保険者証

　文字，番号，記号その他の符号について個人情報保護委員会規則で定めることとしているのは，これらは，各種保険に関する法律の施行規則において，被保険者証の様式で定められており（国民健康保険法施行規則6条1項・2項，様式第1号・第1号の3，高齢者の医療の確保に関する法律施行規則17条1項・2項，様式第1号・第2号・第3号，介護保険法施行規則26条1項，様式第1号），法律または政令で定めている例はないからである。

　個人情報保護法施行規則では，(イ) に掲げる証明書については，同証明書の記号，番号および保険者番号（同規則3条1号），(ロ) および (ハ) に掲げる証明書については，同証明書の番号および保険者番号（同条2号）としている。被保険者識別番号のみならず保険者番号も併せて定めているのは，被保険者識別番号が保険者ごとに付されており，保険者が異なれば重複する被保険者識別番号が存在しうるためである。被保険者識別番号および保険者番号を組み合わせることにより，重複を回避することができる。

　これらの被保険者証に記載された符号は，公的性格を有する主体により付されており，(ⅰ) の要件を満たすし，法人その他の団体に付されるものではないので，(ⅱ) の要件も満たす。さらに，我が国は，国民皆保険の仕組みを採用しているので，ほぼ全ての国民が健康保険証を保有している。そして，医療機関で診療を受けるに当たり，本人確認のために保険証を提示しており，保険証が

広く使用されているので，（ⅲ）の要件も満たす。そして，保険者が変更にならない限り，番号も変更しないのが原則であるから，（ⅳ）の要件も満たすため，2号個人識別符号とされている。

⑧　その他前各号に準ずるものとして個人情報保護委員会規則で定める文字，番号，記号その他の符号（個人情報保護法施行令1条8号）

　個人情報保護法施行令1条8号が，文字，番号，記号その他の符号について個人情報保護委員会規則で定めることとしているのは，被保険者証等の根拠規定が省令に置かれており，下記の各種保険に係る法律の施行規則における様式において，文字，番号，記号その他の符号が定められていることと平仄を合わせたからである（健康保険法施行規則47条1項，様式第9号，船員保険法施行規則35条1項，様式第1号，雇用保険法施行規則10条1項，様式第7号，国家公務員共済組合法施行規則89条，様式第11号，95条，様式第15号，127条の2，様式第39号，第40号，地方公務員等共済組合法施行規程93条2項，様式第14号，100条1項，様式第19号，100条の2第1項，様式第20号，176条2項，様式第40号・第41号）。

　健康保険法施行規則47条1項・2項の被保険者証の記号，番号および保険者番号（個人情報保護法施行規則4条1号），健康保険法施行規則52条1項の高齢受給者証の記号，番号および保険者番号（個人情報保護法施行規則4条2号），船員保険法施行規則35条1項の被保険者証の記号，番号および保険者番号（個人情報保護法施行規則4条3号），船員保険法施行規則41条1項の高齢受給者証の記号，番号および保険者番号（個人情報保護法施行規則4条4号），出入国管理及び難民認定法2条5号に規定する旅券（日本国政府の発行したものを除く）の番号（個人情報保護法施行規則4条5号），出入国管理及び難民認定法19条の4第1項5号の在留カードの番号（個人情報保護法施行規則4条6号），私立学校教職員共済法施行規則1条の7の加入者証の加入者番号（個人情報保護法施行規則4条7号），私立学校教職員共済法施行規則3条1項の加入者被扶養者証の加入者番号（個人情報保護法施行規則4条8号），私立学校教職員共済法施行規則3条の2第1項の高齢受給者証の加入者番号（個人情報保護法施行規則4条9号），国民健康保険法施行規則7条の4第1項に規定する高齢受給者証の記号，番号および保険者番号（個人情報保護法施行規則4条10号），国家公務員共済組合法施行規則89条の組合員証の記号，番号および保険者番号（個人情報保護法施行規

則4条11号），国家公務員共済組合法施行規則95条1項の組合員被扶養者証の記号，番号および保険者番号（個人情報保護法施行規則4条12号），国家公務員共済組合法施行規則95条の2第1項の高齢受給者証の記号，番号および保険者番号（個人情報保護法施行規則4条13号），国家公務員共済組合法施行規則127条の2第1項の船員組合員証および船員組合員被扶養者証の記号，番号および保険者番号（個人情報保護法施行規則4条14号），地方公務員等共済組合法施行規程93条2項の組合員証の記号，番号および保険者番号（個人情報保護法施行規則4条15号），地方公務員等共済組合法施行規程100条1項の組合員被扶養者証の記号，番号および保険者番号（個人情報保護法施行規則4条16号），地方公務員等共済組合法施行規程100条の2第1項の高齢受給者証の記号，番号および保険者番号（個人情報保護法施行規則4条17号），地方公務員等共済組合法施行規程176条2項の船員組合員証および船員組合員被扶養者証の記号，番号および保険者番号（個人情報保護法施行規則4条18号），雇用保険法施行規則10条1項の雇用保険被保険者証の被保険者番号（個人情報保護法施行規則4条19号），日本国との平和条約に基づき日本の国籍を離脱した者等の出入国管理に関する特例法8条1項3号の特別永住者証明書の番号（個人情報保護法施行規則4条20号）が個人情報保護法施行規則で定められている。

　出入国管理及び難民認定法19条の4第1項5号の番号が付される在留カードとは，中長期在留者（同法19条の3）に対して，上陸許可，在留資格の変更許可，在留期間の更新許可等の在留に係る許可に伴い交付される。在留カードには，重複しないように付番されており，当該番号により在留カードの有効性を確認することが可能になっている。したがって，（ⅰ）の要件を満たすし，法人その他の団体に付されるものではないので，（ⅱ）の要件も満たす。また，2016年末現在における中長期在留者数は200万人を超えており，在留カードは，アパートの賃貸借契約，携帯電話加入契約，預金契約等，多様な場面で提示を求められるので，（ⅲ）の要件も満たす。さらに，在留カードの有効期限の間は，同一の番号が継続し，満了後，同一の番号が再利用されることはない。そこで，（ⅳ）の要件も満たすとして，2号個人識別符号とされている。

　日本国との平和条約に基づき日本の国籍を離脱した者等の出入国管理に関する特例法8条1項3号の番号が付される特別永住者証明書は，特別永住者の法

的地位等を証明するために交付されるものである。特別永住者証明書には，重複しないように付番がされており，当該番号により特別永住者証明書の有効性を確認することが可能になっている。したがって，（ⅰ）の要件を満たす。また，法人その他の団体に付されるものではないので，（ⅱ）の要件も満たす。また，特別永住者の数は，2016年末で約34万人にのぼり，特別永住者については再入国許可制度が緩和されており，みなし再入国許可を受けるためには，旅券とともに特別永住者証明書を提示する必要があるなど（出入国管理及び難民認定法施行規則29条2項），特別永住者の身分を証明するために提示が求められるので，（ⅲ）の要件を満たすと考えられた。さらに，特別永住者証明書の番号は長期にわたり継続するので，（ⅳ）の要件も満たす。そこで，在留カードと同様に，2号個人識別符号とされている。

雇用保険の被保険者番号は，国が管掌する雇用保険で使用されるものであり，労働者を雇用する事業には，強制加入が原則となる。したがって，（ⅰ）の要件を満たす。また，法人その他の団体に付されるものではないので，（ⅱ）の要件も満たす。対象者は多数にのぼり，転職する場合や失業保険の給付を受ける場合等に被保険者証が必要となり，広く使用されるので，（ⅲ）の要件も満たす。さらに，その番号は原則として変更されないので，（ⅳ）の要件も満たす。そこで，2号個人識別符号とされている。

⑨ 政令で指定されなかったもの

法案審査段階で2号個人識別符号とするかが検討されたものの，指定されなかったものとして，以下のものがある。そこから窺えるように，個人情報保護法2条2項2号の「個人に提供される役務の利用若しくは個人に販売される商品の購入に関し割り当てられ」の部分については，現段階では政令で指定されていないことになる。

（ア）ICカード固有のID

PASMOやSuica等のICカード固有のIDについては，無記名式のものは，購入者以外も利用可能であり，役務の提供を受ける利用者ごとに割り当てられるものではないので，個人識別符号に当たらない。記名式の場合には，法人契約のものはないので，（ⅱ）の要件を満たし，ICカードを利用した店舗等における支払システムが構築されており，さらに，ICカードの相互乗入れを可能

にするシステムも構築されているので、(ⅲ)の要件を満たし、また、利用者は最寄りの交通事業者が発行するICカードを通常利用するので、転居でもしない限り、同一のICカードを継続して利用すると考えられるので、(ⅳ)の要件も満たす。しかし、氏名や住所を申告するものの事業者による本人確認は法定されていない（実際上も行われていない）ので、（ⅰ）の要件を満たさず、指定されなかった。なお、これらのICカードにクレジット機能が付いている場合には、クレジットカードと同様の判断基準で整理がされている。

　（イ）　クレジットカード番号

　クレジットカード番号については、「犯罪による収益の移転防止に関する法律」4条1項1号、別表（4条関係）で本人確認が法定されており、（ⅰ）の要件を満たし、クレジット契約件数は、2015年12月現在、294社で約2億4000万件にのぼり、店舗、ウェブサイト等における商品や役務の購入、公共料金の支払い等、広範に利用されているので、(ⅲ)の要件を満たし、いったんクレジット契約を締結すると、更新が行われ、長期にわたり利用されるので、(ⅳ)の要件も満たす。しかし、法人契約もあるため、(ⅱ)の要件を満たさないとして、指定されなかった。

　（ウ）　ポイントカード

　ポイントカードには多様なものがあり、氏名等の情報を取得せずにポイントを付与するのみで、それを利用する者の個性に着目しないものは、役務を利用する者ごとに割り当てられるものではないので、個人識別符号に当たらない。氏名等を取得して発行されるポイントカードの中には、ドラッグストアーが単独で発行し、その店でのみ利用可能なものから、Tカードのように、会員数が2018年9月末現在約6788万人であり、ID連携を行うものもある。後者のような場合には、(ⅲ)(ⅳ)の要件を満たすといえるし、法人契約は一般的ではないため、(ⅱ)の要件も満たすといえると思われる。しかし、氏名・住所等の情報を取得して契約がされる場合であっても、本人確認は法定されておらず（実際上も行われていない）、（ⅰ）の要件を満たさないので、指定されなかった。

　（エ）　銀行口座番号

　銀行口座番号については、国内銀行が扱う個人の要求払預金、定期性預金等の口座数は、2016年3月末現在で約7億7400万口であり、かつ、口座が決済

等で広範に使用されるから，(iii)の要件を満たし，開設した口座は，通常，無期限で継続するから，(iv)の要件も満たす。しかし，「犯罪による収益の移転防止に関する法律」4条1項1号，別表（4条関係）で本人確認が法定されているものの，銀行コード，店舗コードおよび預金コードが一体となって，一意性を有するため，銀行口座番号のみでは利用者ごとに割り当てられたものとは言いがたく，(i)の要件について問題がある。また，法人契約もあるため，(ii)の要件を満たさないので，指定されなかった。

（オ）受験者番号

受験者番号については，自然人に対してのみ付番されるので，(ii)の要件は満たすが，付番に当たり本人確認が法定されているわけではないので(i)の要件は満たさない。さらに，試験事務以外に利用されず(iii)の要件を満たさず，試験事務終了後は保存されないと考えられるので(iv)の要件も満たさず，指定されなかった。

（カ）学籍番号

学籍番号については，自然人に対してのみ付番されるので，(ii)の要件は満たすし，在籍中継続する番号であるので(iv)の要件も満たす。しかし，入学時の本人確認が法定されているわけではないので（実際上も，戸籍謄本等による本人確認がすべての学校で行われているわけではない），(i)の要件を満たさない場合がある。また，学校が学籍を管理する以外で，学籍番号が利用される実態はないので，(iii)の要件を満たさないとして，指定されなかった。

（キ）社員番号

社員番号は，事業者が雇用する従業者を管理するために付するものであり，通常，健康保険の被保険者番号と紐づけて管理されており，間接的にではあるものの，(i)の要件を満たし，また，社員は自然人であるので，(ii)の要件も満たす。さらに，社員証番号が付されるのは，比較的長期間雇用される者であるから，(iv)の要件も満たす。しかし，社員番号が社外に提供されることはないので，(iii)の要件を満たさず，指定されなかった。

（ク）国家試験免許（登録）番号

医師国家試験等，各種の国家試験の合格者に対して交付される免許状等に付される番号は，国の行政機関が付するものであり，(i)の要件を満たし，法人

その他の団体は対象外なので，（ⅱ）の要件も満たす。また，番号の変更も行われないので，（ⅳ）の要件も満たす。しかし，資格取得者が限定されており，免許証番号が利用される機会は極めて少ないので，（ⅲ）の要件を満たさず，指定されなかった。

　（ケ）　カルテ番号

　カルテ番号は，直接的には（ⅰ）の要件を満たさないが，健康保険制度を利用した医療契約において被保険者番号とともに取り扱われることが通常であるため，間接的に（ⅰ）の要件を満たすともいうる。また，法人その他の団体に付されるものではないので，（ⅱ）の要件も満たす。また，カルテの保存期間中は，変更されることなく存続するので，（ⅳ）の要件も満たす。しかし，医療機関を超えたカルテ番号の連携が行われるわけではない。将来的には，医療情報の広域連携が進むと思われるが，その場合においても，医療IDを用いることが予定されており，カルテ番号が使用されるわけではないと考えられる。したがって，（ⅲ）の要件を満たさず，指定されなかった。

　（コ）　電子メールアドレス

　電子メールは，インターネットを介して利用されるので，我が国における電子メールアドレス数を推測するには，インターネットの利用者数が一つの手掛かりを与える。2015年の情報通信白書によると，インターネット利用者数は，1億人を超えており，我が国の総人口の約83％にのぼる。また，携帯キャリアとの電気通信役務提供契約件数は，同年12月末現在，1億5000万件を超えている。このことから，日本人の大多数が，メールアドレスを保有しているものと推測される。また，電子メールは，私生活においても職務においても，簡易な連絡手段として広く利用されているので（ⅲ）の要件を満たし，頻繁に変更されるものではないので（ⅳ）の要件も満たす。しかし，民間で発行するメールアドレスのうち，フリーメールのアドレス（gmail, Outlook.com など）は本人確認なしに何人も簡単に登録可能であり，勤務先企業等で割り当てられるメールアドレス（co.jp, go.jp, ac.jp 等）やインターネット・サービスプロバイダと電気通信役務提供契約を締結することにより利用可能になるメールアドレス（ドメインに docomo, ocn 等があるもの）も本人確認は法定されておらず，本人確認が法定されているのは，携帯キャリアによるもののみであるので，（ⅰ）の要件

を満たさない場合がある。また，法人その他の団体も使用するので(ⅱ)の要件も満たさないとして，指定されなかった。

　(サ)　SNSのユーザーID

　SNSのユーザーIDは，各社が提供するサービスにおいて，本人による情報の投稿，編集等の行為を行うためのユーザー管理に利用され，サービス提供が継続する限りIDの変更はなされないので，(ⅳ)の要素を満たすものの，登録に当たり本人確認は法定されておらず（実際上も行われていない）[7]，(ⅰ)の要件を満たさない。また，法人契約もあり，法人契約は別料金になっているが，サービス提供者以外には，個人契約のIDか，法人契約のIDかの区別はつかないので，(ⅱ)の要件も満たさない。また，若年層での利用率はかなり高いものの，全体では，2015年の情報通信白書によれば，Facebook，Twitter，LINEのいずれも，普及率は30％台である。この利用率をいかに評価するかの判断が分かれうるが，IDが各社のサービス以外に広く使われているわけではなく，サービスを連携させる事業者間で流通しているにとどまるので，(ⅲ)の要件を満たしているといいうるか疑問である。そこで，指定はなされなかった。

　(シ)　携帯電話番号

　携帯電話番号は，「携帯音声通信事業者による契約者等の本人確認等及び携帯音声通信役務の不正な利用の防止に関する法律」3条で契約時の本人確認が法定されており，(ⅰ)の要件を満たす。また，携帯電話の加入者数は，2015年末現在，1億5000万件を超えており，この中には，法人契約のものも含まれているが，ほとんどの日本人が携帯電話を保有しているものと考えられる。さらに，最近は，固定電話加入契約を締結していなかったり，締結していても，常時連絡可能な手段として携帯電話番号を連絡先として指定することが多く，携帯電話番号が広く社会に流通しているため，(ⅲ)の要件も満たす。さらに，携帯電話番号は，料金プランの割引の特典を享受するため，2年契約の締結が多く，2006年10月24日からナンバーポータビリティ制度が導入され，携帯キャリアが変更になっても，従前の携帯電話番号を継続することも可能になっている。したがって，(ⅳ)の要件も満たす。しかし，法人契約があるので，

---

7)　LINEの場合，携帯電話番号のみ利用するので，氏名の登録も行われない。

（ⅱ）の要件を満たさないとして指定されなかった。

　（ス）　情報通信端末ID

　情報通信端末IDには，スマートフォンで使用されるOSにより付与されるもの（アンドロイド，iOS等）と，携帯キャリアが付与するもの（iモードID，ソフトバンクユーザーID，EZ番号等）があるが，前者については本人確認が法定されていないので，（ⅰ）の要件を満たさず，法人その他の団体か自然人かの区別なしに利用されるので，（ⅱ）の要件も満たさない。また，番号についてオプトアウト，リセットが可能であるため，（ⅲ）（ⅳ）の要件も満たさないと思われる。携帯キャリアが付番するものについては，携帯電話番号と同様の本人確認がなされているといえ，（ⅰ）の要件を満たすといいうる。このIDは，利用者が送信停止設定にしない限り，ウェブサイトにアクセスする都度，サイト運営者に自動的に通知され，サイト運営者が利用者登録をさせることなく，同一人物のIDについてアクセス履歴を収集して，ターゲティング広告等に広く活用しており，各サイトでは，利用者のID入力に代えて認証手段として用いている。したがって，（ⅲ）の要件も満たすともいえないわけではない。そして，携帯電話電気通信役務契約の期間と同じ期間継続するので，（ⅳ）の要件も満たすといえる。しかし，法人契約も存在するので，（ⅱ）の要件を満たさないとして，指定されなかった。

　（セ）　IPアドレス

　IPアドレスは，インターネットを利用する際，通信を成立させるために，その都度割り当てられるものであるが，閲覧したウェブサイトの管理者にログが残ることになる。1回の利用で多数のウェブサイトを閲覧した場合，同一人物の同一IPアドレスが広範に流通しうるので，（ⅲ）の要件を満たす場合が皆無とはいえない。しかし，インターネットプロバイダと契約を締結するに当たり，本人確認が法定されていないので，（ⅰ）の要件を満たさないし，法人契約もあるため，（ⅱ）の要件も満たさない。また，ブラウザがインターネットに接続する都度割り当てられるので，瞬間的に存続するのみであり，（ⅳ）の要件も満たさないとして，指定されなかった。

3 要配慮個人情報

(1) 意 義

「要配慮個人情報」とは，本人の人種，信条，社会的身分，病歴，犯罪の経歴，犯罪により害を被った事実その他本人に対する不当な差別，偏見その他の不利益が生じないようにその取扱いに特に配慮を要するものとして政令で定める記述等が含まれる個人情報をいう（個人情報保護法2条3項）。要配慮個人情報は，本人に対する不当な差別，偏見その他の不利益を生じさせるおそれがあるため，特に慎重な取扱いが必要である。そこで，個人情報保護法は，要配慮個人情報が正当な理由なく取り扱われないように，その取得を原則として禁止し（同法17条2項），オプトアウトによる提供も認めていない（同法23条2項柱書）。法律で列記されたもの以外であっても，本人に対する不当な差別，偏見その他の不利益を生じさせるおそれがあると考えられるものは，社会通念，他の法令の定め，諸外国における取扱い等を参考にして，政令で要配慮個人情報とされた。政令で定める記述等は，次に掲げる事項のいずれかを内容とする記述等（本人の病歴または犯罪の経歴に該当するものを除く）とされた（個人情報保護法施行令2条柱書）。

(2) 身体障害，知的障害，精神障害（発達障害を含む）その他の個人情報保護委員会規則で定める心身の機能の障害があること（個人情報保護法施行令2条1号）

個人情報保護法2条3項が定める「病歴」は，がん，認知症，糖尿病，統合失調症等の病気に罹患した経歴を意味する。風邪，花粉症のように，軽微な場合には，一般的には差別や偏見の対象にはなりにくいものの，頻繁に罹患している場合等には，雇用における不利益な取扱いが生じうること等も考慮して，「病歴」に含めている。障害を病気に含めていると解される法令[8]も存在する

---

8) 一般職の職員の勤務時間，休暇等に関する法律18条，職員の勤務時間，休日及び休暇の運用について第13参照。

が，多くの法令では，両者を区別している。たとえば，「犯罪被害者等給付金の支給等による犯罪被害者等の支援に関する法律」では，身体上の「障害」とは，負傷[9]または疾病が治ったとき（その症状が固定したときを含む）における身体上の障害で政令で定める程度のものをいうと定義しているが（同法2条6項）[10]，身体障害児の障害の原因には出生時の損傷等や原因不明のものも少なくないことから，個人情報保護法制においては，障害が発生した原因は問わないこととしている。

「犯罪被害者等給付金の支給等による犯罪被害者等の支援に関する法律」2条6項は，身体上の障害についてのみ定めているが，障害には，知的障害，精神障害（発達障害を含む）その他の心身の機能の障害もある。精神保健及び精神障害者福祉に関する法律5条は，「精神障害者」とは，「統合失調症，精神作用物質による急性中毒又はその依存症，知的障害，精神病質その他の精神疾患を有する者」と定義しており，知的障害を有する者も精神障害者に含めている。しかし，知的障害の判定は知能指数を基礎にして社会生活を送る能力を総合考慮して行われるのであり，狭義の精神障害とは診断方法を異にする。また，知的障害者福祉法には定めはないが，知的障害者には，昭和48年9月27日厚生省発児第156号厚生事務次官通知「療育手帳制度について」に基づく療育手帳が交付されており，この制度が定着していたため，精神保健及び精神障害者福祉に関する法律45条1項は，知的障害者を除く精神障害者に精神障害者保健福祉手帳を交付することとしている。さらに，狭義の精神障害が医師により判

---

[9] 負傷は，外的要因に起因する損傷であるが，負傷自体は，「病歴」「障害」ではない。しかし，負傷を理由として，本人に対して医師等により心身の状態の改善のための指導または診療もしくは調剤が行われたことは要配慮個人情報である（個人情報保護法施行令2条3号）。

[10] 消費者安全法施行令4条2号も参照。消費者安全法施行規則5条では，障害について，「長期にわたり身体に存するもの」という表現が多用されている。これは，障害とは，そもそも将来的にその状態が回復する可能性が小さく，長期にわたってその状態が継続するものであるという意味を明確にするためであり，必ずしも永続的である必要はないが，一時的・短期的なものは，障害に含まない趣旨である。消費者庁消費者政策課・消費者制度課・地方協力課・消費者安全課編・逐条解説消費者安全法〔第2版〕（商事法務，2013年）63頁参照。また，身体障害者福祉法4条別表が定める身体障害者の定義においても，身体の機能の喪失や永続的な障害があることが要件とされている。そこで，個人情報保護法施行令2条1項の委任に基づき同法施行規則5条が定める障害も，一時的・短期的なものは含めていない。

定されるのに対し，知的障害の場合には，知的障害者更生相談所（知的障害者福祉法12条1項）が，知的障害の判定に関与することがあり（同法9条6項），判定機関が狭義の精神障害よりも広くなっている。以上のように，知的障害と狭義の精神障害では，診断方法，障害者手帳，判定機関に相違があり，かかる差異は，要配慮個人情報として保護すべき情報についての相違につながる[11]。そこで，個人情報保護法施行令2条1号は，知的障害と精神障害を区別している[12]。また，障害者の日常生活及び社会生活を総合的に支援するための法律（以下「障害者総合支援法」という）4条1項[13]では，精神障害者は，精神保健及び精神障害者福祉に関する法律5条に規定する精神障害者であって，発達障害者支援法2条2項に規定する発達障害者を含む旨，明記している[14]。これは，「障がい者制度改革推進本部における検討を踏まえて障害保健福祉政策を見直

---

[11] 知的障害に係る要配慮個人情報としては，精神保健及び精神障害者福祉に関する法律6条1項に規定する精神保健福祉センター，同法18条1項に規定する精神保健指定医，知的障害者福祉法9条6項に規定する知的障害者更生相談所，障害者の雇用の促進等に関する法律19条1項に規定する障害者職業センター，児童相談所によって知的障害があると判定されたこと，都道府県知事または指定都市の長から療育手帳の交付を受け，または所持していること，障害者総合支援法5条1項に規定する障害福祉サービスを受けていること等が考えられる。精神障害に係る要配慮個人情報としては，精神保健及び精神障害者福祉に関する法律6条1項に規定する精神保健福祉センター，同法18条1項に規定する精神保健指定医によって同法5条の精神疾患（知的障害を除く）に罹患していると判定されたこと，同法45条の規定に基づき精神障害者保健福祉手帳の交付を受け，または所持していること（精神障害の等級または状態に関する情報を含む），障害者総合支援法5条1項に規定する障害福祉サービスを受けていること等が考えられる。
[12] 障害者の雇用の促進等に関する法律2条1号・4号・6号，障害を理由とする差別の解消の推進に関する法律2条1号，障害者総合支援法4条1項も参照。
[13] 障害者総合支援法では，18歳以上のものを障害者（同法4条1項），それ未満の者を障害児（同条2項）と区分しているが，要配慮個人情報について両者を区別する必要はないので，個人情報保護法施行規則5条では，年齢にかかわらず障害がある者を対象としている。
[14] 発達障害とは，自閉症，アスペルガー症候群その他の広汎性発達障害，学習障害，注意欠陥多動性障害その他これに類する脳機能の障害であってその症状が通常低年齢において発現するものとして政令で定めるものをいう（発達障害者支援法2条1項）。政令では，脳機能の障害であってその症状が通常低年齢において発現するもののうち，言語の障害，協調運動の障害その他厚生労働省令で定める障害とされており（同法施行令1条），厚生労働省令では，心理的発達の障害ならびに行動および情緒の障害（自閉症，アスペルガー症候群その他の広汎性発達障害，学習障害，注意欠陥多動性障害，言語の障害及び協調運動の障害を除く）とされている（同法施行規則）。

すまでの間において障害者等の地域生活を支援するための関係法律の整備に関する法律」（平成22年法律第71号）により障害者自立支援法（平成17年法律第123号）が改正された際に，発達障害が精神障害に含まれることが明記されたことを障害者総合支援法も継受したものである。この明確化の趣旨は，個人情報保護法制においても妥当するので，個人情報保護法施行令2条1号において，その旨を明記している。そして，他の法令においても，障害を理由とする不当な差別的取扱いを禁止しており[15]，障害は，本人に不当な差別，偏見その他の不利益を生じさせるおそれのある情報といえる。そこで，「障害があること」は，要配慮個人情報とされている[16]。「障害があること」には，障害の種類（身体障害，知的障害，精神障害等），名称（言語障害，聴覚障害等），程度（身体障害者福祉法施行規則別表第5号に基づく聴覚障害2級等）等を含む。

個人情報保護法施行令2条1号の委任に基づき個人情報保護委員会規則で定めるものとして，個人情報保護法施行規則5条では，①身体障害者福祉法別表に掲げる身体上の障害，②知的障害者福祉法にいう知的障害，③精神保健及び精神障害者福祉に関する法律にいう精神障害（発達障害者支援法2条1項に規定する発達障害を含み，②を除く），④治療方法が確立していない疾病その他の特殊の疾病であって障害者総合支援法4条1項の政令で定めるものによる障害の程度が同項の厚生労働大臣が定める程度であるものを規定している。

①には，医師または身体障害者更生相談所により，別表に掲げる身体上の障害があることを診断または判定されたこと（別表中の障害の名称や程度に関する情報を含む），都道府県知事，指定都市の長または中核市の長から身体障害者手帳の交付を受け（身体障害者福祉法15条4項，43条の2）ならびに所持していること，または過去に所持していたこと（別表中の障害の名称や程度に関する情報を含む），本人の外見上明らかに別表に掲げる身体上の障害があること，身体上の障害がある者として障害福祉サービス等を受けている事実が該当する。

②には，医師，児童相談所，知的障害者更生相談所，精神保健福祉センター，

---

15) 障害者基本法4条，障害者の雇用の促進等に関する法律35条，障害を理由とする差別の解消の推進に関する法律8条参照。
16) 病気に起因する障害の場合，障害の名称に病歴が含まれることがありうる。たとえば，「統合失調症型障害」は障害の名称であるが，「統合失調症」の部分は，病歴にも該当する。

障害者職業センターにより，知的障害があると診断または判定されたこと（障害の程度に関する情報を含む），都道府県知事または指定都市の長から療育手帳の交付を受け，ならびに所持していること，または過去に所持していたこと（障害の程度に関する情報を含む），知的障害がある者として障害福祉サービスを受けている事実が該当する。

③には，医師または精神保健福祉センターにより統合失調症，精神作用物質による急性中毒またはその依存症，精神病質その他の精神疾患や発達障害があると診断または判定されたこと（障害の程度に関する情報を含む），精神保健及び精神障害者福祉に関する法律45条2項の規定に基づき精神障害者保健福祉手帳の交付を受け，ならびに所持していること，または過去に所持していた事実（精神障害の等級または状態に関する情報を含む），精神障害を有する者として障害福祉サービス等を受けている事実が該当する。

④には，医師により，厚生労働大臣が定める特殊の疾病[17]による障害により継続的に日常生活または社会生活に相当な制限を受けていると診断されたこと（疾病の名称や程度に関する情報を含む），当該者として障害福祉サービスを受けている事実が該当する[18]。④は，「地域社会における共生の実現に向けて新たな障害保健福祉政策を講ずるための関係法律の整備に関する法律」（平成24年法律第51号）により，障害者自立支援法が障害者総合支援法に改正された際に同法4条1項に付加された内容である。このような内容が追加されたのは，以下の理由による。身体障害者福祉法は，身体障害者手帳の交付について，同法別表に掲げる障害に該当することを要件としており（4条，15条4項），同法別表

---

[17] 障害者総合支援法4条1項の政令で定める特殊の疾病は，治療方法が確立しておらず，その診断に関し客観的な指標による一定の基準が定まっており，かつ，当該疾病にかかることにより長期にわたり療養を必要とすることとなるものであって，当該疾病の患者の置かれている状況からみて当該疾病の患者が日常生活または社会生活を営むための支援を行うことが特に必要なものとして厚生労働大臣が定めるものであり（同法施行令1条），厚生労働省告示で指定されている。「障害者の日常生活及び社会生活を総合的に支援するための法律施行令第1条に基づき厚生労働大臣が定める特殊の疾病」（平成27年厚生労働省告示第292号）が2015年6月9日に告示され，同年7月1日から施行されたが，同告示により，「特殊の疾病」が151から332に拡大された。

[18] 個人情報保護委員会・個人情報の保護に関する法律についてのガイドライン（通則編）（2016年11月〔2017年3月一部改正〕）2-3（要配慮個人情報）(7)参照。

では、永続的な障害または一定程度以上の障害が対象とされている。精神保健及び精神障害者福祉に関する法律5条では、「精神障害者」を「統合失調症、精神作用物質による急性中毒又はその依存症、知的障害、精神病質その他の精神疾患を有する者」と定義しており、やはり対象を限定している。他方、障害者総合支援法4条1項は、障害者を身体障害者福祉法にいう身体障害者のうち18歳以上である者、知的障害者福祉法にいう知的障害者のうち18歳以上である者、精神保健及び精神障害者福祉に関する法律5条に規定するもの（発達障害者支援法2条2項に規定する発達障害者を含み、知的障害者福祉法にいう知的障害者を除く）のうち18歳以上である者に限定している。そこで、平成24年法律第51号による改正で、難病患者等であって、症状の変動等のために身体障害者手帳の交付を受けることができない者や精神保健及び精神障害者福祉に関する法律5条に規定する精神障害者に当たらない者も含めて、障害者が全て、制度の谷間なく障害福祉サービスを受けることができるようにするために、上記の追加がなされたのである[19]。もっとも、このような追加を行う方法以外に、身体障害者福祉法、知的障害者福祉法、精神保健及び精神障害者福祉に関する法律における障害者の定義を拡大することにより、制度の谷間を埋めるという立法政策も考えうる。しかしながら、これらの福祉法は、機能障害の部位、原因を特定しうることを前提として障害者を定義しているので、障害者の範囲を拡大する場合、拡大される部分の機能障害の部位、原因が明らかになっている必要があるところ、難病は、「難病の患者に対する医療等に関する法律」1条で、「発病の機構が明らかでなく、かつ、治療方法が確立していない希少な疾病であって、当該疾病にかかることにより長期にわたり療養を必要とすることとなるものをいう」と定義されているように、原因が不明であって、症状の発現する部位、発現の経過も一様ではないので、各福祉法における障害者の定義の拡大という方法をとることは困難と判断されたのである。

---

[19] 前記の追加がなされる前に、難病患者等で、症状の変動等により、身体障害者手帳、療育手帳または精神障害者保健福祉手帳の交付を受けることができない者がいたが、これらの手帳の交付を受けていた者もいる。たとえば、2010年度、副腎白質ジストロフィー患者の68.4％、ハンチントン病患者の48.7％が身体障害者手帳の交付を受けていた。

(3) 本人に対して医師その他医療に関連する職務に従事する者（以下「医師等」という）により行われた疾病の予防および早期発見のための健康診断その他の検査（以下「健康診断等」という）の結果（個人情報保護法施行令2条2号）

　本号にいう「医師等」には，医師，歯科医師，看護師，診療放射線技師，臨床検査技師，薬剤師，保健師等が含まれる。本号の「健康診断等」とは，（ⅰ）健康増進法6条各号の健康増進事業実施者が行う健康診断，（ⅱ）労働安全衛生法66条，66条の2の規定に基づく健康診断，同法69条の規定に基づく健康相談，（ⅲ）国家公務員法および地方公務員法に基づく健康診断を意味する。

　（ⅰ）には，健康保険法150条の規定に基づく健康相談，健康診査，国民健康保険法82条の規定に基づく健康相談，健康診査，学校保健安全法11条，13条，15条の規定に基づく健康診断，母子保健法12条，13条の規定に基づく健康診査，高齢者の医療の確保に関する法律20条の規定に基づく特定健康診査，同法125条の規定に基づく健康相談，健康診査，健康増進法19条の2の規定に基づく健康増進事業が含まれる。

　（ⅲ）には，国家公務員法73条および人事院規則10－4（職員の保健及び安全保持）19条，20条，21条の規定に基づく健康診断，地方公務員法42条の規定に基づく健康診断が含まれる。本号で要配慮個人情報とされる健康診断等の結果に関する情報には，法定の健康診断等に限らず，保険者や事業主が任意に実施または助成する健康診断等の結果に関するものも包含される。健康診断等の結果とは，血液検査，レントゲン撮影，ストレスチェック，遺伝子検査等の結果およびそれに基づく医師の判定結果（「精密検査を要する」等）を意味する。

　健康診断等を受けたこと自体は要配慮個人情報ではなく，その結果を要配慮個人情報としている。健康診断等の結果は，「病歴」には当たらないが，病気を推測させることがありうる。たとえば，血液検査の結果，HBs抗原「有」という結果は，B型肝炎等の感染症に罹患している可能性を示す。また，血圧，空腹時の血糖値，中性脂肪の数値，腹囲等が基準値を超過していることは，「病歴」には該当しないが，病気を推測させる情報となりうる。そのため，不当な差別や偏見その他の不利益を生じさせるおそれがある。職場における健康

診断の場合，昇格停止，契約打切り，解雇等の不利益取扱いがされたり，職場における村八分等の差別が行われたりするおそれがある。このような理由から，労働安全衛生法は，健康診断等の実施の事務に従事した者（健康診断等の結果を職制上当然に知りうる立場にある者を含む）に秘密保持義務を課している（同法105条）。このことからも，健康診断等の結果に関する情報は機微性が高く，慎重に取り扱われるべきことが窺われる。

同条は，産業医および保健師等のように，健康診断等の実施の事務に従事した者ならびに人事・労務上の権限を有し，職制上当然に健康診断等の結果を知りうる者にのみ秘密保持義務を課しているが，それ以外の者であっても，健康診断等の結果について正当な理由なく取り扱わないようにする必要があり，これを要配慮個人情報とすることは，その点も考慮した結果である。

また，健康診断等の結果が，医療関連業界に漏えいした場合，医療関連商品のダイレクトメールが送付されたり，電話勧誘がされたりする等，本人が望まない営業活動の対象とされる可能性もある。さらに，医療保険の保険者または医療機関から健康診断等の結果のデータ分析を委託された事業者の従業者が，当該データを不正に持ち出し，名簿業者に売却することが想定される。健康診断等の結果が，正当な理由なく用いられるおそれがあれば，上記のような不利益取扱いがされることを懸念して，健康診断を受けることを回避する等の行動を誘発しかねないことも懸念される。そこで，健康診断等の結果を要配慮個人情報とすることにより，本人同意のない限り，その取得を原則として禁止している。名簿業者も，要配慮個人情報である健康診断等の結果に係る情報の取得時に本人同意をとる必要が生ずることになり，オプトアウトによる第三者提供も禁止されるので，健康診断等の結果のデータの大量漏えいを未然に防止できる可能性が高まる[20]。

なお，要配慮個人情報とされる健康診断等の結果は，結果が正常な場合を含

---

[20] EU 一般データ保護規則は，「健康に関するデータ」を個人の健康状態を明らかにする情報であって，医療サービスの提供を含む身体的または精神的な健康に関する個人データと定義し（4条15号），健康に関するデータの処理を原則として禁止している（9条1項）。健康診断等の結果は，個人の健康状態を明らかにする情報であるから，EU では，センシティブデータとされているのである。

む。不当な差別や偏見その他の不利益を防止することを目的とするのであれば，異常が見つかった結果のみ，要配慮個人情報とすれば足りるとも考えられる。しかし，異常の有無についての線引きは微妙であり，担当医師の判断に委ねられる面があることは否めない。また，健康診断等の結果には，本人のみならず家族の既往歴も含まれることが多いため，本人の健康診断等の結果が正常であっても，家族に既往歴がある場合，将来，当該病気に罹患する可能性が高いとして，差別や偏見の対象になるおそれがある。さらに，家族の既往歴がない場合であっても，たとえば，体重等は，知られたくないと思う者が少なくないし，また，個々の健康診断等の結果が異常とはいえなくても，健康診断等の結果を全体としてみた場合，差別や偏見その他の不利益を生じさせないとは言い切れない。さらに，検査機関の窓口において，「異常あり」とされた者のみから，情報の取得の同意をとることとした場合，同意を求められたことで「異常あり」とされた者であることが，周囲の者に知られてしまうおそれがある。それに加えて，仮に，健康診断等の結果のうち，異常値のみを要配慮個人情報とすることとした場合，個人情報取扱事業者は，各結果について，異常値の有無を点検しなければならないことになり，過度な負担を課すことになる。そこで，本人の健康診断等の結果の如何を問わず，要配慮個人情報とすることとし，取得について本人の同意があることを原則とし，第三者提供について，事前の本人同意を得ることを個人情報取扱事業者に義務付けることとしている。

(4) 健康診断等の結果に基づき，または疾病，負傷その他の心身の変化を理由として，本人に対して医師等により心身の状態の改善のための指導または診療もしくは調剤が行われたこと（個人情報保護法施行令2条3号）

健康診断等の結果に基づき[21]，または疾病，負傷その他の心身の変化を理由として，医師等により指導または診療が行われ，処方箋に基づいて調剤が行われる。「その他の心身の変化」としては，妊娠，出産等が考えられる。「指導」

---

21) 健康診断の結果に基づく保健指導を定める例として，労働安全衛生法66条の7第1項，高齢者の医療の確保に関する法律24条参照。

の典型例が保健指導であり，糖尿病，高血圧症等の生活習慣病を発症する可能性がある者を対象に，保健師等が食事，運動等の生活習慣を改善するための助言を行うものである。保健師による生活指導は，医師が生活習慣病と診断する前の段階でなされるものであり，「病歴」ではないが，かかる指導を受けていることは，生活習慣病の発症リスクがあることを推測せしめる情報であり，差別や偏見その他の不利益を生じさせるおそれがある。保健師助産師看護師法において，保健指導を行う保健師にも守秘義務が課されていること（同法42条の2），その違反に刑罰が科されること（同法44条の4第1項）も，保健師が業務上知りうる情報が機微情報であることを示している。また，ストレスチェックの結果に基づき，医師により行われる面接指導についても，うつ病等の診断がなされなくても，かかる面接指導を受けたという事実自体が，精神的疾患の罹患を推測させることになりうる。保健指導やストレスチェックの結果を事業者が取得した場合，健康に問題を抱えると思われる労働者に対して，解雇，雇止め，退職勧奨，配置転換等の不利益な取扱いがなされるおそれがあり，要配慮個人情報とすることによって，取得に本人同意を要するとすることに意義がある。また，そのデータ分析を委託された事業者の従業者が，それを持ち出し，名簿業者に販売し，名簿業者が糖尿病予備軍名簿等として販売することが想定される。したがって，「指導」に関する情報を要配慮個人情報とすることにより，名簿業者は，事前の本人同意なしにこれらの名簿を取得することができなくなり，また，オプトアウトによる第三者提供が禁じられ，大量漏えいを事前に防止する可能性が高まることになる。

　「診療」の例としては，物忘れが激しくなったため，認知症が疑われ，脳検査を実施したり，遺伝子疾患が疑われ，遺伝子検査が行われ，その結果に基づき行われた医師の診断，病気を治療するための手術等が含まれるが，このうち，医師の診断で病気と判断された場合のみが「病歴」に該当する。他方，診断の結果，病気でないと判断された場合には，「病歴」に該当しない。しかし，たとえば，一時的に精神的に不安定な状態になったため，精神科を受診したところ，病気ではないと診断された場合であっても，精神科を受診したという事実は，精神疾患に罹患しているのではないかという憶測を呼ぶことがありうる。その結果，当該労働者に対して，解雇，雇止め，退職勧奨，配置転換等の不利

益な取扱いがなされるおそれがあり，要配慮個人情報とすることによって，取得に本人同意を要するとすることに意義がある．医療機関の保有する電子カルテシステムの保守を委託された業者が，当該データを不正に持ち出し，名簿業者に販売し，名簿業者が「認知症名簿」等として販売することも想定される．かかる情報を要配慮個人情報とすることにより，名簿業者は，事前の本人同意なしにこれらの名簿を取得することができなくなり，また，オプトアウトによる第三者提供も禁止され，大量漏えいを事前に防止する可能性が高まることになる．したがって，病気でないという医師の診断も要配慮個人情報とする必要がある．

「調剤」とは，医師が発行する処方箋に基づき，薬剤師がその記載内容に従い，薬品を配合して薬剤を調整し，当該薬剤を患者に提供し，調剤録を作成する行為を意味する．「調剤」の過程において，処方箋のほか，調剤録が取り扱われることになるが，これらの書類には，薬の名称および分量等は記載されるものの，病名が記載されるわけではないので，「病歴」には該当しない．しかし，薬の名称により，病名が推測されるので，要配慮個人情報とされた．また，現在病気ではないが，病気の予防のために調剤がなされることもある．たとえば，胃潰瘍の予防のために胃酸の過剰分泌を抑える薬を調剤する場合，脳梗塞が治癒した患者の再発防止のために血栓予防用の薬を調剤する場合である．かかる調剤の情報を事業者が取得した場合，胃潰瘍予備軍，脳梗塞再発予備軍として，解雇，雇止め，退職勧奨，配置転換等の不利益な措置をとるおそれがある．また，薬局の保有する調剤データベースの保守業者の従業員が，そのデータを不正に持ち出し，名簿業者に販売し，名簿業者が，「胃潰瘍患者・胃潰瘍予備軍患者名簿」「脳梗塞患者・再発予備軍名簿」等を販売することが想定される．これらの情報を要配慮個人情報とすることにより，名簿業者は，事前の本人同意なしにこれらの名簿を取得することができなくなり，オプトアウトによる第三者提供も禁止され，大量漏えいを事前に防止する可能性が高まることになる．

以上述べたように，これらの情報は，「病歴」自体ではないが，患者が罹患している病気を推測しうる情報であり，その結果，不当な差別や偏見その他の不利益な取扱いを受けるおそれがあるため，一般に他人に知られたくないと患

者が望むことが正当であると認められるものといえる。刑法が,「医師,薬剤師,医薬品販売業者,助産師,弁護士,弁護人,公証人又はこれらの職にあった者が,正当な理由がないのに,その業務上取り扱ったことについて知り得た人の秘密を漏らしたときは,6月以下の懲役又は10万円以下の罰金に処する」(134条1項)と定めているのは,適切な医療を行うためには,患者から正確な情報が提供される必要があり,そのためには,患者から医療従事者に提供された情報が,正当な理由なしに他者に漏えいされないことへの信頼を確保する必要があることが,重要な根拠になっている。このことからも,「本人に対して医師等により心身の状態の改善のための指導又は診療若しくは調剤が行われたこと」を要配慮個人情報として,医療従事者以外の者も含めて,慎重に取り扱う必要があるといえる[22]。また,EU一般データ保護規則の「健康に関するデータ」は,センシティブデータとされているが,これには,医療サービスの提供も含む。このことも考慮して,本号の要配慮個人情報の規定が設けられている。

本号に該当する情報は,診療録,手術記録,看護記録,調剤録等に含まれることになり,通常,当該情報を取り扱う機関は医療機関であるが,医療機関が保有していることは,本号の要配慮個人情報の要件ではない。

(5) 本人を被疑者または被告人として,逮捕,捜索,差押え,勾留,公訴の提起その他の刑事事件に関する手続が行われたこと(個人情報保護法施行令2条4号)

個人情報保護法2条3項が規定する「犯罪の経歴」は,有罪判決を受けてこれが確定した事実,すなわち前科を意味する[23]。特定秘密の保護に関する法律

---

[22] 個人情報保護委員会「雇用管理分野における個人情報のうち健康情報を取り扱うに当たっての留意事項」第2(健康情報の定義)における健康情報は,健康診断の結果を含んでいる。そして,第3(健康情報の取扱いについて事業者が留意すべき事項)1(事業者が健康情報を取り扱うに当たっての基本的な考え方)(1)においては,「健康情報については労働者個人の心身の健康に関する情報であり,本人に対する不利益な取扱い又は差別等につながるおそれのある要配慮個人情報であるため,事業者においては健康情報の取扱いに特に配慮を要する」とされている。

[23] 刑の執行のため,刑務所に収容された事実,刑務所を出所した事実も,有罪判決が確定

12条2項2号の「犯罪……の経歴」も，過去に罪を犯し，有罪の判決（刑の言渡し〔執行猶予が付いたものを含む。〕を受けた経歴）を意味し[24]，暴力団員による不当な行為の防止等に関する法律3条2号の「犯罪経歴保有者」として掲げられたイからヘまでは，すべて有罪判決を受けたものである。したがって，犯罪の嫌疑を受けたにとどまる情報は，「犯罪の経歴」に当たらない。しかしながら，刑事手続は，司法警察職員，検察官，裁判官等の公的機関により，犯罪の嫌疑を前提に進められるものであるので，逮捕，検察官送致，公訴の提起がされた場合，社会的には，被疑者または被告人が犯罪に関与したとの推測がされてしまうのが通常である。それゆえ，犯罪の嫌疑を受けたにとどまる情報であっても，本人に不利益を及ぼすことが一般的であると考えられる。また，下級審で有罪判決が出されても，それが確定する前は「犯罪の経歴」に当たらないが，確定前であっても有罪判決が出されれば，犯罪を犯したという一般の認識は一層強固になる。したがって，差別や偏見その他の不利益を本人に及ぼす蓋然性はきわめて高い。

さらに，「人の噂も75日」と言われた時代とは異なり，最近は，インターネット上の情報は，検索エンジンを利用することにより，容易に，かつ，半永久的に検索可能になっているので，犯罪の嫌疑を受けたにとどまる情報が，就職，結婚等の障害になる可能性が高まっている。このことが，検索サービス事業者に対して，人格権に基づく削除請求が多数行われる背景になっている[25]。したがって，被疑者または被告人であったという情報を慎重に取り扱う要請は，一層高まっている[26]。このような事情を踏まえて，「本人を被疑者または被告人

した事実を示すから，「犯罪の経歴」に関する情報になる。
[24] 他方，「犯罪の経歴」には，少年審判の結果として受けた処分は含まれない。内閣官房特定秘密保護法施行準備室「特定秘密の保護に関する法律【逐条解説】」（2014年12月9日）および「特定秘密の指定及びその解除並びに適性評価の実施に関し統一的な運用を図るための基準」別添5参照。
[25] 宇賀克也「『忘れられる権利』について──検索サービス事業者の削除義務に焦点を当てて」論ジュリ18号24頁以下，同「検索サービス事業者の削除義務──最決平成29・1・31民集71巻1号63頁を契機に」季報情報公開・個人情報保護66号25頁以下およびそこで引用した文献参照。
[26] 英国のデータ保護法も，前科のみならず，犯罪の嫌疑を受けた事実もセンシティブデータとしている（2条h号）。

として，逮捕，捜索，差押え，勾留，公訴の提起その他の刑事事件に関する手続が行われたこと」を要配慮個人情報としている。

　これに該当するのは，刑事訴訟法189条2項の規定に基づく司法警察職員による捜査，同法191条1項の規定に基づく検察官による捜査，同条2項の規定に基づく検察事務官による捜査，同法198条1項本文の規定に基づく検察官，検察事務官または司法警察職員による取調べ，同法199条1項本文の規定に基づき検察官，検察事務官または司法警察職員が行う逮捕状による逮捕，同法210条1項前段の規定に基づき検察官，検察事務官または司法警察職員が行う緊急逮捕，同法213条の規定に基づく現行犯逮捕，同法81条，99条，99条の2，100条1項・2項の規定に基づき裁判所が行う差押え，同法102条の規定に基づき裁判所が行う捜索，同法126条前段の規定に基づき検察事務官または司法警察職員が行う捜索，同法128条の規定に基づき裁判所が行う検証，同法218条1項前段の規定に基づき検察官，検察事務官または司法警察職員が行う差押え，捜索または検証，同法220条1項，4項の規定に基づき検察官，検察事務官または司法警察職員が行う差押え，捜索または検証，同法203条1項の規定に基づき司法警察員が行う送致，同法214条の規定に基づき検察官，検察事務官および司法警察職員以外の者が行う送致，同法215条1項の規定に基づき司法巡査が行う送致，同法246条本文の規定に基づき司法警察員が行う送致，同法60条1項の規定に基づき裁判所が行う勾留，同法204条1項，205条1項，206条1項の規定に基づき検察官が行う勾留の請求，同法247条の規定に基づき検察官が行う公訴の提起等，被疑者または被告人の立場において，刑事訴訟法の規定に基づく手続を受けた事実等である。なお，無罪判決を受けたり，それが確定したという事実も，犯罪の嫌疑を受けて逮捕，取調べ，勾留，公訴の提起等がされた事実を示すため，「本人を被疑者または被告人として，逮捕，捜索，差押え，勾留，公訴の提起その他の刑事事件に関する手続が行われたこと」に該当し，要配慮個人情報になる[27]。

27）　裁判員の参加する刑事裁判に関する法律1条は，「裁判員が裁判官と共に刑事訴訟手続に関与すること」という表現を用いているが，同法6条においては，「刑の言渡しの判決……刑の免除の判決……無罪の判決……は，……裁判官……及び裁判員の合議による」と定めている。このことから，「刑事訴訟手続」に判決を含めていることが窺える。また，関税

他方，刑事訴訟法143条の規定に基づき証人尋問を受けた事実，同法99条3項の規定に基づき物の提出を命じられた事実，同法100条1項・2項の規定に基づき被疑者または被告人以外の立場で差押えを受けたり，物件の提出を命じられた事実，同法132条の規定に基づき召喚された事実，同法223条の規定に基づき出頭を求められたり，取り調べを受けたりした事実は，含まれない。

犯罪を疑われる事実が目撃されたり，犯罪行為が疑われる行動が監視カメラに写っていたとしても，刑事手続が行われていない場合には，刑事手続が行われた場合ほど本人が不利益を被るおそれがないので，要配慮個人情報とされていない。

(6) 本人を少年法3条1項に規定する少年またはその疑いのある者として，調査，観護の措置，審判，保護処分その他の少年の保護事件に関する手続が行われたこと（個人情報保護法施行令2条5号）

少年法は，(ⅰ)罪を犯した少年（犯罪少年），(ⅱ)14歳に満たないで刑罰法令に触れる行為をした少年（触法少年），(ⅲ)保護者の正当な監督に服しない性癖のあること，正当の理由がなく家庭に寄り附かないこと，犯罪性のある人もしくは不道徳な人と交際し，またはいかがわしい場所に出入すること，自己または他人の徳性を害する行為をする性癖のあることのいずれかの事由があって，その性格または環境に照らして，将来，罪を犯し，または刑罰法令に触れる行為をする虞のある少年（虞犯少年）を家庭裁判所の審判に付するとしている（3条1項）。

「調査」とは，第1に，触法少年または虞犯少年について，少年法6条の2から6条の5までの規定に基づき，警察が行う事実解明のための調査活動であり，虞犯少年については任意調査のみ可能であるが，触法少年については強制処分権限も認められている[28]。「調査」には，第2に，家庭裁判所に事件が送致され受理された後において，当該少年の性格，家庭環境等の問題とそれへの

　法108条の2第3項には「裁判所又は裁判官の行う刑事手続」という表現があるが，ここでいう「刑事手続」には，裁判所による決定，判決を含む。そこで，個人情報保護法施行令2条4号の「刑事事件に関する手続」にも，裁判所による判決・決定を含むこととしている。

28) 他方，犯罪少年に対する捜査は，少年法43条（勾留に代る措置）および48条（勾留）の特則規定を除き，刑事訴訟法に従って行われる（少年法40条）。

対策について，裁判官が家庭裁判所調査官に命じて行わせるものも含まれる（同法8条）。第2の場合には，当該家庭裁判所調査官は，当該少年，その保護者および学校の教員等との面接等を行い，少年調査票という報告書を作成し，裁判官に提出することになる。

「観護の措置」とは，家庭裁判所における調査，審判のために少年の身柄を保全する処分を意味する。その目的は，①逃亡等の防止により手続の円滑な進行を確保すること，②自殺のおそれがある場合等に少年を緊急に保護すること，③身柄を拘束した鑑別を実施することである。同法17条1項1号の規定に基づき，家庭裁判所調査官が観護に付す措置は身柄拘束を伴わない在宅観護および同条2号の規定に基づき少年鑑別所に送致する身柄拘束を伴う収容観護がある。実務上は，後者が通常とられる方法である。前者の場合，家庭裁判所調査官が随時，少年と接触することにより，心理的拘束で観護の目的を達することが意図されている。後者は，少年との面接，心理テスト，行動観察等を通じて，少年の性格，環境上の問題点を探り出し，その処遇に関する指針を示すことを目的とする。

家庭裁判所調査官からの報告や少年鑑別所による鑑定結果を考慮して，少年が非行事実を行った蓋然性および再び非行を行う危険性が認められる場合に，裁判官は「審判」を開始する決定を行う（同法21条）。審判手続は非公開で行う（同法22条2項）。その手続は，（ア）少年およびその保護者の人定質問，（イ）黙秘権の告知，（ウ）非行事実の告知，（エ）少年の弁解聴取，（オ）非行事実の審理，（カ）要保護性に関する事実の審理，（キ）調査官，付添人[29]の処遇意見の聴

29） 付添人は弁護士である必要はないが，通常，弁護士が付添人になっている。なお，家庭裁判所は，罪を犯した少年に係る事件であって，死刑または無期もしくは長期3年を超える懲役もしくは禁錮に当たる罪のものにおいて，その非行事実を認定するための審判の手続に検察官が関与する必要があると認めるときは，決定をもって，審判に検察官を出席させることができる（少年法22条の2第1項）。家庭裁判所は，この決定をするには，検察官の申出がある場合を除き，あらかじめ，検察官の意見を聴かなければならない（同条2項）。検察官は，この決定があった事件において，その非行事実の認定に資するため必要な限度で，最高裁判所規則の定めるところにより，事件の記録および証拠物を閲覧し，および謄写し，審判の手続（事件を終局させる決定の告知を含む）に立ち会い，少年および証人その他の関係人に発問し，ならびに意見を述べることができる（同条3項）。家庭裁判所は，検察官を関与させる決定をした場合において，少年に弁護士である付添人がないときは，弁護士である

取,(ク)終局決定の告知の順で行われる。

「保護処分」とは,家庭裁判所に送致された少年の更生を図るために行われる少年法上の処分である。審判の結果,非行事実が認定されない場合または非行事実は認定されるものの要保護性が認められない場合には不処分決定がなされる(同法23条2項)。他方,非行事実も要保護性も認められる場合には,保護処分決定がなされる。これには,保護観察,児童自立支援施設または児童養護施設への送致,少年院送致の3種類がある(同法24条1項)。

少年法に基づく保護処分の決定を受けたことは「犯罪の経歴」に当たらないし,同法に基づく手続がとられたことは,刑事手続を受けたことに当たらない。しかしながら,同法に基づく手続等を受けたという事実は,「犯罪の経歴」や刑事手続の対象になった事実と同じく,本人に対する差別,偏見その他の不利益を生じさせるおそれがあり,また,本人の更生を妨げるおそれがある。そのため,同法は,「家庭裁判所の審判に付された少年……については,氏名,年齢,職業,住居,容ぼう等によりその者が当該事件の本人であることを推知することができるような記事又は写真を新聞紙その他の出版物に掲載してはならない」(61条)と定めている。他方において,同条により少年の氏名などが公表されない結果,インターネット上の掲示板やSNS等において,少年事件の犯人探しが頻繁に行われるようになっており,氏名等がインターネット上で公開されることも稀でない。そこで,本人を少年法3条1項に規定する少年またはその疑いのある者として,調査,観護の措置,審判,保護処分その他の少年の保護事件に関する手続が行われたことも,要配慮個人情報としている。

なお,家庭裁判所は,死刑,懲役または禁錮に当たる罪の事件について,調査の結果,その罪質および情状に照らして刑事処分を相当と認めるときは,決

付添人を付さなければならない(同法22条の3第1項)。家庭裁判所は,罪を犯した少年に係る事件であって死刑または無期もしくは長期3年を超える懲役もしくは禁錮に当たる罪のもの,または14歳に満たないで刑罰法令に触れる行為をした少年に係る事件であって死刑または無期もしくは長期3年を超える懲役もしくは禁錮に当たる罪に係る刑罰法令に触れるものについて,少年鑑別所に送致する措置がとられており,かつ,少年に弁護士である付添人がない場合において,事案の内容,保護者の有無その他の事情を考慮し,審判の手続に弁護士である付添人が関与する必要があると認めるときは,弁護士である付添人を付することができる(同条2項)。

定をもって，これを管轄地方裁判所に対応する検察庁の検察官に送致しなければならず（同法20条1項），また，故意の犯罪行為により被害者を死亡させた罪の事件であって，その罪を犯すとき16歳以上の少年に係るものについては，検察官送致決定をしなければならないのが原則である（同条2項）。検察官送致後，被疑者または被告人として刑事手続の対象になった事実は，「本人を被疑者または被告人として，逮捕，捜索，差押え，勾留，公訴の提起その他の刑事事件に関する手続が行われたこと」に該当し，公訴が提起され，有罪判決が確定すれば，「犯罪の経歴」として要配慮個人情報となる。他方，検察官が公訴を提起せず，家庭裁判所に再送致され，少年法の手続に付されると，本人を少年法3条1項に規定する少年またはその疑いのある者として，調査，観護の措置，審判，保護処分その他の少年の保護事件に関する手続が行われたことに当たり，要配慮個人情報となる。

　本人を少年法3条1項に規定する少年またはその疑いのある者として，調査，観護の措置，審判，保護処分その他の少年の保護事件に関する手続が行われたことに該当するのは，少年法6条の2第1項の規定に基づき警察官が行う調査，同条3項の規定に基づき警察職員（警察官を除く）が行う調査，同法7条2項，8条2項の規定に基づき家庭裁判所調査官が行う調査，同法8条1項の規定に基づき家庭裁判所が行う調査，同法6条の5第1項の規定に基づき警察官が行う押収，捜索，検証または鑑定の嘱託，同法14条1項の規定に基づき家庭裁判所が行う鑑定，同法15条1項の規定に基づき家庭裁判所が行う検証，押収，捜索，同法17条1項の規定に基づき家庭裁判所が行う観護の措置，同法6条の6第1項の規定に基づき警察官が行う児童相談所長への送致，同法6条の7第2項の規定に基づき都道府県知事または児童相談所長が行う家庭裁判所への送致，同法18条の規定に基づき家庭裁判所が行う都道府県知事または児童相談所長への送致，同法19条2項の規定に基づき家庭裁判所が行う検察官への送致，同法20条の規定に基づき家庭裁判所が行う検察官への送致，同法21条の規定に基づき家庭裁判所が行う審判開始決定，同法19条1項の規定に基づき家庭裁判所が行う審判不開始決定，同法24条1項の規定に基づき家庭裁判所が行う保護処分，同条2項の規定に基づき保護観察所の長が行う環境調整に関する措置，同法23条2項の規定に基づき家庭裁判所が行う不処分決定，同

法24条の2第1項の規定に基づき家庭裁判所が行う没取，同法25条1項の規定に基づき家庭裁判所調査官が行う観察等である[30]。

　以上は，非行少年の立場で少年法に基づく手続を受けた事実である。同法14条1項の規定に基づき証人尋問を受けた事実，同法6条の4第1項の規定に基づき保護者または参考人として呼出しを受けたり質問を受けたりした事実，同法11条1項の規定に基づき保護者として呼出しを受けた事実，同法25条の2の規定に基づき保護者として指導等を受けた事実は，本人を少年法3条1項に規定する少年またはその疑いのある者として，調査，観護の措置，審判，保護処分その他の少年の保護事件に関する手続が行われたことに当たらない。

(7) 取　　得

　個人情報保護法17条2項は，個人情報取扱事業者は，（ⅰ）法令に基づく場合，（ⅱ）人の生命，身体または財産の保護のために必要がある場合であって，本人の同意を得ることが困難であるとき，（ⅲ）公衆衛生の向上または児童の健全な育成の推進のために特に必要がある場合であって，本人の同意を得ることが困難であるとき，（ⅳ）国の機関もしくは地方公共団体またはその委託を受けた者が法令の定める事務を遂行することに対して協力する必要がある場合であって，本人の同意を得ることにより当該事務の遂行に支障を及ぼすおそれがあるとき，（ⅴ）当該要配慮個人情報が，本人，国の機関，地方公共団体，個人情報保護法76条1項各号に掲げる者[31]その他個人情報保護委員会規則で定める

---

[30]　少年の保護事件に係る補償に関する法律1条は，「少年の保護事件……に関する手続において，……審判に付すべき少年に該当する事由……の存在が認められるに至らなかった少年等に対し，その身体の自由の拘束等による補償を行う措置を定めるものとする」と規定している。そして，同法2条1項柱書は，「少年法第2章に規定する保護事件を終結させるいずれかの決定においてその全部又は一部の審判事由の存在が認められないことにより当該全部又は一部の審判事由につき審判を開始せず又は保護処分に付さない旨の判断がされ，その決定が確定した場合において，その決定を受けた者が当該全部又は一部の審判事由に関して次に掲げる身体の自由の拘束を受けたものであるときは，国は，その者に対し，この法律の定めるところにより，当該身体の自由の拘束による補償をするものとする」と定めている。したがって，裁判所による審判不開始決定，保護処分の取消決定等も，「少年の保護事件……に関する手続」に含まれると解される。そこで，個人情報保護法施行令2条5号の「少年の保護事件に関する手続」にも，裁判所による決定を含めている。

[31]　放送機関，新聞社，通信社その他の報道機関（報道を業として行う個人を含む），著述

者[32]により公開[33]されている場合，（ⅵ）その他（ⅰ）〜（ⅴ）に掲げる場合に準ずるものとして政令で定める場合を除くほか，あらかじめ本人の同意を得ないで，要配慮個人情報を取得してはならないと定めている。これを受けて，同法施行令7条は，①本人を目視し，または撮影することにより，その外形上明らかな要配慮個人情報を取得する場合または②個人情報保護法23条5項各号に掲げる場合において，個人データである要配慮個人情報の提供を受けるときには，要配慮個人情報の取得を認めることとしている。

　①は，本人が能動的に発信しているわけではないが，外形上，要配慮個人情報を不特定多数の者が知ることが可能になってしまうケースにおいて事業者がこれを取得する場合である。本人が意図的に要配慮個人情報を明らかにしている場合に限らず，たとえ本人が隠そうとしても，外形上明らかな場合を含む。具体例としては，外形上明らかな身体障害を有する者が店舗に設置された防犯カメラに映り，その映像が取得された場合，現行犯逮捕される様子が，店舗に設置された防犯カメラに映り，その映像が取得された場合が考えられる。このような場合における要配慮個人情報の取得について，事前の本人同意を必要とすることは難きを強いることになり，防犯カメラの使用を断念させることにもなりかねない。他方，外形上明らかな身体障害については，本人は，社会生活においてそれが他者に認識されることを自覚していると考えられるので，事前の本人同意を取得する必要性は乏しいと思われる。また，かかる場合に，事前の本人同意なしに要配慮個人情報の取得を認めても，あらかじめその利用目的を公表している場合を除き，速やかに，その利用目的を，本人に通知し，または公表しなければならないし（個人情報保護法18条1項），利用目的を変更する場合には，変更前の利用目的と関連性を有すると合理的に認められる範囲を超えて行うことはできない（同法15条2項）。さらに，あらかじめ本人の同意を

　を業として行う者，大学その他の学術研究を目的とする機関もしくは団体またはそれらに属する者，宗教団体，政治団体である。
[32]　個人情報保護法17条2項5号の個人情報保護委員会規則で定める者は，（ⅰ）外国政府，外国の政府機関，外国の地方公共団体または国際機関，（ⅱ）外国において同法76条1項各号に掲げる者に相当する者，のいずれかに該当する者である（同法施行規則6条）。
[33]　本人により公開されている場合とは，本人が自己のウェブサイト，ブログやツイッター上で自己の病歴や信条等の要配慮個人情報を公開している場合である。

得ないで，特定された利用目的の達成に必要な範囲を超えて，個人情報を取り扱ってはならないし（同法16条1項），あらかじめ本人の同意を得ないで，個人データを第三者に提供することは原則として禁止されている（同法23条1項）。したがって，同法施行令7条1号が定める場合に要配慮個人情報の取得を事前の本人同意なしに認めても，個人の権利利益を害するおそれは低いと考えられる。そのような理由から，かかる場合には，本人の事前同意なしに要配慮個人情報を取得することを認めている[34]。

②は，(ア)個人情報取扱事業者が利用目的の達成に必要な範囲内において個人データの取扱いの全部または一部を委託することに伴って当該個人データが提供される場合，(イ)合併その他の事由による事業の承継に伴って個人データが提供される場合，(ウ)特定の者との間で共同して利用される個人データが当該特定の者に提供される場合であって，その旨ならびに共同して利用される個人データの項目，共同して利用する者の範囲，利用する者の利用目的および当該個人データの管理について責任を有する者の氏名または名称について，あらかじめ，本人に通知し，または本人が容易に知りうる状態に置いているときである。(ア)(イ)(ウ)に当たる場合は，個人データの第三者提供に当たらないとされているが，その理由は，個人データを提供する個人情報取扱事業者とその受領者の関係が密接であり，両者を一体視することが可能であるので，第三者提供の規制を課す必要性が低いからである。要配慮個人情報の取得の場合にも，(ア)(イ)(ウ)のケースであれば，提供者が提供後も受領者に対する監督を継続したり，または，特定の目的の範囲内での利用が継続するため本人の権利利益を害するおそれは小さく，本人同意を取得する意義は大きくない。また，要配

---

[34] 平成27年法律第65号が全面施行されるまで有効であった分野別ガイドラインにおいても，機微情報についての規定がみられたが，その中には，外形から一見して明白な身体等に関する情報は，そもそも機微情報に当たらないという見解をとるものもあった（金融庁が行った「金融分野における個人情報保護に関するガイドライン案」への意見募集結果144，145〔2004年12月28日金融庁公表〕参照）。しかし，外形から一見して明白な身体等に関する情報について，取得に係る本人同意を義務付ける合理性がないとしても，本人の知らない間に当該情報が第三者に提供されることを防止する必要はあり，オプトアウトによる第三者提供を禁止すべきであるので，要配慮個人情報としたうえで，取得に係る本人同意の規制のみ外すのが，現行法制の考え方である。

慮個人情報である個人データを提供する場合に、個人情報保護法23条5項により本人同意を不要としている以上、取得についても本人同意を不要としなければ、規制として不整合が生ずることになる。そこで、②が政令で規定されることになったのである。

4 個人情報データベース等からの除外

　個人情報保護法2条4項は、利用方法からみて個人の権利利益を害するおそれが少ないものとして政令で定めるものを個人情報データベース等から除外することとしている。これを受けて、同法施行令3条1項は、「不特定かつ多数の者に販売することを目的として発行されたものであって、かつ、その発行が法又は法に基づく命令の規定に違反して行われたものでないこと」、「不特定かつ多数の者により随時に購入することができ、又はできたものであること」、「生存する個人に関する他の情報を加えることなくその本来の用途に供しているものであること」のいずれにも該当するものを個人情報データベース等から除外することとしている。

　カーナビゲーションシステム、電子住宅地図、市販の職員録、電話帳（CD-ROM電話帳を含む）のように、一般向けに販売されているものに含まれる個人情報は、公になっている情報ということができ、これらの購入者が、他の個人情報を追加することなく、本来の用途に供している場合には、仮に漏えいしたとしても、それにより個人の権利利益が侵害されるおそれは小さい。平成28年政令第324号による改正前の個人情報保護法施行令2条においては、同様の観点から、個人情報取扱事業者該当性を判断するに当たり、市販の名簿等に含まれる個人の数は、取り扱う個人データが5000を超えるかの算定の基礎から除外していた。平成27年法律第65号による個人情報保護法改正により、個人データ数による個人情報取扱事業者からの除外が行われなくなったので、個人情報データベース等から、個人の権利利益を害するおそれが小さいものを適用除外とすることとしたのである。

　「販売することを目的として発行されたもの」が要件になっているのは、盗用された名簿、漏えいした名簿、無償頒布されている名簿等は、個人情報デー

タベース等に含めるためである。公にすることが予定されていない名簿等が，盗用されたり，漏えいしたりして，名簿業者の入手するところとなり，名簿業者がそれを販売して他の事業者により利用される場合には，個人の権利利益が侵害される危険は少なくない。また，無償配布されている名簿等やインターネット上に無料掲載されている名簿等は，市販の名簿等と異なり，作成者，配布者が不明確であることが稀ではなく，かつ，違法に作成，配布されている可能性が高い。そこで，個人情報データベース等から除外されるものは，市販され広く市場で流通することが予定されているものに限定し，そうでないものは，個人情報データベース等に含めて，安全管理措置を講ずる等の個人情報保護法の規制が及ぶようにしている。「発行」は，印刷に限らず，電子書籍やPDFのように，書籍と同じ内容の電子データをウェブサイトにアップロードし，何人にもアクセス可能な状態にし，顧客がダウンロード可能な状態にすることを含む[35]。他方，漏えい物，流出物は，「発行」されたものには当たらない。「その発行が法又は法に基づく命令の規定に違反して行われたものでないこと」が要件とされているのは，個人情報保護委員会が違法行為を是正させる監督措置を講ずる必要および個人情報の本人が利用停止請求をすることができるようにしておく必要があるからである。

「不特定かつ多数の者により随時に購入することができ，又はできたものであること」が要件とされているのは，販売期間がきわめて短かったり，多数の仲介人を介在させないと入手できない複雑な購入手続になっていたりする名簿等の場合には，公になっている情報とはいえないため，それを購入した事業者が漏えいしてしまった場合，本来，それを購入することができなかった者により入手され，本人が欲しないかたちでそれが利用されることにより，個人の権利利益が侵害される可能性が低くないからである。そこで，かかる名簿等は，個人情報データベース等から除外しないこととしている。他方，「不特定かつ多数の者により随時に購入することができ，又はできた」名簿等が無償で譲渡された場合であっても，当該名簿等が広く市販され随時購入可能であり，また

---

[35] 著作権法の2014年改正により，インターネット配信による電子出版等を引き受ける者に出版権を設定することが可能になり（同法79条1項），かかる出版権の設定を受けた者により作成され，頒布された場合も「発行」に含まれている（同法3条1項）。

はあったことに変わりはないので，個人情報データベース等に含まれない。現在，不特定かつ多数の者により随時に購入することができる場合のみならず，現在は絶版になっているが，過去において，不特定かつ多数の者により随時に購入することができた場合も，個人情報データベース等から除外しているのは，当該名簿等に含まれる情報がすでに公知になっていると考えられるからである。

「生存する個人に関する他の情報を加えることなく」という要件が必要とされるのは，生存する個人に関する他人の個人情報が追加されたり，すでに名簿等に掲載されている個人についての他の情報が付加された場合には，新たな名簿等が作成されたことになるので，本来の用途に供する場合であっても，個人情報データベース等から除外すべきではないからである。名簿等に単にマーカーで線を引いたり，付箋を付けたのみでは，「生存する個人に関する他の情報を加える」ことにはならない[36]。

「その本来の用途に供しているものであること」が要件とされているのは，

---

[36] 平成28年政令第324号による改正前の個人情報保護法施行令2条1号は，個人情報として氏名，住所または居所（地図上または電子計算機の映像面上において住所または居所の所在の場所を示す表示を含む），電話番号のみを含む個人情報データベース等については，個人情報取扱事業者該当性の判断において，個人の数に算入していなかった。具体的に念頭に置かれていたのは，カーナビゲーションシステム，CD-ROM電話帳，ハローページ等である。しかし，カーナビゲーションシステム，CD-ROM電話帳は，「不特定かつ多数の者により随時に購入することができ，又はできたものであること」に該当するし，ハローページも，電話回線を契約している者の居住地域のものは無償配布されるが，居住地域以外のものは誰でも有償で購入できるので，「不特定かつ多数の者により随時に購入することができ，又はできたものであること」の要件を満たす。

したがって，カーナビゲーションシステム，CD-ROM電話帳，ハローページ等は，平成28年政令第324号による改正前の個人情報保護法施行令2条1号に相当する規定がなくても，個人情報データベース等から除外することができる。他方，自治会や同窓会の名簿の中には，氏名，住所または居所，電話番号のみを含むものもありうるが，かかる名簿を個人情報データベース等から除外してしまうと，かかる名簿を名簿業者が購入し販売する行為に個人情報保護法の規律（オプトアウトによる個人データの第三者提供の届出義務，個人データの第三者提供時の確認義務等）を及ぼすことができなくなる。このことは，名簿業者を介在させて，氏名，住所または居所，電話番号のみを記載した自治会名簿，同窓会名簿が流通し，振り込め詐欺等に利用されている実態に鑑み，是認できるものではない。そこで，平成28年政令第324号による改正前の個人情報保護法施行令2条1号に該当する規定を存続させることは適切でないと判断された。したがって，平成28年政令第324号による改正前の個人情報保護法施行令2条1号に相当する場合を個人情報データベース等から除外する規定は設けられなかった。

新たな情報を付加することなく，本来の用途に供している場合には，仮に個人情報取扱事業者が独自に検索機能を追加して参照の便宜を図っても，個人の権利利益を害するおそれは少ないからである[37]。これに対し，市販の電話帳の個人データの内容について，独自の検索機能を付加してインターネット上で販売している場合には，市販の電話帳を電話番号を調べるという本来の目的に供しているわけではなく，商品として販売していることになる。そして，個人情報の本人も，NTT等の電話会社により市販される電話帳に自己の個人情報が掲載されることに同意していたとしても，他の事業者により，インターネット上で販売されることまで同意していないことが十分考えられる。したがって，かかる場合には，個人データの第三者提供を規制する個人情報保護法23条等の規律が及ぶようにしておくべきと思われる。そこで，「その本来の用途に供しているものであること」を個人情報データベース等から除外する要件としている。本来の用途に供しているとは，カーナビゲーションシステムであれば，目的地への誘導という本来の使途のために利用することであり，商業目的で転売することは，本来の用途に供しているとはいえない。

　なお，個人情報データベース等を事業の用に供していれば個人情報取扱事業者となり（個人情報保護法2条5項），個人情報取扱事業者となれば，事業の用に供していない個人情報データベース等を構成する個人データの取扱いについても，同法の義務規定が適用されることになる。個人情報データベース等から除外する要件に，事業の用に供していることを含めると，個人情報取扱事業者が事業の用に供していない市販の名簿等を保有している場合に，個人情報データベース等に該当して，それに含まれる個人データの取扱いに係る規制を受けることになり，逆に，市販の名簿等を事業の用に供すると，個人情報データベース等から除外され，個人情報保護法の規律がかからなくなるが，このことは

---

37)　平成28年政令第324号による改正前の個人情報保護法施行令2条柱書は，個人情報取扱事業者から除外される者について，個人情報データベース等を「編集し，又は加工することなく」その事業の用に供することを要件としていた。しかし，個人情報データベース等を本来の用途に供しているが，自己の検索の便宜を向上させるために，独自の検索機能を付加することが，個人情報の本人の権利利益を害することになるとはいえないと考えられる。そこで，個人情報保護法施行令3条1項3号は，「編集し，又は加工することなく」という要件は設けていない。

適切ではない。市販されている名簿等に生存する個人に関する他の情報を付加することなく，本来の目的に供している限り，事業の用に供しているか否かに関わりなく，たとえそれが漏えいしても，個人の権利利益が侵害される可能性は乏しいので，事業の用に供することを個人情報データベース等から除外する要件とすることは適切でないと判断された。

5 認定個人情報保護団体の認定の申請

　個人情報保護法施行令19条1項は，（ⅰ）名称および住所ならびに代表者または管理人の氏名，（ⅱ）認定の申請に係る業務を行おうとする事務所の所在地，（ⅲ）認定の申請に係る業務の概要（対象事業者が取り扱う情報が個人情報または匿名加工情報のいずれであるかの別を含む）を申請書に記載することとしている。平成28年政令第324号による改正前の個人情報保護法施行令9条1項3号には，（ⅲ）について，かっこ書の部分がなかった。同改正前は，認定の申請に係る業務とは，平成27年法律第65号による改正前の個人情報保護法37条1項各号に列記する業務の全部を意味していた。しかし，同改正により，認定個人情報保護団体は，匿名加工情報の取扱いに関する苦情の処理，情報の提供およびその他必要な業務を行うことができることになった（個人情報保護法47条1項）。したがって，認定個人情報保護団体の認定申請を個人情報保護委員会が審査するに当たり，対象事業者が取り扱う情報が個人情報または匿名加工情報のいずれであるか，（または双方であるか）を明記させ，匿名加工情報を取り扱う予定の場合には，当該業務を適正かつ確実に行うのに必要な業務の実施の方法が定められているか（同法49条1号）を確認する必要がある。そこで，対象事業者が取り扱う情報が個人情報または匿名加工情報のいずれであるか（または双方であるか）の別を明記させることとしたのである。

　平成28年政令第324号による改正前の個人情報保護法施行令9条3項は，（ⅰ）または（ⅱ）について変更があったときは，遅滞なく，その旨を記載した届出書を主務大臣に提出しなければならないと定めていたが，（ⅲ）に変更があった場合の届出義務は課していなかった。その理由は，平成27年法律第65号による改正前の個人情報保護法37条1項各号において，認定個人情報保護団体

の業務が列記され，同法48条が定める認定の取消しの要否の判断に影響するような重要な業務の変更が想定されていなかったことによる。

　これに対し，現行の個人情報保護法47条1項では，認定個人情報保護団体が匿名加工情報に関する業務を行うことも可能としており，そのため，当初は，個人情報に関する業務のみを行うこととしていたところ，後に匿名加工情報に関する業務も行うように業務の範囲を拡大することも想定される。そこで，同法施行令19条3項は，(ⅲ)についての変更があった場合においても，個人情報保護委員会への届出義務を課し，個人情報保護委員会が同法49条各号の基準に適合しなくなっていないかを判断できるようにしている。

　平成27年法律第65号による改正法の全面施行前に主務大臣が行った認定は，同改正法附則4条1項の規定に基づき，改正法全面施行後は，個人情報保護委員会が行った認定とみなされることになる。改正法の全面施行前に認定申請がなされたが，施行時に主務大臣が認定していない場合には，申請書については，平成28年政令第324号による改正前の個人情報保護法施行令9条1項の規定が適用され，認定の申請に係る業務について，個人情報，匿名加工情報の別を記載する必要はない。平成27年法律第65号による改正法附則4条2項により主務大臣に対して行った申請は，同法施行後は個人情報保護委員会に対して行われたものとみなされるので，個人情報保護委員会が，認定基準の適合性を審査することになるが，同法施行前に行われた申請であるので，個人情報の取扱いに関する認定業務の申請として取り扱われることになる[38]。個人情報保護委員会が認定した団体が，匿名加工情報の取扱いに関する認定業務も行おうとする場合には，認定業務の対象となる情報の種別に変更があった場合に該当するので，個人情報保護委員会に変更届を出すことになる。届け出られた匿名加工情報の取扱いについて，認定基準を満たしていないと認めるときは，個人情報保護委員会は，認定の取消しを行うことになる（個人情報保護法58条1項2号）。平成27年法律第65号による改正法施行時にすでに認定されている団体が，新

---

[38]　ただし，平成27年法律第65号による改正後，その全面施行前になされた認定個人情報保護団体に係る認定申請の場合，匿名加工情報のみ，または個人情報および匿名加工情報の双方を取り扱う旨が記載されていれば，運用上，適法な申請として，匿名加工情報に係る審査を行ってよいと思われる。

たに匿名加工情報の取扱いも行おうとする場合には，認定業務の変更を個人情報保護委員会に届け出ることになる。この場合にも，届け出られた匿名加工情報の取扱いについて，認定基準を満たしていないと認めるときは，個人情報保護委員会は，認定の取消しを行うことになる。

6　電磁的記録

(1)　個人情報取扱事業者が保有個人データを開示する方法

　個人情報保護法施行令9条は，個人情報取扱事業者が保有個人データを開示する方法は，書面の交付による方法（開示の請求を行った者が同意した方法があるときは，当該方法）とすると定めている。したがって，保有個人データを開示する場合には，書面によることが原則となり，電磁的記録で開示することができるのは，本人またはその代理人の同意がある場合に限られることになる。これは，パソコンを所有しない者等，電磁的記録による開示を受けることが困難な者が存在することに配慮したためである。

(2)　開示等の請求等を受け付ける方法

　個人情報取扱事業者が開示等の請求等を受け付ける方法として，開示等の請求等に際して提出すべき書面についても定めることができるが，この書面には，電磁的記録を含む（個人情報保護法施行令10条2号）。これは，開示等の請求が重要な本人関与の手続であるため，電子メール等による簡易な方法による請求も認めることが望ましいからである。

(3)　権限行使の結果の報告

　個人情報保護委員会が報告徴収および立入検査に係る権限を事業所管大臣に委任した場合，調査の結果，法令違反が認められたときには，個人情報保護委員会に直ちに報告し，個人情報保護委員会が速やかに是正措置を講ずることができるようにする必要がある。そこで，事業所管大臣から個人情報保護委員会への報告については，電磁的記録による方法も認めている（個人情報保護法施行令10条2号，14条1項）。

(4) 地方公共団体の長等が処理する事務に係る報告

同様に，個人情報保護委員会から事業所管大臣に委任された報告徴収および立入検査に係る権限が地方公共団体の長等に委任された場合，調査の結果，法令違反が認められたときには，個人情報保護委員会に直ちに報告し，個人情報保護委員会が速やかに是正措置を講ずることができるようにする必要がある。そこで，地方公共団体の長等から事業所管大臣への報告については，電磁的記録による方法も認めている（個人情報保護法施行令10条2号，21条3項）。

(5) 認定個人情報保護団体の認定の申請および変更の届出，認定業務の廃止の届出

認定個人情報保護団体の認定の申請書（個人情報保護法施行令19条1項），その添付書類（同条2項），変更の届出書（同条3項），認定業務の廃止の届出書（同令20条）については電磁的記録を含む旨，規定されていない。平成28年政令第324号による改正前も，これらが電磁的記録により行われた例はない。しかし，「個人情報保護委員会の所管する法令に係る行政手続等における情報通信の技術の利用に関する法律施行規則」（平成26年4月25日特定個人情報保護委員会規則第2号）3条1項の規定に基づき，認定の申請等について，電子情報処理組織を使用して行うことが可能である[39]。

7　権限の委任

(1) 権限の委任が可能な場合

個人情報保護委員会は，緊急かつ重点的に個人情報等の適正な取扱いの確保を図る必要があることその他の政令で定める事情があるため，個人情報取扱事業者等に対し，勧告または命令（個人情報保護法42条）を効果的に行う上で必要があると認めるときは，政令で定めるところにより，報告および立入検査

---

[39]　宇賀克也・行政手続オンライン化3法――電子化時代の行政手続（第一法規，2003年）41頁以下参照。

(同法40条1項)の規定による権限を事業所管大臣[40]に委任することができる(同法44条1項)。この政令で定める事情について、同法施行令12条は、（ⅰ)緊急かつ重点的に個人情報等の適正な取扱いを確保する必要があること、（ⅱ)前記（ⅰ)のほか、効果的かつ効率的に個人情報等の適正な取扱いを確保するために事業所管大臣が有する専門的知見を特に活用する必要があることと定めている。

（ⅰ)は、特定の業界において個人情報の漏えいが、同時期に多発した場合が念頭に置かれている。かかる場合に個人情報保護委員会の行政資源を当該業界に集中することは困難であり、また、特定の業界で生じている問題であれば、当該業界の事情に通暁している事業所管大臣の知見や体制を活用することが適切と考えられるからである。

（ⅱ)は、事業所管大臣が、所管の業法に基づき事業者から定期的に報告を受けたり、定期的に検査を行うこととされており、個人情報の取扱いも、当該報告や検査の対象になっている場合等を念頭に置いている。かかる場合には、個人情報保護法に基づく報告および立入検査を事業所管大臣が業法に基づいて行う定期の報告や検査と併せて行うことが効果的かつ効率的と考えられるので、権限の委任を認めている。個人情報保護法施行令12条と同様の権限の委任を認めている例として、不当景品類及び不当表示防止法（以下「景表法」という)33条3項、同法施行令16条がある[41]。

---

40) 事業所管大臣とは、（ⅰ)個人情報取扱事業者等が行う個人情報等の取扱いのうち雇用管理に関するものについては、厚生労働大臣（船員の雇用管理に関するものについては、国土交通大臣）および当該個人情報取扱事業者等が行う事業を所管する大臣または国家公安委員会（以下「大臣等」という)、（ⅱ)個人情報取扱事業者等が行う個人情報等の取扱いのうち（ⅰ)に掲げるもの以外のものについては、当該個人情報取扱事業者等が行う事業を所管する大臣等である（個人情報保護法46条)。

41) 個人情報保護委員会が複数の事業所管大臣に委任した場合、委任を行った個人情報保護委員会は、各事業所管大臣の権限行使の状況を把握して調整することになるため、平成28年政令第324号による改正前の個人情報保護法施行令13条2項（主務大臣が単独で権限を行使した場合の他の主務大臣への通知）に相当する規定は現行の個人情報保護法施行令には置かれていない。

(2) 権限の委任の方法

　個人情報保護法44条1項は，上記の権限の委任の方法についても，政令に委任している。政令では，個人情報保護委員会は，同法44条1項の規定により，報告および立入検査の権限を委任する場合においては，委任しようとする事務の範囲および委任の期間を定めて，事業所管大臣に委任するものとすること（同法施行令13条1項本文），個人情報保護委員会が自らその権限を行使することを妨げないこと（同項ただし書），個人情報保護委員会は，委任しようとする事務の範囲および委任の期間を定めようとするときは，あらかじめ，事業所管大臣に協議しなければならないこと（同条2項），個人情報保護委員会は，権限を委任しようとするときは，委任を受ける事業所管大臣，委任しようとする事務の範囲および委任の期間を公示しなければならないこと（同条3項）が定められている。

　「委任しようとする事務の範囲」は，委任された報告徴収および立入検査の権限の対象となる事案，事業者，事業分野等により特定されると考えられる。「委任の期間」は，始期および終期により示される。（ⅰ）の場合は，緊急事態への対応であるので，比較的短期間になり，（ⅱ）の場合は，業法に基づく恒常的な報告徴収・検査の体制を利用することのメリットを考慮したものであるので，比較的長期間になることが想定される。報告徴収および立入検査の権限が事業所管大臣に委任された場合であっても，指導，助言，勧告および命令の権限は個人情報保護委員会が有するが，事業所管大臣による報告徴収および立入検査の実施前に，個人情報保護委員会として緊急に指導，助言を行うために，自ら調査を行う必要が生ずる可能性がある。行政法上の委任の場合，委任をした機関は当該権限を喪失することになる[42]。したがって，個人情報保護委員会が権限を委任したにもかかわらず，当該権限を自ら行使するためには，その旨の明文の規定を設ける必要がある。そこで，同法施行令13条1項ただし書が設けられている。個人情報保護委員会が権限の委任を行おうとする場合であっ

---

[42]　塩野宏・行政法Ⅲ〔第4版〕（有斐閣，2012年）34頁，藤田宙靖・行政組織法（有斐閣，2005年）66頁，宇賀克也・行政法概説Ⅲ〔第5版〕（有斐閣，2019年）41頁以下参照。

ても，事業所管大臣が委任を受けて当該権限を行使する体制が整備済みとは限らない。そこで，個人情報保護委員会は，委任を行うか否か，委任しようとする事務の範囲および委任の期間について，事業所管大臣と事前に協議することとしている。委任の方法についての同様の規定の例として，景表法33条3項，同法施行令17条がある。

(3) 権限の委任に係る公示

個人情報保護委員会の権限が事業所管大臣に委任される場合，法律が定める権限の所在が変更されることになる。したがって，個人情報取扱事業者等の予測可能性を損なわないように，委任に係る情報を公表しておく必要がある。そこで，委任に係る基本的事項を公示しなければならないこととしている。公示は，別段の形式が定められていない場合は，告示の形式によるのが通例であり，国の行政機関の告示は官報によって行われるのが通例である[43]。平成28年政令第324号による改正前の個人情報保護法施行令に基づく権限の公示は，告示として官報に掲載したうえで，当該告示を当該府省のウェブサイトにも掲載する方法で行われるのが通例であった。しかし，他の法令では，「官報で公示する」（公文書等の管理に関する法律施行令3条2項），「官報に掲載する方法により行う」（消費者の財産的被害の集団的な回復のための民事の裁判手続の特例に関する法律施行規則12条）[44]と定め，公示の形式を官報と明示している例が少なくない。したがって，法令上，具体的な手法を明示せずに「公示」と規定された場合，官報への掲載以外の方法によることが禁じられるわけではないと考えられる。

(4) 権限行使の結果についての報告

個人情報保護法44条2項は，事業所管大臣が，同条1項の規定により委任された権限を行使したときは，政令で定めるところにより，その結果について

---

43) 角田禮次郎＝茂串俊＝工藤敦夫＝大森政輔＝津野修＝秋山収＝阪田雅裕＝宮﨑礼壹＝梶田信一郎＝山本庸幸＝横畠裕介共編・法令用語辞典〔第10次改訂版〕（学陽書房，2016年）278頁参照。
44) 同規則11条は，消費者庁の掲示板への掲示，インターネットを利用して公衆の閲覧に供する方法その他の方法により行う場合には，「公告」という文言を使用している。

第5節　個人情報保護法施行令の改正　237

個人情報保護委員会に報告するものとすると定めている。これを受けて，同法施行令14条は，景表法33条4項の委任に基づく同法施行令18条を参考にして，個人情報保護法44条2項の規定による報告は，委任の期間の範囲内で個人情報保護委員会が定める期間を経過するごとに（個人情報取扱事業者等に同法4章1節〔個人情報取扱事業者の義務〕または2節〔匿名加工情報取扱事業者等の義務〕の規定に違反する行為があると認めたときは，直ちに），その間の権限の行使の結果について，（ⅰ）報告もしくは資料の提出の要求または立入検査を行った結果により判明した事実，（ⅱ）その他参考となるべき事項を記載し，または記録した書面により行うものとされている（同法施行令14条1項）。そして，個人情報保護委員会は，報告の期間を定めようとするときは，あらかじめ，事業所管大臣に協議しなければならないこととされている（同条2項）。

　個人情報保護法施行令12条2号の規定に基づく委任（効果的かつ効率的に個人情報等の適正な取扱いを確保するために事業所管大臣が有する専門的知見を特に活用する必要がある場合）については，委任の期間が長期にわたることが一般的であると考えられるため，当該期間内に同一の事業者に複数回報告を求めたり立入検査を行ったりすること，複数の事業者に調査を行うことが想定される。かかる場合，その都度，個人情報保護委員会に対する報告を求めることは，事業所管大臣に過剰な負担を課すことになるので，あらかじめ，事業所管大臣と協議し，委任の期間および事業所管大臣の事務量等を勘案し，個人情報保護委員会が報告の期限を設定し，当該期限までの権限行使の結果報告を一括して行うことを可能にしているのである。ただし，個人情報取扱事業者または匿名加工情報取扱事業者等の義務に違反する行為があると認めたときは，個人情報保護委員会が速やかに是正のための措置を講ずることができるように，直ちに個人情報保護委員会に報告することとされている。

　報告内容である「報告もしくは資料の提出の要求又は立入検査を行った結果により判明した事実」とは，調査の結果判明した調査対象事業者が保有している個人情報の内容，その利用目的，安全管理措置，従業者の監督，委託の有無および委託が行われている場合の委託先の監督等，個人情報の取扱いに関する全ての事実である。「その他参考となるべき事項」とは，個人情報の取扱い自体ではないが，過去における当該事業者に対する権限の行使実績，関連する事

業・取引の状況等，個人情報保護委員会が個人情報保護法に基づく指導・助言等の監督を行うか，行う場合にいかなる監督を行うかを判断するにあたり参考となる事項である。なお，指導，助言，勧告，命令の権限は，事業所管大臣に委任されず，個人情報保護委員会が一元的に行使することになるが，報告徴収および立入検査の権限を委任された事業所管大臣が，調査の結果，監督措置が必要であると認める場合に，その旨の見解を個人情報保護委員会に伝えることが妨げられるわけではない。

(5) 地方支分部局の長等への権限の委任

個人情報保護法44条3項は，事業所管大臣が，政令で定めるところにより，同条1項の規定により委任された権限および同条2項の規定による権限について，その全部または一部を内閣府設置法43条の地方支分部局その他の政令で定める部局または機関の長に委任することができると定めている。個人情報保護法44条2項の報告の権限が委任された場合には，委任先の機関は，上級機関たる事業所管大臣を経由することなく，直接に個人情報保護委員会に対して報告を行うことになる。

事業所管大臣の権限は，個人情報取扱事業者または匿名加工情報取扱事業者等の事業活動に大きな影響を及ぼす可能性があり，また，個人情報の本人の権利利益を保護するために，適正に行使されなければならない。したがって，委任を受ける職は，委任を受けるに足る組織の長とすることが適当と考えられる。平成28年政令第324号による改正前の個人情報保護法施行令12条も，そのような観点から，主務大臣の権限の委任について定めていた。個人情報保護法44条3項の委任を受けた同法施行令15条も，同様の観点から，委任先を定めている。

同条1項は，委任先として，（ⅰ）内閣府設置法49条1項の庁の長（金融庁長官を除く），（ⅱ）国家行政組織法3条2項の庁の長，（ⅲ）警察庁長官を挙げている。（ⅰ）は，内閣府の外局[45]である庁の長であって金融庁長官以外の者（消費

---

45) 塩野・前掲注**42**)72頁以下，藤田・前掲注**42**)139頁以下，宇賀・前掲注**42**)189頁以下参照。

者庁長官），（ⅱ）は省の外局である庁の長（消防庁長官，出入国在留管理庁長官，公安調査庁長官，国税庁長官，スポーツ庁長官，文化庁長官，林野庁長官，水産庁長官，資源エネルギー庁長官，特許庁長官，中小企業庁長官，観光庁長官，気象庁長官，海上保安庁長官，防衛装備庁長官）である。（ⅰ）で金融庁長官を除いているのは，個人情報保護法44条4項において金融庁長官への委任について定めているからである。警察庁は，国家公安委員会の外局ではなく，内閣府設置法56条に定める特別の機関[46]であるので，警察庁長官は（ⅰ）に該当しないため，（ⅲ）で定めている。（ⅰ）〜（ⅲ）の場合については，結果報告の権限も，外局の長等に委任されている。これは，個人情報保護法44条4項が，結果報告の権限も金融庁長官に委任していること[47]と平仄を合わせたものである。

　同法施行令15条2項は，事業所管大臣または事業所管大臣から委任を受けた外局の庁の長が権限を委任できる内部部局および地方支分部局の長について定めている。具体的には，（ア）内閣府設置法17条または53条の官房，局または部の長，（イ）同法17条1項または62条1項または2項の職，（ウ）同法43条または57条の地方支分部局の長，（エ）国家行政組織法7条の官房，局または部の長，（オ）同法9条の地方支分部局の長，（カ）同法20条1項または2項の職である。（ア）の内閣府設置法17条は内閣府本府の内部部局，同法53条は内閣府の外局の庁の内部部局について定めており，具体的には，内閣府本府の大臣官房，局（賞勲局，男女共同参画局および沖縄振興局）または内閣府の外局である庁に置かれる官房，局もしくは部の長である。（イ）の同法17条1項の職とは内閣府本府に置かれる政策統括官，同法62条1項および2項の職は，内閣府の外局の庁に特に必要がある場合に置かれる分掌職である。（ウ）の同法43条の地方支分部局の長は，内閣府本府の沖縄総合事務局の長である[48]。（エ）は，省およびその外局に置かれる官房，局または部の長である。（オ）は，省およびその外局に置かれる地方支分部局の長である。（カ）は，各省に，特に必要がある場合において，官房および局の所掌に属しない事務の能率的な遂行のた

46）　塩野・前掲注**42**）81頁，藤田・前掲注**42**）144頁，宇賀・前掲注**42**）235頁以下参照。
47）　景表法33条4項も，消費者庁長官へ結果報告の権限を委任している。
48）　内閣府設置法57条が定めているのは，内閣府の外局の庁の地方支分部局であるが，現在，該当するものはない。

めこれを所掌する職で局長に準ずるものとして置かれる局長級分掌職（国家行政組織法20条1項）および各庁に，特に必要がある場合において，官房および部の所掌に属しない事務の能率的な遂行のためこれを所掌する職で部長に準ずるものとして置かれる部長級分掌職（同条2項）である。事業所管大臣は，各大臣が所管する事業について監督を行うので，事業の監督を行うことが想定されない宮内庁[49]の組織，各府省に置かれる審議会等，施設等機関[50]，特別の機関およびこれらの事務局の長は，権限の委任先として想定されていない。

　個人情報保護法施行令15条2項の規定に基づき委任できる権限は，報告徴収および立入検査の権限に限られる。個人情報保護委員会への結果報告は，事業所管大臣を経由して行うこととしているため，委任の対象から除いている。景表法施行令19条3項・4項は，消費者庁長官から各大臣に委任された報告徴収または立入検査の権限が地方支分部局の長に再委任された場合，消費者庁長官が速やかに結果報告を受けて実態を把握することができるように，当該地方支分部局の長から消費者庁長官に直接に報告する権限も委任している。これに対し，個人情報保護法においては，同法違反が認められない限りは，結果報告を一定期間経過時にまとめて行うほうが，個人情報保護委員会の事務の効率化につながると思われること，また，府省の業務においては，地方支分部局の業務について内閣府本府や本省で集約することが通常であることに照らし，本府省経由で個人情報保護委員会に報告することとしているのである。内部部局の長，地方支分部局の長は，上級行政庁としての府省大臣，庁の長官の指揮監督に服するので，府省大臣，庁の長官は，権限の委任により委任元としての権限を失っても，上級行政庁の指揮監督権を行使して報告を求めることは可能である。したがって，内部部局の長，地方支分部局の長から府省大臣，庁の長官への結果報告に関する規定は設けられていない。

---

49)　宮内庁は，内閣府に置かれる特別な機関であって，内閣府の外局ではない。藤田・前掲注42)144頁，宇賀・前掲注42)154頁以下参照。
50)　審議会等，施設等機関について，塩野・前掲注42)81頁以下，藤田・前掲注42)144頁，宇賀・前掲注42)212頁以下参照。

(6) 警察庁長官の権限の委任

　個人情報保護法施行令15条3項は，警察庁長官が，警察法19条1項の長官官房もしくは局，同条2項の部または同法30条1項の地方機関の長に報告徴収および立入検査の権限を委任することができると定めている。警察庁は，内閣府設置法49条に規定する内閣府の外局としての庁ではなく，内閣府の外局である国家公安委員会が管理する特別の機関である。そのため，個人情報保護法施行令15条2項とは別の規定が設けられている。警察法19条1項の局は，生活安全局，刑事局，交通局，警備局，情報通信局であり，同条2項の部とは，刑事局に置かれる組織犯罪対策部，警備局に置かれる外事情報部である。同法30条1項の地方機関とは，管区警察局（東北，関東，中部，近畿，中国，四国，九州）である。

　内部部局の長および地方機関の長が報告徴収および立入検査の権限を行使したときの個人情報保護委員会への結果の報告は，警察庁長官を経由して行うため，警察庁長官による権限の委任の対象とされていない。内部部局の長，地方機関の長は，上級行政庁としての警察庁長官の指揮監督に服するので，警察庁長官は，権限の委任により委任元としての権限を失っても，上級行政庁の指揮監督権を行使して報告を求めることは可能である。したがって，内部部局の長，地方機関の長から警察庁長官への結果報告に関する規定は設けられていない。

(7) 権限の委任に係る公示

　事業所管大臣の権限が行政機関内部で委任される場合，法律が定める行政機関の長の権限の所在が変更されることになる。したがって，個人情報取扱事業者等の予測可能性を損なわないように，委任に係る情報を公表しておく必要がある。そこで，事業所管大臣，内閣府設置法49条1項の庁の長，国家行政組織法3条2項の庁の長または警察庁長官は，個人情報保護法施行令15条1項から3項までの規定により権限を委任しようとするときは，委任を受ける職員の官職，委任しようとする事務の範囲および委任の期間を公示しなければならないこととしている（個人情報保護法施行令15条4項）。

(8) 証券取引等監視委員会への権限の委任等

　個人情報保護法44条4項は，内閣総理大臣は，個人情報保護委員会から委任された報告徴収および立入検査の権限および結果報告の権限（金融庁の所掌に係るものに限り，政令で定めるものを除く[51]）を金融庁長官に委任すること，同条5項は，金融庁長官は，政令で定めるところにより，上記の委任された権限について，その一部を証券取引等監視委員会に委任することができることを定めている。これを受けて，個人情報保護法施行令16条1項は，景表法33条6項の委任を受けた同法施行令20条1項を参考にして，金融庁長官は，個人情報保護法44条4項の規定により委任された権限（結果報告に係る権限を除き，金融商品取引法，投資信託及び投資法人に関する法律，資産の流動化に関する法律および社債，株式等の振替に関する法律の規定により証券取引等監視委員会の権限に属させられた事項に係るものに限る）を証券取引等監視委員会に委任することとし[52]，ただし，金融庁長官が自らその権限を行使することを妨げないとしている。結果報告は，証券取引等監視委員会から直接個人情報保護委員会に行うのではなく，金融庁長官を通じて行うため，証券取引等監視委員会に対する権限の委任の対象外とされている。また，景表法施行令20条2項の規定を参考に，個人情報保護法施行令16条2項において，証券取引等監視委員会は，委任された権限を行使したときは，速やかに，その結果について金融庁長官に報告しなければならないと定められている。証券取引等監視委員会は，金融庁に置かれる審議会等であり（金融庁設置法6条），法令によりその権限に属せられた事項を処理することとされているため（内閣府設置法54条，金融庁設置法8条），金融庁長官に報告する法令上の根拠を定めているのである。

---

51)　現時点では，委任の対象から除外すべきと考えられるものはないため，個人情報保護法44条4項の規定に基づく政令は制定されていない。

52)　景表法施行令20条1項は，証券取引等監視委員会の業務のうち同法に関する業務に係るものに限定して委任しているが，証券取引等監視委員会の業務は，広範にわたり個人情報保護法と関係するので，個人情報保護法施行令16条は，金融庁設置法8条の規定に準拠した包括的な規定になっている。

(9) 財務局長等への権限の委任

　金融庁長官は，政令で定めるところにより，個人情報保護法44条4項の規定により委任された権限（同条5項の規定により証券取引等監視委員会に委任されたものを除く）の一部を財務局長または財務支局長に委任することができることとされている（同法44条6項）。これを受けて，同法施行令17条1項は，景表法33条7項の委任を受けた同法施行令21条1項の規定を参考にして，金融庁長官が，個人情報保護法44条4項の規定により委任された権限（個人情報保護委員会への結果報告の権限および同条5項の規定により証券取引等監視委員会に委任された権限を除く）を，個人情報取扱事業者等の主たる事務所または事業所（以下「主たる事務所等」という）の所在地を管轄する財務局長（当該所在地が福岡財務支局の管轄区域内にある場合にあっては，福岡財務支局長）に委任することとし，ただし，金融庁長官が自らその権限を行使することを妨げないこととしている。個人情報保護委員会への結果報告は，財務局長等から直接に行うのではなく，金融庁長官を通じて行うため，財務局長等への権限の委任の対象から除外されている。また，景表法21条2項の規定を参考にして，個人情報保護法施行令17条2項は，財務局長等に委任された権限で，個人情報取扱事業者等の主たる事務所等以外の事務所，事業所その他その事業を行う場所（以下「従たる事務所等」という）に関するものについては，財務局長または福岡財務支局長のほか，当該従たる事務所等の所在地を管轄する財務局長（当該所在地が福岡財務支局の管轄区域内にある場合にあっては，福岡財務支局長）も行うことができると定めている。

　個人情報保護法施行令18条は，同法44条7項の規定に基づき，証券取引等監視委員会が行う財務局長等への権限の委任の詳細について定めている。すなわち，同法施行令18条1項は，景表法施行令22条1項の規定を参考にして，証券取引等監視委員会は，個人情報保護法44条5項の規定により金融庁長官から委任された権限を，個人情報取扱事業者等の主たる事務所等の所在地を管轄する財務局長（当該所在地が福岡財務支局の管轄区域内にある場合にあっては，福岡財務支局長）に委任するが，証券取引等監視委員会が自らその権限を行使することを妨げないとしている。また，同法施行令18条2項は，景表法施行令

22条2項の規定を参考にして，証券取引等監視委員会から財務局長等へ委任された権限で，個人情報取扱事業者等の従たる事務所等に関するものについては，財務局長または福岡財務支局長のほか，当該従たる事務所等の所在地を管轄する財務局長（当該所在地が福岡財務支局の管轄区域内にある場合にあっては，福岡財務支局長）も行うことができることとしている。

8 地方公共団体の長等が処理する事務

(1) 地方公共団体の長等が検査等事務を行う場合

　個人情報保護法77条は，同法に規定する個人情報保護委員会の権限および同法44条1項または4項の規定により事業所管大臣または金融庁長官に委任された権限に属する事務は，政令で定めるところにより，地方公共団体の長その他の執行機関（以下「地方公共団体の長等」という）が行うこととすることができると定めている。同法77条は，委員会の権限に属する事務についても，地方公共団体の長等が行うことができると定めているが，現在，委員会の権限に属する事務であって，地方公共団体の長等に行わせるものは想定されないため，事業所管大臣または金融庁長官に委任された事務であって，地方公共団体の長等が行うものについてのみ，政令で定めている。すなわち，同法施行令21条1項は，平成28年政令第324号による改正前の同法施行令11条1項の規定を参考にして，報告徴収および立入検査に係る個人情報保護委員会の権限に属する事務（以下「検査等事務」という）は，当該権限が同法44条1項の規定により事業所管大臣に委任され，または同条4項の規定により金融庁長官に委任された場合において，個人情報取扱事業者等が行う事業であって当該事業所管大臣または金融庁長官が所管するものについての検査等事務の全部または一部が他の法令の規定により地方公共団体の長等が行うこととされているときは，当該地方公共団体の長等が行い，この場合において，当該事務を行うこととなる地方公共団体の長等が2以上あるときは，検査等事務は，各地方公共団体の長等がそれぞれ単独に行うことを妨げないと定めている。

　地方公共団体の長等が検査等事務に係る権限を行使した結果の報告は，事業所管大臣を経由して行われるため，地方公共団体の長等が行う事務から除かれ

ている。「個人情報取扱事業者等が行う事業であって当該事業所管大臣又は金融庁長官が所管するものについての報告の徴収又は検査に係る権限に属する事務」とは，各事業法において，当該法律における事業所管大臣または金融庁長官の権限とされている検査等事務であり，「他の法令」は各事業法およびそれに基づく命令を意味する。すなわち，各事業法等において，検査等事務を地方公共団体の長等が行うこととされている場合には，個人情報保護法に基づく検査等事務も，地方公共団体の長等が行うこととされているのである。「その他の執行機関」とは，地方自治法180条の5が定める委員会または委員である。

(2) 地方公共団体の独自規制

　個人情報保護条例等において，民間事業者における個人情報の保護について，地方公共団体が独自規制を行うことがある。たとえば，神奈川県個人情報保護条例46条は事業者に対する知事による指導助言等，同条例47条は事業者が行う個人情報の取扱いに関する苦情相談の知事による処理について定めている。かかる独自規制に関しては，事業所管大臣等の権限に属する事務の全部または一部を地方公共団体の長等が実施しているわけではないので，個人情報保護法施行令21条の規定の適用はない。したがって，当該条例で地方公共団体の長等に事業者の監督権限が付与されていても，そのことを理由として，個人情報保護法に基づく事業所管大臣または金融庁長官の権限が，当該地方公共団体の長等に委任されることにはならない。

(3) 検査等事務を行う地方公共団体の長等が複数の場合

　検査等事務を行うこととなる地方公共団体の長等が2以上あるときは，検査等事務は，各地方公共団体の長等がそれぞれ単独に行うことを妨げないと定めている理由は，事業者が複数の地方公共団体で広域的に事業を行う場合，または，同一の都道府県内において，都道府県知事と市区町村長が重畳的に検査等事務を行う場合等，複数の地方公共団体の長等が検査等事務を行う場合，当該複数の地方公共団体の長等が，検査等事務を共同で行うことを常に期待することは困難であるからである。

(4) 事業所管大臣または金融庁長官による並行権限の行使

　個人情報保護法施行令21条1項の規定に基づき、検査等事務を行う権限が地方公共団体の長等に委任された場合であっても、事業所管大臣または金融庁長官が自ら検査等事務を行うことを妨げない（同条2項）。その理由は、以下の通りである。事業活動が多角的であったり、雇用管理情報を含むために厚生労働大臣と事業所管大臣の共管となる等、特定の事業者に複数の事業所管大臣が存在する場合が考えられるが、このような場合、事業所管大臣間における連携が必要となることがありうる。かかる連携を地方公共団体の長等や地方支分部局の長が行うことを常に期待することは困難であるので、事業所管大臣または金融庁長官が自ら検査等事務を行うことができるとすることにより、検査等事務の円滑な実施を可能にすることが意図されている。また、事業所管大臣が単独の場合であっても、検査等事務を実施する地方公共団体の長等が複数であることが想定されるが、このように複数の地方公共団体の長等が、連携して検査等事務を円滑に実施しうるかには疑問が生じうる。そこで、かかる場合には、事業所管大臣または金融庁長官が自ら検査等事務を行うことも可能にしているのである。

(5) 結果報告

　個人情報保護法施行令21条3項において、同条1項の規定により検査等事務を行った地方公共団体の長等は、同令14条1項の規定により個人情報保護委員会が定める期間を経過するごとに（個人情報取扱事業者等に同法4章1節または2節の規定に違反する行為があると認めたときは、直ちに）、その間に行った検査等事務の結果について同項各号に掲げる事項を記載し、または記録した書面により事業所管大臣または金融庁長官を経由して個人情報保護委員会に報告しなければならないと定められている。検査等事務を地方公共団体の長等が実施する場合においても、指導、助言、勧告、命令に係る権限を一元的に行使する個人情報保護委員会に、結果を報告する必要がある。そこで、経由機関である事業所管大臣または金融庁長官への結果報告を義務付けているのである[53]。事業所管大臣または金融庁長官への結果報告の期限については、個人情報保護法施

行令14条1項の規定に基づき個人情報保護委員会が定めた期限の範囲内において、委任の期間および地方公共団体の長等の事務量等を考慮して、事業所管大臣がケースバイケースで決定するのが原則である。ただし、検査等事務を実施した結果、個人情報取扱事業者または匿名加工情報取扱事業者が個人情報保護法に違反している事実を発見した場合には、個人情報保護委員会が迅速に監督措置を講ずることができるように、直ちに報告することとしている。

(6) 確認規定

事業所管大臣または金融庁長官からの委任に基づいて、地方公共団体の長等が検査等事務を行う場合においては、当該検査等事務に係る個人情報保護委員会に関する報告および立入検査の規定は、地方公共団体の長等に関する規定として地方公共団体の長等に適用があるものとされている（同法施行令21条4項）。個人情報保護委員会からの報告の求めに回答しない場合等には、罰則が定められており（同法85条）、検査等事務を行う権限が地方公共団体の長等に委任されている場合においても、地方公共団体の長等からの報告の求めに応じない場合には罰則が適用されることを明確にする観点からも、かかる確認規定を置くことが望ましいと考えられたのである[54]。

---

53) 「食品表示法第15条の規定による権限の委任等に関する政令」5条3項・4項・7項においても、都道府県知事は、農林水産大臣に報告することとしており、農林水産大臣から消費者庁長官に報告することとしている。
54) 平成27年法律第65号による改正前の個人情報保護法51条の委任に基づき、同法施行令11条2項は、一部の認定個人情報保護団体について、認定、認定の廃止の届出の受付、報告徴収、命令、認定の取消し等を地方公共団体の長が行う旨を定めていた。同様の確認規定の例として、流通業務の総合化及び効率化の促進に関する法律施行令6条、消費税の円滑かつ適正な転嫁の確保のための消費税の転嫁を阻害する行為の是正等に関する特別措置法施行令3条2項参照。

第3章

個人情報・匿名加工情報・個人情報取扱事業者

1　はじめに

　2015年9月3日に「個人情報の保護に関する法律及び行政手続における特定の個人を識別するための番号の利用等に関する法律の一部を改正する法律案」が可決成立し，同月9日に平成27年法律第65号として公布された。同法により，個人情報の保護に関する法律（以下「個人情報保護法」という）に多岐にわたる改正がなされた。本章では，そのうち，個人情報および匿名加工情報ならびに個人情報取扱事業者に係る改正について論ずることとする。なお，本章では，平成27年法律第65号による改正前の個人情報保護法を「改正前個人情報保護法」，同改正後の個人情報保護法を「改正個人情報保護法」と称することとする。

2　個人情報の定義の明確化

　改正個人情報保護法により，個人情報の定義規定が改正された。すなわち，改正個人情報保護法2条1項は，新たに個人識別符号という概念を設け，個人情報を「個人識別符号が含まれるもの」（同項2号）または「当該情報に含まれる氏名，生年月日その他の記述等（文書，図画若しくは電磁的記録……に記載され，若しくは記録され，又は音声，動作その他の方法を用いて表された一切

の事項（個人識別符号を除く。……）により特定の個人を識別することができるもの）」（同項1号）のいずれかに該当するものを個人情報と定義した。同項1号の定義は，改正前個人情報保護法2条1項における個人情報の定義とほぼ同内容であり，「記述等」の意味を具体的に規定しているにとどまる。他方，個人識別符号は，他の情報との照合（モザイク・アプローチ）を要せずに，それ単独で特定の個人を識別することができるものである。個人識別符号は，政令で具体的に定められるので（改正個人情報保護法2条2項柱書），何が個人識別符号に当たるかは明確になり，かつ，個人識別符号に該当する以上，それが個人情報であることも明確であるので，個人識別符号概念を設けることは，個人情報の定義の明確化につながることになる。

　個人識別符号概念を設けることが，個人情報の定義の明確化につながることの意味を敷衍すると，以下の通りである。改正前個人情報保護法の下においては，個人識別符号という概念は存在しなかったものの，個人識別符号として政令で指定された指紋認識データや運転免許証番号は，もとより存在したのであるが，それらが単独で個人情報に該当するとはされず，モザイク・アプローチにより，個人情報該当性が判断されてきたと考えられる[1]。個人情報該当性の判断主体は，第1次的には，当該情報を保有する事業者であり，他の情報との容易照合性は，当該事業者の管理体制，照合技術等により左右されうるため，同種の情報であっても，事業者により，個人情報該当性が異なることはありうることになる。その結果，事業者は，個人情報該当性について確信を持つことができず，パーソナルデータの利活用を躊躇するという「利活用の壁」が指摘されてきた。他方，個人情報と解すべき場合であっても，氏名を削除したりするのみの不完全な匿名化措置を施して，オプトインの手続もオプトアウトの手続もとらずに第三者提供を行う例もあったと思われ[2]，消費者も，パーソナルデータのうちどの範囲のものが個人情報として保護されるかが不明確であるた

---

1) 　したがって，改正前個人情報保護法においては個人情報該当性が否定された情報が，改正個人情報保護法においては，個人識別符号として個人情報とされる場合がありうると考えられる（森亮二「個人情報の定義」NBL 1061号44頁参照）。
2) 　新保史生「個人情報保護法改正の趣旨を考える」消費者法ニュース105号25頁は，かかる不完全な匿名化による個人情報の利活用を「裏活用」と呼んでいる。

め，不安を抱かざるをえない状態にあったといえる。改正個人情報保護法の下においては，個人識別符号に該当する限りは，事業者にとっても消費者等の個人にとっても，個人情報該当性が一義的に明確になり，グレーゾーンの解消につながることになる。

　個人識別符号とは，（ⅰ）「特定の個人の身体の一部の特徴を電子計算機の用に供するために変換した文字，番号，記号その他の符号であって，当該特定の個人を識別することができるもの」(改正個人情報保護法2条2項1号)，（ⅱ）「個人に提供される役務の利用若しくは個人に販売される商品の購入に関して割り当てられ，又は個人に発行されるカードその他の書類に記載され，若しくは電磁的方式により記録された文字，番号，記号その他の符号であって，その利用者若しくは購入者又は発行を受ける者ごとに異なるものとなるように割り当てられ，又は記載され，若しくは記録されることにより，特定の利用者若しくは購入者又は発行を受ける者を識別することができるもの」(同項2号)のいずれかに該当する文字，番号，記号その他の符号のうち，政令で定めるものをいう。（ⅰ）に該当するものとしては，指紋認識データ，顔認識データ等が，（ⅱ）に該当するものとしては，個人番号，運転免許証番号，旅券番号，基礎年金番号，保険証番号等が政令で指定された。しかし，個人識別符号該当性については，事業者・消費者の意見，技術の動向，国際的動向[3]等を踏まえつつ，見直しの検討が行われるべきであろう。

3　要配慮個人情報

(1)　経　緯

　改正前個人情報保護法は，機微情報（センシティブ情報）についての規定を設けていなかった。その理由は，何が機微情報に該当するかについて社会的なコ

---

[3]　旧EU個人データ保護指令25条の規定に基づく十分性認定（以下「EU十分性認定」という）を受けるためには，個人情報の範囲についてのEUとの整合性にも配慮する必要があるとの指摘について，板倉陽一郎「『パーソナルデータの利活用に関する制度改正大綱』についての欧州十分性審査の観点からの考察」情報処理学会研究報告 Vol. 2014-DPS-161 No. 9, Vol. 2014-EIP-65 No. 9（2014/9/19）3頁参照。

ンセンサスを得ることが困難と思われること等であった。もっとも，そのことは，個人情報の性質および利用方法に照らして，特に厳格な保護措置を講ずる必要がある個人情報の存在を否定する趣旨ではなく，改正前個人情報保護法自体においては，情報の性質，内容を問わないで，最低限必要と思われる規律を行い，機微情報については，個別の法律や指針等でより厳格な措置を講ずる方針がとられた。そのため，改正前個人情報保護法6条（平成15年法律第61号による改正後のもの）は，「政府は，個人情報の性質及び利用方法にかんがみ，個人の権利利益の一層の保護を図るため特にその適正な取扱いの厳格な実施を確保する必要がある個人情報について，保護のための格別の措置が講じられるよう必要な法制上の措置その他の措置を講ずるものとする」と定めていた。衆参両院の附帯決議，改正前個人情報保護法7条の規定に基づく閣議決定である「個人情報の保護に関する基本方針」においては，特に厳格な保護措置が必要とされたのは，医療，情報通信，金融の3分野であった。

　他方，大半の個人情報保護条例においては，思想，信条に関する個人情報，社会的差別の原因となる個人情報について，その収集を原則として禁止する規定が設けられている（東京都個人情報の保護に関する条例4条2項等参照）。また，改正前個人情報保護法8条の規定に基づき，主務大臣が策定していた個人情報保護に関するガイドラインにおいても，機微情報の保護に関する規定が置かれることが少なくなかった（平成29年総務省告示第152号による改正前の電気通信事業における個人情報保護に関するガイドライン4条2項等参照）。さらに，JIS Q 15001: 2006も，機微情報について定めていた（3.4.2.3）[4]。旧EU個人データ保護指令においても機微情報について規定が設けられ（8条），この指令を受けて，加盟国の個人情報保護法で，機微情報について特に厳格な規律が設けられていたし，EU加盟国以外であっても，オーストラリア，韓国等の個人情報保護法において，機微情報について特別の規律がなされていた。アメリカのFTCが2012年3月に公表した報告書（「急速に変化する時代における消費者のプライバシーの保護――産業界と政策立案者に向けた提言」）においても，機微情報を特定の目

---

4)　堀部政男監修・鈴木正朝＝新保史生＝斎藤雄一＝太田克良著・個人情報保護マネジメントシステム要求事項の解説（日本規格協会，2006年）78頁以下参照。

的で収集する場合，事前に利用および収集を認める明示の同意を得るべきとされていた。

　個人情報保護条例，個人情報保護に関するガイドライン，JIS Q 15001: 2006，旧 EU 個人データ保護指令における機微情報に係る規律は，社会的差別の原因となる個人情報の取扱いを厳格化する観点から設けられていた。そして，改正前個人情報保護法に機微情報についての規定が設けられていないことは，我が国の個人情報保護が不十分とみなされる一因となり，EU 十分性認定が得られていない理由の一つと考えられていた。改正個人情報保護法は，EU 十分性認定を受けることにより，EU 加盟国との間での個人データの移転に係る障壁を除去することを重要な目的の一つとしており，このことが，要配慮個人情報に係る特別の規律が置かれる要因であった。改正個人情報保護法の要配慮個人情報に係る規定は，旧 EU 個人データ保護指令の機微情報に関する規定，「あらゆる形態の人種差別の撤廃に関する国際条約」（以下「人種差別撤廃条約」という）のほか，我が国の個人情報保護条例，個人情報の保護に関するガイドライン，JIS Q 15001: 2006，憲法 14 条 1 項，人権委員会設置法案[5]の規定等を参考にして，社会的差別の原因となる個人情報の不必要な取扱いを制限するために設けられたものである。

(2) 定　義

　改正個人情報保護法 2 条 3 項は，要配慮個人情報を「本人の人種，信条，社会的身分，病歴，犯罪の経歴，犯罪により害を被った事実その他本人に対する不当な差別，偏見その他の不利益が生じないようにその取扱いに特に配慮を要するものとして政令で定める記述等が含まれる個人情報」と定義している。人種差別撤廃条約 1 条 1 項は，「この条約において，『人種差別』とは，人種，皮膚の色，世系又は民族的若しくは種族的出身に基づくあらゆる区別，排除，制限又は優先であって，政治的，経済的，社会的，文化的その他のあらゆる公的生活の分野における平等の立場での人権及び基本的自由を認識し，享有し又は

---

[5] 2002 年に第 154 回国会に提出された人権擁護法案は廃案となり，2012 年に第 181 回国会に提出されたときは，人権委員会設置法案と「人権擁護委員法の一部を改正する法律案」に分けられていた。両法案は，11 月 16 日の衆議院解散により廃案になった。

行使することを妨げ又は害する目的又は効果を有するものをいう」と規定している。改正個人情報保護法においては，要配慮情報を推知させるにとどまる情報は要配慮情報に含まないこととされており，「皮膚の色」は要配慮情報には当たらない。

諸外国の個人情報保護法や府省の個人情報の保護に関するガイドラインにおいて機微情報とされているものであって，改正個人情報保護法2条3項の要配慮個人情報として例示されていないものには，本籍地，労働組合への加盟，団体交渉等への参加等，性生活がある。「個人情報の保護に関する法律に係るEU域内から十分性認定により移転を受けた個人データの取扱いに関する補完的ルール」（2018年9月）により，EU域内から十分性認定に基づき提供を受けた個人データに，EU一般データ保護規則（GDPR）において特別な種類の個人データと定義されている性生活，性的指向または労働組合に関する情報が含まれる場合には，個人情報取扱事業者は，当該情報について個人情報保護法2条3項における要配慮個人情報と同様に取り扱うこととされた。

(3) 取得の制限

改正個人情報保護法17条2項は，個人情報取扱事業者が，あらかじめ本人の同意を得ないで要配慮個人情報を取得することを原則として禁止している。そして，本人の同意がある場合，本人や他の利益のために必要やむをえない場合に限り，その例外が認められている。

(4) オプトアウト方式による第三者提供の禁止

改正個人情報保護法23条2項は，要配慮個人情報については，オプトアウト方式による第三者提供を禁止している。オプトアウト方式は，改正前個人情報保護法において，個人の権利利益の保護の要請と個人データの第三者提供を業とする産業の保護の要請の調和を図る目的で設けられたが，オプトアウト方式が採られていること自体を本人が認識できないのが通常であり，形骸化しているという批判が少なくなかった。改正個人情報保護法では，オプトアウト方式を採る場合には，個人情報保護委員会への届出を義務付け（23条2項），個人情報保護委員会は届出のあった事項を公表する義務を負うとすることにより

(同条4項），オプトアウト方式の形骸化への批判に応えており，この点が前進であることは確かである。しかし，個人情報保護委員会のウェブサイトを閲覧する者が限られること，閲覧したとしても，自分の個人データが含まれているのか否かを明確に認識できない場合がありうることに鑑みると，事前の同意に完全に代替しうるものとはいえない。要配慮個人情報については，産業の保護の要請よりも，個人の権利利益の保護の要請を重視すべきであるので，同法23条1項各号に掲げる場合以外に，本人同意のない個人データの第三者提供を許容すべきでないと考えられたため，オプトアウト方式による提供は認めないこととされたのである（要配慮個人情報に当たる部分を削除する加工をした個人データであれば，オプトアウト方式を利用できる）。

4 匿名加工情報

(1) 定 義

改正個人情報保護法2条9項では，特定の個人を識別することができないように個人情報を加工して得られる個人に関する情報であって，当該個人情報を復元することができないようにしたものを「匿名加工情報」と定義している。加工方法は，個人情報保護委員会が基準を定め，それに従うことになる（36条1項）。個人情報保護委員会規則では，いずれの事業者にも適用される一般的な必要最小限の加工方法（氏名を削除する等）を示すにとどめ，具体的な加工方法は，個人情報の内容，想定される利用方法等を考慮して，個別具体的に個人情報取扱事業者が判断することになるが，認定個人情報保護団体が存在する分野では，認定個人情報保護団体の作成する個人情報保護指針において，当該分野の特性に応じた加工方法の詳細について定められることが予定されている。その際の参考に供することも目的として，「個人情報の保護に関する法律についてのガイドライン（匿名加工情報編）」，「個人情報保護委員会事務局レポート：匿名加工情報」が作成されているが，認定個人情報保護団体が存在しない分野，存在するが認定個人情報保護団体が個人情報保護指針において匿名加工の基準について定めていない分野では，個人情報取扱事業者は，認定個人情報保護団体の個人情報保護指針に依拠することができないので，「個人情報の保

護に関する法律についてのガイドライン（匿名加工情報編）」，「個人情報保護委員会事務局レポート：匿名加工情報」を参考にして，自ら匿名加工の基準を定めなければならない。

(2) 匿名加工情報と個人情報の関係

　個人情報取扱事業者が，匿名加工情報を作成して自ら当該匿名加工情報を取り扱うに当たっては，当該匿名加工情報の作成に用いられた個人情報に係る本人を識別するために，当該匿名加工情報を他の情報と照合することが禁止されている（改正個人情報保護法36条5項）。したがって，作成した事業者内においても，匿名加工情報は他の情報との照合により容易に特定の個人が識別される状態にあるとはいえず，個人情報に該当しないことになる。匿名加工情報が個人情報に該当しない以上，匿名加工情報の利用目的の特定の必要はなく，第三者に提供する場合にも，本人同意が不要になる。改正前個人情報保護法の下においても，個人情報に該当しないように加工措置を施せば，個人情報の取扱いに関する義務はかからないことになるが，具体的な加工の方法・程度が不明確であったために，事業者が利活用に躊躇する傾向があったり，逆に，十分な加工措置を施すことなく匿名化を行ったと考えて，利活用することもなかったとはいえないと思われる。匿名加工情報という範疇を設けルールを明確化することにより，パーソナルデータの利活用を促進する環境を整備するとともに，個人の権利利益も保護することを意図した改正といえる。

　もとより，個人情報取扱事業者が主観的に匿名加工情報を作成したと考えたとしても，客観的には特定の個人を識別可能であれば，それは個人データに該当し，第三者提供には本人同意が原則として必要になる。もし，加工が不十分な個人データが匿名加工情報として流通していることが，消費者からの苦情や公表された匿名加工情報に含まれる情報の項目等により判明すれば，個人情報保護委員会は，監督措置を講ずることができる。匿名加工情報を作成するに当たっては，個人情報保護委員会の事前の意見聴取や事前または事後の届出は義務付けられていないので，法執行の実効性をいかに確保するかが重要な課題になる。消費者からの苦情を端緒とする個人情報保護委員会による調査も重要であるが，個人情報保護委員会の人的資源の制約に鑑みると，認定個人情報保

団体が存在する分野では，認定個人情報保護団体も重要な役割を果たすべきと考える。すなわち，認定個人情報保護団体が個人情報保護指針において匿名加工情報への加工方法を定めて公表したときは，改正個人情報保護法53条4項において，認定個人情報保護団体は，対象事業者に対し，当該個人情報保護指針を遵守させるために必要な指導，勧告その他の措置をとる義務があるので，個人情報保護指針で定めた加工方法を遵守しない結果，特定の個人が識別されるものが「匿名加工情報」として作成され利用・提供されていないかを注意深くモニタリングすることが望ましく，疑義があれば調査して，問題があれば是正措置を指導，勧告すべきである。また，加工方法に関する苦情についての解決の申出が本人その他の関係者からあったときは，調査を行い，対象事業者に迅速な解決を求める義務がある（52条1項）。認定個人情報保護団体は，個人情報保護指針で定めた加工方法の対象事業者による遵守が確保されることの重要性を認識して，この面でも積極的に活動することが期待される。

5　個人情報取扱事業者

改正前個人情報保護法2条3項5号は，「その取り扱う個人情報の量及び利用方法からみて個人の権利利益を害するおそれが少ないものとして政令で定める者」を個人情報取扱事業者から除外し，その事業の用に供する個人情報データベース等を構成する個人情報によって識別される特定の個人の数の合計が過去6月以内のいずれの日においても5000を超えない者は，個人情報取扱事業者に含まれないこととしていた（同法施行令2条柱書）。ただし，他人が作成した個人情報データベース等で個人情報として氏名または住所もしくは居所（地図上または電子計算機の映像面上において住所または居所の所在の場所を示す表示を含む）もしくは電話番号のみが含まれる場合であって，これを編集・加工することなくその事業の用に供するときは，これを構成する個人情報によって識別される特定の個人の数は算入されないこととしていた（同条1号）。改正個人情報保護法2条5項は，取り扱う個人情報の量による裾切りを廃止したが，他方，同条4項の「個人情報データベース等」の定義規定において，利用方法からみて個人の権利利益を害するおそれが少ないものとして政令で定めるものを除く

こととしている。なお，平成 27 年法律第 65 号附則 11 条において，個人情報保護委員会は，改正個人情報保護法 8 条に規定する事業者等が講ずべき措置の適切かつ有効な実施を図るための指針を策定するに当たっては，同法の施行により改正前個人情報保護法 2 条 3 項 5 号に掲げる者が新たに個人情報取扱事業者となることに鑑み，特に小規模の事業者の事業活動が円滑に行われるよう配慮するものとすると定められている。主として安全管理措置義務について，義務の内容を小規模事業者の資金力，利用形態等を勘案して定めることを求めたものといえる。

第4章

民間事業者が遵守すべき個人情報保護法の概要

1 我が国の個人情報保護法制

　我が国の個人情報保護法制は，やや複雑である。まず，個人情報保護の基本法としての性格を有するのが，「個人情報の保護に関する法律」（以下「個人情報保護法」という）の1章から3章までである。次に，我が国の個人情報保護法制は，民間部門と公的部門で異なる法律を適用するセグメント方式をとっている。民間部門の個人情報保護の一般法が，個人情報保護法の4章から7章までである。すなわち，個人情報保護法は，基本法と民間部門の個人情報保護の一般法が接ぎ木された構造になっている。公的部門については，分権的システムがとられていることが，我が国の特色といえる。すなわち，国の行政機関が保有する個人情報の保護の一般法として，「行政機関の保有する個人情報の保護に関する法律」（以下「行政機関個人情報保護法」という）があるが，同法は，地方公共団体が保有する個人情報には適用されない。各地方公共団体が保有する個人情報の保護についての一般法は，各地方公共団体の個人情報保護条例である。都道府県，市区町村は，全て個人情報保護条例を制定している。広域連合については約9割，一部事務組合については約5割が個人情報保護条例を制定済みである。さらに，国とは独立の法人格を有するが，実質的に政府の一部をなすとみられる独立行政法人等が保有する個人情報の保護の一般法として，「独立行政法人等の保有する個人情報の保護に関する法律」（以下「独立行政法人

等個人情報保護法」という）がある。

2　個人情報

　以上述べたように，我が国の個人情報保護に係る一般法は複数存在するが，以下においては，民間事業者が遵守すべき個人情報保護法について論ずることとする。

　個人情報保護対策を講ずる前提になるのは，何が個人情報に該当するかの正確な理解である。「個人情報」とは，生存する個人に関する情報であって，（ⅰ）当該情報に含まれる氏名，生年月日その他の記述等に記載され，もしくは記録され，または音声，動作その他の方法を用いて表された一切の事項（個人識別符号を除く）により特定の個人を識別することができるもの（他の情報と容易に照合することができ，それにより特定の個人を識別することができることとなるものを含む）または（ⅱ）個人識別符号が含まれるものである（同法2条1項）。

　メールアドレスを例にとり，個人情報該当性について説明すると以下のようになる。メールアドレスは（ⅱ）の個人識別符号に指定されていないから，（ⅰ）に当たるかが問題になる。「XYZabc@pure.ocn.ne.jp」というメールアドレスのみを保有していても，それにより特定の個人を識別できないので，これのみでは個人情報にならない。しかし，メールアドレス帳に氏名と組み合わせて記載してあれば，氏名という他の情報と容易に照合して，誰のメールアドレスかを特定できるので，個人情報になる。また，メールアドレスが，「taro.yamada@yokohamashouji.co.jp」であれば，それ単独で横浜商事の山田太郎氏のメールアドレスということが分かるので，個人情報になる。

　（ⅰ）の個人情報該当性の判断に当たり，留意すべき点をいくつか挙げる。第1に，「生存する個人に関する情報」であることが個人情報の前提になるから，死者の情報は含まない。ただし，死者の情報が同時に「生存する個人に関する情報」であることはありうる。第2に，取得時には個人情報ではなくても，その後，新たな情報が付加されたり，新たに保有した情報と容易に照合可能になった結果，個人情報に転化することがありうる。第3に，法人等の役員，従業者に関する情報は，個人情報になる。第4に，個人は国籍を問わないので，外

国人に関する情報も含まれる。第5に，他の情報と容易に照合できるとは，通常業務における一般的な方法を用いて照合可能なことを意味し，他の事業者に照会しなければならない場合には，一般的には容易に照合可能とはいえない。

（ⅱ）の個人識別符号は，政令および個人情報保護委員会規則で指定されている。個人番号（マイナンバー），運転免許証番号，旅券番号，基礎年金番号，各種健康保険の被保険者証に記載された符号等は，個人識別符号である。個人識別符号を含むものは，それ単独で個人情報となる。

3 要配慮個人情報

本人の人種，信条，社会的身分，病歴，犯罪の経歴，犯罪により害を被った事実その他本人に対する不当な差別，偏見その他の不利益が生じないようにその取扱いに特に配慮を要するものとして政令で定める記述等が含まれる個人情報をいう（本法2条3項）。要配慮個人情報は，後述するように，一般の個人情報と比較して，取扱いの規制が厳しくなっている。

「病歴」とは，認知症等の特定の病気に罹患した経緯を示すものである。政令では，身体障害，知的障害，精神障害（発達障害を含む）その他の個人情報保護委員会規則で定める心身の機能の障害があること，本人に対して医師その他医療に関連する職務に従事する者（以下「医師等」という）により行われた疾病の予防および早期発見のための健康診断その他の検査（以下「健康診断等」という）の結果，健康診断等の結果に基づき，または疾病，負傷その他の心身の変化を理由として，本人に対して医師等により心身の状態の改善のための指導または診療もしくは調剤が行われたこと等が，要配慮個人情報とされている。健康診断等には，法定されたものに限らず，人間ドック等，保険者・事業者が任意で実施または助成する検査結果も含まれる。遺伝子検査は医療機関を介さずに実施される場合もあるが，その検査結果も要配慮個人情報になる。他方，身長，体重，胸囲，体温，血圧，脈拍等の個人の健康に関する情報を，健康診断，診療等およびそれに関連する業務と無関係に知りえた場合には，要配慮個人情報に当たらない。

4　個人情報データベース等

　個人情報データベース等とは，個人情報を含む情報の集合物であって，（ⅰ）特定の個人情報を電子計算機を用いて検索することができるように体系的に構成したもの，または（ⅱ）紙媒体であるが，これに含まれる個人情報を一定の規則に従って整理することにより特定の個人情報を容易に検索することができるように体系的に構成した情報の集合物であって，目次，索引その他検索を容易にするためのものを有するものをいう。具体的には，電子メールアドレスソフトに保管されたメールアドレス帳であって，氏名とメールアドレスを組み合わせた情報が入力されているもの，インターネットユーザーが利用したサービスに係るログ情報がユーザーID別に整理されている電子ファイル等は，個人情報データベース等に該当する。他方，会社が行ったアンケートの葉書が返送されてきたものの，氏名等により分類されていない状態であれば，個人情報データベース等には該当しない。

　また，（ⅰ）不特定かつ多数の者に販売することを目的として発行されたものであって，かつ，その発行が法または法に基づく命令の規定に違反して行われたものでないこと，（ⅱ）不特定かつ多数の者により随時に購入することができ，またはできたものであること，（ⅲ）生存する個人に関する他の情報を加えることなくその本来の用途に供しているものであることの3要件を満たす場合には，利用方法からみて個人の権利利益を害するおそれが少ないので，個人情報データベース等から除外されている。具体的には，市販の電話帳，住宅地図，カーナビゲーションシステム，職員録等がこれに該当する。

5　個人情報取扱事業者

　個人情報データベース等の概念が重要なのは，個人情報取扱事業者とは，個人情報データベース等を事業の用に供している者（国の機関，地方公共団体，独立行政法人等，地方独立行政法人を除く）であるからである。個人情報取扱事業者は，法人に限られるわけではなく，法人格のない団体や個人であっても，個人

情報データベース等を事業の用に供していれば，個人情報取扱事業者になる。

6 個人データ

個人データとは，個人情報データベース等を構成する個人情報を意味する。したがって，個人情報データベース等を構成する前の入力用の帳票に記載されている個人情報は，個人データに該当しないことになる。

7 保有個人データ

保有個人データとは，個人情報取扱事業者が，開示，内容の訂正，追加または削除，利用の停止，消去および第三者への提供の停止を行うことのできる権限を有する個人データであって，その存否が明らかになることにより公益その他の利益が害されるものとして政令で定めるもの，または6月以内に消去することとなるもの以外のものをいう。

8 個人情報取扱事業者の義務等

(1) 利用目的の特定

個人情報保護の基本は，個人情報の利用目的をできる限り特定することである。個人情報を第三者に提供することを事前に想定している場合においては，そのことが個人情報の本人に明確に理解されるように，目的の特定を行う必要がある。

(2) 利用目的の変更

個人情報取扱事業者は，利用目的を変更する場合には，変更前の利用目的と関連性を有すると合理的に認められる範囲を超えて行ってはならない。これは，社会通念に照らして，当初の利用目的に照らし，変更後の利用目的を予期可能な範囲においてのみ，利用目的の変更を認める趣旨である。

（3） 利用目的による制限

　個人情報取扱事業者は，あらかじめ本人の同意を得ないで，特定された利用目的の達成に必要な範囲を超えて，個人情報を取り扱うことを原則として禁止される。ただし，本人から同意を得るために，当該個人情報を利用して電話をかけたりメールを送信したり葉書を郵送したりすることは，当初の利用目的として記載されていなくても，目的外利用には当たらない。本人の同意を得ようとしても，未成年者，成年被後見人，被保佐人，被補助人が判断能力を有しない場合には，親権者，成年後見人等の法定代理人から同意を得る必要がある。
　ただし，（ⅰ）法令に基づく場合，（ⅱ）人の生命，身体または財産の保護のために必要がある場合であって，本人の同意を得ることが困難であるとき，（ⅲ）公衆衛生の向上または児童の健全な育成の推進のために特に必要がある場合であって，本人の同意を得ることが困難であるとき，（ⅳ）国の機関もしくは地方公共団体またはその委託を受けた者が法令の定める事務を遂行することに対して協力する必要がある場合であって，本人の同意を得ることにより当該事務の遂行に支障を及ぼすおそれがあるときには，本人同意なしに利用目的の達成に必要な範囲を超えた個人情報の取扱いが認められる。（ⅰ）の例として，弁護士会からの照会に対応する場合，（ⅱ）の例として，急病等のときに本人の血液型や家族の連絡先を医師・看護師等に提供する場合，大規模災害時に被災者情報を国の行政機関や地方公共団体に提供する場合，（ⅲ）の例として，児童虐待のおそれのある家庭情報を学校，病院，児童相談所，警察等が共有する必要がある場合，（ⅳ）の例として，税務署職員の任意の求めに応じて個人情報を提供する場合が考えられる。

（4） 個人情報の取得

① 個人情報一般

　個人情報取扱事業者は，偽りその他不正の手段により個人情報を取得してはならない。これに該当する場合の例として，判断能力が不十分な児童や障害者から，取得することの正当性が認められない家族の個人情報を家族の同意なく取得する場合，個人情報を取得する主体や利用目的を偽って個人情報を取得す

る場合，本法23条1項に規定する個人データの第三者提供制限に違反する行為がされようとしていることを知り，または容易に知ることができたにもかかわらず，個人情報を取得する場合等が想定される。なお，個人情報がインターネット上で閲覧可能な状態にある場合，閲覧するのみで，転記等を行わない場合には，個人情報の取得には当たらない。

② 要配慮個人情報

　要配慮個人情報については，本人の同意のない取得は原則として禁止される。ただし，（ⅰ）法令に基づく場合，（ⅱ）人の生命，身体または財産の保護のために必要がある場合であって，本人の同意を得ることが困難であるとき，（ⅲ）公衆衛生の向上または児童の健全な育成の推進のために特に必要がある場合であって，本人の同意を得ることが困難であるとき，（ⅳ）国の機関もしくは地方公共団体またはその委託を受けた者が法令の定める事務を遂行することに対して協力する必要がある場合であって，本人の同意を得ることにより当該事務の遂行に支障を及ぼすおそれがあるとき，（ⅴ）当該要配慮個人情報が，本人，国の機関，地方公共団体，本法76条1項各号に掲げる者その他個人情報保護委員会規則で定める者により公開されている場合，（ⅵ）その他（ⅰ）～（ⅴ）に掲げる場合に準ずるものとして政令で定める場合には，例外が認められている。（ⅴ）の本法76条1項各号に掲げる者その他個人情報保護委員会規則で定める者とは，①放送機関・新聞社・通信社その他の報道機関（報道を業として行う個人を含む），②著述を業として行う者，③大学その他の学術研究を目的とする機関もしくは団体またはそれらに該当する者，④宗教団体，⑤政治団体，⑥外国政府，外国の政府機関，外国の地方公共団体または国際機関，⑦外国において前記①～⑤に相当する者である。（ⅵ）は，本人を目視し，または撮影することにより，その外形上明らかな要配慮個人情報を取得する場合および本法23条5項各号に掲げる場合において，個人データである要配慮個人情報の提供を受けるときである。本法23条5項各号に掲げる場合とは，委託，事業承継または共同利用により個人情報を取得する場合である。以上の例外に該当しないにもかかわらず，インターネット上で閲覧可能な本人の病歴，犯罪歴や信条等に関する情報を取得し，本人に関する情報として自己のデータベース等に記録することは違法になるので，留意が必要である。なお，個人情報取扱事業者が，第

三者から要配慮個人情報を取得する場合，提供元が要配慮個人情報の取得および第三者提供について本人同意を得ていることを前提としうる場合には，その提供を受ける個人情報取扱事業者が，改めて取得について，本人の同意を得る必要はない。

(5) 利用目的の通知または公表

　個人情報取扱事業者は，個人情報を取得した場合は，あらかじめその利用目的を公表している場合を除き，速やかに，その利用目的を，本人に通知し，または公表しなければならない。ここでいう公表には，個人情報取扱事業者のウェブサイトへの掲載も含まれるが，トップページから1回程度の操作で簡単に到達可能な場所に掲載することが必要である。

(6) 直接書面による取得

　個人情報取扱事業者は，本人との間で契約を締結することに伴って契約書その他の書面（電磁的記録を含む）に記載された当該本人の個人情報を取得する場合その他本人から直接書面に記載された当該本人の個人情報を取得する場合は，あらかじめ，本人に対し，その利用目的を明示しなければならない。ただし，人の生命，身体または財産の保護のために緊急に必要がある場合は，この限りでないが，取得後速やかに当該利用目的を本人に通知し，または公表する必要がある。ここでいう書面には電磁的記録を含むので，個人情報取扱事業者が自社のウェブサイトの入力画面に入力された個人情報を直接本人から取得する場合にも，事前に本人に利用目的を明示する義務がある。他方，（ⅰ）利用目的を本人に通知し，または公表することにより本人または第三者の生命，身体，財産その他の権利利益を害するおそれがある場合，（ⅱ）利用目的を本人に通知し，または公表することにより当該個人情報取扱事業者の権利または正当な利益を害するおそれがある場合，（ⅲ）国の機関または地方公共団体が法令の定める事務を遂行することに対して協力する必要がある場合であって，利用目的を本人に通知し，または公表することにより当該事務の遂行に支障を及ぼすおそれがあるとき，（ⅳ）取得の状況からみて利用目的が明らかであると認められる場合においては，利用目的の通知または公表を行う必要はない。

(7) データ内容の正確性の確保等

個人情報取扱事業者は，利用目的の達成に必要な範囲内において，個人データを正確かつ最新の内容に保つとともに，利用する必要がなくなったときは，当該個人データを遅滞なく消去するよう努めなければならない。ここでいう消去には，当該個人データを削除することのほか，当該個人データを加工して，特定の個人を識別できなくすることを含む。個人情報取扱事業者としては当該個人データを利用する必要がなくなったとしても，法令で定める保存期間が満了していない場合には，保存を継続する必要があることは当然である。

(8) 安全管理措置等

個人情報取扱事業者は，その取り扱う個人データの漏えい，滅失またはき損の防止その他の個人データの安全管理のために必要かつ適切な措置を講じなければならない。また，個人情報取扱事業者は，その従業者に個人データを取り扱わせるに当たっては，当該個人データの安全管理が図られるよう，当該従業者に対する必要かつ適切な監督を行わなければならない。ここでいう従業者とは，個人情報取扱事業者の組織内において，直接または間接に事業者の指揮監督を受けて事業者の業務に携わっている者を意味し，雇用関係にある正社員，契約社員，嘱託社員，パート社員，アルバイト社員等の従業員に限らず，取締役，執行役，理事，監査役，監事，派遣社員等も含む。さらに，個人情報取扱事業者は，個人データの取扱いの全部または一部を委託する場合は，その取扱いを委託された個人データの安全管理が図られるよう，委託を受けた者に対する必要かつ適切な監督を行わなければならない。

(9) 個人データの第三者提供

個人情報取扱事業者は，あらかじめ本人の同意を得ないで，個人データを第三者に提供してはならないのが原則である。その例外は，(ⅰ)法令に基づく場合，(ⅱ)人の生命，身体または財産の保護のために必要がある場合であって，本人の同意を得ることが困難であるとき，(ⅲ)公衆衛生の向上または児童の健全な育成の推進のために特に必要がある場合であって，本人の同意を得ること

が困難であるとき，(ⅳ)国の機関もしくは地方公共団体またはその委託を受けた者が法令の定める事務を遂行することに対して協力する必要がある場合であって，本人の同意を得ることにより当該事務の遂行に支障を及ぼすおそれがあるときである。第三者へ提供するとは，個人データを他者が利用可能な状態に置くことを意味し，個人データが物理的に提供される場合に限らず，ネットワーク等の利用により，他者がアクセス可能な状態に置くことを含む。ただし，ブログ等のSNSに書き込まれた個人データを含む情報の場合，当該情報を書き込んだ者は，自己の明確な意思に基づき，不特定多数または限定された者を対象として，当該情報を公開しており，当該情報を閲覧可能な範囲について，インターネットプロバイダやSNS運営事業者には決定権限はないため，これらの事業者が第三者提供しているとはいえないと思われる。第三者提供に当たるか否かは事業者単位で考えるので，同一事業者内での他部門への提供は，第三者提供には当たらない。

　個人データの第三者提供への事前の本人同意原則の例外として，オプトアウトによる第三者提供がある。オプトアウトによる第三者提供とは，第三者に提供される個人データについて，本人の求めに応じて当該本人が識別される個人データの第三者への提供を停止することとしている場合であって，(ⅰ)第三者への提供を利用目的とすること，(ⅱ)第三者に提供される個人データの項目，(ⅲ)第三者への提供の方法，(ⅳ)本人の求めに応じて当該本人が識別される個人データの第三者への提供を停止すること，(ⅴ)本人の求めを受け付ける方法について，個人情報保護委員会規則で定めるところにより，あらかじめ，本人に通知し，または本人が容易に知りうる状態に置くとともに，個人情報保護委員会に届け出たときは，当該個人データを第三者に提供することができるというものである。本人に通知し，または本人が容易に知りうる状態に置くといえるためには，本人が個人データの第三者への提供の停止を求めるのに必要な期間を置かなければならない。個人データの当初の利用目的に第三者提供が含まれていない場合には，第三者提供は目的外提供となるので，オプトアウトの方法を利用することはできない。

　なお，一般の個人データの場合は，事前の本人同意（オプトイン）なしに，個人データを第三者提供するオプトアウトの方法が認められているのに対し，

要配慮個人情報である個人データの場合には，この方法を利用することは認められない。

　第三者提供については，そもそも「第三者」に当たらない場合についても理解しておくことが重要である。すなわち，(ⅰ)個人情報取扱事業者が利用目的の達成に必要な範囲内において個人データの取扱いの全部または一部を委託することに伴って当該個人データが提供される場合，(ⅱ)合併その他の事由による事業の承継に伴って個人データが提供される場合，(ⅲ)特定の者との間で共同して利用される個人データが当該特定の者に提供される場合であって，その旨ならびに共同して利用される個人データの項目，共同して利用する者の範囲，利用する者の利用目的および当該個人データの管理について責任を有する者の氏名または名称について，あらかじめ，本人に通知し，または本人が容易に知りうる状態に置いているときには，当該個人データの提供を受ける者は，第三者に該当しないものとされている。これらの場合には，個人データの提供先は，個人情報取扱事業者とは異なる主体であるが，提供先の個人情報取扱事業者と一体のものとみることに合理性があるので，事前の本人同意を得たり，オプトアウトの方法をとることなく，個人データの提供を認めている。共同利用の対象となる個人データの提供は，共同利用者全部が双方向で行う必要は必ずしもなく，共同利用者の一部に一方向で行うことも可能である。

(10)　第三者提供に係る記録の作成

　個人情報取扱事業者は，個人データを第三者（国の機関，地方公共団体，独立行政法人等，地方独立行政法人を除く）に提供したときは，個人情報保護委員会規則で定めるところにより，当該個人データを提供した年月日，当該第三者の氏名または名称その他の個人情報保護委員会規則で定める事項に関する記録を作成しなければならない。ただし，当該個人データの提供が本法23条1項各号または5項各号のいずれかに該当する場合は，この限りでない。個人情報取扱事業者は，当該記録を，当該記録を作成した日から個人情報保護委員会規則で定める期間保存しなければならない。

(11) 第三者提供を受ける際の確認等

　個人情報取扱事業者は，第三者から個人データの提供を受けるに際しては，個人情報保護委員会規則で定めるところにより，（ⅰ）当該第三者の氏名または名称および住所ならびに法人にあっては，その代表者（法人でない団体で代表者または管理人の定めのあるものにあっては，その代表者または管理人）の氏名，（ⅱ）当該第三者による当該個人データの取得の経緯の確認を行わなければならない。ただし，当該個人データの提供が本法23条1項各号または5項各号のいずれかに該当する場合は，この限りでない。個人データを提供する第三者は，個人情報取扱事業者が上記の確認を行う場合において，当該個人情報取扱事業者に対して，当該確認に係る事項を偽ってはならない。個人情報取扱事業者は，上記の確認を行ったときは，個人情報保護委員会規則で定めるところにより，当該個人データの提供を受けた年月日，当該確認に係る事項その他の個人情報保護委員会規則で定める事項に関する記録を作成しなければならず，当該記録を，当該記録を作成した日から個人情報保護委員会規則で定める期間保存しなければならない。

(12) 保有個人データに関する事項の公表等

　個人情報取扱事業者は，保有個人データに関し，（ⅰ）当該個人情報取扱事業者の氏名または名称，（ⅱ）全ての保有個人データの利用目的（ただし，一定の場合を除く），（ⅲ）保有個人データの利用目的の通知の求めまたは開示等の請求に応じる手続（保有個人データの利用目的の通知の求めまたは開示の請求に係る手数料の額を定めたときは，その手数料の額を含む），（ⅳ）保有個人データの取扱いに関する苦情の申出先を本人の知りうる状態（本人の求めに応じて遅滞なく回答する場合を含む）に置かなければならない。個人情報取扱事業者は，本人から，当該本人が識別される保有個人データの利用目的の通知を求められたときは，本人に対し，遅滞なく，これを通知しなければならない。ただし，①当該本人が識別される保有個人データの利用目的が明らかな場合，②利用目的を本人に通知し，または公表することにより本人または第三者の生命，身体，財産その他の権利利益を害するおそれがある場合，③利用目的を本人に通知し，または公表

することにより当該個人情報取扱事業者の権利または正当な利益を害するおそれがある場合，④国の機関または地方公共団体が法令の定める事務を遂行することに対して協力する必要がある場合であって，利用目的を本人に通知し，または公表することにより当該事務の遂行に支障を及ぼすおそれがあるときは，この限りでない。個人情報取扱事業者は，求められた保有個人データの利用目的を通知しない旨の決定をしたときは，本人に対し，遅滞なく，その旨を通知しなければならない。

(13) 保有個人データの開示

本人は，個人情報取扱事業者に対し，当該本人が識別される保有個人データの開示を請求することができる。個人情報取扱事業者は，開示請求を受けたときは，本人に対し，書面の交付による方法（開示の請求を行った者が同意した方法があるときは，当該方法）により，遅滞なく，当該保有個人データを開示しなければならない。ただし，開示することにより，①本人または第三者の生命，身体，財産その他の権利利益を害するおそれがある場合，②当該個人情報取扱事業者の業務の適正な実施に著しい支障を及ぼすおそれがある場合，③他の法令に違反することとなる場合のいずれかに該当する場合は，その全部または一部を開示しないことができる。個人情報取扱事業者は，開示請求に係る保有個人データの全部または一部について開示しない旨の決定をしたときまたは当該保有個人データが存在しないときは，本人に対し，遅滞なく，その旨を通知しなければならない。

(14) 保有個人データの訂正等

本人は，個人情報取扱事業者に対し，当該本人が識別される保有個人データの内容が事実でないときは，当該保有個人データの内容の訂正，追加または削除（以下「訂正等」という）を請求することができる。個人情報取扱事業者は，訂正等の請求を受けた場合には，その内容の訂正等に関して他の法令の規定により特別の手続が定められている場合を除き，利用目的の達成に必要な範囲内において，遅滞なく必要な調査を行い，その結果に基づき，当該保有個人データの内容の訂正等を行わなければならない。個人情報取扱事業者は，訂正等の

請求に係る保有個人データの内容の全部もしくは一部について訂正等を行ったとき，または訂正等を行わない旨の決定をしたときは，本人に対し，遅滞なく，その旨（訂正等を行ったときは，その内容を含む）を通知しなければならない。

(15) 保有個人データの利用停止等

本人は，個人情報取扱事業者に対し，当該本人が識別される保有個人データが本人同意なく目的外利用されているときまたは偽りその他の不正の手段により取得されたものであるときは，当該保有個人データの利用の停止または消去（以下「利用停止等」という）を請求することができる。個人情報取扱事業者は，利用停止等の請求を受けた場合であって，その請求に理由があることが判明したときは，違反を是正するために必要な限度で，遅滞なく，当該保有個人データの利用停止等を行わなければならない。ただし，当該保有個人データの利用停止等に多額の費用を要する場合その他の利用停止等を行うことが困難な場合であって，本人の権利利益を保護するため必要なこれに代わるべき措置をとるときは，この限りでない。さらに，本人は，個人情報取扱事業者に対し，当該本人が識別される保有個人データが本人の同意なく第三者に提供されているときは，当該保有個人データの第三者への提供の停止を請求することができる。個人情報取扱事業者は，当該保有個人データの第三者への提供の停止の請求を受けた場合であって，その請求に理由があることが判明したときは，遅滞なく，当該保有個人データの第三者への提供を停止しなければならない。ただし，当該保有個人データの第三者への提供の停止に多額の費用を要する場合その他の第三者への提供を停止することが困難な場合であって，本人の権利利益を保護するため必要なこれに代わるべき措置をとるときは，この限りでない。個人情報取扱事業者は，利用停止等の請求に係る保有個人データの全部もしくは一部について利用停止等を行ったときもしくは利用停止等を行わない旨の決定をしたとき，または当該保有個人データの第三者への提供の請求に係る保有個人データの全部もしくは一部について第三者への提供を停止したときもしくは第三者への提供を停止しない旨の決定をしたときは，本人に対し，遅滞なく，その旨を通知しなければならない。

(16) 理由の説明

　個人情報取扱事業者は，保有個人データの通知の求めまたは保有個人データの開示，訂正等，利用停止等もしくは第三者提供の停止に関する請求に係る措置の全部または一部について，その措置をとらない旨を通知する場合またはその措置と異なる措置をとる旨を通知する場合は，本人に対し，その理由を説明するよう努めなければならない。

(17) 個人情報取扱事業者による苦情の処理

　個人情報取扱事業者は，個人情報の取扱いに関する苦情の適切かつ迅速な処理に努めなければならず，この目的を達成するために必要な体制の整備に努めなければならない。

9　おわりに

　2017年3月に閣議決定された「成年後見制度利用促進基本計画」においては，認知症高齢者等の本人支援のための地域連携ネットワークの構築が目標として掲げられている。地域連携ネットワークにおいては，民間の弁護士会，司法書士会，NPO，介護サービス事業者，医療機関等のチームで成年被後見人の個人情報を共有する必要が生ずるが，その場合，有効なのが，8 (9) で説明した共同利用の仕組みであろう。また，都道府県，市町村と民間との情報共有に当たっては，個人情報保護法のみならず，個人情報保護条例との関係も問題になる。地方公共団体から民間に成年被後見人の個人情報を提供するときに，それが目的外提供に当たる場合には，個人情報保護条例の目的外提供禁止原則の例外に該当するかを確認する必要がある。さらに，地方公共団体が個人情報を取得する場合，個人情報の本人収集原則の例外に該当するかの確認も必要になる。このように，地域連携ネットワークにおける情報共有を考えるに当たっては，1で述べた民間部門と公的部門の双方の個人情報保護法制について理解しておかなければならない。

第5章

行政機関および独立行政法人等の個人情報保護制度の見直し

第1節 行政機関個人情報保護法および独立行政法人等個人情報保護法の改正

1 経緯

 2016年3月8日,第190回国会に行政機関の保有する個人情報の保護に関する法律(以下「行政機関個人情報保護法」という)および独立行政法人等の保有する個人情報の保護に関する法律(以下「独立行政法人等個人情報保護法」という)の改正案が提出された。同年4月21日に衆議院総務委員会で賛成多数で可決,同月22日に衆議院本会議で賛成多数で可決され,同年5月9日に参議院総務委員会に付託され,同月19日に同委員会で賛成多数で可決され,同月20日に参議院総本会議で賛成多数で可決・成立した。

 この改正案提出の契機になったのが,IT総合戦略本部が2014年6月24日に決定した「パーソナルデータの利活用に関する制度改正大綱」(以下「大綱」という)において,民間事業者の保有するパーソナルデータについての制度改正の方針が示されたものの,行政機関および独立行政法人等(以下,両者を「行政機関等」と総称する)の保有するパーソナルデータの取扱いについては,その特質を踏まえ,当該データの所管府省等との協議や関係方面からの意見聴取を

幅広く行うなど，利活用可能となりうるデータの範囲，類型化および取扱いの在り方に関し調査・検討を行うこととされ，また，行政機関等が保有するパーソナルデータに関する調査・検討等を踏まえ，総務大臣の権限・機能等と第三者機関の関係についても検討することとされたことであった。

そこで，行政機関個人情報保護法および独立行政法人等個人情報保護法を所管する総務省は，大綱で示された行政機関等の保有するパーソナルデータに係る課題について，同年7月31日から「行政機関等が保有するパーソナルデータに関する研究会」で検討を開始した。そして，同研究会は，同年11月21日，「中間的な整理」において，行政機関等が保有するパーソナルデータに係る個人特定性低減データの導入の目的，範囲，規律，法制的位置付けについての考え方を公表し，2015年1月30日には，「中間的な整理（その2）」において，行政機関等が保有するパーソナルデータに関する執行・監督体制，権限の在り方についての考え方を公表した。

その後，同年3月10日，第189回国会に「個人情報の保護に関する法律及び行政手続における特定の個人を識別するための番号の利用等に関する法律の一部を改正する法律案」が提出され，参議院で一部修正の後，同年9月3日に成立し，同月9日に公布された（平成27年法律第65号）。同法附則12条1項において，「政府は，施行日までに，新個人情報保護法の規定の趣旨を踏まえ，行政機関の保有する個人情報の保護に関する法律第2条第1項に規定する行政機関が保有する同条第2項に規定する個人情報及び独立行政法人等の保有する個人情報の保護に関する法律（平成15年法律第59号）第2条第1項に規定する独立行政法人等が保有する同条第2項に規定する個人情報（以下この条において「行政機関等保有個人情報」と総称する。）の取扱いに関する規制の在り方について，匿名加工情報（新個人情報保護法第2条第9項に規定する匿名加工情報をいい，行政機関等匿名加工情報（行政機関等保有個人情報を加工して得られる匿名加工情報をいう。以下この項において同じ。）を含む。）の円滑かつ迅速な利用を促進する観点から，行政機関等匿名加工情報の取扱いに対する指導，助言等を統一的かつ横断的に個人情報保護委員会に行わせることを含めて検討を加え，その結果に基づいて所要の措置を講ずるものとする」と定められた。「行政機関等が保有するパーソナルデータに関する研究会」は，このこ

とを踏まえて，さらに検討を深め，2016年3月7日に，「行政機関個人情報保護法・独法等個人情報保護法の改正に向けた考え方」と題する最終報告書を公表した。

そして，政府は，同月8日に，「行政機関等の保有する個人情報の適正かつ効果的な活用による新たな産業の創出並びに活力ある経済社会及び豊かな国民生活の実現に資するための関係法律の整備に関する法律案」を第190回国会に提出したのである。

この改正案が可決・成立し，平成28年法律第51号として公布された。本節では，平成28年法律第51号による改正前の行政機関個人情報保護法，独立行政法人等個人情報保護法を，それぞれ改正前行政機関個人情報保護法，改正前独立行政法人等個人情報保護法と称し，同改正後の行政機関個人情報保護法，独立行政法人等個人情報保護法を，それぞれ改正行政機関個人情報保護法，改正独立行政法人等個人情報保護法と称することがある。

2　改正法の概要

(1)　目　的

改正前行政機関個人情報保護法1条は，「この法律は，行政機関において個人情報の利用が拡大していることにかんがみ，行政機関における個人情報の取扱いに関する基本的事項を定めることにより，行政の適正かつ円滑な運営を図りつつ，個人の権利利益を保護することを目的とする」と規定していた。他方，改正行政機関個人情報保護法1条は，「この法律は，行政機関において個人情報の利用が拡大していることに鑑み，行政機関における個人情報の取扱いに関する基本的事項及び行政機関非識別加工情報（行政機関非識別加工情報ファイルを構成するものに限る。）の提供に関する事項を定めることにより，行政の適正かつ円滑な運営を図り，並びに個人情報の適正かつ効果的な活用が新たな産業の創出並びに活力ある経済社会及び豊かな国民生活の実現に資するものであることその他の個人情報の有用性に配慮しつつ，個人の権利利益を保護することを目的とする」とされている。すなわち，「行政機関非識別加工情報（行政機関非識別加工情報ファイルを構成するものに限る。）の提供に関する事項」

を定める部分および「個人情報の適正かつ効果的な活用が新たな産業の創出並びに活力ある経済社会及び豊かな国民生活の実現に資するものであることその他の個人情報の有用性に配慮」する部分が、目的規定に追加されている。

　行政機関非識別加工情報も個人情報に含まれるが、それ単独では特定の個人を識別できず、かつ、加工前の個人情報を復元できないように加工したものであり、さらに、行政機関の長が自ら利用することは想定されておらず、民間事業者に提供することを専ら目的とする点において、一般の個人情報とは性格が大きくことなることから、「個人情報の取扱いに関する基本的事項」と並んで、「行政機関非識別加工情報（行政機関非識別加工情報ファイルを構成するものに限る。）の提供に関する事項」も追加されたと考えられる。「個人情報の適正かつ効果的な活用が新たな産業の創出並びに活力ある経済社会及び豊かな国民生活の実現に資するものであることその他の個人情報の有用性に配慮」する部分は、平成27年法律第65号による個人情報の保護に関する法律（以下「個人情報保護法」という）の目的規定の改正と平仄を合わせたものである。もっとも、個人情報保護法1条の場合には、「個人情報の有用性に配慮」する旨の規定が、制定時から目的規定に置かれていたため、「個人情報の適正かつ効果的な活用が新たな産業の創出並びに活力ある経済社会及び豊かな国民生活の実現に資するものであること」は、個人情報の有用性の例示として追加されたのであるが、行政機関個人情報保護法の場合には、「行政の適正かつ円滑な運営」を図ることは、行政機関の長が民間事業者に提供する行政機関非識別加工情報の活用による「新たな産業の創出並びに活力ある経済社会及び豊かな国民生活の実現」とは性格が異なるので、「行政の適正かつ円滑な運営」の例示としてではなく、それと並立する目的として追加されたことになる。これは、行政情報の公開による民間における有効活用というオープンデータの理念が、従前は、行政機関個人情報保護法、独立行政法人等個人情報保護法においては、行政機関個人情報保護法8条2項4号、独立行政法人等個人情報保護法9条2項4号の規定に基づく目的外提供というきわめて限定的なかたちで認められるにとどまっていたのに対し、目的規定の改正により、主要な目的の一つとして位置付けられたことになり、行政機関の保有する個人情報の利用におけるパラダイム・シフトがあったといえるように思われる。もっとも、「行政の適正かつ円滑な運営」

を図ること，「個人情報の有用性に配慮」することを「個人の権利利益を保護すること」と対等の立場で比較衡量するのではなく，「個人の権利利益を保護すること」が第1次的目的である点は変わらないと解される。

なお，独立行政法人等個人情報保護法1条の目的規定の改正も，行政機関個人情報保護法1条の目的規定の改正と同じ考え方によっている。

(2) 定　義

① 個人情報

平成27年法律第65号により，個人情報保護法における個人情報の定義規定が改正された。すなわち，個人識別符号が含まれる情報は，モザイク・アプローチを行うことなく，それ単独で個人情報とすることにより，個人情報の定義の明確化が図られたのである。行政機関個人情報保護法についても，これと平仄を合わせて，個人情報の定義規定の改正が行われている（2条2項）。他方，モザイク・アプローチを要する場合には，個人情報保護法では照合の容易性を要件としているのに対し，改正行政機関個人情報保護法2条2項では照合の容易性を要件としていない点は変わらないので，行政機関個人情報保護法における個人情報のほうが，個人情報保護法の個人情報よりも範囲が広くなることになる。このことは，個人情報保護法4章以下が，民間の個人情報取扱事業者を規律するものであるから，営業の自由との調整を図る必要があり，個人情報の範囲を適度に限界付けているのに対し，行政機関の長が保有する個人情報については，公権力を行使して取得したり，申請・届出に伴い義務として提出されたりするものが多く，国民の信頼の確保の観点から照合の容易性を要件とすることは適切ではないこと，行政機関の保有する情報の公開に関する法律（以下「行政機関情報公開法」という）における個人情報も照合の容易性を要件としていないことと平仄を合わせるべきことによる[1]。独立行政法人等個人情報保護法においても，個人情報の定義について，同様の改正がなされている（2条2項）。

---

1)　行政機関情報公開法の要綱案を作成した行政改革委員会は，同法に基づく本人開示を否定し，行政機関個人情報保護法により本人開示を認める方針を採用した（行政改革委員会「情報公開法制の確立に関する意見」に含まれる「情報公開法要綱案の考え方」8（1）参照）。行政機関個人情報保護法が，行政機関情報公開法に基づく開示請求の対象となる行政文書に

なお，個人情報の定義が前記のように改正されたことに伴い，保有個人情報の開示義務を定める規定においても，「当該情報に含まれる氏名，生年月日その他の記述等により開示請求者以外の特定の個人を識別することができるもの（他の情報と照合することにより，開示請求者以外の特定の個人を識別することができることとなるものを含む。）」の部分が，「当該情報に含まれる氏名，生年月日その他の記述等により開示請求者以外の特定の個人を識別することができるもの（他の情報と照合することにより，開示請求者以外の特定の個人を識別することができることとなるものを含む。）若しくは個人識別符号が含まれるもの」と改正された（行政機関個人情報保護法 14 条 2 号，独立行政法人等個人情報保護法 14 条 2 号）。同様に，部分開示規定の「当該情報のうち，氏名，生年月日その他の開示請求者以外の特定の個人を識別することができることとなる記述等」の部分が，「当該情報のうち，氏名，生年月日その他の開示請求者以外の特定の個人を識別することができることとなる記述等及び個人識別符号の部分」と改正された（行政機関個人情報保護法 15 条 2 項，独立行政法人等個人情報保護法 15 条 2 項）。

② **個人識別符号**

行政機関個人情報保護法 2 条 3 項，独立行政法人等個人情報保護法 2 条 3 項の個人識別符号の定義は，個人情報保護法 2 条 2 項のそれと同じである。政令で指定される個人識別符号も官民共通であるが，理論的には，国または独立行政法人等固有の個人識別符号の存在が否定されるわけではない。

記録された個人情報である保有個人情報を行政機関個人情報保護法に基づく開示請求の対象としたのは，行政改革委員会が行政機関情報公開法の要綱案作成に当たり指摘した本人開示の課題の解決を意識したからであり，そのことが，モザイク・アプローチにおける両者の要件をできる限り一致させる方針がとられた要因の一つである。もっとも，行政機関情報公開法の個人情報には死者も含むと解すべきと考えられるのに対して（東京地判平成 20・3・28 判例集未登載。宇賀克也・新・情報公開法の逐条解説〔第 8 版〕（有斐閣，2018 年）81 頁も参照），行政機関個人情報保護法の個人情報は死者を含まない点で相違がある（宇賀克也・個人情報保護法の逐条解説〔第 6 版〕（有斐閣，2018 年）405 頁参照）。なお，都道府県の個人情報保護条例についてみると，個人情報に死者の情報を含まないのは，福島県，茨城県，埼玉県，千葉県，東京都，神奈川県，静岡県，滋賀県，奈良県，山口県，大分県，鹿児島県，沖縄県の 1 都 13 県にとどまり，33 道府県は，死者の情報であっても特定の個人を識別することができる場合には個人情報に含めている。

③ 要配慮個人情報

　個人情報保護法の 2015 年改正で要配慮個人情報についての規定が設けられたことを受けて，行政機関個人情報保護法，独立行政法人等個人情報保護法にも，要配慮個人情報の規定が置かれた。行政機関個人情報保護法 2 条 4 項，独立行政法人等個人情報保護法 2 条 4 項における「要配慮個人情報」の定義は，個人情報保護法 2 条 3 項のそれと同じである。政令で指定される要配慮個人情報も官民共通である。もっとも，行政機関等のみが保有する個人情報が政令で要配慮個人情報に指定される理論的可能性が排除されているわけではない。

④ 非識別加工情報

　個人情報保護法 2 条 9 項の匿名加工情報に相当する情報は，行政機関個人情報保護法 2 条 8 項，独立行政法人等個人情報保護法 2 条 8 項においては，非識別加工情報という異なる名称で表現されている。個人情報を加工して得られる個人に関する情報であって，当該個人情報を復元することができないようにしたものである点，加工の方法[2]は共通であるが，モザイク・アプローチの相違の結果，個人情報の範囲が一致せず，個人情報取扱事業者は，匿名加工情報を作成して自ら当該匿名加工情報を取り扱うに当たっては，当該匿名加工情報の作成に用いられた個人情報に係る本人を識別するために，当該匿名加工情報を他の情報と照合することを禁止されているが（個人情報保護法 36 条 5 項），行政機関等には，かかる照合禁止義務は課されていないので，非識別加工情報は個人情報に当たる[3]。そこで，これらの相違点を考慮して，匿名加工情報とは異

---

[2]　当該情報に含まれる氏名，生年月日その他の記述等（文書，図画もしくは電磁的記録〔電磁的方式（電子的方式，磁気的方式その他人の知覚によっては認識することができない方式をいう）で作られる記録をいう〕に記載され，もしくは記録され，または音声，動作その他の方法を用いて表された一切の事項〔個人識別符号を除く〕をいう）により特定の個人を識別することができるもの（モザイク・アプローチにより特定の個人を識別することができることとなるものを含む）については，当該個人情報に含まれる記述等の一部を削除すること（当該一部の記述等を復元することのできる規則性を有しない方法により他の記述等に置き換えることを含む）（個人情報保護法 2 条 9 項 1 号，行政機関個人情報保護法 2 条 8 項 1 号，独立行政法人等個人情報保護法 2 条 8 項 1 号），個人識別符号が含まれるものについては，当該個人情報に含まれる個人識別符号の全部を削除すること（当該個人識別符号を復元することのできる規則性を有しない方法により他の記述等に置き換えることを含む）（個人情報保護法 2 条 9 項 2 号，行政機関個人情報保護法 2 条 8 項 2 号，独立行政法人等個人情報保護法 2 条 8 項 2 号）が加工方法となる。

なる非識別加工情報という文言が使用された[4]。しかし，モザイク・アプローチの結果，匿名加工情報と非識別加工情報の範囲が異なることにならないように，非識別加工情報については，個人情報から，他の情報と照合することができ，それにより特定の個人を識別することができるもの（他の情報と容易に照合することができ，それにより特定の個人を識別することができることとなるものを除く）を除くこととされている。これにより，非識別加工の対象になる個人情報に係るモザイク・アプローチは，他の情報と容易に照合することができる場合に限定されることになり，匿名加工情報に係るモザイク・アプローチとの一致が図られることになる。

⑤ 行政機関非識別加工情報・独立行政法人等非識別加工情報

行政機関非識別加工情報とは，非識別加工情報のうち，以下の要件の全てを満たすものである（行政機関個人情報保護法2条9項）。

まず，個人情報ファイルを構成する保有個人情報であることである。したがって，組織共用されていない個人情報は保有個人情報でないから対象外であり，また，個人情報ファイルを構成しない散在情報は対象にならない。容易に検索できるように体系的に構成されていない保有個人情報をデータベース化する労力を考えれば，ビッグデータ分析にとって，組織共用されていない個人情報や組織共用されていても個人情報ファイルを構成しない散在情報の有用性は疑問であり，個人情報保護法においても，匿名加工情報取扱事業者は，匿名加工情報データベース等を事業の用に供しているものに限られている（2条10項）。したがって，個人情報ファイルを構成する保有個人情報に対象を限定することにより，行政機関非識別加工情報制度，独立行政法人等非識別加工情報制度を導入した趣旨が損なわれることにはならないと思われる。なお，匿名加工情報の範囲との一致を図るため，保有個人情報から他の情報と照合することができ，

---

3) ただし，非識別加工を行うに当たり削除した記述等もしくは個人識別符号または加工方法を記載または記録した文書が全て廃棄された場合には，他の情報との照合により当該非識別加工情報に係る本人が特定されるおそれはなく，個人情報に該当しないことになる。また，非識別加工情報に係る本人が全て死亡した場合には，個人情報に死者の情報が含まれないため，個人情報には当たらないことになる。
4) 宇賀克也＝藤原静雄＝山本和徳「〈鼎談〉個人情報保護法改正の意義と課題」行政法研究13号24〜25頁［藤原静雄発言］参照。

それにより特定の個人を識別することができるもの（他の情報と容易に照合することができ，それにより特定の個人を識別することができることとなるものを除く）を除くこととされている。

　また，保有個人情報の全部または一部に行政機関情報公開法5条，独立行政法人等の保有する情報の公開に関する法律（以下「独立行政法人等情報公開法」という）5条に規定する不開示情報（同条1号に掲げる情報を除く）が含まれているときは，かかる不開示情報を行政機関等非識別加工情報として提供することにより，個人の権利利益以外の保護法益を侵害するおそれがある。そこで，行政機関情報公開法5条2号から6号まで，独立行政法人等情報公開法5条2号から4号までに掲げる不開示情報に該当する部分は，行政機関等に係る非識別加工情報の作成対象から除外されている。したがって，行政機関情報公開法5条2号から6号まで，独立行政法人等情報公開法5条2号から4号までに掲げる不開示情報に当たらないことも要件となる。

　以上の前提の下で，さらに，以下の3つの要件を満たす必要がある。

　第1に，個人情報ファイル簿に掲載しないこととされているものでないことである（行政機関個人情報保護法2条9項1号，独立行政法人等個人情報保護法2条9項1号）。行政機関等に係る非識別加工情報の提供の透明性を確保するためには，国民に公表されていない個人情報から行政機関等に係る非識別加工情報が作成・提供されることがないようにする必要がある。そこで，個人情報の本人が自己の個人情報の利用実態を認識できるようにするために作成・公表されている個人情報ファイル簿に掲載されていない個人情報ファイルを構成する保有個人情報を加工して，行政機関等に係る非識別加工情報を作成することは認めないこととされている。行政機関非識別加工情報については，これにより，[1]（ⅰ）国の安全，外交上の秘密その他の国の重大な利益に関する事項を記録する個人情報ファイル，（ⅱ）犯罪の捜査，租税に関する法律の規定に基づく犯則事件の調査または公訴の提起もしくは維持のために作成し，または取得する個人情報ファイル，（ⅲ）行政機関の職員または職員であった者に係る個人情報ファイルであって，専らその人事，給与もしくは福利厚生に関する事項またはこれらに準ずる事項を記録するもの（行政機関が行う職員の採用試験に関する個人情報ファイルを含む），（ⅳ）専ら試験的な電子計算機処理の用に供するための個人情

報ファイル，（ⅴ）総務大臣への事前通知に係る個人情報ファイルに記録されている記録情報の全部または一部を記録した個人情報ファイルであって，その利用目的，記録項目および記録範囲が当該通知に係るこれらの事項の範囲内のもの，（ⅵ）行政機関非識別加工情報ファイルに該当する個人情報ファイル，（ⅶ）記録情報に削除情報が含まれる個人情報ファイル，（ⅷ）1年以内に消去することとなる記録情報のみを記録する個人情報ファイル，（ⅸ）資料その他の物品もしくは金銭の送付または業務上必要な連絡のために利用する記録情報を記録した個人情報ファイルであって，送付または連絡の相手方の氏名，住所その他の送付または連絡に必要な事項のみを記録するもの，（ⅹ）職員が学術研究の用に供するためその発意に基づき作成し，または取得する個人情報ファイルであって，記録情報を専ら当該学術研究の目的のために利用するもの，（ⅺ）本人の数が政令で定める数（1000）に満たない個人情報ファイル，（ⅻ）前記（ⅲ）から（ⅺ）までに掲げる個人情報ファイルに準ずるものとして政令で定める個人情報ファイル[5]のいずれかに該当するもの，［2］公表に係る個人情報ファイルに記録されている記録情報の全部または一部を記録した個人情報ファイルであって，その利用目的，記録項目および記録範囲が当該公表に係るこれらの事項の範囲内のもの，［3］マニュアル処理であって，その利用目的および記録範囲が個人情報ファイル簿に掲載され公表された電算処理ファイルの利用目的および記録範囲の範囲内であるもの（行政機関個人情報保護法施行令12条）のいずれかに該当するもの（行政機関個人情報保護法11条2項）または，行政機関の長が，記録項目の一部もしくは個人情報ファイルに記録される個人情報（以下「記録情報」

---

5)　（イ）「行政機関の職員以外の国家公務員であって行政機関若しくは行政機関の長の任命に係る者，行政機関が雇い入れる者であって国以外のもののために労務に服するもの若しくは行政機関若しくは行政機関の長から委託された事務に従事する者であって当該事務に一年以上にわたり専ら従事すべきもの又はこれらの者であった者」（以下「行政機関の職員に準ずる者」という）または（ロ）前記（ⅲ）に規定する者もしくは行政機関の職員に準ずる者の被扶養者または遺族のいずれかに該当する者に係る個人情報ファイルであって，専らその人事，給与もしくは福利厚生に関する事項またはこれらに準ずる事項を記録するもの（行政機関の職員に準ずる者の採用または選定のための試験に関する個人情報ファイルを含む），（ハ）前記（ⅲ）に規定する者および前記（イ）または（ロ）に掲げる者を併せて記録する個人情報ファイルであって，専らその人事，給与もしくは福利厚生に関する事項またはこれらに準ずる事項を記録するものである（行政機関個人情報保護法施行令9条）。

という)の収集方法もしくは記録情報を当該行政機関以外の者に経常的に提供する場合には，その提供先を個人情報ファイル簿に記載し，または個人情報ファイルを個人情報ファイル簿に掲載することにより，利用目的に係る事務の性質上，当該事務の適正な遂行に著しい支障を及ぼすおそれがあると認めるために個人情報ファイル簿に掲載しないことができるもの(同条3項)は，行政機関非識別加工情報の作成対象外になる。

　第2に，情報公開請求があったとしたならば，行政機関等が，(ア)当該行政文書または法人文書に記録されている保有個人情報の全部または一部を開示する旨の決定をすること，または(イ)行政機関情報公開法13条1項もしくは2項または独立行政法人等情報公開法14条1項もしくは2項の規定により意見書の提出の機会を与えることのいずれかを行うこととなるものであることである(行政機関個人情報保護法2条9項2号，独立行政法人等個人情報保護法2条9項2号)。情報公開請求に対する部分開示と非識別加工は，後者のほうがより精緻な作業を行う点に相違があるものの，特定の個人が識別できないように作業する点では共通しており，情報公開請求に対して部分開示すらできない保有個人情報については，個人の権利利益を害することなく有用な行政機関非識別加工情報・独立行政法人等非識別加工情報を作成することは困難と考えられること，逆に部分開示が可能な個人情報の場合には，適正な加工を行い，かつ，提供を受けた事業者における識別禁止等の規律を課すことによって，特定の個人が識別されないようにすることが可能と考えられること，特定の個人を識別できないが公にすることによりなお個人の権利利益を害するおそれがあるために部分開示もできない個人情報や個人の権利利益以外の保護法益を侵害するおそれがある個人情報を非識別加工して提供することは適当でないことから，(ア)の要件が設けられている。これにより，被収容者個人データファイル，人権相談ファイル等が対象外になると考えられる。(イ)は，任意的意見聴取または必要的意見聴取を行う場合である。任意的意見聴取は，開示・不開示の判断を行うに当たって行われ，必要的意見聴取は，開示により第三者の権利利益を侵害するおそれがあるが，公益上の必要から開示をしようとするときに行われる。

　第3に，行政機関等の事務および事業の適正かつ円滑な運営に支障のない範囲内で，個人情報保護委員会で定める基準に従い，当該個人情報ファイルを構

成する保有個人情報を加工して非識別加工情報を作成することができることである（行政機関個人情報保護法2条9項3号，独立行政法人等個人情報保護法2条9項3号）。すなわち，行政機関等の人員・予算の制約等のために，行政機関等の本来の業務の適正かつ円滑な運営に支障が生ずることを避けるための要件である。具体的には，マニュアル処理ファイルであって非識別加工に膨大な作業が必要な場合，非識別加工を行うために情報システムの運用を停止する必要があり，個人情報を検索する業務等の継続に支障を生ずるおそれがある場合，年金給付システムのようにシステムが独立しており，システム外への持出しを制限する仕様になっている場合等が考えられる。

⑥ 行政機関非識別加工情報ファイル・独立行政法人等非識別加工情報ファイル

　行政機関非識別加工情報ファイルとは，行政機関非識別加工情報を含む情報の集合物であって，「特定の行政機関非識別加工情報を電子計算機を用いて検索することができるように体系的に構成したもの」（行政機関個人情報保護法2条10項1号）または，以上のほか，「特定の行政機関非識別加工情報を容易に検索することができるように体系的に構成したものとして政令で定めるもの」（同項2号）である。前者は電算処理ファイルであり，後者はマニュアル処理ファイルである。個人情報保護法においても，匿名加工情報の取扱いに関する規律は，匿名加工情報データベース等（2条10項）を構成するものに限ることとしているが（36条1項），行政機関個人情報保護法も同様の考え方に基づき，匿名加工情報データベース等に相当する概念として，行政機関非識別加工情報ファイルという概念を設けている。同様に，独立行政法人等非識別加工情報ファイルという概念が設けられている（独立行政法人等個人情報保護法2条10項）。

⑦ 行政機関非識別加工情報取扱事業者，独立行政法人等非識別加工情報取扱事業者

　個人情報保護法上の匿名加工情報取扱事業者とは，匿名加工情報データベース等を事業の用に供しているものであって，国の機関，地方公共団体，独立行政法人等，地方独立行政法人を除くものをいう（2条10項）。これに対応する概念が，行政機関非識別加工情報取扱事業者であって，行政機関非識別加工情報ファイルを事業の用に供しているものであって，国の機関，地方公共団体，

独立行政法人等，地方独立行政法人を除くものをいう（行政機関個人情報保護法2条11項）。同様に，独立行政法人等非識別加工情報取扱事業者とは，独立行政法人等非識別加工情報ファイルを事業の用に供しているものであって，国の機関，地方公共団体，独立行政法人等，地方独立行政法人を除くものをいう（独立行政法人等個人情報保護法2条11項）。国の行政機関，独立行政法人等，地方公共団体，地方独立行政法人は，法令の定める事務または業務の遂行に必要な限度で提供に係る個人情報を利用し，かつ，当該個人情報を利用することについて相当な理由があるときには，当該個人情報の提供を受けることができるので（行政機関個人情報保護法8条2項3号，独立行政法人等個人情報保護法9条2項3号），行政機関非識別加工情報または独立行政法人等非識別加工情報の提供を受ける必要は原則としてはないと思われる。また，国の立法機関，司法機関も，法令の定める事務の遂行に必要な場合，行政機関非識別加工情報または独立行政法人等非識別加工情報の加工元の提出を命ずる権限を有するので，行政機関非識別加工情報，独立行政法人等非識別加工情報の元になる個人情報の提供を受ける必要は基本的にはないと考えられる。

(3) 要配慮個人情報を含む旨の個人情報ファイル簿への記載等

　行政機関が個人情報ファイルを保有しようとするときは，当該行政機関の長は，あらかじめ，一定の事項を総務大臣に通知する義務を負うが，記録情報に要配慮個人情報が含まれるときは，その旨も通知事項に追加された（行政機関個人情報保護法10条1項5号の2）。行政機関の保有する電子計算機処理に係る個人情報の保護に関する法律を全部改正する行政機関個人情報保護法案が衆参両院の個人情報の保護に関する特別委員会で可決された際の附帯決議[6]において，「思想，信条，宗教，病気及び健康状態，犯罪の容疑，判決及び刑の執行並びに社会的差別の原因となる社会的身分に関する個人情報の取得又は保有に当たっては，利用目的を厳密に特定するとともに，可能な限り法律その他の法令等によって取得根拠を明確にし，その利用，提供及び安全確保に特段の配慮を加

---

[6] 衆議院個人情報の保護に関する特別委員会による2003年4月25日の附帯決議4，参議院個人情報の保護に関する特別委員会による同年5月21日の附帯決議5。

えること」とされていたが，個人情報の本人が自己に係る要配慮個人情報の利用実態を把握することができるようにするため，個人情報ファイル簿にその旨を記載し公表することが義務付けられた（行政機関個人情報保護法11条1項，10条1項5号の2，独立行政法人等個人情報保護法11条1項5号の2）。もっとも，個人情報ファイル簿には，個人情報ファイルに記録される項目および個人情報ファイルに記録される個人の範囲（行政機関個人情報保護法11条1項，10条1項4号，独立行政法人等個人情報保護法11条1項4号）が記載され公表されるから，記録情報に照らして自己の要配慮個人情報が記載されているかが分かる場合もありうると思われる。しかし，記録項目に「相談内容」と記載されている場合等は，相談内容に要配慮個人情報が含まれているかは，当該記載のみからは判断が困難なことがあると考えられる。したがって，個人情報ファイル簿に要配慮個人情報が含まれる旨を記載し公表することは，透明性の確保の観点から前進といえると思われる[7]。

(4) 行政機関非識別加工情報・独立行政法人等非識別加工情報の提供等

① 行政機関非識別加工情報・独立行政法人等非識別加工情報の作成および提供等

保有個人情報を加工して行政機関非識別加工情報を作成することは保有個人情報の目的外利用に当たると解されるところ，行政機関個人情報保護法8条1項により，法令に基づく場合を除き，目的外利用は原則として禁止されている。行政機関個人情報保護法44条の2第1項は，行政機関の長が，行政機関非識

---

[7] 個人情報保護法においては，要配慮個人情報の取得の原則禁止（17条2項）およびオプトアウトによる提供禁止（23条2項柱書）が定められている。行政機関等は，個人情報一般についてオプトアウトによる提供を認められていないため，要配慮個人情報についてオプトアウトによる提供を禁止する規定を置く必要はない。要配慮個人情報の取得の原則禁止規定が置かれなかったのは，行政機関等は，個人情報を保有するに当たっては，法令の定める所掌事務または業務を遂行するため必要な場合に限り，かつ，その利用の目的をできる限り特定しなければならず（行政機関個人情報保護法3条1項，独立行政法人等個人情報保護法3条1項），特定された利用の目的の達成に必要な範囲を超えて，個人情報を保有してはならないから（行政機関個人情報保護法3条2項，独立行政法人等個人情報保護法3条2項），そもそも，法令の定める所掌事務または業務を遂行するために不要な個人情報を取得することは認められていないからである。

別加工情報（行政機関非識別加工情報ファイルを構成するものに限る）を作成する法令上の根拠を与えている。その他，本人の同意があるとき（同法8条2項1号）または，行政機関が法令の定める所掌事務の遂行に必要な限度で保有個人情報を内部で利用する場合であって，当該保有個人情報を利用することについて相当な理由のあるとき（同項2号）は，本人または第三者の権利利益を不当に侵害するおそれがあると認められない限り（同条2項柱書ただし書），目的外利用としての作成が可能である。以上のいずれの場合においても，行政機関非識別加工情報および削除情報[8]（保有個人情報に該当するものに限る）の目的外利用・提供禁止原則については，行政機関個人情報保護法8条ではなく，同法44条の2第2項で定められており，同条1項で提供の法令上の根拠が定められている。削除情報（保有個人情報に該当するものに限る）は，行政機関非識別加工情報と照合することにより，加工元の個人情報を復元することが可能になるので，行政機関非識別加工情報と同様，法令に基づく場合を除き，目的外の利用・提供を禁止されている。

　独立行政法人等非識別加工情報（独立行政法人等非識別加工情報ファイルを構成するものに限る）の作成および提供等についても，同様の定めがなされている（独立行政法人等個人情報保護法44条の2）。

② **提案の募集に関する事項の個人情報ファイル簿への記載**

　民間のニーズを把握しないままに行政機関非識別加工情報または独立行政法人等非識別加工情報を作成しても，民間のニーズと合致せず，利用されないおそれがある。そこで，民間事業者から提案を募集する方式が採用されている。行政機関非識別加工情報または独立行政法人等非識別加工情報を事業の用に供しようとする者が，提案を募集する個人情報ファイルを認識して，提案を行うための準備を行うことを可能にするためには，提案を募集する旨が公表されている必要がある。また，行政機関非識別加工情報または独立行政法人等非識別

---

[8]　削除情報とは，行政機関非識別加工情報の作成に用いた保有個人情報（他の情報と照合することができ，それにより特定の個人を識別することができることとなるもの〔他の情報と容易に照合することができ，それにより特定の個人を識別することができることとなるものを除く〕を除く）から削除した記述等および個人識別符号をいう（行政機関個人情報保護法44条の2第3項）。

加工情報の作成および提供については，国民に対する透明性を確保することが必要である。そこで，国民に公表されている個人情報ファイル簿に，（ⅰ）提案を募集する個人情報ファイルである旨，（ⅱ）提案を受ける組織の名称および所在地，（ⅲ）行政機関情報公開法13条1項もしくは2項または独立行政法人等情報公開法14条1項もしくは2項の規定により意見書の提出の機会を与える場合には，その旨を個人情報ファイル簿に記載しなければならないとされている（行政機関個人情報保護法44条の3，独立行政法人等個人情報保護法44条の3）。

③ 提案の募集

行政機関等は，個人情報保護委員会規則で定めるところにより，定期的に，当該行政機関等が保有している個人情報ファイル（個人情報ファイル簿に提案の募集をする個人情報ファイルである旨の記載があるものに限る）について提案を募集する（行政機関個人情報保護法44条の4，独立行政法人等個人情報保護法44条の4）。

④ 行政機関非識別加工情報または独立行政法人等非識別加工情報をその用に供して行う事業に関する提案

募集に応じて個人情報ファイルを構成する保有個人情報を加工して作成する行政機関非識別加工情報または独立行政法人等非識別加工情報をその事業の用に供する行政機関非識別加工情報取扱事業者または独立行政法人等非識別加工情報取扱事業者になろうとする者は，行政機関等に対し，当該事業に関する提案をすることができる（行政機関個人情報保護法44条の5第1項，独立行政法人等個人情報保護法44条の5第1項）。

提案は，個人情報保護委員会規則で定めるところにより，（ⅰ）提案をする者の氏名または名称および住所または居所ならびに法人その他の団体にあっては，その代表者の氏名，（ⅱ）提案に係る個人情報ファイルの名称，（ⅲ）提案に係る行政機関非識別加工情報または独立行政法人等非識別加工情報の本人の数，（ⅳ）提案に係る行政機関非識別加工情報または独立行政法人等非識別加工情報の作成に用いる加工の方法を特定するに足りる事項，（ⅴ）提案に係る行政機関非識別加工情報または独立行政法人等非識別加工情報の利用の目的および方法その他当該行政機関非識別加工情報または独立行政法人等非識別加工情報がその用に供される事業の内容，（ⅵ）提案に係る行政機関非識別加工情報または独立行政法人等非識別加工情報を当該事業の用に供しようとする期間，（ⅶ）提案

に係る行政機関非識別加工情報または独立行政法人等非識別加工情報の漏えいの防止その他当該行政機関非識別加工情報または独立行政法人等非識別加工情報の適切な管理のために講ずる措置，(viii)前記(ⅰ)〜(vii)に掲げるもののほか，個人情報保護委員会規則で定める事項を記載した書面を行政機関等に提出してしなければならない（行政機関個人情報保護法44条の5第2項，独立行政法人等個人情報保護法44条の5第2項）。

　(ⅰ)は提案者の特定に必要であるのみならず，提案者が欠格事由に該当するかを審査するためにも必要である。(viii)は，提案に係る行政機関非識別加工情報に関して希望する提供方法等である（行政機関の保有する個人情報の保護に関する法律第4章の2の規定による行政機関非識別加工情報の提供に関する規則4条3項，独立行政法人等の保有する個人情報の保護に関する法律第4章の2の規定による独立行政法人等非識別加工情報の提供に関する規則4条3項）。

　提案の書面には，（ア）提案をする者が欠格事由のいずれにも該当しないことを誓約する書面，（イ）提案された事業が新たな産業の創出または活力ある経済社会もしくは豊かな国民生活の実現に資するものであることを明らかにする書面，（ウ）その他個人情報保護委員会規則で定める書面を添付しなければならない（行政機関個人情報保護法44条の5第3項，独立行政法人等個人情報保護法44条の5第3項）。（ウ）については，本人確認書類が定められている（行政機関の保有する個人情報の保護に関する法律第4章の2の規定による行政機関非識別加工情報の提供に関する規則4条4項，独立行政法人等の保有する個人情報の保護に関する法律第4章の2の規定による独立行政法人等非識別加工情報の提供に関する規則4条4項）。

⑤　欠格事由

　個人の権利利益を保護するため，提案を行う者については，(ⅰ)未成年者，成年被後見人または被保佐人，(ⅱ)破産手続開始の決定（破産法30条1項）を受けて復権（同法255条1項）を得ない者，(ⅲ)禁固以上の刑に処せられ，または行政機関個人情報保護法，個人情報保護法もしくは独立行政法人等個人情報保護法の規定により刑に処せられ，その執行を終わり，または執行を受けることがなくなった日から起算して2年を経過しない者，(ⅳ)行政機関非識別加工情報または独立行政法人等非識別加工情報の利用に関する契約を解除され，その解除の日から起算して2年を経過しない者，(ⅴ)法人その他の団体であって，

その役員のうちに前記（ⅰ）〜（ⅳ）のいずれかに該当する者の欠格事由が定められており，そのいずれかに該当する者は，提案をすることができないことになる（行政機関個人情報保護法44条の6，独立行政法人等個人情報保護法44条の6）。（ⅴ）は，役員が法人の意思決定に影響を及ぼすことができると考えられるために設けられた欠格事由である。

⑥ 提案の審査等

　行政機関等は，提案があったときは，当該提案が，（ⅰ）提案をした者が欠格事由のいずれにも該当しないこと，（ⅱ）提案に係る行政機関非識別加工情報または独立行政法人等非識別加工情報の本人の数が，行政機関非識別加工情報または独立行政法人等非識別加工情報の効果的な活用の観点からみて個人情報保護委員会規則で定める数以上であり，かつ，提案に係る個人情報ファイルを構成する保有個人情報の本人の数以下であること，（ⅲ）提案に係る行政機関非識別加工情報または独立行政法人等非識別加工情報の本人の数および提案に係る行政機関非識別加工情報または独立行政法人等非識別加工情報の作成に用いる加工の方法を特定するに足りる事項により特定される加工の方法が個人情報保護委員会が定める加工基準に適合するものであること，（ⅳ）提案に係る事業が新たな産業の創出または活力ある経済社会もしくは豊かな国民生活の実現に資するものであること，（ⅴ）提案に係る事業の用に供しようとする期間が行政機関非識別加工情報または独立行政法人等非識別加工情報の効果的な活用の観点からみて個人情報保護委員会規則で定める期間を超えないものであること，（ⅵ）提案に係る行政機関非識別加工情報または独立行政法人等非識別加工情報の利用の目的および方法ならびに提案に係る行政機関非識別加工情報または独立行政法人等非識別加工情報の漏えいの防止その他当該行政機関非識別加工情報または独立行政法人等非識別加工情報の適切な管理のために講ずる措置が当該行政機関非識別加工情報または独立行政法人等非識別加工情報の本人の権利利益を保護するために適切なものであること，（ⅶ）前記（ⅰ）〜（ⅵ）に掲げるもののほか，個人情報保護委員会規則で定める基準に適合するものであること，という基準に適合するかどうかを審査しなければならない（行政機関個人情報保護法44条の7第1項，独立行政法人等個人情報保護法44条の7第1項）。

　（ⅴ）は，提案に係る事業の達成にとって不必要な期間が設定されることによ

り，個人の権利利益を侵害することを防止するための基準である。(vi)は，行政機関個人情報保護法9条，独立行政法人等個人情報保護法10条が定める保有個人情報の提供を受ける者に対する措置要求制度を参考にして設けられたものである。行政機関非識別加工情報または独立行政法人等非識別加工情報の作成により，当該行政機関等の事務の遂行に著しい支障を及ぼさないことは，(vii)の個人情報保護委員会規則で定められている（行政機関の保有する個人情報の保護に関する法律第4章の2の規定による行政機関非識別加工情報の提供に関する規則7条，独立行政法人等の保有する個人情報の保護に関する法律第4章の2の規定による独立行政法人等非識別加工情報の提供に関する規則7条）。

行政機関等は，審査した結果，提案が以上の審査の基準に適合すると認めるときは，個人情報保護委員会規則で定めるところにより，当該提案をした者に対し，(ア)行政機関等との間で，行政機関非識別加工情報または独立行政法人等非識別加工情報の利用に関する契約を締結することができる旨，(イ)以上のほか，個人情報保護委員会規則で定める事項を通知するものとされている（行政機関個人情報保護法44条の7第2項，独立行政法人等個人情報保護法44条の7第2項）。

他方，行政機関等は，審査をした結果，提案が審査の基準のいずれかに適合しないと認めるときは，個人情報保護委員会規則で定めるところにより，当該提案をした者に対し，理由を付して，その旨を通知するものとされている（行政機関個人情報保護法44条の7第3項，独立行政法人等個人情報保護法44条の7第3項）。

この通知は，契約の準備過程において，契約相手を決定するための要件該当性を相手方に知らせる行為であり，処分性はないという判例（最判平成23・6・14集民237号21頁[9]）の立場を前提としている。処分ではなく契約という行為形式を採用したのは，保有個人情報の目的外提供が契約に基づいて行われていること[10]，匿名データの提供[11]も契約に基づいて行われていること[12]等を考慮

---

[9] 同判決については，宇賀克也・判例で学ぶ行政法（第一法規，2015年）136頁以下およびそこで引用した文献参照。

[10] 行政機関の保有する個人情報の適正な管理のための措置に関する指針（平成16年9月14日総管情第84号総務省行政管理局長通知）第8：1，独立行政法人等の保有する個人情報

294　第5章　行政機関および独立行政法人等の個人情報保護制度の見直し

したものである。

⑦　第三者に対する意見書提出の機会の付与等

　第三者の権利利益を適正に保護するために，個人情報ファイル簿に意見書の提出の機会が与えられる旨の記載がある個人情報ファイルに係る提案については，当該提案を当該提案に係る個人情報ファイルを構成する保有個人情報が記録されている行政文書または法人文書の開示請求と，契約を締結することができる旨の通知を当該行政文書または法人文書の全部または一部を開示する旨の決定とみなして，行政機関情報公開法13条1項および2項または独立行政法人等情報公開法14条1項および2項の規定を準用することとされている（行政機関個人情報保護法44条の8第1項，独立行政法人等個人情報保護法44条の8第1項）。

　そして，意見書の提出の機会を与えられた第三者が提案に係る行政機関非識別加工情報または独立行政法人等非識別加工情報の作成に反対の意思を表示したときは，当該提案に係る個人情報ファイルから当該第三者を本人とする保有個人情報を除いた部分を当該提案に係る個人情報ファイルとみなすこととされている（行政機関個人情報保護法44条の8第2項，独立行政法人等個人情報保護法44条の8第2項）。反対の意思を表示しうるのは，自己を本人とする保有個人情報についてのみである。反対の意思を表示した者を本人とする保有個人情報を除いても，行政機関非識別加工情報または独立行政法人等非識別加工情報の適正かつ効果的な活用に支障を生ずることはないと考えられるため，国民の不安を解消し，行政や独立行政法人等に対する国民の信頼を確保することを重視した立法政策がとられたといえる[13]。

　　の適正な管理のための措置に関する指針（平成16年9月14日総管情第85号総務省行政管理局長通知）第8:1参照。
11)　宇賀克也＝中島隆信＝中田睦＝廣松毅「〈座談会〉全面施行された新統計法」ジュリ1381号11頁以下，宇賀克也「全面施行された新統計法と基本計画」ジュリ1381号37頁参照。
12)　匿名データの提供等利用規約（平成25年7月16日総務省統計局・独立行政法人統計センター）第1条参照。
13)　行政機関情報公開法および独立行政法人等情報公開法においては，反対意見書を提出した第三者の争訟の機会を保障するために，開示決定の日と開示を実施する日との間に少なくとも2週間を置かなければならない旨が定められている（行政機関情報公開法13条3項，

⑧ 行政機関非識別加工情報または独立行政法人等非識別加工情報の利用に関する契約の締結

契約を締結することができる旨の通知を受けた者は，個人情報保護委員会規則で定めるところにより，行政機関等との間で，行政機関非識別加工情報または独立行政法人等非識別加工情報の利用に関する契約を締結することができる（行政機関個人情報保護法44条の9，独立行政法人等個人情報保護法44条の9）。国の行政機関の場合には，会計法の規定が適用されるため，随意契約を締結するためには，「契約の性質又は目的が競争を許さない場合，緊急の必要により競争に付することができない場合及び競争に付することが不利と認められる場合」のいずれかでなければならないが（会計法29条の3第4項），民間事業者から提案を募集し，法定の要件を満たした者との間で契約を締結し，作成された行政機関非識別加工情報について，当初の提案者以外の者に対しても提供する仕組みであることに照らし，競争入札に適さず，随意契約によることが許される場合に当たると解される。契約担当官等は，随意契約によろうとするときは，あらかじめ予定価格を定めなければならず（予算決算及び会計令99条の5，80条），なるべく2人以上の者から見積書を徴さなければならない（同99条の6）。行政機関非識別加工情報については，実費を勘案して政令で定める額の手数料を徴収することとしているが（行政機関個人情報保護法44条の13），行政機関非識別加工情報制度の導入により，新たな産業の創出ならびに活力ある経済社会および豊かな国民生活の実現を図る法目的に照らせば，民間事業者からの提案を奨励するためには予定価格を高額にすることは望ましくなく，手数料額は適正な対価であると考えられる。大蔵省主計局長通達である「随意契約による場合の予定価格等について」1(1)においては，法令に基づいて取引価格（料金）が定められていることその他特別の事由があることにより，特定の取引価格（料金）によらなければ，契約を締結することが不可能または著しく困難であると

独立行政法人等情報公開法14条3項）。また，保有個人情報が本人同意なしに目的外提供された場合には利用停止請求を行うことができる（行政機関個人情報保護法36条1項，独立行政法人等個人情報保護法36条1項）。しかし，行政機関非識別加工情報および独立行政法人等非識別加工情報については，反対意見書を提出した者を本人とする保有個人情報は非識別加工の対象から除かれるので，行政機関個人情報保護法および独立行政法人等個人情報保護法には，同様の規定は設けられていない。

認められるものに係る随意契約については，予定価格調書その他の書面による予定価格の積算を省略し，または見積の徴収を省略して差し支えないこととされているが，行政機関非識別加工情報の利用に関する契約は，この場合に該当すると考えられる[14]。

⑨ **行政機関非識別加工情報または独立行政法人等非識別加工情報の作成等**

行政機関等は，行政機関非識別加工情報または独立行政法人等非識別加工情報を作成するときは，特定の個人を識別することができないように，およびその作成に用いる保有個人情報を復元することができないようにするために必要なものとして個人情報保護委員会規則で定める基準に従い，当該保有個人情報を加工しなければならない（行政機関個人情報保護法44条の10第1項，独立行政法人等個人情報保護法44条の10第1項）。

行政機関等は，個人情報ファイルに係る委託を行うことが多く，行政機関非識別加工情報または独立行政法人等非識別加工情報の作成または管理についても，委託が行われることが少なくないと思われる。そこで，行政機関等から行政機関非識別加工情報または独立行政法人等非識別加工情報の作成の委託を受けた者が受託した業務を行う場合についても，適正加工義務が課されている（行政機関個人情報保護法44条の10第2項，独立行政法人等個人情報保護法44条の10第2項）。

⑩ **行政機関非識別加工情報または独立行政法人等非識別加工情報に関する事項の個人情報ファイル簿への記載**

行政機関非識別加工情報または独立行政法人等非識別加工情報の作成に用いられた個人情報ファイルに含まれる保有個人情報の本人が，行政機関非識別加工情報または独立行政法人等非識別加工情報が作成されたことやその内容について知らされないことは，透明性を欠くことになる。また，作成された行政機関非識別加工情報または独立行政法人等非識別加工情報の概要を知らされなければ，当該行政機関非識別加工情報または独立行政法人等非識別加工情報を事業の用に供するための提案を行うことができないと考えられる。そこで，行政

---

[14] 財産的価値のない物の提供に係る契約については会計法の規定を適用しないこととしており，行政機関個人情報保護法8条2項4号の規定に基づく保有個人情報の提供は，この場合に該当するとして，会計法の規定は適用されていない。

機関等は，行政機関非識別加工情報または独立行政法人等非識別加工情報を作成したときは，当該行政機関非識別加工情報または独立行政法人等非識別加工情報の作成に用いた保有個人情報を含む個人情報ファイルについては，個人情報ファイル簿に，（ⅰ）行政機関非識別加工情報または独立行政法人等非識別加工情報の概要として個人情報保護委員会規則で定める事項，（ⅱ）提案を受ける組織の名称および所在地，（ⅲ）提案をすることができる期間を記載する義務を負うこととされている（行政機関個人情報保護法44条の11，独立行政法人等個人情報保護法44条の11）。（ⅰ）〜（ⅲ）のいずれも，提案を行おうとする民間事業者の便宜のためであるが，（ⅰ）は，それに加えて，保有個人情報の本人の権利利益の保護も目的としている。（ⅰ）を行政機関非識別加工情報または独立行政法人等非識別加工情報自体とせず，その概要にとどめているのは，民間事業者の競争上の利益に配慮したからである。作成した行政機関非識別加工情報または独立行政法人等非識別加工情報を一定期間経過後公開すべきという考え方もありうるが，当初の提案者以外の者も，提案を行い提供を受ける可能性が保障されていること，提供を受ける者からは手数料を徴収することに照らし，公表は予定されていない[15]。

⑪ **作成された行政機関非識別加工情報または独立行政法人等非識別加工情報をその用に供して行う事業に関する提案等**

当初 A の提案を受けて作成された行政機関非識別加工情報または独立行政法人等非識別加工情報は，A 以外の者が他の目的で活用することができる可能性がある。また，A 自身も，契約を締結した事業とは異なる目的で，または同じ目的ではあるが締結した契約に係る期間を超えて，当該行政機関非識別加工情報または独立行政法人等非識別加工情報の利用を希望する場合がありうる。そこで，個人情報ファイル簿に記載された行政機関非識別加工情報または独立行政法人等非識別加工情報をその事業の用に供する行政機関非識別加工情

---

[15] もっとも，手数料を納付して行われた提案に係る事業が終了し，公表しても当該事業者に不利益を与えるおそれがなく，かつ，公表により，行政機関非識別加工情報または独立行政法人等非識別加工情報の作成に用いられた個人情報ファイルに含まれる保有個人情報の本人の権利利益を侵害するおそれもない場合においては，公表することが許されないわけではないと思われる。

報取扱事業者または独立行政法人等非識別加工情報取扱事業者になろうとする者は、行政機関等に対し、当該事業に関する提案をすることができることとされ、提案の手続等は、当初の提案の手続等に準ずることとされている。当該行政機関非識別加工情報または独立行政法人等非識別加工情報についてその利用に関する契約を締結した者が、当該行政機関非識別加工情報または独立行政法人等非識別加工情報をその用に供する事業を変更しようとするときも同様とされている（行政機関個人情報保護法44条の12第1項、独立行政法人等個人情報保護法44条の12第1項）。

⑫ **手数料**

　行政機関非識別加工情報の作成・提供は、国の特定の事務のために要する費用であり、受益者負担の観点から、提供を受ける民間事業者に費用を負担させることが公平である。財政法10条は、国の特定の事務のために要する費用について、国以外の者にその全部または一部を負担させるには、法律に基づかなければならないと定めている。もっとも、同条の施行の日は政令で定めることとされ（制定附則1条1項）、この政令は未制定であるため、財政法10条の規定は未施行である。しかし、同条の趣旨に照らし、手数料の徴収については通常、法律に根拠を設けているので、最初に行政機関非識別加工情報の利用に関する契約を締結する者は、政令で定めるところにより、実費を勘案して政令で定める額の手数料を納めなければならないとされ、追加的に当該行政機関非識別加工情報の利用に関する契約を締結する者は、最初に提供を受けた者との均衡を図る観点から、最初に提供を受けた者の手数料額を参酌して政令で定める額の手数料を納付することとされている（行政機関個人情報保護法44条の13）。独立行政法人等非識別加工情報の利用に関する契約を締結する者からも同様の考え方に基づき手数料を徴収することとされているが（独立行政法人等個人情報保護法44条の13第1項）、独立行政法人等が、国から独立した法人格を有し、自主性・自律性を尊重される法人であることに照らし、手数料額は、実費を勘案し、かつ、行政機関非識別加工情報の利用に関する契約を締結する者が支払う手数料額を参酌して、独立行政法人等が定めることとされている（同条2項）。また、独立行政法人等は、手数料額に係る定めを一般の閲覧に供しなければならない（同条3項）。

⑬ 契約の解除

　行政機関等は，行政機関非識別加工情報または独立行政法人等非識別加工情報の利用に関する契約を締結した者が，（ⅰ）偽りその他不正の手段により当該契約を締結したとき，（ⅱ）欠格事由のいずれかに該当することとなったとき，（ⅲ）当該契約について定められた事項について重大な違反があったときのいずれかに該当するときは，当該契約を解除することができるとされている（行政機関個人情報保護法44条の14，独立行政法人等個人情報保護法44条の14）。当初から欠格事由に該当したにもかかわらず，その事実を隠蔽して契約を締結した場合には（ⅰ），契約締結時点では欠格事由はなかったが，その後，欠格事由に該当するようになった場合には（ⅱ）に当たる。（ⅲ）に該当する場合としては，契約で再提供を禁止していたにもかかわらず，事前の連絡もなしに再提供を行った場合，契約で定めた安全管理措置に反して他の情報との照合を行い特定の個人を識別した場合等が考えられる。前記（ⅰ）～（ⅲ）は，法定の契約解除事由であるから，契約書において，これらに該当する場合に契約を解除できる旨の規定がなくても，解除が可能である。他方，契約解除事由をこれらの場合に限定する趣旨ではなく，これら以外の場合であっても，契約書において解除事由として定められている事由に該当すれば解除が可能であるし，契約書に明文の規定がなくても，民法の定める一般法理に基づき，解除できる場合がありうる。

⑭ 安全管理措置

　行政機関の長は，行政機関非識別加工情報，行政機関非識別加工情報の作成に用いた保有個人情報から削除した記述等および個人識別符号ならびに加工の方法に関する情報（以下，これらを「行政機関非識別加工情報等」と総称する）の漏えいを防止するために必要なものとして個人情報保護委員会規則で定める基準に従い，行政機関非識別加工情報等の管理のために必要な措置を講ずる義務を負う（行政機関個人情報保護法44条の15第1項）。行政機関から行政機関非識別加工情報等の取扱いの委託を受けた者が受託した業務を行う場合にも，同様の安全管理措置を講ずる義務を負う（同条2項）。独立行政法人等も，独立行政法人等非識別加工情報，独立行政法人等非識別加工情報の作成に用いた保有個人情報から削除した記述等および個人識別符号ならびに加工の方法に関する情報（以下，これらを「独立行政法人等非識別加工情報等」と総称する）の漏えいを防止

するために必要なものとして個人情報保護委員会規則で定める基準に従い，独立行政法人等非識別加工情報等の管理のために必要な措置を講ずる義務を負う（独立行政法人等個人情報保護法44条の15第1項）。独立行政法人等から独立行政法人等非識別加工情報等の取扱いの委託を受けた者が受託した業務を行う場合にも，同様の安全確保の措置を講ずる義務を負う（同条2項）。

⑮ 従事者の義務

行政機関非識別加工情報等または独立行政法人等非識別加工情報等の取扱いに従事する行政機関の職員もしくは職員であった者または独立行政法人等の役員もしくは職員またはこれらの職にあった者または受託業務に従事している者もしくは従事していた者は，その業務に関して知りえた行政機関非識別加工情報等または独立行政法人等非識別加工情報等の内容をみだりに他人に知らせ，または不当な目的に利用してはならない（行政機関個人情報保護法44条の16，独立行政法人等個人情報保護法44条の16）。

⑯ 提案をしようとする者に対する情報の提供等

行政機関等は，提案をしようとする者が容易かつ的確に当該提案をすることができるよう，当該提案に資する情報の提供その他当該提案をしようとする者の利便を考慮した適切な措置を講ずる義務を負い（行政機関個人情報保護法51条の2第1項，独立行政法人等個人情報保護法48条の2第1項），個人情報保護委員会は，行政機関非識別加工情報および独立行政法人等非識別加工情報の提供の円滑な運用を確保するため，総合的な案内所を整備するものとされている（行政機関個人情報保護法51条の2第2項，独立行政法人等個人情報保護法48条の2第2項）。総務大臣は，行政機関個人情報保護法および独立行政法人等個人情報保護法の円滑な運用を確保するため，総合的な案内所を整備するものとされているが，行政機関非識別加工情報および独立行政法人等非識別加工情報の提供の円滑な運用を確保するための総合的な案内所の整備は個人情報保護委員会が行うこととされたので，それに関しては，総務大臣は総合的な案内所の整備義務を負わないことになる（行政機関個人情報保護法47条2項，独立行政法人等個人情報保護法46条2項）。

⑰ **行政機関非識別加工情報または独立行政法人等非識別加工情報の取扱いに関する苦情の処理**

　行政機関等は，行政機関非識別加工情報または独立行政法人等非識別加工情報の取扱いに関する苦情の適切かつ迅速な処理を行う努力義務を負う（行政機関個人情報保護法51条の3，独立行政法人等個人情報保護法48条の3）。行政機関等は，行政機関または独立行政法人等における個人情報一般の取扱いに関する苦情の処理に関する努力義務を負っているが（行政機関個人情報保護法48条，独立行政法人等個人情報保護法47条），行政機関非識別加工情報，独立行政法人等非識別加工情報の提供のための規定が設けられたことに照らし，これらに関する苦情処理の努力義務は別に規定されている[16]。

⑱ **本人開示**

　行政機関非識別加工情報および独立行政法人等非識別加工情報は，保有個人情報に該当するものの，保有個人情報の本人を含めた一般の者が特定の個人を識別することはできないので，行政機関個人情報保護法・独立行政法人等個人情報保護法に基づく本人開示請求の対象とすることは事務処理上困難であり，かつ，本人開示請求を認める実益も乏しいことから，本人開示請求の対象外とされている（行政機関個人情報保護法5条において保有個人情報から行政機関非識別加工情報および削除情報に該当するものを除外し，同法12条1項においても同じとしている。また，独立行政法人等個人情報保護法6条において保有個人情報から独立行政法人等非識別加工情報および削除情報に該当するものを除外し，同法12条1項においても同じとしている）。

(5) 個人情報保護委員会による監視または監督

① **個人情報保護委員会**

　行政機関個人情報保護法，独立行政法人等個人情報保護法は総務省所管の法律であり，総務大臣が総括管理機関[17]として位置付けられているが，行政機関

---

16) そのため，一般的な苦情処理規定における個人情報からは，行政機関非識別加工情報，独立行政法人等非識別加工情報および削除情報に該当するものは除かれている（行政機関個人情報保護法6条2項，48条，独立行政法人等個人情報保護法7条2項，47条）。
17) 宇賀克也・行政法概説Ⅲ〔第5版〕（有斐閣，2019年）74頁以下，187頁以下参照。

非識別加工情報，独立行政法人等非識別加工情報については，官民間で流通するものであり，民間の匿名加工情報取扱事業者を監督する個人情報保護委員会が一元的に監督を行うことが合理的であり，平成27年法律第65号附則12条1項においても，「行政機関等匿名加工情報の取扱いに対する指導，助言等を統一的かつ横断的に個人情報保護委員会に行わせることを含めて検討を加え，その結果に基づいて所要の措置を講ずるものとする」と規定されている趣旨にも適合する。そこで，行政機関非識別加工情報，独立行政法人等非識別加工情報については，個人情報保護委員会が加工基準を定め，監視または監督も個人情報保護委員会が一元的に行うこととされた。そこで，個人情報保護法61条2号が改正され，行政機関非識別加工情報の取扱いに関する監視，独立行政法人等非識別加工情報の取扱いに関する監督が，個人情報保護委員会の所掌事務として追加された。

② **報告の要求**

個人情報保護委員会は，行政機関の長に対し行政機関個人情報保護法4章の2（行政機関非識別加工情報の提供）の規定の施行の状況について，独立行政法人等に対し独立行政法人等個人情報保護法4章の2（独立行政法人等非識別加工情報の提供）の施行の状況について，報告を求めることができる（行政機関個人情報保護法51条の4，独立行政法人等個人情報保護法48条の4）。したがって，施行状況調査は，個人情報保護法61条9号の「法律……に基づき委員会に属させられた事務」に該当することになり，個人情報保護委員会は，毎年，内閣総理大臣を経由して国会に対し施行の状況を報告するとともに，その概要を公表しなければならない（個人情報保護法79条）。なお，行政機関個人情報保護法，独立行政法人等個人情報保護法全般の施行の状況について報告を求める権限は，総務大臣が有する（行政機関個人情報保護法49条1項，独立行政法人等個人情報保護法48条1項）。

③ **資料の提出の要求および実地調査**

個人情報保護委員会は，施行状況調査のほか，行政機関個人情報保護法4章の2（行政機関非識別加工情報の提供）の規定の円滑な運用を確保するため必要があると認めるときは，行政機関の長に対し，行政機関における行政機関非識別加工情報の取扱いに関する事務の実施状況について，資料の提出および説明を

求め，またはその職員に実地調査をさせることができることとされた（同法51条の5）。個人情報保護委員会は，独立行政法人等非識別加工情報の取扱いに関する事務の実施状況についても，同様の権限を有する（独立行政法人等個人情報保護法48条の5）。なお，総務大臣は，毎年度の施行状況調査のほか，行政機関個人情報保護法の目的を達成するため必要があると認めるときは，行政機関の長に対し，行政機関における個人情報の取扱いに関する事務の実施状況について，資料の提出および説明を求める権限を有するが（行政機関個人情報保護法50条），重畳的な監視とならないように，行政機関非識別加工情報については，総務大臣の資料提出および説明要求の対象外とされている（同法6条2項かっこ書）。

　このように，行政機関非識別加工情報についての資料提出および説明要求の権限は個人情報保護委員会，行政機関が保有する行政機関非識別加工情報を除く個人情報についての資料提出および説明要求の権限は総務大臣が有することになる。しかし，個人情報の非識別加工が不十分であったため，行政機関非識別加工情報から特定の個人が識別されたような場合，個人情報保護委員会は，当該行政機関非識別加工情報のみならず，加工元の保有個人情報についても資料の提出や説明を求める必要が生ずると考えられる。したがって，個人情報保護委員会が行政機関非識別加工情報の取扱いに関する監視を行うのに必要な限度で，加工元の保有個人情報の取扱いについての資料提出および説明要求を行った場合，これに応ずる運用がなされるものと考えられる。

　個人情報保護委員会は，個人情報取扱事業者または匿名加工情報取扱事業者に対して，個人情報または匿名加工情報の取扱いに関し，立入検査権限を有し（個人情報保護法40条1項），これは罰則により担保された間接強制調査権限[18]であるが，内閣府の外局である個人情報保護委員会が公権力の行使としての性格を有する立入検査を国の行政機関に対して行うことについては原則としては謙抑的であるべきと考えられ，行政機関非識別加工情報の取扱いについては，罰則による担保のない実地調査を認めることとされている[19]。

---

18) 宇賀克也・行政法概説Ⅰ〔第6版〕（有斐閣，2017年）150頁参照。
19) もっとも，国の行政機関も対象とした立入検査権限が認められている場合がある。私的独占の禁止及び公正取引の確保に関する法律（以下「独禁法」という）47条1項，行政手

なお，会計検査院は内閣から独立した地位にあるため[20]，その個人情報の取扱いについて，総務大臣の個別具体的な監視権限の対象外とされている（行政機関個人情報保護法 10 条 1 項柱書かっこ書，50 条，51 条）。会計検査院による行政機関非識別加工情報の取扱いについても，内閣府の外局である個人情報保護委員会が，会計検査院に対して個別具体的な監視権限を行使することは，会計検査院の内閣からの独立性を侵害するおそれがあるため，会計検査院に対しては，資料提出および説明要求ならびに実地調査（同法 51 条の 5），指導および助言（同法 51 条の 6），勧告（同法 51 条の 7）の権限は行使することができないとされている（同法 10 条 1 項柱書かっこ書）。

④ 指導および助言

個人情報保護委員会は，行政機関個人情報保護法 4 章の 2（行政機関非識別加工情報の提供）の規定の円滑な運用を確保するため必要があると認めるときは，行政機関の長に対し，行政機関における行政機関非識別加工情報の取扱いについて，必要な指導および助言をすることができる（同法 51 条の 6）。なお，総務大臣は，行政機関個人情報保護法の目的を達成するため必要があると認めるときは，行政機関の長に対し，行政機関における個人情報の取扱いに関し意見を述べることができるが（同法 51 条），重畳的な監視とならないように，行政機関非識別加工情報については，総務大臣の意見陳述の対象外とされている（同法 6 条 2 項かっこ書）。個人情報保護委員会は，独立行政法人等非識別加工情報の取扱いについても，同様に指導および助言を行う権限を有する（独立行政法人等個人情報保護法 48 条の 6）。

続における特定の個人を識別するための番号の利用等に関する法律（以下「番号法」という）35 条は，立入検査を認めている。他方，公文書等の管理に関する法律 9 条 3 項，行政機関が行う政策の評価に関する法律 15 条 1 項は，国の行政機関に対しては実地調査として罰則を定めていない。独禁法 47 条 1 項は，官製談合のような場合には発注者である官公庁への立入検査も必要なことから，国の行政機関に対しても立入検査を認めたものと思われる（根岸哲編・注釈独占禁止法（有斐閣，2009 年）648 頁参照）。番号法 35 条が国の行政機関に対する立入検査を認めたのは，個人番号を付した個人情報である特定個人情報については，特に厳格な保護措置を講ずる必要があるからと考えられる。

[20] 会計検査院の憲法上の位置付けについて学説は分かれている。諸説については，宇賀・前掲注 **17**) 251 頁以下参照。

⑤ 勧告

　個人情報保護委員会は，行政機関個人情報保護法4章の2（行政機関非識別加工情報の提供）の規定の円滑な運用を確保するため必要があると認めるときは，行政機関の長に対し，行政機関における行政機関非識別加工情報の取扱いについて勧告をすることができる（同法51条の7）。個人情報保護委員会は，独立行政法人等非識別加工情報の取扱いについても，同様の勧告権限を有する（独立行政法人等個人情報保護法48条の7）。国の行政機関が保有する一般の個人情報の取扱いは，「行政機関の運営に関する企画及び立案並びに調整に関すること」（総務省設置法4条1項4号）に当たるので，総務大臣は，同法6条1項の規定に基づき，関係行政機関の長に対し勧告をすることができる。

　個人情報保護委員会が個人情報取扱事業者または匿名加工情報取扱事業者に対して命令を行う権限を有するのに対し（個人情報保護法42条2項・3項），行政機関非識別加工情報については，個人情報保護委員会が組織法上は，監視対象である行政機関の上位にあるわけではないことから，上下関係を前提とする命令権限は付与されていない。

⑥ 個人情報保護委員会の権限の行使の制限

　個人情報保護法43条1項（「個人情報保護委員会は……個人情報取扱事業者に対し報告若しくは資料の提出の要求，立入検査，指導，助言，勧告又は命令を行うに当たっては，表現の自由，学問の自由，信教の自由及び政治活動の自由を妨げてはならない」）の規定の趣旨に照らし，個人情報保護委員会は，行政機関の長が同法76条1項各号に掲げる者（（ⅰ）放送機関，新聞社，通信社その他の報道機関〔報道を業として行う個人を含む〕，（ⅱ）著述を業として行う者，（ⅲ）大学その他の学術研究を目的とする機関もしくは団体またはそれらに属する者，（ⅳ）宗教団体，（ⅴ）政治団体。（ⅰ）については報道の用に供する目的，（ⅱ）については著述の用に供する目的，（ⅲ）については学術研究の用に供する目的，（ⅳ）については宗教活動〔これに付随する活動を含む〕の用に供する目的，（ⅴ）については政治活動〔これに付随する活動を含む〕の用に供する目的で行政機関非識別加工情報を取り扱う場合に限る）に対して行政機関非識別加工情報を提供する行為については，その権限を行使しないものとされている（行政機関個人情報保護法51条の8）。

　また，個人情報保護委員会は，独立行政法人等に対し報告，資料の提出もし

くは説明の要求，実地調査，指導，助言または勧告を行うに当たっては，学問の自由を妨げてはならず（独立行政法人等個人情報保護法48条の8第1項），個人情報保護委員会の権限の不行使について，行政機関個人情報保護法51条の8と同様の規定が設けられている（独立行政法人等個人情報保護法48条の8第2項）。独立行政法人等に対しては，学問の自由を妨げてはならない旨が特に明記されたのは，独立行政法人等には国立大学法人等が含まれているためである。

(6) 罰則

① 行政機関個人情報保護法53条，独立行政法人等個人情報保護法50条2号の改正

行政機関個人情報保護法6条2項（受託者の義務）および7条（従事者の義務）の個人情報から行政機関非識別加工情報および削除情報に該当するものが除かれ（同法6条2項かっこ書），除かれた部分については，同法44条の15第2項，44条の16で，行政機関非識別加工情報または削除情報の取扱いを委託された者およびそれらの取扱いに従事する者の義務について定めている。そこで，同法53条を改正して，従前の規定のままでは対象から漏れることになる同法44条の15第2項の受託業務に従事している者または従事していた者を処罰対象に追加している。同法54条は，「前条に規定する者」を対象としているので，同法53条の改正により，同法54条においても，同法44条の15第2項の受託業務に従事している者または従事していた者が対象に追加されることになる。独立行政法人等個人情報保護法についても，同様の改正がなされている（独立行政法人等個人情報保護法50条2号）。

② 行政機関非識別加工情報，独立行政法人等非識別加工情報の不正な提供等

行政機関の職員もしくは職員であった者または受託業務に従事している者もしくは従事していた者が，正当な理由がないのに，個人の秘密に属する事項が記録された個人情報ファイルの全部または一部を加工して得られた個人情報ファイル（その全部または一部を複製し，または加工したものを含む）を提供したときは，2年以下の懲役または100万円以下の罰金に処せられる（行政機関個人情報保護法53条）。行政機関非識別加工情報は個人情報ファイルを構成する保有個人情報を加工して得られるものであるし（同法2条9項柱書），行政機関非識別

加工情報は，削除情報や加工の方法に関する情報が存在する限り，個人情報に該当するため，正当な理由なしに行政機関非識別加工情報を提供する行為は，同法53条により処罰されうる。

同法54条は，「前条に規定する者」を対象としているので，同法53条の改正により，同法54条においても，同法44条の15第2項の受託業務に従事している者または従事していた者が対象に追加されることになる。独立行政法人等個人情報保護法についても，同様の改正がなされている（独立行政法人等個人情報保護法50条2号）。

また，同法54条の保有個人情報にも該当するため，その業務に関して知り得た行政機関非識別加工情報を自己もしくは第三者の不正な利益を図る目的で提供し，または盗用したときは，1年以下の懲役または50万円以下の罰金に処せられる（同法54条）。独立行政法人等非識別加工情報の不正な提供等についても同様のことがいえる（独立行政法人等個人情報保護法50条，51条）。

③ 削除情報を用いて行政機関非識別加工情報・独立行政法人等非識別加工情報から加工元の保有個人情報を復元する行為

行政機関非識別加工情報は保有個人情報であるので，業務に関して知りえた行政機関非識別加工情報を自己または第三者の不正な利益を図る目的で削除情報と照合して加工元の保有個人情報を復元する行為は，保有個人情報の不正な盗用に当たり，行政機関個人情報保護法54条により処罰される。行政機関の職員が職権を濫用して，専らその職務の用以外の用に供する目的で個人の秘密に属する事項が記録された加工元の情報を収集したときは，同法55条の犯罪構成要件にも該当することになる。独立行政法人等非識別加工情報についても，同様のことがいえる（独立行政法人等個人情報保護法51条，52条）。

④ 復元された保有個人情報の不正な利用・提供

個人情報ファイルの全部または一部を加工して作成された行政機関非識別加工情報をさらに加工して復元された保有個人情報は，行政機関個人情報保護法53条の「個人情報ファイル（その全部又は一部を複製し，又は加工したものを含む。）」に該当するので，それに個人の秘密に属する事項が記録されていれば，それを正当な理由なく提供する行為は，同条により処罰されることになる。また，復元された保有個人情報に個人の秘密が記録されていない場合であって

も、それを自己または第三者の不正な利益を図る目的で提供し、または盗用する行為は、同法54条により処罰される。独立行政法人等非識別加工情報についても同様のことがいえる（独立行政法人等個人情報保護法50条、51条）。

⑤ **削除情報および加工の方法に関する情報の不正な取扱い**

削除情報自体が保有個人情報に該当する場合には、業務に関して知りえた削除情報を用いて、自己または第三者の不正な利益を図る目的で行政機関非識別加工情報または独立行政法人等非識別加工情報から特定の個人を識別する行為は、削除情報の盗用に当たり、行政機関個人情報保護法54条、独立行政法人等個人情報保護法51条の処罰対象となる。削除情報が保有個人情報に該当しない場合や、加工方法については、その内容をみだりに他人に知らせ、または不当な目的に利用することが禁止されており（行政機関個人情報保護法44条の16、独立行政法人等個人情報保護法44条の16）、その違反行為は懲戒の対象になるが、罰則まで設ける必要はないと判断された。

⑥ **国外犯**

行政機関個人情報保護法56条は、同法53条から55条までの規定について、独立行政法人等個人情報保護法53条は、同法50条から52条までの規定について、日本国外においてこれらの条の罪を犯した者にも適用することとしている。したがって、行政機関非識別加工情報・独立行政法人等非識別加工情報の不正な取扱いについても、国外犯は処罰されることになる。

(7) 行政機関情報公開法・独立行政法人等情報公開法の改正

行政機関非識別加工情報および独立行政法人等非識別加工情報については、それぞれ行政機関個人情報保護法および独立行政法人等個人情報保護法において、個人の権利利益を侵害しないように配慮した仕組みの下で提供が行われる。すなわち、欠格事由が定められ、提案者の提案する安全確保措置が適切かが審査され、契約により適正管理義務を負い、行政機関非識別加工情報または独立行政法人等非識別加工情報の提供を受けた事業者は識別禁止義務（個人情報保護法38条）を負う。他方、行政機関情報公開法・独立行政法人等情報公開法においては、何人にも開示請求権が付与され、ある者に開示された情報は何人にも開示されることになり、かつ、開示後の利用について制限する仕組みは、行

政機関情報公開法・独立行政法人等情報公開法自体には存在しない。したがって，行政機関非識別加工情報および独立行政法人等非識別加工情報を情報公開法制に基づき開示することになれば，個人情報保護法制の下で整備した行政機関非識別加工情報・独立行政法人等非識別加工情報の契約による提供制度を瓦解させるおそれがある。さらに，行政機関非識別加工情報・独立行政法人等非識別加工情報に含まれる情報項目は公表されるし，行政機関非識別加工情報・独立行政法人等非識別加工情報の加工元の保有個人情報および当該保有個人情報を含む個人情報ファイルに対する情報開示請求は可能であるから，行政機関非識別加工情報・独立行政法人等非識別加工情報を開示しないことにより，実質的な不利益が生ずるとは考え難い。以上の理由から，行政機関非識別加工情報・独立行政法人等非識別加工情報は不開示情報とされている。また，削除情報を開示することにより，行政機関非識別加工情報・独立行政法人等非識別加工情報との照合により，特定の個人が識別されるおそれがあるため，削除情報も不開示情報としている（行政機関情報公開法5条1号の2，独立行政法人等情報公開法5条1号の2）。また，これらの理由から，公益上の裁量的開示を行う必要性もないし，かかる開示を認めることが適当でもないため，公益上の裁量的開示の対象からも除外している（行政機関情報公開法7条，独立行政法人等情報公開法7条）。

(8) 附　則

①　施行期日

「行政機関等の保有する個人情報の適正かつ効果的な活用による新たな産業の創出並びに活力ある経済社会及び豊かな国民生活の実現に資するための関係法律の整備に関する法律」（以下「本法」という）は，公布の日から起算して1年6月を超えない範囲内において政令で定める日から施行するが，附則3条および4条の規定は公布の日から施行することとされた（附則1条）。

本法の施行期日は，平成27年法律第65号の全面施行日と同日に施行することとされた。なぜならば，平成27年法律第65号附則12条1項は，新個人情報保護法の全面施行日までに，新個人情報保護法の規定の趣旨を踏まえ，行政機関個人情報保護法2条2項に規定する個人情報および独立行政法人等個人情

報保護法2条2項に規定する個人情報の取扱いに関する規制の在り方について，匿名加工された情報の円滑かつ迅速な利用を促進する観点から検討を加え，その結果に基づき所要の措置を講ずることを政府に対して義務付けていたが，これは，パーソナルデータの利活用の促進は官民共通の課題であり，国の行政機関および独立行政法人等が保有する個人情報を非識別加工した情報と個人情報取扱事業者が匿名加工した情報を有機的に関連付けて有効活用することを国会が期待したと考えられるからである。

② 総務大臣への通知に係る経過措置

　行政機関が本法施行後に個人情報ファイルを保有しようとするときは，要配慮個人情報を含む旨も通知しなければならないが（行政機関個人情報保護法10条1項5号の2），本法施行時にすでに保有している個人情報ファイルに要配慮個人情報が含まれている場合には，本則の規定のみでは総務大臣への通知がされないことになってしまう。そこで，附則において，事前通知規定を事後通知規定に読み替え，「保有しようとする」を「保有している」に読み替えることとしている。また，あらかじめ通知するのではなく，本法の施行後遅滞なく通知することとしている（附則2条）。本法の施行後直ちに通知することが望ましいが，2014年3月31日現在，国の行政機関が保有する個人情報ファイル数は，6万7968件あり，総務大臣への通知の対象になるものも膨大な数にのぼると考えられたため，現実的には，本法の施行後直ちに通知することが困難な場合がありうることを慮って，施行後遅滞なくとされた[21]。

③ 政令への委任

　附則2条に定めるもののほか，本法の施行に関して必要な経過措置は政令で定めることとされた（附則3条）。具体的には，行政機関個人情報保護法施行令7条3項（「行政機関の長は，個人情報ファイル簿に記載すべき事項に変更があったときは，直ちに，当該個人情報ファイル簿を修正しなければならない」），独立行政法人等個人情報保護法施行令1条3項（「独立行政法人等は，個人情報ファイル簿に記載すべき事項に変更があったときは，直ちに，当該個人情報ファイル簿を修正しなければ

---

21) 独立行政法人等の保有する個人情報ファイルについては，総務大臣への通知義務がないので，附則2条の規定の適用を受けない。

ならない」）に係る経過措置である。行政機関個人情報保護法 10 条 1 項 5 号の 2，独立行政法人等個人情報保護法 11 条 1 項 5 号の 2 による要配慮個人情報を含む旨の追記，行政機関個人情報保護法 44 条の 3，独立行政法人等個人情報保護法 44 条の 3 による提案の募集に関する事項の個人情報ファイル簿への追記が必要になるが，これらについては，「変更があったときは，直ちに」の部分を附則 3 条の規定に基づく政令の施行後遅滞なくと読み替えられた（平成 29 年政令第 19 号附則 5 条）。

④ 個人情報の一体的な利用促進に係る措置

附則 4 条 1 項は，「政府は，この法律の公布後 2 年以内に……個人情報取扱事業者……国の機関……地方公共団体……独立行政法人等……地方独立行政法人が保有する……個人情報が一体的に利用されることが公共の利益の増進及び豊かな国民生活の実現に資すると考えられる分野における個人情報の一体的な利用の促進のための措置を講ずる」と定めている。本項の対象になる分野が何かは定められていないが，医療の分野では，同一の患者が公立病院や地方独立行政法人立病院を受診したときは個人情報保護条例，独立行政法人や国立大学法人の病院を受診したときは独立行政法人等個人情報保護法，民間病院を受診したときは個人情報保護法と規律する法制度が異なることが，医学研究の隘路になっていることが指摘されてきた。そのこともあり，次世代医療 ICT 基盤協議会に医療情報取扱制度調整ワーキンググループが置かれ，医療・介護・健康分野のデジタルデータの収集・交換に係る制度の創設に向けた検討が行われた。そして，「医療分野の研究開発に資するための匿名加工医療情報に関する法律」（次世代医療基盤法）が制定され，平成 29 年法律第 28 号として公布されることになった[22]。

3 結　語

2007 年の統計法全部改正により，「行政のための統計」から「社会の情報基盤としての統計」へのパラダイム・シフトを図り統計情報の有効活用を推進す

---

[22] 同法について，宇賀克也・次世代医療基盤法の逐条解説（有斐閣，2019 年）参照。

るために，オーダーメード集計や匿名データの提供という2次的利用の制度が整備され，2016年2月の統計法施行規則改正により，学術研究を直接の目的とはせず，営利企業が通常の企業活動の一環として研究を行う場合であっても，学術研究の発展に資すると認められる研究であれば，オーダーメード集計を認めることとされたが，行政機関等が保有する一般の個人情報についても，個人の権利利益を的確に保護するという当然の前提の下で，社会全体のために有効活用するというオープンデータの視点も必要と考えられる。平成28年法律第51号による行政機関個人情報保護法，独立行政法人等個人情報保護法の改正による非識別加工情報制度の導入は，かかるオープンデータ政策の一環として位置付けることができよう。

第2節　行政機関個人情報保護法施行令等の改正

1　はじめに

　「個人情報の保護に関する法律及び行政手続における特定の個人を識別するための番号の利用等に関する法律の一部を改正する法律」（平成27年法律第65号）による「個人情報の保護に関する法律」（以下「個人情報保護法」という）の改正を受けて，「行政機関等の保有する個人情報の適正かつ効果的な活用による新たな産業の創出並びに活力ある経済社会及び豊かな国民生活の実現に資するための関係法律の整備に関する法律」（平成28年法律第51号）により，「行政機関の保有する個人情報の保護に関する法律」（以下「行政機関個人情報保護法」という）および「独立行政法人等の保有する個人情報の保護に関する法律」（以下「独立行政法人等個人情報保護法」という）が大幅な改正を受けた[1]。これを受

---

1)　宇賀克也「行政機関個人情報保護法等の改正」ジュリ1498号78頁以下，同「行政機関個人情報保護法改正の意義と地方公共団体の対応」自治実務セミナー653号2頁以下，同「個人情報保護法・行政機関個人情報保護法・独立行政法人等個人情報保護法の改正と地方公共団体の対応」自治体ソリューション3巻10号12頁以下，飯島淳子「行政機関個人情報保護法改正——ビッグデータ時代の『スモールスタート』」法教434号64頁以下，横田明美「行政機関等からの個人情報提供制度」ビジネス法務16巻11号36頁以下，大江裕幸「個人情報の利用と保護のバランス」法教432号29頁以下，原田大樹「ビッグデータ・オープンデータと行政法学」法教432号42頁以下，髙野祥一「行政機関個人情報保護法の改正と自治体の対応」自治実務セミナー650号36頁以下，加藤剛「行政機関個人情報保護法等改正法について」季報情報公開・個人情報保護63号4頁以下，板倉陽一郎＝寺田麻佑「平成27年個人情報保護法改正および平成28年行政機関個人情報保護法等改正を踏まえた地方公共団体の責務についての考察」電子情報通信学会技術研究報告116巻71号95頁以下，板倉陽一郎「匿名加工情報の民間事業者への提供による住民の権利利益侵害と救済方法」自治実務セミナー653号14頁以下，蔦大輔「改正行政機関個人情報保護法の概要」自治実務セミナー653号7頁以下，同「行政機関個人情報保護法等改正の概要」NBL1077号35頁以下，同「行政機関個人情報保護等の改正——非識別加工情報制度の導入等」時の法令2016号4頁以下，小野吉昭「法改正を踏まえた個人情報保護条例の見直し」自治実務セミナー653号12頁以下，小松由季「行政機関等の保有する個人情報の利活用に向けた法整備——行政機関個人情報保護法等改正法案」立法と調査379号32頁以下，長谷川幸一「行政機関個人情

けて，行政機関個人情報保護法施行令および独立行政法人等個人情報保護法施行令も，「行政機関等の保有する個人情報の適正かつ効果的な活用による新たな産業の創出並びに活力ある経済社会及び豊かな国民生活の実現に資するための関係法律の整備に関する法律の施行に伴う関係政令の整備及び経過措置に関する政令」(平成 29 年政令第 19 号) により大幅に改正された。平成 29 年政令第 19 号による独立行政法人等個人情報保護法施行令の改正は，基本的に行政機関個人情報保護法施行令の改正に準じたものとなっているため，以下において，行政機関個人情報保護法施行令の改正を中心に，平成 29 年政令第 19 号について解説することとする。

2 主要な改正内容

（ⅰ）平成 27 年法律第 65 号による個人情報保護法の改正を受けて，平成 28 年法律第 51 号により行政機関個人情報保護法，独立行政法人等個人情報保護法が改正され，個人識別符号，要配慮個人情報，(行政機関・独立行政法人等) 非識別加工情報ファイルの定義，意見書提出機会の付与に際しての通知事項，行政機関非識別加工情報の利用に係る手数料額および手数料の納付方法について定めるとともに，条項ずれについて必要な整理を行うこと，(ⅱ) 行政機関個人情報保護法の一部改正により項ずれが生ずるため，当該規定を引用している規定について必要な整理を行うこと，(ⅲ) 平成 28 年法律第 51 号附則 6 条により個人情報保護委員会の所掌事務が追加されることに伴い，平成 29 年政令第 70 号による改正前の個人情報保護委員会事務局組織令 3 条 2 号 (現 5 条 2 号) に規定する個人情報保護委員会事務局参事官の職務について必要な整備を行うこと，(ⅳ) 行政機関および独立行政法人等がすでに作成している個人情報ファイル簿の記載事項の修正に係る経過措置について必要な規定を設けることが，平成 29 年政令第 19 号の主要な改正内容である。

報保護法・独立行政法人等個人情報保護法の平成 28 年改正の意義と課題」現代社会文化研究 64 号 249 頁以下参照。

3　行政機関個人情報保護法施行令の構成

　平成29年政令第19号は，1章において，実質的改正が必要な行政機関個人情報保護法施行令および独立行政法人等個人情報保護法施行令の改正を政令制定の順序に従って規定し，次いで，形式的改正が必要な関係政令の改正について定め，続けて，組織関係政令の改正について規定している。

　2章は経過措置について定めており，行政機関の長による個人情報ファイル簿の修正に関する経過措置と独立行政法人等による個人情報ファイル簿の修正に関する経過措置について，政令制定順に規定している。

　附則では，初めに，施行期日を定め，次いで，本則における政令改正に伴い必要となる関係規定の整理を政令制定順に行っている。

4　個人識別符号

　個人識別符号は，一般人であっても，特定個人と情報の間に同一性を認めることができるかを要件とし，その保有者が誰であるかを問わず，それ単独で特定の個人を識別できるものであるので，個人情報取扱事業者が保有している場合に個人識別符号であるとされたものは，行政機関が保有していても個人識別符号となり，逆に，個人情報取扱事業者が保有している場合に個人識別符号でないとされたものは，行政機関が保有していても個人識別符号でないことになる。この点について敷衍すると，個人情報保護法施行令1条が定める個人識別符号は，（ⅰ）行政機関が付番するため本人であることが確実といえるか，または，付番に当たり本人確認が法定されているもの，（ⅱ）法人の番号と紛れるおそれがないこと，（ⅲ）社会において広範に流通し利用される実態があること，（ⅳ）番号の存続期間が極端に短いものでないことの4要件を全て満たすものに限られているが，このうち，（ⅰ）（ⅱ）（ⅳ）については，個人情報取扱事業者が保有しているか，行政機関が保有しているかで相違はなく，（ⅲ）については，民間で広範に流通している個人識別符号は国も取得しうるものである。そこで，個人情報保護法施行令1条が定める個人識別符号と同じものが，行政機関個人

情報保護法施行令3条で個人識別符号とされている。ただし，個人情報保護法施行令1条1号柱書・7号柱書・8号が個人情報保護委員会施行規則で定めることとしたものについては，行政機関個人情報保護法の所管が（行政機関非識別加工情報を除き）総務省の所管であることから，総務省令で定めることとしている。同法施行令3条1号柱書が「特定の個人を識別するに足りるものとして総務省令で定める基準に適合するもの」として総務省令に委任しているのは，身体の一部の特徴をデジタル化した符号については，特定の個人を識別するに足りる基準について，日進月歩の技術の進展に応じて適時に見直しを行う必要があるからである。同条7号柱書は，「次に掲げる証明書にその発行を受ける者ごとに異なるものとなるように記載された総務省令で定める文字，番号，記号その他の符号」として，「イ　国民健康保険法（昭和33年法律第192号）第9条第2項の被保険者証」「ロ　高齢者の医療の確保に関する法律（昭和57年法律第80号）第54条第3項の被保険者証」「ハ　介護保険法（平成9年法律第123号）第12条第3項の被保険者証」と定めているが，イ，ロ，ハの被保険者証番号等の根拠規定は省令に置かれていることから，行政機関個人情報保護法施行令3条7号柱書も，番号等の根拠規定を総務省令で定めることとしたのである。また，同条8号が「その他前各号に準ずるものとして総務省令で定める文字，番号，記号その他の符号」と定めているのは，証明書の根拠規定が省令で定められている場合等を念頭に置いている。

5　要配慮個人情報

　個人情報保護法2条3項および同法施行令2条が定める要配慮個人情報については，個人情報取扱事業者が保有する場合であれ，行政機関が保有する場合であれ，不当な差別または偏見その他の不利益を生じさせないように慎重に取り扱われるべきことに変わりはない。したがって，行政機関個人情報保護法施行令4条は，個人情報保護法施行令2条と同じものを要配慮個人情報としている。ただし，個人情報保護法施行令2条1号が，その範囲および程度を柔軟に定める必要に基づき，「個人情報保護委員会規則で定める心身の機能の障害があること」としている部分については，行政機関個人情報保護法が（非識別加

工情報を除き）総務省の所管であることから，総務省令に委任している。

6　行政機関非識別加工情報ファイル

　行政機関非識別加工情報は，行政機関の長から民間事業者に提供され，当該民間事業者が匿名加工情報として利活用することが念頭に置かれている。そのため，行政機関非識別加工情報ファイルは，個人情報ファイル（行政機関個人情報保護法2条6項）ではなく，匿名加工情報データベース等（個人情報保護法2条10項）の定義を踏まえたものとなっている（行政機関個人情報保護法2条10項）。個人情報保護法2条10項においては，匿名加工情報データベース等は，「匿名加工情報を含む情報の集合物であって，特定の匿名加工情報を電子計算機を用いて検索することができるように体系的に構成したものその他特定の匿名加工情報を容易に検索することができるように体系的に構成したものとして政令で定めるもの」と定義されている。これを受けて，個人情報保護法施行令6条は，「特定の匿名加工情報を容易に検索することができるように体系的に構成したものとして政令で定めるもの」について，「これに含まれる匿名加工情報を一定の規則に従って整理することにより特定の匿名加工情報を容易に検索することができるように体系的に構成した情報の集合物であって，目次，索引その他検索を容易にするためのものを有するものをいう」と定めている。行政機関個人情報保護法2条10項2号の「特定の行政機関非識別加工情報を容易に検索することができるように体系的に構成したものとして政令で定めるもの」についても，行政機関個人情報保護法施行令5条は，個人情報保護法施行令6条に倣って，「これに含まれる行政機関非識別加工情報を一定の規則に従って整理することにより特定の行政機関非識別加工情報を容易に検索することができるように体系的に構成した情報の集合物であって，目次，索引その他検索を容易にするためのものを有するもの」と定義している[2]。

---

[2]　行政機関個人情報保護法5条が定める行政機関非識別加工情報ファイルは，マニュアル処理の紙媒体の個人情報ファイルであって，目次，索引等を有するものが念頭に置かれている。しかしながら，行政機関非識別加工情報は，同法2条9項各号のいずれにも該当する個人情報ファイルを構成する保有個人情報（他の情報と照合することができ，それにより特定

7　第三者に対する意見書提出の機会の付与に当たっての通知事項

　行政機関個人情報保護法44条の8第1項は、「個人情報ファイル簿に第44条の3第3号に掲げる事項の記載がある個人情報ファイルに係る第44条の5第1項の提案については、当該提案を当該提案に係る個人情報ファイルを構成する保有個人情報が記録されている行政文書の行政機関情報公開法第3条の規定による開示の請求と、前条第2項の規定による通知を当該行政文書の全部又は一部を開示する旨の決定とみなして、行政機関情報公開法第13条第1項及び第2項の規定を準用する。この場合において、同条第1項中「行政機関の長」とあるのは、「行政機関の長（行政機関の保有する個人情報の保護に関する法律第5条に規定する行政機関の長をいう。次項において同じ。）」と読み替えるものとするほか、必要な技術的読替えは、政令で定める」と規定している。要するに、提案に対する通知を「行政機関の保有する情報の公開に関する法律」（以下「行政機関情報公開法」という）における開示決定等とみなして、同法の第三者に対する意見書提出の機会の付与に係る規定を準用しているのである。準用されている行政機関情報公開法13条1項（任意的意見聴取）では、第三者に対する意見書提出の機会の付与に当たっての通知事項を政令に委任しており、これを受けて、行政機関情報公開法施行令7条が同法13条1項の規定に基づく場合の通知事項を定め、同法施行令8条が同法13条2項（必要的意見聴取）

の個人を識別することができることとなるもの〔他の情報と容易に照合することができ、それにより特定の個人を識別することができることとなるものを除く〕を除く。以下において同じ）の全部又は一部（これらの一部に行政機関情報公開法第5条に規定する不開示情報〔同条1号に掲げる情報を除く。以下において同じ〕が含まれているときは、当該不開示情報に該当する部分を除く）を加工して得られる非識別加工情報をいうとされており、行政機関個人情報保護法2条9項3号で「行政の適正かつ円滑な運営に支障のない範囲内で、第44条の10第1項の基準に従い、当該個人情報ファイルを構成する保有個人情報を加工して非識別加工情報を作成することができるものであること」が要件の1つとされている。マニュアル処理の紙媒体の個人情報ファイルは、加工可能な状態にするための行政コストが大きく、この要件を満たさないと解されている（宇賀克也・個人情報保護法の逐条解説〔第6版〕（有斐閣、2018年）423頁参照）。したがって、マニュアル処理の紙媒体の個人情報ファイルを加工して行政機関非識別加工情報を作成することは、当面、予定されていない。

の規定に基づく場合の通知事項を定めている。

　行政機関情報公開法施行令7条は，同法13条1項の政令で定める事項を(ⅰ)開示請求の年月日，(ⅱ)開示請求に係る行政文書に記録されている当該第三者に関する情報の内容，(ⅲ)意見書を提出する場合の提出先および提出期限としている。(ⅰ)および(ⅱ)は，当該第三者が，自己に係る情報が記録されている行政文書の開示により，自己の権利利益が侵害されるか否か，侵害される場合にどの程度の侵害になるかを判断するために必要な事項である。他方，(ⅲ)は，手続の円滑化のために必要な事項である。同法施行令8条は，同法13条2項の政令で定める事項を(ⅳ)開示請求の年月日，(ⅴ)行政機関情報公開法13条2項1号（公益上の義務的開示）または2号（公益上の裁量的開示）の規定の適用の区分および当該規定を適用する理由，(ⅵ)開示請求に係る行政文書に記録されている当該第三者に関する情報の内容，(ⅶ)意見書を提出する場合の提出先および提出期限としている。すなわち，同法施行令7条と比較すると，同令8条では，当該第三者の権利利益が侵害されるおそれがあるにもかかわらず，公益上の理由により開示決定を行おうとする場合について定めているので，当該第三者がその理由を明確に認識できるように配慮されているのである。

　行政機関個人情報保護法施行令24条1項は，行政機関情報公開法施行令7条を参考にして，①行政機関個人情報保護法44条の5第1項の提案の年月日，②同項の提案に係る個人情報ファイルの記録項目，③意見書を提出する場合の提出先および提出期限を通知事項としている。行政機関非識別加工情報は，特定の個人が識別できず，かつ，特定の個人を復元できないように加工したものとして提供されるから，①②は，自己の権利利益が侵害されるおそれがあるかにかかわらず，提供に反対するか否かを判断するために必要な事項といえる。他方，③は，手続の円滑化のために必要な事項といえる。行政機関個人情報保護法施行令24条2項は，行政機関情報公開法施行令8条を参考にして，上記①～③に加えて，④行政機関個人情報保護法44条の8第1項において準用する行政機関情報公開法13条2項1号または2号の規定の適用の区分および当該規定を適用する理由を通知事項に加えている。④は，公益上の理由により，行政機関非識別加工情報を作成し，提供しようとする場合において，当該第三

者が当該理由を明確に認識することを可能にするために通知されるものである[3]。

8 手数料

(1) 基本的考え方

　行政機関個人情報保護法44条の13第1項は，同法44条の9の規定により行政機関非識別加工情報の利用に関する契約を締結する者は，政令で定めるところにより，実費を勘案して政令で定める額の手数料を納めなければならないと定めている。これを受けて，同法施行令25条が手数料について規定している。その基本的考え方は，行政事務の効率化の要請と，提案に係る事務に要する行政コストの公平な負担の要請との調和を図り，個別の提案に対する行政事務の所要時間が大幅に変動することがない事務については一定額とし，個別の提案に応じて手数料額が大幅に異なりうる事務については，個別の提案の実費に近い金額として，両者の合計額とするというものである[4]。また，手数料額に算入するのは，当該行政機関非識別加工情報の作成を主たる目的とする作業

---

[3] 行政機関個人情報保護法44条の8第1項は，必要な技術的読替えは政令で定めるとしているが，政令立案過程において，あえて技術的読替えについて政令で定めるまでもないと判断された。行政機関個人情報保護法44条の8第1項が準用する行政機関情報公開法13条の「第三者」は，「国，独立行政法人等，地方公共団体，地方独立行政法人及び開示請求者以外の者」であるので，それ以外の法人その他の団体（以下「法人等」という）も包含することになる。他方，行政機関情報公開法5条が定める不開示情報のうち，個人に関する情報以外の不開示情報が記録されている部分は非識別加工の対象から除外されるから（行政機関個人情報保護法2条9項柱書)，法人等に関する不開示情報が非識別加工されることは基本的にはないので，あえて，「国，独立行政法人等，地方公共団体，地方独立行政法人及び開示請求者以外の者」である法人等を除外する読替規定を置く実益に乏しいといえる（もっとも，行政機関情報公開法5条2号ただし書が定める公益上の義務的開示または同法7条が定める公益上の裁量的開示が，行政機関非識別加工情報を提供するために行われることは，理論上はありうるが，実際に，行政機関非識別加工情報を提供するために，法人等に関する情報について，公益上の義務的開示または公益上の裁量的開示が行われることは想定しがたい)。

[4] 特別に行政コストがかさむ事情がある場合には，手数料を上乗せする仕組みを採用している例として，再生医療等の安全性の確保等に関する法律施行令8条1項参照。同項では，実地の調査を伴わない許可の場合の手数料額は9万8200円，実地の調査を伴う許可の場合の手数料額は14万4000円とされている。

に必要な時間に限定し，当該行政機関非識別加工情報の作成と関連する作業であっても，行政機関の業務の効率化を目的とする場合や，他の行政機関非識別加工情報の作成の準備も目的とする場合には，当該作業に要する時間は，手数料額には参入しないこととしている。この点について敷衍すると，加工処理を行うためにデータ抽出を行う場合，システム自体の改修が行われる場合もありうるが，システム改修は，当該行政機関非識別加工情報の作成のためのみならず，行政機関のシステム運用の効率化にも資するので，当該改修に要する時間は，行政機関非識別加工情報の作成に要する時間には含まないこととしている。また，たとえば，10の情報項目を有する個人情報ファイルについて，5の情報項目を用いた行政機関非識別加工情報の作成が提案された場合，後日に他の5項目も用いた行政機関非識別加工情報の作成が提案される場合に備えて，あらかじめ，全ての情報項目を抽出するプログラムを作成した場合には，当該作業に要する時間は，手数料額には参入しないことになる。なお，実際には，提案がなされる前に，事前相談が行われ，それへの対応にかなりの時間を要することが想定される。しかし，事前相談を行った者が正式の提案を行う蓋然性が高いとはいえないので，事前相談に要した費用は算入しないこととしている。

(2) 人件費および物件費単価

手数料の算定に用いる人件費および物件費単価については，行政機関非識別加工情報に係る事務が特定の府省に限定されず，全ての府省において行われるため，全府省の2016年度の1時間当たりの人件費単価3885.6円，物件費単価136.3円を用いた合計額3991.9円を用いている[5]。

(3) 一定額部分の算定

手数料の対象となる事務は，（ⅰ）提案の審査，（ⅱ）意見書提出機会の付与（ただし，所定の要件に該当する場合のみ），（ⅲ）審査結果の通知および契約の締結，

---

[5] 端数については，「各種手数料等の単価改定等に関する調書について」（2004年8月2日財務省主計局事務連絡）を参考として，条文上数値を規定する箇所で1回のみ，1000円未満のものは10円刻み（10円未満切捨て），1000円以上5000円未満のものは50円刻み（50円未満切捨て），5000円以上のものは100円刻み（100円未満切捨て）の処理を行っている。

(ⅳ) 行政機関非識別加工情報の作成，(ⅴ) 行政機関非識別加工情報の提供の順で行われる。このうち，(ⅰ)(ⅲ)(ⅴ)については，個別の提案ごとに所要時間が大きく異なることはないと考えられるため，全ての提案につき，所要時間 (5.28 時間)[6]に全庁単価 (3919.9 円) を乗じて算定した一定額 (2 万 1074.0 円の 100 円未満を切り捨てた 2 万 1000 円) を徴収することとしている (本法施行令 25 条 1 項 1 号)。

(4) 意見書提出の機会の付与

(ⅱ)については，行政機関情報公開法における公益上の義務的開示または公益上の裁量的開示に相当する場合以外は，意見書提出の機会を付与する義務はなく，また，公益上の裁量的開示が行われることは，きわめて稀である[7]。他方，意見書提出の機会が付与された場合には，対象はきわめて多く，少なくても数千人規模，多い場合には数千万人規模になると見積もられており，実費の額も多額にのぼると考えられる。したがって，意見書提出の機会を付与した場合のみ手数料を徴収し，かつ，意見書提出の機会を付与する者の数が事案ごとに大きく変動すると想定されるので，意見書提出の機会を付与する者 1 人当たりの額を，所要時間に全庁単価を乗じて，必要な実費を加算して算定し，意見書提出の機会を付与する者の総数を乗じて手数料を計算することとしている。具体的には，所要時間は，意見書提出の機会を付与する旨の書面の作成および送付に 0.03 時間，提出された反対意見書を受け付け，加工対象となる個人情報ファイルから反対意見書を提出した者を除外する処理に 0.004 時間で合計 0.034 時間と見積もられている[8]。

---

6)　(ⅰ)については，文書の受付 (提案書の形式審査) に 0.2 時間，提案の実質審査に 4.30 時間の合計 4.50 時間，(ⅲ)については，審査結果の通知 (通知文書の作成，決裁履歴の保管等，通知文書の発出) に 0.5 時間，契約の締結 (手数料の受領，決裁等) に 0.17 時間の合計 0.67 時間，(ⅴ)については，封入および確認に 0.03 時間，連絡に 0.08 時間の合計 0.11 時間と計算されており，それらの総計として 5.28 時間が算出されている。

7)　行政機関情報公開法に基づく 2014 年度の開示決定 (全部または一部の開示決定) の総数は 9 万 5186 件であり，公益上の裁量的開示は 1 件のみ，2015 年度の開示決定 (全部または一部の開示決定) の総数は 9 万 7094 件であり，公益上の裁量的開示は 1 件のみであった。

8)　提出された反対意見書を受け付け，加工対象となる個人情報ファイルから反対意見書を提出した者を除外する処理に 0.08 時間，反対意見書を提出する者の割合を 5% と想定して

(5) 行政機関非識別加工情報の作成

① 従量制手数料

　行政機関非識別加工情報を作成するには，加工処理を行うためにデータを抽出し，加工処理を行うことになる。加工処理を行うためのデータ抽出に要する時間は，提案に係る個人情報ファイルがExcel等の表計算ソフトの形式で管理されているか，当該個人情報ファイルが情報システムによって管理されているか，然りの場合，当該情報システムがデータ抽出機能を具備しているか[9]，然りの場合，データ抽出機能の仕様はどのようなものであるか，抽出が必要な情報項目数やデータの量はどの程度であるか[10]等に左右される。加工処理についても，提案に応じた個別のデータ処理が必要となるため，通常，独自のプログラムを作成する必要が生ずると考えられる。プログラムの作成に要する時間は，情報項目数，情報の内容等により大きく異なることになると考えられる。以上のように，行政機関非識別加工情報の作成に要する時間は，提案に係る個人情報ファイルの管理方法，保有個人情報の加工方法，加工対象となるデータ量等に応じて大きく変動し，したがって，実費の額も大きく異なりうることになる。そのため，一律に手数料額を定めるのではなく，個別の提案に応じた実費に近似した手数料とするため，1時間当たり3950円[11]の手数料とされた（本法施行令25条1項2号）。行政機関非識別加工情報の作成は，契約を締結し手数料を納付した後に行われるため，その作成に要した実費と納付された手数料額との間に差が生ずることはありうる。しかし，統計法34条が定める委託による統

　計算している。
9) データ抽出機能を有しない場合，データを抽出するためのプログラムを作成する必要がある。ただし，プログラム作成のための費用は，手数料に算入していない。
10) 無線従事者ファイルを例にとると，情報項目数が12あり，延べで約600万人分のデータが格納されているが，抽出結果の出力上限数が1万件であるため，全体のデータを抽出するためには，部分ごとにデータを抽出する作業を繰り返したうえで，データを統合する必要がある。
11) 全庁単価3919.9円の50円未満を切り捨てたものである。同様に，1時間当たりの単価に所要時間を乗じて手数料を算定する例として，統計法施行令13条1項1号，がん登録等の推進に関する法律施行令12条1項，公証人手数料令26条，29条，税関関係手数料令5条参照。

計の作成等(オーダーメード集計)の例では、統計の作成前に見積額として徴収した手数料額と実費の間に大きな相違はなく、事後的な精算も行われていない[12]。行政機関非識別加工情報の作成についても、同様の運用になることが想定される[13]。

② **作成の委託**

　行政機関非識別加工情報の作成[14]に当たって、高度な専門性を要する場合、民間事業者に作成を委託することが考えられる。委託文書の起案、決裁等、委託のための事務に要する時間は、前記①の行政機関非識別加工情報の作成に要する時間に算入されるが、受託者に支払う委託費は、含まれない。委託費は、個別の提案内容に応じて大きく変動しうるし、高度な専門性を要する作業の委託であるので、委託費は高額になる可能性が高いと思われる。そこで、個別の提案に応じた実費に近い手数料とするため、受託者に支払う委託費を手数料額の積算に算入することとされている(本法施行令25条1項3号)[15]。このような

---

[12]　総務省政策統括官(統計基準担当)決定「委託による統計の作成等に係るガイドライン」第8(手数料の積算)1(基本原則)(1)(手数料額の確定)参照。

[13]　オーダーメード集計の手数料は、(ⅰ)統計の作成等に要する時間1時間までごとに5900円、(ⅱ)統計成果物(委託により作成した統計または委託による統計的研究の成果をいう)の提供に係る媒体の費用、(ⅲ)統計成果物の送付に要する費用(当該送付を求める場合に限る)、(ⅳ)以上のほか、委託を受ける行政機関の長が統計の作成等に要する費用として定める額とされている(統計法施行令13条1項)。

[14]　行政機関非識別加工情報の作成は、(ⅰ)保有個人情報に含まれる特定の個人を識別することができる記述等の全部または一部を削除すること(当該全部または一部の記述等を復元することのできる規則性を有しない方法により他の記述等に置き換えることを含む)、(ⅱ)保有個人情報に含まれる個人識別符号の全部を削除すること(当該個人識別符号を復元することのできる規則性を有しない方法により他の記述等に置き換えることを含む)、(ⅲ)保有個人情報と当該保有個人情報に措置を講じて得られる情報とを連結する符号(現に行政機関において取り扱う情報を相互に連結する符号に限る)を削除すること(当該符号を復元することのできる規則性を有しない方法により当該保有個人情報と当該保有個人情報に措置を講じて得られる情報を連結することができない符号に置き換えることを含む)、(ⅳ)特異な記述等を削除すること(当該特異な記述等を復元することのできる規則性を有しない方法により他の記述等に置き換えることを含む)、(ⅴ)前記(ⅰ)～(ⅳ)に掲げる措置のほか、保有個人情報に含まれる記述等と当該保有個人情報を含む個人情報ファイルを構成する他の保有個人情報に含まれる記述等との差異その他の当該個人情報ファイルの性質を勘案し、その結果を踏まえて適切な措置を講ずることにより行われる(「行政機関の保有する個人情報の保護に関する法律第4章の2の規定による行政機関非識別加工情報の提供に関する規則」〔平成29年3月31日個人情報保護委員会規則第1号〕11条)。

仕組みを採用した場合，提案者に対する手数料の通知前に，民間事業者との間で，行政機関非識別加工情報の作成に係る委託契約を締結して，委託費を確定させておく必要があることになる。そして，この委託契約は，行政機関非識別加工情報の利用に係る契約の締結を停止条件として効力を発生させることになると考えられる。

(6) 作成された行政機関非識別加工情報をその用に供して行う事業に関する提案等に係る手数料

（ⅰ）すでに作成された行政機関非識別加工情報の利用に係る契約を締結していない者が当該行政機関非識別加工情報の利用を希望する場合，または（ⅱ）すでに当該行政機関非識別加工情報の利用に係る契約を締結した者が，異なる利用目的での利用や当初の利用期間を超えた利用を希望する場合の手数料額は，以下のようになる。

（ⅰ）の場合，追加的に利用を希望する者は，すでに作成された行政機関非識別加工情報の利用に係る契約を締結した者と同一の行政機関非識別加工情報の提供を受けることになる。この場合には，新規に行政機関非識別加工情報を作成する必要はない。しかし，当該行政機関非識別加工情報の作成に要した手数料額を追加的利用希望者から徴収しないと，追加的利用希望者は，その部分についてはフリーライドすることが可能になる。そうなると，最初に行政機関非識別加工情報の利用に係る契約を締結するインセンティブが低下するおそれが

---

15) オーダーメード集計の手数料については，統計法施行令13条1項4号の規定について，総務省政策統括官（統計基準担当）決定「委託による統計の作成等に係るガイドライン」第8（手数料の積算）2（令第13条第1項第4号に基づく告示）は，例として，（ⅰ）統計の作成等のサービスを提供するため，ソフトウェアの購入や職員によるソフトウェアの事前開発を行う場合（この場合，当該ソフトウェアの購入または開発に要した費用について，今後，ソフトウェアの償却までに見込まれる統計成果物の作成数で除した額を加算額として事前に定めておくことが想定されるとする），（ⅱ）統計の作成等のサービスを提供するため，外部のシステムエンジニア等に委託する場合，（ⅲ）民間委託を活用する場合を挙げている。他方，行政機関非識別加工情報の場合，サービス提供のためのソフトウェア購入費用は，手数料額に算入しない方針である。なお，「がん登録等の推進に関する法律施行令」12条には，統計法施行令13条1項4号に相当する規定はないが，これは，全国がん登録情報またはその匿名化が行われた情報の提供に当たって，ソフトウェアの購入や他者への委託が想定されていないからである。

あり，そのことは，行政機関非識別加工情報制度の導入により，新たな産業の創出ならびに活力ある経済社会および豊かな国民生活の実現に資するという立法目的を阻害しかねない。そこで，（ⅰ）の場合における手数料額は，当該行政機関非識別加工情報の利用に係る契約を最初に行った者の手数料額と同一としている（行政機関個人情報保護法施行令 25 条 2 項 1 号）。他方，（ⅱ）の場合には，意見書提出の機会の付与に要する費用や当該行政機関非識別加工情報の作成に要する費用を手数料額に算入しなくても，行政機関非識別加工情報の利用のインセンティブが阻害されるおそれは乏しいと思われるし，むしろ，事業の変更提案を促し，行政機関非識別加工情報の多角的な利用を促進する観点からは，利用目的の変更に係る手数料額を低廉なものとすることが望ましいともいえる。以上の点を踏まえて，（ⅱ）の場合の手数料については，提案に対する審査（基準に従った加工の可否等の審査は不要），審査結果の通知，契約の締結に係る費用のみ徴収し，意見書提出の機会の付与に要する費用や当該行政機関非識別加工情報の作成に要する費用は徴収しないこととしている。

　提案に対する審査（基準に従った加工の可否等の審査は不要），審査結果の通知，契約の締結に要する時間は，個別の提案に応じて大きく異なるものではないと考えられるので，所要時間に全庁単価を乗じて算出した定額としている。具体的には，提案書の形式審査に要する時間が 0.2 時間，提案の実質審査に要する時間が 2.20 時間，両者を合計した提案の審査に要する時間が 2.40 時間，審査結果の通知（通知文書の作成，決裁履歴の保管等，通知文書の発出）に要する時間が 0.5 時間，契約の締結（手数料の受領，決裁等）に要する時間が 0.17 時間，行政機関非識別加工情報の封入および確認に要する時間が 0.03 時間，連絡に要する時間が 0.08 時間，以上のすべてを合計した時間が 3.18 時間となる。これに全庁単価である 3991.9 円を乗ずると，1 万 2694.2 円となり，100 円未満を切り捨てて 1 万 2600 円の定額とされた（同項 2 号）。

(7) 手数料の納入方法

　行政機関個人情報保護法施行令 21 条 3 項は，保有個人情報の開示請求に係る手数料の納付方法について定めている。同令 25 条 3 項が定める行政機関非識別加工情報の提供に係る手数料の納付方法も基本的には同じであるが[16]，以

下の相違がある。第1に，前者においては，「行政機関又はその部局若しくは機関……の事務所において手数料の納付を現金ですることが可能である旨及び当該事務所の所在地を当該行政機関の長が官報により公示した場合において，手数料を当該事務所において現金で納付する場合」（同令21条3項2号）が認められているが，後者においては，これに対応する規定がないことである[17]。この規定の趣旨は，行政機関等の事務所を訪れた者が，事前に収入印紙を購入して持参していない場合において，国民の便宜を図ることにあるが，後者については，行政機関非識別加工情報をその用に供して行う事業に関する提案のための書類等を全て揃えて行政機関等の事務所を訪れることは，あまり想定されないため，かかる規定を設けていないのである。また，行政機関個人情報保護法施行令21条3項3号は，行政手続等における情報通信の技術の利用に関する法律（以下「行政手続オンライン化法」という）3条1項の規定により電子情報処理組織を使用してオンラインで開示請求をする場合の手数料の納付方法を総務省令[18]に委任しているが，同令25条3項2号は，行政手続オンライン化法3

---

16) 行政機関個人情報保護法施行令25条3項柱書が，収入印紙による納付を原則としているのは，納付・収納事務の安全性および効率性を考慮したからである。同項1号が，現金による納付を認めているのは，以下の理由による。収入印紙による納付の場合，収入は一般会計に組み入れられるが，行政機関またはその部局もしくは機関の中には，特別会計によって運営されているものもあり，その場合には，現金による納付の方法をとることとしている。同号イにおいて特許庁が掲げられているのは，特許庁が特別会計により運営されているからである。

17) 財政法2条1項は，「収入とは，国の各般の需要を充たすための支払の財源となるべき現金の収納をいい，支出とは，国の各般の需要を充たすための現金の支払をいう」と規定しており，国の収入については現金主義が原則とされている。ただし，「印紙をもつてする歳入金納付に関する法律」1条本文は，「国に納付する手数料，罰金，科料，過料，刑事追徴金，訴訟費用，非訟事件の費用及び少年法（昭和23年法律第168号）第31条第1項の規定により徴収する費用は，印紙をもつて，これを納付せしめることができる」として，現金主義の例外を定めている。印紙をもって納付せしめることのできる手数料の種目は，各省各庁の長が定めることとされている（「印紙をもつてする歳入金納付に関する法律」1条ただし書）。

18) 「行政機関の保有する個人情報の保護に関する法律に係る行政手続等における情報通信の技術の利用に関する法律施行規則」8条1項は，行政機関個人情報保護法施行令21条3項3号に規定する総務省令で定める方法は，オンラインによる開示請求により得られた納付情報（収納機関番号，納付番号，確認番号）により納付する方法（歳入金電子納付システムにより納付する方法）を原則としつつ，行政機関の長が指定する書面に収入印紙を貼って納付する方法，「行政機関の保有する情報の公開に関する法律等に基づく手数料の納付手続の

条1項の規定に基づきオンラインで行政機関非識別加工情報をその用に供して行う事業に関する提案に係る手数料の納付方法を個人情報保護委員会規則に委任している。これは，行政機関非識別加工情報については，個人情報保護委員会の所掌事務とされているからである（個人情報保護法61条2号）。「行政機関の保有する個人情報の保護に関する法律第4章の2の規定による行政機関非識別加工情報の提供に関する規則」（平成29年3月31日個人情報保護委員会規則第1号）9条2項においては，オンラインによる開示請求により得られた納付情報により納付する方法（歳入金電子納付システムにより納付する方法）を原則としつつ，行政機関の長が指定する書面に収入印紙を貼って納付する方法，「行政機関の保有する情報の公開に関する法律等に基づく手数料の納付手続の特例に関する省令」別紙書式の納付書により納付する方法も認めている。他方，あらかじめ公示した場合において事務所で現金を納付する方法を用いることは認めていない。

9 権限の委任

　行政機関個人情報保護法46条は，「行政機関の長は，政令（内閣の所轄の下に置かれる機関及び会計検査院にあっては，当該機関の命令）で定めるところにより，第2章から前章まで（第10条及び第4章第4節を除く。）に定める権限又は事務を当該行政機関の職員に委任することができる」と定めている。これを受けて，行政機関個人情報保護法施行令26条が，委任を受けることができる職について定めている。平成29年政令第19号による改正前の行政機関個人情報保護法施行令22条1項は，個人情報の取扱いが，国民の権利利益の保護に大きな影響を与えうることに鑑み，委任を受けるに適した組織上および所掌事務上のまとまりを有する部局または機関の長を委任先とすることを原則とし，内閣総務官，官房・局・部の長等を指定していた。平成28年法律第51号による行政機関個人情報保護法の改正により，第4章の2として，行政機関非

特例に関する省令」別紙書式の納付書により納付する方法，あらかじめ公示した場合において事務所で現金を納付する方法を用いることも認めている。

識別加工情報の提供に関する規定が設けられ、同法46条の規定に基づき権限の委任を行うことが認められている。行政機関非識別加工情報は、行政機関内部においては個人情報に該当するので、行政機関非識別加工情報の提供に係る権限の委任についても、一般の個人情報に係る権限の委任と同一の範囲で行えることとすることが、理論的整合性を確保できるのみならず、実際上の混乱も回避しうる。そこで、同法施行令26条は、同法2章から4章までと同じ範囲で、同法4章の2に係る権限を委任することができるとしている。

10 執行命令

行政機関個人情報保護法52条は、「この法律に定めるもののほか、この法律の実施のため必要な事項は、政令で定める」と規定している。行政機関非識別加工情報については、（ⅰ）行政機関の長が提案の対象となる個人情報ファイルを選定し、（ⅱ）提案を募集し、（ⅲ）提案書が提出され、（ⅳ）行政機関の長が審査し、（ⅴ）審査結果を通知し、（ⅵ）行政機関非識別加工情報の利用に係る契約を締結し、（ⅶ）契約に基づき行政機関非識別加工情報を作成し、（ⅷ）当該行政機関非識別加工情報を提供するというプロセスを経ることになる。これらのうち、実施に関する詳細な事項を定める必要があるのは、（ⅱ）～（ⅶ）であるが、それについては、「行政機関の保有する個人情報の保護に関する法律第4章の2の規定による行政機関非識別加工情報の提供に関する規則」（平成29年個人情報保護委員会規則第1号）3条～11条で定められている。したがって、行政機関個人情報保護法52条の規定に基づく政令は、行政機関非識別加工情報については定められていない。

11 個人情報保護委員会事務局組織令

平成28年法律第51号による行政機関個人情報保護法、独立行政法人等個人情報保護法の改正により、個人情報保護委員会の所掌事務に行政機関非識別加工情報に係るものが追加されたことに伴い、平成29年政令第70号による改正前の個人情報保護委員会事務局組織令3条2号（現5条2号）が改正され、個

人情報保護委員会事務局参事官の職務に行政機関非識別加工情報，独立行政法人等非識別加工情報の取扱業務に係る監視・監督業務が追加された。

12　経過措置

　平成28年法律第51号による行政機関個人情報保護法の改正により，個人情報ファイル簿への記載事項に「記録情報に要配慮個人情報が含まれるときは，その旨」（同法10条1項第5号の2，11条1項），行政機関非識別加工情報に係る提案の募集をする個人情報ファイルである旨，提案を受ける組織の名称および所在地，当該個人情報ファイルが同法2条9項2号（ロに係る部分に限る）に該当するときは，同法44条の8第1項において準用する行政機関情報公開法13条1項または2項の規定により意見書の提出の機会が与えられる旨（同法44条の3）が追加された。

　行政機関個人情報保護法施行令10条3項は，個人情報ファイル簿に記載すべき事項に変更があったときは，行政機関の長が，直ちに，当該個人情報ファイル簿を修正しなければならないと定めている。しかし，大量の個人情報ファイルを保有する府省も存在し[19]，要配慮個人情報に該当するかを簡単に判断できない場合もあると思われるので，保有する全ての個人情報ファイルについて，要配慮個人情報が含まれるか否かを確認するにはかなりの時間を要する場合も想定された。また，行政機関非識別加工情報に係る提案の募集をする個人情報ファイルに該当するかを決定するためには，行政機関情報公開法に基づく開示請求があった場合に保有個人情報の全部または一部を開示することとなるか否かの判断をしなければならない。過去に開示請求を受けたことがない個人情報ファイルについては，この判断を容易にはできず，結論を得るのにかなりの時間を要する場合も想定されうる。そこで，平成28年法律第51号による改正法の全面施行時に「直ちに」個人情報ファイル簿を修正することが困難な場合が生じうることに鑑み，「直ちに」を「行政機関等の保有する個人情報の適正か

---

[19]　2015年度の行政機関個人情報保護法に係る施行状況調査によると，国税庁が保有する個人情報ファイル数は5万6050，法務省が保有する個人情報ファイル数は4315であった。

つ効果的な活用による新たな産業の創出並びに活力ある経済社会及び豊かな国民生活の実現に資するための関係法律の整備に関する法律（平成28年法律第51号）の施行後遅滞なく」に読み替える修正を行っている（平成29年政令第19号附則5条）。

第6章

地方公共団体の課題

第1節　行政機関個人情報保護法改正の意義と地方公共団体の課題

1　はじめに

　2016年5月20日に，「行政機関等の保有する個人情報の適正かつ効果的な活用による新たな産業の創出並びに活力ある経済社会及び豊かな国民生活の実現に資するための関係法律の整備に関する法律」が成立し，平成28年法律第51号として公布された。同法1条は，行政機関の保有する個人情報の保護に関する法律（以下「行政機関個人情報保護法」という），同法2条は独立行政法人等の保有する個人情報の保護に関する法律（以下「独立行政法人等個人情報保護法」という），同法3条は行政機関の保有する情報の公開に関する法律（以下「行政機関情報公開法」という），同法4条は独立行政法人等の保有する情報の公開に関する法律（以下「独立行政法人等情報公開法」という）をそれぞれ一部改正するものであるが，平成28年法律第51号による改正の中心は，行政機関個人情報保護法，独立行政法人等個人情報保護法の改正であり，独立行政法人等個人情報保護法改正は，行政機関個人情報保護法改正に準じたものであるため，本節においては，行政機関個人情報保護法改正について論ずることとする。そ

の際，平成 28 年法律第 51 号による行政機関個人情報保護法改正において最重要な行政機関非識別加工情報制度を中心に論ずることとする。最後に，平成 28 年法律第 51 号を受けて，地方公共団体がいかに対応すべきかについて述べることとする。

2 行政機関非識別加工情報制度導入の意義

(1) 個人情報の有用性への配慮

　平成 28 年法律第 51 号による行政機関個人情報保護法改正の最大の眼目は，行政機関非識別加工情報制度の導入であり，その目的は，同法 1 条の目的規定において追加された「個人情報の適正かつ効果的な活用が新たな産業の創出並びに活力ある経済社会及び豊かな国民生活の実現に資するものであることその他の個人情報の有用性に配慮」することの部分に示されている。平成 28 年法律第 51 号による改正前の行政機関個人情報保護法においては，「行政の適正かつ円滑な運営を図りつつ，個人の権利利益を保護することを目的とする」とされており，個人情報の利用の要請との調和を図りつつ，個人の権利利益の保護を図ることとされていたものの，個人情報の利用は，「行政の適正かつ円滑な運営を図りつつ」という文言から窺えるように，基本的には，国，地方公共団体，独立行政法人等，地方独立行政法人という行政主体による利用が念頭に置かれていた。そのことは，行政機関個人情報保護法 8 条 1 項が法令に基づく場合を除き保有個人情報の目的外利用・提供を原則として禁止し，同条 2 項が，目的外利用・提供禁止原則の例外として，本人の権利利益侵害が生じないと考えられる「本人の同意があるとき，又は本人に提供するとき」（同項 1 号）を除くと，「行政機関が法令の定める所掌事務の遂行に必要な限度で保有個人情報を内部で利用する場合であって，当該保有個人情報を利用することについて相当な理由のあるとき」（同項 2 号），「他の行政機関，独立行政法人等，地方公共団体又は地方独立行政法人に保有個人情報を提供する場合において，保有個人情報の提供を受ける者が，法令の定める事務又は業務の遂行に必要な限度で提供に係る個人情報を利用し，かつ，当該個人情報を利用することについて相当な理由のあるとき」（同項 3 号），「専ら統計の作成又は学術研究の目的のために

保有個人情報を提供するとき、本人以外の者に提供することが明らかに本人の利益になるとき、その他保有個人情報を提供することについて特別の理由のあるとき」（同項4号）に限定して認めていることに現れていた[1]。すなわち、同項2号・3号は、行政主体による利用・提供であり、同項4号が、①「専ら統計の作成又は学術研究の目的のために保有個人情報を提供するとき」、②「本人以外の者に提供することが明らかに本人の利益になるとき」、③「その他保有個人情報を提供することについて特別の理由のあるとき」に分けられるが、②は、そもそも本人の権利利益の侵害が生じない場合であり、①については主体の限定はないが、「統計の作成又は学術研究」という公益性の高い目的の場合に限定されている。③については、同項3号に規定する機関以外への提供であるが、同項3号の場合に匹敵するような公益性のある事務事業であって、当該保有個人情報の提供が当該事務事業の遂行に不可欠な場合を念頭に置いているので、同項3号の「相当な理由のあるとき」と同等またはそれ以上の公益性が認められる場合に限定される[2]。したがって、民間企業が営利目的で保有個人情報を利用する場合、たとえ、それによって、新たな産業の創出または活力ある経済社会もしくは豊かな国民生活の実現に資することが見込まれたとしても、同項4号による保有個人情報の目的外提供の対象となると解することは困難であった。平成28年法律第51号による改正前の行政機関個人情報保護法が、その目的規定において、個人の権利利益の保護の要請との調和を図る対象として、「行政の適正かつ円滑な運営」を明記しながら、個人情報の保護に関する法律（以下「個人情報保護法」という）1条と異なり、「個人情報の有用性に配慮」という民間での個人情報の利用をも広く対象に含めた表現を用いなかったのは、上記のような理由によると考えられる。

---

1) 行政機関個人情報保護法8条2項各号に該当する場合であっても、本人または第三者の権利利益を不当に侵害するおそれがあると認められるときは、目的外利用・提供は認められない（同項柱書ただし書）。
2) 具体例について、宇賀克也・個人情報保護法の逐条解説〔第6版〕（有斐閣、2018年）443頁以下参照。

(2) 匿名加工情報制度との関係

　しかし，2015年9月3日に「個人情報の保護に関する法律及び行政手続における特定の個人を識別するための番号の利用等に関する法律の一部を改正する法律」が成立し，同月9日に平成27年法律第65号として公布され，同法附則12条1項で，国の行政機関および独立行政法人等が保有する個人情報についても，個人情報保護法の匿名加工情報制度に相当する制度の導入の検討が政府に求められた。行政機関非識別加工情報制度の導入は，直接的には，平成27年法律第65号附則12条1項を受けて行われたものである。すなわち，ビッグデータの中でも特に利用価値が高いとされるパーソナルデータの利活用のために民間部門で匿名加工情報制度が導入されたのと平仄を合わせて，行政機関非識別加工情報制度が導入されたのである。もっとも，よりマクロの視点でみれば，行政機関非識別加工情報制度の導入は，我が国および他の先進国で数年来，着実に進められてきたオープンガバメント・オープンデータ政策[3]の一環として位置付けることが可能である。

(3) 行政機関非識別加工情報制度の意義

　行政機関非識別加工情報制度の導入も，とりわけ過去数年間，他の先進国や我が国で強力に推進されてきたオープンガバメント・オープンデータ政策の延長線上に位置付けうるが，それは，従前の上記政策を2つの意味において深化させるものといえる。第1は，非識別加工を施すことにより，行政機関情報公開法の不開示情報に該当する情報も，社会的に有意義な情報として事業者に提供することを可能とすることである。この点について，以下で敷衍する。従前は，統計情報を除き，公開する情報は不開示情報の部分を削除する部分公開の手法によってきた。行政機関情報公開法に基づく開示請求を受けた受動的開示の場合には，開示請求時点で存在する情報を加工せずにあるがままの状態で開示する原則から，不開示情報に当たる部分を削除する部分開示の方法がとられ

---

3)　これについては，宇賀克也「オープンデータ政策の展開と課題」季報情報公開・個人情報保護63号58頁以下参照。

ざるをえないが，情報提供としての能動的情報公開の場合であっても，統計情報以外では，一般に，行政機関情報公開法の不開示情報に該当する部分を除くかたちでの公開を行ってきたといえる。しかし，加工を施せば，行政機関情報公開法の不開示情報に当たる部分でも，情報提供が可能になることがあり，それにより，行政情報を社会で有効活用することが可能になる。一例を挙げれば，行政機関が保有する個人情報に年齢が記載されており，それにより特定の個人が識別されるおそれがあるので，年齢を不開示情報として公開の対象外とせざるをえない場合であっても，20代，30代というように10年ごとにグルーピングを行い，80歳以上は一括りにするトップコーディングを行うことにより，特定の個人が識別されるおそれがなくなるのであれば，当該部分を非公開にするのではなく，加工したかたちで提供することが可能になる。そして，そのような加工された情報であっても，「新たな産業の創出又は活力ある経済社会若しくは豊かな国民生活の実現に資する」（行政機関個人情報保護法44条の7第1項4号）ことは十分にありうるであろう。

　第2は，事業者からの提案を募集し，提案を審査し，要件を満たす者と契約を締結して，行政機関非識別加工情報を作成する点，すなわち，個々の利用者のニーズにカスタマイズされた情報提供が行われる点である。従前から，オープンデータ政策を進めるに当たって，利用者のニーズを調査し，ニーズが高い情報を優先的に公開の対象とすることは行われてきた。しかし，それは，一般的なニーズの調査であって，個々の事業者からの具体的な提案に応じて個別にカスタマイズされた情報を提供するものではなかった。積極的なオープンデータ政策を進めた韓国の朴槿恵大統領（当時）は，2013年6月，「ガバメント3.0ビジョン」を宣言したが，公的部門の情報を公開し，公私協働で行政を改善する政府を「ガバメント2.0」とすると，それを超える「ガバメント3.0」は，国民個々のニーズにカスタマイズした情報を提供し，国政運営への国民の能動的な参加を促進し，国政運営を国家中心から国民中心に転換するパラダイムシフトを行う政府と定義することもできよう[4]。行政機関非識別加工情報制度は，

---

4)　白井京「オープンガバメント推進のための法整備」論ジュリ9号136頁参照。ガバメント3.0ビジョンを推進するために，2013年7月に制定された「公共データの提供及び利用活性化に関する法律」，同年12月の著作権法改正による公共著作物の自由利用に関する規定に

「新たな産業の創出並びに活力ある経済社会及び豊かな国民生活の実現に資する」ことを直接の目的にしており，行政運営の改善を明記しているわけではないので，この制度の導入を「ガバメント3.0」を目指した取組と位置付けるのは，過大評価となろう。しかし，2015年6月30日にIT総合戦略本部が決定した「新たなオープンデータの展開に向けて」においても，オープンデータ政策の目的として，経済の活性化・新事業の創出，行政の透明性・信頼性の向上と並んで，官民協働による公共サービスの実現が挙げられているように，オープンデータ政策には，民間の創意工夫を活かして，公共サービスを改善する効果も期待される[5]。行政機関非識別加工情報についても，行政情報の民間における有効活用にとどまらず，その効果が，行政運営の改善として行政にフィードバックされれば，この制度への国民の支持が広がると思われる[6]。

　以上述べたように，行政機関非識別加工情報制度は，個別の利用者のニーズにカスタマイズされた加工を行ったうえで，行政情報を提供する点で，従前の一般のオープンデータ政策を深化させているといえるが，実は，このようなかたちでの行政情報の提供には先例がある。すなわち，2007年の統計法全部改正[7]により導入された匿名データ制度がそれである。しかし，平成30年法律第34号による改正前の匿名データの提供は学術研究または高等教育の発展に資する場合に限って認められたので[8]，その利用範囲は，かなり限定されてい

　　　ついても，同論文を参照されたい。
5)　　英国におけるその例について，川島宏一「世界の潮流：オープンデータ――エンドユーザの視点に立ち便益が明確な事業の推進を」行政＆情報システム48巻1号29頁参照。オープンデータによるソーシャルイノベーションについて，同「オープンデータからソーシャルイノベーションへ――公共データ×ICT×市民力で社会課題を自ら解決する社会へ」行政＆情報システム50巻2号28頁以下参照。
6)　　オープンデータ政策が行政への有益なフィードバックによりエビデンスに基づく政策決定に活かされるのみならず，政策形成過程への参加により，関係主体の当事者意識を高め，政策実施段階の実効性を高める効果も有すると指摘するものとして，川島宏一「事実証拠を根拠とした政策決定――オープンデータ推進の効果」行政＆情報システム48巻2号17頁以下参照。
7)　　宇賀克也「全面施行された新統計法と基本計画」ジュリ1381号28頁以下，宇賀克也＝中島隆信＝中田睦＝廣松毅〈座談会〉全面施行された新統計法」ジュリ1381号4頁以下，廣松毅「統計法の改正について」計画行政30巻3号62頁以下等参照。
8)　　統計情報の2次利用には，匿名データの作成・提供のほかに，調査票情報の提供および

た。平成30年法律第34号による改正[9]で，匿名データの提供範囲は広がり，学術研究の発展に資する統計の作成等その他の匿名データの提供を受けて行うことについて相当の公益性を有する統計の作成等として総務省令で定めるものを行う者に提供することができるようになり，官民データ活用推進基本法23条3項の規定により指定された重点分野に係る統計の作成等であって，（イ）国民経済の健全な発展または国民生活の向上に寄与すると認められるもの，（ロ）匿名データを利用して行った事業等の内容が公表（統計法36条2項の規定により準用する同法33条4項の規定により行う公表を除く）されること，（ハ）個人および法人の権利利益，国の安全等を害するおそれがないことならびに同法42条に規定する匿名データを適正に管理するために必要な措置が講じられていること，の全てに該当すると認められるものにも，匿名データの提供が可能になった（同法施行規則35条1項4号）。しかし，「相当の公益性を有する」ことが要件とされている。このような厳格な限定は，統計制度への信頼確保を重視していたことによる。これに対し，行政機関非識別加工情報制度は，新たな産業の創出または活力ある経済社会もしくは豊かな国民生活の実現に資するものであれば（行政機関個人情報保護法44条の7第1項4号），営利目的であっても利用を認める点で，その影響は相当大きくなると思われる。すなわち，行政機関非識別加工情報制度は，「行政のための統計」から「社会の情報基盤としての統計へ」という理念の下で導入された匿名データの制度と理念的には共通する面があるが，一般の保有個人情報を対象とし，営利目的であっても広く利用を認める点で，オープンデータ政策としてのインパクトは，より大きくなると思われる。

オーダーメード集計がある。2016年2月の統計法施行規則改正により，学術研究を直接の目的とはせず，営利企業が通常の企業活動の一環として研究を行う場合であっても，学術研究の発展に資すると認められる研究であれば，オーダーメード集計を認めることとされた。ドイツにおける統計データの2次利用について，縣公一郎「統計データの2次的利用の現状と展望」行政&情報システム48巻5号38頁以下参照。

[9] 宇賀克也「統計法の改正（平成30年法律第34号）」季報情報公開・個人情報保護72号25頁以下，宇賀克也＝三宅俊光「〈対談〉統計データの利活用に向けて――統計法改正と今後の課題」ジュリ1523号62頁以下，大澤敦「統計改革と統計法等の改正――統計の精度向上・データ利活用等の推進」立法と調査403号3頁以下参照。

3　個人識別符号と要配慮個人情報

　平成27年法律第65号による個人情報保護法改正，平成28年法律第51号による行政機関個人情報保護法改正で，個人情報の定義の明確化の観点から，個人識別符号概念が導入され，また，本人に対する不当な差別，偏見その他の不利益が生じないように特に配慮を要する個人情報を特別に保護する観点から，要配慮個人情報概念が導入された。

4　地方公共団体の課題

(1)　地方公共団体の責務等

　個人情報保護法5条は，地方公共団体が，同法の趣旨にのっとり，その地方公共団体の区域の特性に応じて，個人情報の適正な取扱いを確保するために必要な施策を策定し，およびこれを実施する責務を有することを定め，同法11条は，地方公共団体が，地方公共団体およびその設立に係る地方独立行政法人について，その保有する個人情報の適正な取扱いが確保されるよう必要な措置を講ずる努力義務について定めている。また，「個人情報の保護に関する基本方針」においては，個人情報保護条例の制定または見直しに当たっては，個人情報保護法および行政機関個人情報保護法の内容を踏まえるとともに，特に行政機関個人情報保護法を参考としつつ，個人情報の定義の明確化，要配慮個人情報の取扱い，非識別加工情報を提供するための仕組みの整備等の事項について留意することが求められるとされている。

(2)　個人識別符号概念

　個人情報の定義の明確化は，地方公共団体にも共通する課題であり，また，同一のパーソナルデータがそれ単独で個人情報となるか否かについては，国の行政機関，独立行政法人等，民間のみならず，地方公共団体においても共通であることが混乱を回避する観点から望ましいので，個人識別符号概念を導入することは前向きに検討されるべきであろう。

(3) 要配慮個人情報

　すでに大半の個人情報保護条例に機微情報の収集等を原則として禁止する規定が設けられているものの，個人情報保護法および行政機関個人情報保護法における要配慮個人情報概念の導入との関係でも，個人情報保護条例の見直しの検討が必要になると思われる。その理由は，個人情報保護条例で機微情報とされている類型に含まれないものが要配慮個人情報とされているからである。神奈川県個人情報保護条例を例にとると，個人情報保護法および行政機関個人情報保護法自体において要配慮個人情報とされたもののうち，人種，信条，社会的身分および犯罪の経歴は，平成29年条例第49号による改正前の同条例でも機微情報とされていたが，病歴や犯罪により害を被った事実等は，機微情報には含まれていなかった。そこで，神奈川県では，平成29年条例第49号による改正で，要配慮個人情報の概念を導入し，行政機関個人情報保護法の要配慮個人情報と範囲を一致させる必要があったのである。したがって，地方公共団体においては，個人情報保護法および行政機関個人情報保護法における要配慮個人情報のうち，個人情報保護条例の機微情報に含まれていないものを機微情報に追加して，要配慮個人情報とすべきであろう。なお，個人情報保護法では，要配慮個人情報について，本人同意なしの取得を原則として禁止し，オプトアウト手続による第三者提供を禁止しているが，個人情報保護条例においては，オプトアウト手続による第三者提供をそもそも認めていないし，機微情報について定めている場合，本人同意なしの取得は，原則として禁止されているので，この点での見直しの必要性は生じない。神奈川県個人情報保護条例のように，取得に限らず，利用・提供も含めて機微情報の取扱い全体を原則として禁止している場合，保護の範囲を個人情報保護法に合わせて縮小する必要はないであろう。

　個人情報保護条例の機微情報の範囲を個人情報保護法および行政機関個人情報保護法における要配慮個人情報の範囲に合わせて拡大して，個人情報保護条例上，要配慮個人情報として位置付ける場合，実務上，留意を要する点がある。それは，これまで機微情報に含まれていなかったため，一般の個人情報のルールに従って取り扱われていた個人情報が機微情報として位置付けられた場合，

取得等の原則禁止の例外を認めるための措置を新たに講ずる必要がありうるということである。神奈川県個人情報保護条例を例にとって説明すると，同県の平成29年条例第49号による改正前の個人情報保護条例で機微情報として位置付けられていなかった病歴等に関する個人情報は，同県の事務で広く利用されており，同県が2016年夏に行った調査によると，①病歴，②心身の機能の障害，③健康診断その他の検査結果，④医師等による指導または診療もしくは調剤に関する個人情報は，公安委員会・警察本部を除いても731の事務で取り扱われていた。これらの情報が要配慮個人情報として位置付けられた場合，その取扱いを継続して認めてよいかについては，一般に，神奈川県情報公開・個人情報保護審議会の意見を聴いた上で実施機関が判断することになり（神奈川県個人情報保護条例6条柱書），従前，これらの個人情報を取り扱っていた全ての事務について，この手続を終えるには，かなりの期間を要した。したがって，個人情報保護条例の改正規定の施行日を定めるに当たっては，上記の事情を考慮する必要があろう。

(4) 非識別加工情報

地方公共団体においては，一般に，個人情報ファイル制度ではなく，個人情報取扱事務登録制度を採っている。後者の場合，個人情報取扱事務単位で，非識別加工の是非を検討することでよいと考えられる。マニュアル処理ファイルは非識別加工の対象外とする方針を採用した場合，マニュアル処理ファイルか否かの判別は原課で容易に行うことができるが，情報公開請求があった場合に全部不開示になるものを対象外とする方針を採った場合，過去に情報公開訴訟の判決や情報公開（・個人情報保護）審査会の答申がある場合を除き，その適確な判断は，原課のみで行えるとは限らず，情報公開担当課によるレビューが必要と思われる。また，個人情報取扱事務登録簿には，データ形式も記載することが望ましいと思われる。機械判読が可能な形式であるか否かは，2次利用の容易さに大きな影響を与えるからである。

行政機関非識別加工情報制度と同様の制度とした場合，提案者が加工の方法を特定するに足りる事項を記載した書面を実施機関に提出することになる。非識別加工基準については，個人情報保護委員会が行政機関非識別加工情報につ

いて定める加工基準に準じたものになると思われる。実施機関は，当該加工方法が加工基準に適合するか否かを審査することになるが，このような判断を実施機関のみで適切に行うことができるかは問題であり，（情報公開・）個人情報保護審議会に諮問することも考えられるが，その場合，利用の目的および方法も考慮した上で，加工方法の適切さを判断するためには，統計学の専門知識が必要になると考えられるので，（情報公開・）個人情報保護審議会に統計学の専門家を加えるか，（情報公開・）個人情報保護審議会に非識別加工情報に関する部会を設け，そこに統計学の専門家を加えることが検討されるべきと思われる。さらに，契約により非識別加工情報を提供する場合，契約中に非識別加工情報のライセンス[10]を明記することも検討事項になろう

　以上においては，地方公共団体が個人情報保護条例を改正して，非識別加工情報制度を導入する場合を念頭に置いて論じてきた。すでに個人情報保護条例を改正して，非識別加工情報制度を導入した地方公共団体もあり，今後も，そのような選択をすることは可能である。しかし，非識別加工情報の作成組織を行政庁が指定し，当該組織が事業者から非識別加工情報の提供を求められた後，地方公共団体に個人情報の提供を依頼し，当該作成組織が，提供を受けた個人情報を非識別加工して，当該事業者に提供する仕組みを法制化する検討が，総務省の「地方公共団体の非識別加工情報の作成・提供に係る効率的な仕組みの在り方に関する検討会」で行われている。この法制化が実現すれば，個人情報保護条例を改正することなく，地方公共団体が保有する個人情報の非識別加工情報としての提供が可能になろう。

---

10)　オープンデータのライセンスについて，渡辺智暁「オープンデータにおける著作権とライセンス——法制度とオープン性の軋轢」情報処理54巻12号1232頁以下，生貝直人「諸外国におけるオープンデータ政策と著作権」小泉直樹＝奥邨弘司＝駒田泰土＝張睿暎＝生貝直人＝内田祐介・クラウド時代の著作権法（勁草書房，2013年）135頁以下，東修作「OpenStreetMapの事例を通じて考えるオープンデータのライセンス設定」情報管理56巻3号140頁以下，中川隆太郎「CC 4.0時代のオープンデータとライセンスデザイン」情報の科学と技術65巻12号509頁以下参照。

第2節　個人情報保護法・行政機関個人情報保護法・独立行政法人等個人情報保護法の改正と地方公共団体の対応

1　はじめに

　2015年9月3日に個人情報の保護に関する法律（以下「個人情報保護法」という）の一部改正法が成立し、同月9日、平成27年法律第65号として公布された。これを受けて、2016年5月20日に行政機関の保有する個人情報の保護に関する法律（以下「行政機関個人情報保護法」という）および独立行政法人等の保有する個人情報の保護に関する法律（以下「独立行政法人等個人情報保護法」という）の一部改正法が成立し、改正法は同月27日、平成28年法律第51号として公布された。さらに、同年12月7日には、官民データ活用推進基本法が成立し、同月14日に平成28年法律第103号として公布されている。個人情報保護法5条により、地方公共団体は、個人情報保護法の趣旨にのっとり、その区域の特性に応じて、個人情報の適正な取扱いを確保するために必要な施策を実施する責務を有し、2016年10月28日に一部変更された「個人情報の保護に関する基本方針」は、上記の個人情報保護法および行政機関個人情報保護法の改正等を踏まえ、個人情報保護条例の見直しに当たり、「特に、行政機関個人情報保護法を参考としつつ、個人情報の定義の明確化、要配慮個人情報の取扱い、非識別加工情報を提供するための仕組みの整備等の事項について留意することが求められる」としている。したがって、地方公共団体は、上記の法改正を受けて、個人情報保護条例の改正等に取り組むことが求められている。そこで本節では、この個人情報保護条例の改正等をいかに行うべきかについて述べることとする。

2　個人情報の定義の明確化

　平成 27 年法律第 65 号による個人情報保護法の改正，平成 28 年法律第 51 号による行政機関個人情報保護法，独立行政法人等個人情報保護法の改正で，個人情報の定義の明確化を図るため，個人識別符号の概念が導入された（個人情報保護法 2 条 2 項，行政機関個人情報保護法 2 条 3 項，独立行政法人等個人情報保護法 2 条 3 項）。具体的に何が個人識別符号に当たるかは政令で定められたが，個人情報保護法施行令 1 条，行政機関個人情報保護法施行令 3 条，独立行政法人等個人情報保護法施行令 1 条において，同内容のものが個人識別符号とされた。個人情報保護条例においても，個人情報の定義の明確化の観点から，個人識別符号の概念を導入することが望ましく，また，個人情報保護法施行令，行政機関個人情報保護法施行令，独立行政法人等個人情報保護法施行令で個人識別符号とされたものが，個人情報保護条例において個人識別符号に当たらないとされることも望ましくない。したがって，個人情報保護法施行令，行政機関個人情報保護法施行令，独立行政法人等個人情報保護法施行令で個人識別符号とされたものについては，地方公共団体においても，個人識別符号とすべきであろう。

3　要配慮個人情報

　個人情報保護法，行政機関個人情報保護法，独立行政法人等個人情報保護法の改正により，要配慮個人情報の概念が導入された。個人情報保護条例においては，そのほとんどが従前から機微情報の収集を制限または禁止する規定を設けており，2016 年 4 月 1 日現在，都道府県では機微情報の収集を制限しているものが 44 団体（93.6％），市区町村では，機微情報の収集を禁止しているものが 3 団体（0.2％），制限しているものが 1664 団体（95.6％）であり，制限も禁止もしていないものは 74 団体（4.3％）にすぎない[1]。しかし，すでに機微情報

---

[1]　本節で引用する調査は，すべて総務省によるものである。なお，個人情報保護条例の中

の収集を制限または禁止している個人情報保護条例についても，要配慮個人情報の定義規定を設けるべきであろう。また，行政機関個人情報保護法2条4項および同法施行令4条[2]が定める要配慮個人情報であって，個人情報保護条例の機微情報に含まれていないものが存在しうるという問題がある。2016年4月1日現在，行政機関個人情報保護法2条4項で要配慮個人情報とされた人種については，個人情報保護条例[3]の機微情報に該当するとしたものが1218団体（71.2％），該当するか否かの判断を要するとしたものが424団体（24.8％），該当しないとしたものが69団体（4.0％），信条については，個人情報保護条例の機微情報に該当するとしたものが1665団体（97.3％），該当するか否かの判断を要するとしたものが37団体（2.2％），該当しないとしたものが9団体（0.5％），社会的身分については，個人情報保護条例の機微情報に該当するとしたものが1112団体（65.0％），該当するか否かの判断を要するとしたものが540団体（31.6％），該当しないとしたものが59団体（3.4％），病歴については，個人情報保護条例の機微情報に該当するとしたものが972団体（56.8％），該当するか否かの判断を要するとしたものが634団体（37.1％），該当しないとしたものが105団体（6.1％），犯罪の経歴については，個人情報保護条例の機微情報に該当するとしたものが1316団体（76.9％），該当するか否かの判断を要するとしたものが357団体（20.9％），該当しないとしたものが38団体（2.2％），犯罪により害を被った事実については，個人情報保護条例の機微情報に該当するとしたものが858団体（50.1％），該当するか否かの判断を要するとしたものが775団体（45.3％），該当しないとしたものが78団体（4.6％）であった[4]。さらに，政令で要配慮個人情報に追加されたものまで含めれば，行政機関個人情報保護法2条4項および同法施行令4条が定める要配慮個人情報の全てが個人情報保

には，機微情報について，収集のみならず取扱い全般を制限しているものもある（神奈川県個人情報保護条例6条参照）。
2) 個人情報保護法2条3項および同法施行令2条，独立行政法人等個人情報保護法2条4項および同法施行令2条が定める要配慮個人情報も同じである。
3) 母数は，機微情報の収集を制限または禁止している地方公共団体（1711団体）である。
4) 渋谷区個人情報保護条例7条1項3号のように「犯罪に関する事項」を機微情報として収集制限している地方公共団体があり，これらの団体は，「犯罪に関する事項」に「犯罪により害を被った事実」が含まれると解する余地があると判断して回答したものと思われる。

護条例の機微情報に含まれると明確に言い切れる地方公共団体が存在するか疑問である。したがって、行政機関個人情報保護法2条4項および同法施行令4条が定める要配慮個人情報であって、個人情報保護条例の機微情報に含まれていないものが存在するかを吟味し、存在する場合には、条例を改正して、要配慮個人情報に追加すべきであろう。

行政機関個人情報保護法では、要配慮個人情報が個人情報ファイルに含まれる旨を個人情報ファイル簿に記載しなければならないが（同法10条1項5号の2，11条1項）、個人情報保護条例においても、要配慮個人情報を個人情報取扱事務登録簿または個人情報ファイル簿に記載することを条例で義務付けるべきであろう。

4　非識別加工情報

(1)　オープンデータ政策における位置付け

非識別加工情報制度は、オープンデータ政策を推進する制度の一環として位置付けうる[5]。従前のオープンデータ政策は、行政機関情報公開法の不開示情報に当たる情報は対象外としてきた。したがって、パーソナルデータについても、不開示情報に当たる部分を削除して、不開示情報に当たらない部分をオープンデータの対象とすることはあっても、不開示情報に当たる部分は、オープンデータの対象外とせざるをえなかった。非識別加工情報は、不開示情報に当たる個人情報についても、非識別加工を行うことにより、特定の個人を識別することができず、また、加工元の個人情報を復元することができないようにしたものであり（行政機関個人情報保護法2条8項柱書）、この制度は、オープンデータ政策を一段深化させたものとみることができる。

もっとも、統計の分野においては、一般の利用に供することを目的として調

---

[5]　オープンデータについての文献は枚挙に暇がない。宇賀克也「オープンデータ政策の展開と課題」季報情報公開・個人情報保護63号58頁以下およびそこで掲げられた文献、宇賀克也『『オープンデータの法制度と課題』および『リスク社会と行政訴訟』──東アジア行政法学会国際学術大会（第12回大会）』行政法研究16号92頁以下、友岡史人「日本におけるオープンデータ法制の構築と課題」行政法研究16号103頁以下参照。

査票情報を特定の個人または法人その他の団体の識別ができないように加工した匿名データ（統計法2条12項）を学術研究の発展に資する統計の作成等その他の匿名データの提供を受けて行うことについての相当の公益性を有する統計の作成等として総務省令で定めるものを行う者に、行政機関の長または指定独立行政法人等が提供する制度（同法36条）が、平成19年法律第53号による改正[6]で新設され、平成30年法律第34号により、提供先が拡大している。個人情報を加工して特定の個人が識別できないようにして一般の利用に供することができるようにするという点では、匿名データ制度は、非識別加工情報制度に先行するものといえる。もっとも、匿名データを提供できる場合は、①学術研究、②高等教育、③国際社会における我が国の利益の増進および国際社会の健全な発展、④官民データ活用推進基本法23条3項の規定により指定された重点分野に係る統計の作成等であって、国民経済の健全な発展または国民生活の向上、のいずれかに資すると認められることが必要条件になっている。

　これに対して、行政機関非識別加工情報制度は、「新たな産業の創出又は活力ある経済社会若しくは豊かな国民生活の実現に資するものであること」（行政機関個人情報保護法44条の7第1項4号）を目的としており、民間の営利活動であっても、それが上記の要件を充足する場合には、同項が定める他の要件を満たし、同法44条の6が定める欠格事由に該当しない限り、行政機関非識別加工情報の利用に関する契約が締結されることになり、匿名データよりも緩やかに利用が認められることになる。したがって、行政機関非識別加工情報制度は、匿名データ制度と比較しても、オープンデータ政策を深化させたものといえると思われる。

---

[6]　宇賀克也＝中島隆信＝中田睦＝廣松毅「〈座談会〉全面施行された新統計法」ジュリ1381号4頁以下、宇賀克也「全面施行された新統計法と基本計画」ジュリ1381号28頁以下およびそこに掲げた文献参照。平成30年法律第34号による統計法改正については、宇賀克也「統計法の改正（平成30年法律第34号）」季報情報公開・個人情報保護72号25頁以下、宇賀克也＝三宅俊光「〈対談〉統計データの利活用に向けて——統計法改正と今後の課題」ジュリ1523号62頁以下、大澤敦「統計改革と統計法等の改正——統計の精度向上・データ利活用等の推進」立法と調査403号3頁以下参照。

(2) 官民データ活用推進基本法との関係

　地方公共団体が保有するパーソナルデータのうち，マニュアル処理されたものは，ビッグデータとしての活用には適さず，また，これを非識別加工情報の対象にした場合，行政コストが過大になり，行政の適正かつ円滑な運営に支障を生ずるおそれがある。行政機関非識別加工情報も，行政の適正かつ円滑な運営に支障のない範囲内で，個人情報ファイルを構成する保有個人情報を加工して非識別加工情報を作成することができるものであることを要件の一つとしており（行政機関個人情報保護法2条9項3号），マニュアル処理ファイルは，この要件を満たさないと考えられる[7]。

　官民データ活用推進基本法2条1項の「官民データ」は，地方公共団体が管理，利用，提供する電磁的記録（国の安全を損ない，公の秩序の維持を妨げ，または公衆の安全の保障に支障を来すことになるおそれがあるものを除く）も含んでおり，非識別加工の対象になるデータベース化された個人情報ファイルは，この「電磁的記録」に当たるから，地方公共団体の非識別加工情報制度を構想するに当たっても，官民データ活用推進基本法の「官民データ」に係る規律に配慮する必要がある。同法5条は，基本理念にのっとり，官民データ活用の推進に関し，国との適切な役割分担を踏まえて，その地方公共団体の区域の経済的条件等に応じた施策を策定し，および実施する責務を地方公共団体に課している。同法3条は8項目にわたり基本理念を定めているが，①官民データ活用の推進は，個人および法人の権利利益を保護しつつ情報の円滑な流通の確保を図ることを旨として行われなければならないこと，②官民データ活用の推進は，地域経済の活性化および地域における就業の機会の創出を通じた自立的で個性豊かな地域社会の形成ならびに新たな事業の創出ならびに産業の健全な発展および国際競争力の強化を図ることにより，活力ある日本社会の実現に寄与することを旨として行われなければならないこと，③官民データ活用の推進は，国および地方公共団体における施策の企画および立案が官民データ活用により得られた情報を根拠として行われることにより，効果的かつ効率的な行政の推進に資する

---

[7]　宇賀克也・個人情報保護法の逐条解説〔第6版〕（有斐閣，2018年）426頁参照。

ことを旨として行われなければならないこと，④官民データ活用の推進に当たっては，個人および法人の権利利益を保護しつつ，個人に関する官民データの適正な活用を図るために必要な基盤の整備がなされなければならないことが，ここでは特に重要であり，同法は，地方公共団体においても，非識別加工情報制度を積極的に導入することを要請していると解すべきであろう。同法9条は，官民データ活用推進計画の策定を都道府県に義務付け（同条1項），市区町村に策定の努力義務を課しているが（同条3項），地方公共団体の官民データ活用推進計画においては，非識別加工情報に関する事項も盛り込むべきであろう。

(3) 加工基準の作成

　個人情報保護法が定める匿名加工情報および行政機関個人情報保護法，独立行政法人等個人情報保護法が定める非識別加工情報については，個人情報保護委員会が加工基準を定めているが，個人情報保護委員会は，地方公共団体の非識別加工情報に係る加工基準を定める権限を有せず，各地方公共団体は，個人情報保護条例を改正して非識別加工情報制度を導入した場合，自ら加工基準を定めなければならない。しかし，加工基準は，匿名加工情報，行政機関非識別加工情報，独立行政法人等非識別加工情報の場合と地方公共団体が作成する非識別加工情報の場合で基本的には共通であることが望ましいから，地方公共団体は，個人情報保護委員会が規則およびガイドラインで示した加工基準に準拠すべきであろう。

　もっとも，地方公共団体は，その地方公共団体の区域の特性に応じて，個人情報の適正な取扱いを確保するために必要な施策を策定し，およびこれを実施する責務を有するので（個人情報保護法5条），非識別加工情報を作成するに当たっても，たとえば，過疎地域で人口がきわめて少なく，かつ，高齢者が大半で若年者がほとんどいない等の地域の特性に応じて，加工基準を定める必要が生じうる。その場合，専門的な第三者機関の意見を聴取することが望ましいであろう[8]。第三者機関として考えられるのは，個人情報保護に係る審議会[9]（以

---

8) 基幹統計調査に係る匿名データを作成する場合には，統計委員会の意見を聴かなければならないこととされている（統計法35条2項）。
9) 名称は不統一であり，三鷹市のように個人情報保護委員会と称しているものもある（三

下「個人情報保護審議会等」という)である。非識別加工は,個人情報を加工して非個人情報化し,かつ,当該個人情報を復元できないように行う加工であるから,個人情報保護に係る知見を有する個人情報保護審議会等が地方公共団体の第三者機関としては最適と思われるからである。2014年4月1日現在,都道府県では100%,市区町村でも97.7%が個人情報保護審議会等を設置している。個人情報保護審議会等を未設置の地方公共団体は,可及的速やかに設置すべきであろう。また,非識別加工には,統計学の知見も必要と考えられるので,個人情報保護審議会等の委員に,かかる知見を有する者を追加することが望ましいと思われる。個人情報保護審議会等の委員数が条例で法定されており,新規の委員を追加することが当面困難な場合,部会を設置して,部会に統計学の知見を有する者を加えることも考えられる[10]。実際には,非識別加工に係る知見を有する者を委員として任命することが困難な地方公共団体も少なくないと思われる。それへの対策としては,広域連携の仕組み[11]を利用することであろう。2016年7月1日現在,情報公開・個人情報保護に係る審議会等について広域連合が4件(22団体),一部事務組合が3件(6団体),機関の共同設置が3件(22団体),事務の委託が7件(7団体)あるが(特別地方公共団体の共同処理を含む),その他,形式的には,各地方公共団体が別個に設置するものの,委員が共通で,事務局機能を同一の組織に委託する方式も考えられる[12]。また,提案を受け付ける共通の窓口を設置したり,非識別加工の作成を委託できる(地方公共団体以外の)専門組織を設けることも課題といえよう。さらに,総務省の

鷹市個人情報保護条例26条1項参照)。

[10] 東京都は,情報公開・個人情報保護審議会に住民基本台帳ネットワーク部会および特定個人情報保護評価部会を設けている(東京都情報公開条例39条3項・4項・10項)。なお,非識別加工情報の活用に関する提案を審査するに当たっても,個人情報保護審議会等の意見を聴取すべきと思われる。

[11] 宇賀克也・地方自治法概説〔第8版〕(有斐閣,2019年)101頁以下およびそこに掲げた文献参照。

[12] 長崎県市町村行政振興協議会は,統一情報公開審査会支援事業,統一個人情報保護審査会支援事業を行っている。すなわち,市町がそれぞれの情報公開条例,個人情報保護条例に基づき設置する情報公開審査会,個人情報保護審査会の委員の選任,審査会の運営等について長崎県市町村行政振興協議会が協力し,委員については,地区ごと(県南地区,県北地区)に統一的な選任が行われている。

「地方公共団体の非識別加工情報の作成・提供に係る効率的な仕組みの在り方に関する検討会」は，地方公共団体とは独立した非識別加工情報の作成組織が，事業者からの申出を受けて，地方公共団体に個人情報の提供を依頼し，提供を受けた個人情報を非識別加工して，事業者に提供する仕組みの法制化を検討している。この仕組みが法制化されれば，個々の地方公共団体が個人情報保護条例を改正して非識別加工情報制度を導入しなくても，地方公共団体が保有する個人情報を用いた非識別加工情報の作成・提供が可能になる。地方公共団体が保有する個人情報を用いた非識別加工情報制度の作成・提供を促進するためには，この方策が有効と思われる。

(4) 個人情報ファイル簿

行政機関非識別加工情報については，個人情報ファイル簿に提案を募集する個人情報ファイルである旨を記載することが義務付けられている（行政機関個人情報保護法44条の3第1号）。2016年4月1日現在，都道府県では，個人情報ファイル簿を公表しているものは2団体（4.3％）にすぎず，45団体（95.7％）は個人情報取扱事務登録簿を公表しており，市区町村では個人情報ファイル簿を公表しているのは464団体（26.7％）であり，1258団体（72.3％）は個人情報取扱事務登録簿を公表している。個人情報ファイル簿または個人情報取扱事務登録簿をそもそも作成していない団体が91団体（5.2％），作成しているが公表していない団体が54団体（3.1％）あり，これらの団体は，個人情報ファイル簿または個人情報取扱事務登録簿の作成・公表を可及的速やかに行うべきである。

非識別加工情報の利用がデータベース化された個人情報ファイルを対象とすると考えられることに照らすと，これまで個人情報取扱事務登録簿の公表を行ってきた地方公共団体は，個人情報ファイル簿を作成してウェブサイトで公表することが望ましいといえよう[13]。なお，個人情報取扱事務登録簿と個人情報ファイル簿の双方を作成・公表することが，財政的・労力的に困難な場合には，

---

13) 個人情報ファイル簿または個人情報取扱事務登録簿の公表を行っている地方公共団体のうち，ウェブサイトで公表しているものは，2016年4月1日現在，都道府県で14団体（29.8％），市区町村で100団体（5.7％）にすぎない。

非識別加工情報制度の導入を契機に、個人情報ファイル簿に一本化することも考えられる[14]。

---

[14] 総務省が設けた「地方公共団体が保有するパーソナルデータに関する検討会」が、2017年5月に公表されており、個人情報保護法、行政機関個人情報保護法の上記改正を受けて地方公共団体が行うべき個人情報保護条例改正についての考え方を示しているので参照されたい。なお、著者は、この検討会の座長を務めたが、本節のうち意見にわたる部分は、著者の個人的なものであり、同検討会を代表するものではない。

第3節　地方公共団体における個人情報保護の課題

1　はじめに

　我が国における個人情報保護法制は，分権的仕組みをとっている点に特色がある。すなわち，行政機関の保有する個人情報の保護に関する法律（以下「行政機関個人情報保護法」という）は，国の行政機関が保有する個人情報のみを対象としており，地方公共団体の保有する個人情報の保護については，各地方公共団体の個人情報保護条例が一般法として規律している。しかし，地方公共団体の個人情報保護のあり方は，国の個人情報保護施策と無関係ではなく，最近は，法律の制定・改廃の影響を受けて，地方公共団体が個人情報保護に係る条例の制定・改廃を行う必要に迫られることが稀でない。そこで，以下，最近の法律の制定・改廃とそれを受けた地方公共団体の個人情報保護施策の見直しについて論ずることとする。

2　行政手続における特定の個人を識別するための番号の利用等に関する法律

　行政手続における特定の個人を識別するための番号の利用等に関する法律（以下「番号法」という）は，個人番号および特定個人情報の保護について，直接に地方公共団体に義務付けを行う規定を設けている。たとえば，番号法12条は，個人番号利用事務等実施者に個人番号の安全管理義務を課しているから，地方公共団体が個人番号利用事務等実施者である場合には，地方公共団体は，この規定によって直接に個人番号の安全管理義務を負うことになる。しかし，番号法は，個人番号および特定個人情報の保護について網羅的に定めているわけではなく，個人情報の保護に関する法律（以下「個人情報保護法」という），行政機関個人情報保護法，独立行政法人等の保有する個人情報の保護に関する法

律（以下「独立行政法人等個人情報保護法」という），個人情報保護条例という個人情報保護の一般法の存在を所与として，一般法に特例を定めることで対応可能な場合は，それに委ねる方針をとっている。そして，個人情報保護法，行政機関個人情報保護法，独立行政法人等個人情報保護法については，番号法に適用除外規定や読替規定を置くことにより，特定個人情報保護のための特例を定めている。しかし，個人情報保護条例は，各地方公共団体が制定しており，その内容は統一されていないので，番号法に一律に適用除外規定や読替規定を置くわけにはいかない。そこで，番号法32条は，地方公共団体は，行政機関個人情報保護法，独立行政法人等個人情報保護法，個人情報保護法および番号法の規定により行政機関の長，独立行政法人等および個人情報取扱事業者が講ずることとされている措置の趣旨を踏まえ，当該地方公共団体およびその設立に係る地方独立行政法人が保有する特定個人情報の適正な取扱いが確保され，ならびに当該地方公共団体およびその設立に係る地方独立行政法人が保有する特定個人情報の開示，訂正，利用の停止，消去および提供の停止（番号法23条1項および2項に規定する記録に記録された特定個人情報にあっては，その開示および訂正）を実施するために必要な措置を講ずるものとしている。

　これを受けて，地方公共団体は個人情報保護条例を改正することにより，個人情報保護条例の中に特定個人情報保護の特例を定めたり（神奈川県等）[1]，特定個人情報保護のための条例を既存の個人情報保護条例と別に定める条例整備を行った。後者の立法政策を採用したのが東京都であり，東京都では，既存の個人情報保護条例を特定個人情報以外の個人情報保護の一般法とする改正を行うとともに，特定個人情報保護のための特別法としての条例を制定する方針を採用し，「行政手続における特定の個人を識別するための番号の利用等に関する法律に基づく個人番号の利用並びに特定個人情報の利用及び提供に関する条例」（平成27年条例第111号）が制定された[2]。東京都のように，特定個人情報

---

[1]　個人情報保護条例において，特定個人情報の保護も図る条例改正のモデルについて，宇賀克也＝水町雅子＝梅田健史・施行令完全対応　自治体職員のための番号法解説［実務編］（第一法規，2014年）183頁以下［水町雅子執筆］参照。
[2]　番号法31条の規定を受けた東京都の条例整備の方針について詳しくは，宇賀克也監修・高野祥一＝苅田元洋＝富山由衣＝上村友和＝白戸謙一・完全対応　自治体職員のための番号

保護のための特別条例を制定する場合においても，個人情報保護条例の改正も必要になる。すなわち，特定個人情報の開示請求は，特定個人情報保護条例に基づいて行うことになるので，個人情報保護条例に基づく開示請求の対象から特定個人情報を除く改正が必要になる。また，個人情報保護条例に基づき本人の保有個人情報を開示請求する場合において，当該保有個人情報に他人の特定個人情報が含まれている場合がありうるので，当該特定個人情報を原則不開示とするように，不開示情報に関する規定を改正する必要がある。さらに，個人情報保護条例に不開示情報の裁量的開示規定が置かれている場合，特定個人情報を裁量的開示の対象から除外する改正が必要になる[3]。

3　行政不服審査法の全部改正

　行政不服審査法の全部改正を受けた個人情報保護条例改正の検討も必要になった。
　第1に，全部改正後の行政不服審査法（以下「新行政不服審査法」という）が異議申立てという不服申立類型を廃止して，不服申立類型を原則として審査請求に一元化したため，これを受けた文言の改正が必要になった。個人情報保護条例において，行政不服審査法（昭和37年法律第160号）という全部改正前の行政不服審査法が引用されていた場合には，行政不服審査法（平成26年法律第68号）に改める必要があった。また，異議申立てと審査請求を総称して「不服申立て」という文言を用いている場合には，「審査請求」に改め，「不服申立人」は「審査請求人」に，「処分庁又は審査庁」は「審査庁」に，「決定又は裁決」は「裁決」に改める必要があった。
　第2に，個人情報保護条例に基づく開示請求等に係る処分について，審理員制度を適用除外とする場合の改正である。すなわち，新行政不服審査法9条1項柱書ただし書において，条例に基づく処分については，条例に特別の定めが

　　法解説［実例編］（第一法規，2015年）17頁以下［高野祥一・苅田元洋執筆］参照。
3)　　たとえば，東京都個人情報の保護に関する条例17条の2は，裁量的開示の対象から法令秘情報のみを除外していたが，特定個人情報も除外する改正を平成27年条例第140号で行っている。

ある場合には，審理員制度の適用除外とすることが認められており，このただし書が念頭に置いていたのが，情報公開条例・個人情報保護条例に基づく開示請求等に係る処分についての審査請求であった[4]。その理由は，情報公開条例・個人情報保護条例に基づく不開示等の決定に係る審査請求事案は，基本的に対象文書の内容により開示すべきか否かを判断しうるので，審理員制度を用いて事実認定を行う必要性に乏しいと考えられること，情報公開条例・個人情報保護条例に基づき設置された審査会は，有識者からなる第三者機関であり，審査請求事案についてインカメラ審理を行う権限を有し，実効的な権利救済を図ることが期待できることである。国においても，行政機関の保有する情報の公開に関する法律，独立行政法人等の保有する情報の公開に関する法律，行政機関個人情報保護法，独立行政法人等個人情報保護法に基づく開示決定等または開示請求に係る不作為に係る審査請求については，審理員制度の適用除外とされており，原則として，総務省情報公開・個人情報保護審査会（会計検査院長が行った決定の場合には，会計検査院情報公開・個人情報保護審査会）に諮問され，そこでインカメラ審理が行われること等に照らし，「行政不服審査法の施行に伴う関係法律の整備等に関する法律」（以下「整備法」という）で審理員制度の適用が除外されている[5]。地方公共団体においても，個人情報保護条例に基づく開示請求等に係る処分について，審理員制度の適用を除外する選択をする場合には，条例でその旨を定めておく必要がある。

　審理員制度の適用を除外しても，審理員が行う手続は，基本的に審査庁また

---

4) 宇賀克也＝前田雅子＝大野卓「行政不服審査法全部改正の意義と課題」行政法研究7号30頁以下参照。
5) 公文書等の管理に関する法律16条の規定に基づく特定歴史公文書等の利用請求に係る決定に係る審査請求についても，整備法では，審理員制度の適用を除外している。その理由は，特定歴史公文書等に対する利用請求に係る決定も，当該文書の内容に応じて判断することになり，請求の理由・目的を問わないので，請求者の属性や請求目的等に係る事実認定のために審理員制度を用いる必要性に乏しいこと，審査請求事案は，原則として，内閣府公文書管理委員会に諮問され，そこでインカメラ審理により，実効的な権利救済が期待できることである。地方公共団体に公文書管理条例に基づき，非現用の歴史的価値のある文書に対する利用請求権が何人にも（または住民に）付与され，不開示等の決定に対する審査請求が条例に基づく公文書管理に係る第三者機関に諮問され，そこでインカメラ審理が行われる場合には，同様に，条例で審理員制度の適用除外とすることが考えられよう。

はその職員が行うことになる（新行政不服審査法9条3項・4項）[6]。この点で，行政機関個人情報保護法，独立行政法人等個人情報保護法が，審理員制度のみならず，審理員が行う審理手続全体を適用除外にしているのとは異なる（行政機関個人情報保護法42条1項，独立行政法人等個人情報保護法42条2項参照）。新行政不服審査法29条により，審査庁は処分庁等に対し弁明書の提出を求めなければならず（同条2項），提出された弁明書を審査請求人および参加人[7]に送付しなければならない（同条5項）。これまでも，審査庁が個人情報保護審査会に諮問する場合には，主張書面を添付していたと考えられるが，弁明書を主張書面として活用することが効率的であるので，諮問に当たり処分庁等から送付された（処分庁等が審査庁である場合には自ら作成した）弁明書を添付することを審査庁に義務付ける規定を個人情報保護条例に置くことも考えられる。

第3に，新行政不服審査法においては，不作為についての審査請求の性格が変化する。すなわち，旧行政不服審査法においては，不作為についての不服申立ては，迅速に処分を行うように促す手段にすぎなかったのに対して，新行政不服審査法における不作為についての審査請求は，単に不作為が違法または不当であるかを判断するにとどまらず，一定の処分をすべきかについても判断するものになった。従前は，単に処分の迅速化を促す手段にとどまったため，一般に個人情報保護審査会への諮問対象にしていなかったと考えられるが，開示決定等をすべきかについての判断も行うことができるようになった以上，個人情報保護審査会への諮問事項にすべきであり，そのための個人情報保護条例の改正をすべきである[8]。

第4に，新行政不服審査法78条1項は，行政不服審査会に提出された電磁

---

[6] そのうち，ある部分を個人情報保護審査会に担わせることが可能かという論点がある。この点について，田中孝男「新しい行政不服審査法と情報公開条例（下）」自治実務セミナー634号21頁参照。

[7] 旧行政不服審査法には「参加人」の定義規定はなかったが，新行政不服審査法13条4項は，「参加人」を定義しているので，個人情報保護条例においても，これまで「参加人」を定義していない場合には，新行政不服審査法13条4項の規定を引用して，定義することが考えられる。

[8] 行政機関個人情報保護法43条1項，独立行政法人等個人情報保護法43条1項も，不作為に係る審査請求について，情報公開・個人情報保護審査会への諮問事項としている。

的記録の閲覧等の方法について，行政不服審査会が定める方法によるとしている。新行政不服審査法81条1項または2項の規定に基づき地方公共団体に設置される機関については，準用規定が置かれているため（同条3項），当該機関が閲覧等の方法を定めることになるが，地方公共団体の個人情報保護審査会に諮問される場合には，新行政不服審査法81条1項または2項の規定の準用がないので，個人情報保護条例に電磁的記録の閲覧等の方法について定めておくことが望ましい。個人情報保護審査会に提出された電磁的記録の閲覧等の方法は，個人情報保護審査会が定めることが適切であろう（情報公開・個人情報保護審査会設置法13条2項も参照）。また，新行政不服審査法78条2項は，提出資料等の閲覧等をさせようとするときには，行政不服審査会が必要ないと認めるときを除き，当該閲覧等に係る主張書面または資料の提出人の意見を聞くことを行政不服審査会に義務付けている。個人情報保護審査会が提出資料の閲覧等を認めようとするときにも，同様の意見聴取規定を設けておくべきと思われる。

4　個人情報保護法改正

　2015年9月3日に個人情報保護法の一部改正法案が可決成立した。個人情報保護法が制定されたのは2003年であったが，その後，ICTの急速な発展により，ビッグデータ時代が到来し，パーソナルデータを活用した新ビジネスの創出や医療・防災等の公益の増進が期待されるようになった。しかし，個人情報の範囲が不明確なことが，その利活用を躊躇させる要因になっているという認識が広まり，他方，消費者の側においても，自己の個人情報が自らの同意なしに無断でビジネスに利用されているのではないかという不安が高まっている。そこで，個人情報の定義の明確化を図り，また，匿名加工情報という新たな類型を設けて，個人情報を保護しつつ，パーソナルデータの有効活用を図ることとなった。具体的には，政令で指定された個人識別符号は，他の情報との照合なしに，それ単体で個人情報として位置付けられることになる。顔認識データ，指紋認識データ，運転免許証番号，旅券番号等は，個人識別符号として政令で指定された。これを受けて，行政機関個人情報保護法，独立行政法人等個人情報保護法においても，個人情報の定義の見直しが行われた。地方公共団体は，

行政機関個人情報保護法、独立行政法人等個人情報保護法における個人情報の定義の見直しを参考に、個人情報保護条例における個人情報の定義の見直しを検討すべきであろう。

　また、匿名加工情報は、特定の個人を識別することができないように個人情報を加工して得られる個人に関する情報であって、当該個人を復元することができないようにしたものをいうと定義されている。国または独立行政法人等が保有する個人情報の中に、匿名加工情報として利活用するニーズのあるものがあるか否かについては、総務省で検討が行われてきたが、「個人情報の保護に関する法律及び行政手続における特定の個人を識別するための番号の利用等に関する法律一部を改正する法律」附則12条1項で、同法施行日までに、行政機関および独立行政法人等の匿名加工情報の取扱いに関する規制の在り方について検討を加え、その結果に基づいて必要な措置を講ずることとされた。そして、2018年5月20日に、「行政機関等の保有する個人情報の適正かつ効果的な活用による新たな産業の創出並びに活力ある経済社会及び豊かな国民生活の実現に資するための関係法律の整備に関する法律」が成立し、行政機関個人情報保護法、独立行政法人等個人情報保護法が大幅に改正された。地方公共団体の中には、これを参考にして、非識別加工情報に係る規律を個人情報保護条例に設けたものもある。もっとも、地方公共団体が保有する個人情報の提供を受けて、非識別加工を行い、事業者に提供する組織を法定することが検討されており、これが実現すれば、個人情報保護条例を改正して非識別加工情報制度を導入しなくても、地方公共団体の保有する個人情報の非識別加工情報としての利活用が進むことになろう。

　個人情報保護法改正で要配慮個人情報についての規定が設けられ、その取得が原則として禁止され、オプトアウト方式による第三者提供も禁止された。個人情報保護条例の大半には、機微情報の取得を原則として禁止する規定が設けられているが、かかる規定がない個人情報保護条例については、同様の取得制限規定を設けるべきであろう[9]。

---

[9]　他方、個人情報保護条例においては、オプトアウト方式による個人情報の第三者提供を認めていないので、要配慮個人情報のオプトアウト方式による第三者提供を禁ずる規定を置く必要はない。

初 出 一 覧

第1章第1節 「個人情報保護に関するわが国の制度の概要」現代消費者法 35 号（2017 年）

第1章第2節 「わが国における個人情報保護法制の体系と個人情報保護法制の改革」法の支配 192 号（2019 年）

第2章第1節 「『パーソナルデータの利活用に関する制度見直し方針』について」ジュリスト 1464 号（2014 年）

第2章第2節 「パーソナルデータの利活用に関する制度改正大綱について」季報情報公開・個人情報保護 55 号（2014 年）

第2章第3節 「個人情報の保護と利用――ポジティブ・サムを目指した改革の意義と課題」法律時報 88 巻 1 号（2016 年）

第2章第4節 「個人情報保護法改正案について(1)(2)」「個人情報保護法改正について(1)(2)」季報情報公開・個人情報保護 57 号，58 号，59 号（以上，2015 年），60 号（2016 年）

第2章第5節 「個人情報保護法施行令の改正」季報情報公開・個人情報保護 67 号（2017 年）

第3章 「個人情報・匿名加工情報・個人情報取扱事業者」ジュリスト 1489 号（2016 年）

第4章 「民間事業者が遵守すべき個人情報保護法の概要」実践成年後見 73 号（2018 年）

第5章第1節 「行政機関個人情報保護法および独立行政法人等個人情報保護法の改正」季報情報公開・個人情報保護 61 号（2016 年）

第5章第2節 「行政機関個人情報保護法施行令等の改正」季報情報公開・個人情報保護 68 号（2018 年）

第6章第1節 「行政機関個人情報保護法改正の意義と地方公共団体の課題」自治実務セミナー 653 号（2016 年）

第6章第2節 「個人情報保護法・行政機関個人情報保護法・独立行政法人等個人情報保護法の改正と地方公共団体の対応」自治体ソリューション 2017 年 5 月号

第6章第3節 「地方公共団体における個人情報保護の課題」自治実務セミナー 642 号（2015 年）

事項索引

あ 行

安全管理措置……………94, 112, 183, 267, 299
EU 一般データ保護規則………80, 168, 254
EU 個人データ保護指令………74, 157, 252
域外適用……………………………113, 166
異議申立て……………………………357
意見書の提出…………………………290, 294
　　——の機会………………………318
委　託……165, 267, 269, 296, 306, 324, 351
　　事務の——………………………351
委託先……………………………………94
一部事務組合…………………………351
医療分野の研究開発に資するための匿名加
　工医療情報に関する法律………23, 311
インカメラ審理………………7, 21, 357
インデックス機能……………………189
営業秘密…………………………………26
越境移転制限…………………………160
越境執行協力…………………………170
FTC 3 要件………………………48, 51
欧州評議会条約108号条約……………149
OECD 8 原則………………15, 18, 74, 157
オーダーメード集計……312, 324, 325, 339
オープンガバメント…………………336
オープンデータ………35, 278, 312, 336, 347
オプトアウト……26, 56, 125, 138, 176, 187,
　　　　　　　205, 254, 268, 288, 341, 360
オプトイン……………………………250, 268
オムニバス方式………………………2, 14, 186
オンライン結合…………………………71

か 行

外　局……………………………………239
会計検査院……………………………304
会計検査院情報公開・個人情報保護審査会
　………………………………………357
外国執行当局…………………………170
開　示…………………………………271
開示請求権…………………129, 160, 308
ガイドライン……………………………3
加工基準………………………………350
加工方法………………………………308
霞が関 WAN……………………………72
課徴金……………………………………65
仮名化…………………………………106
勧　告…………………………………305
間接強制調査…………………………169, 303
間接罰…………………………………153
官民データ……………………………349
官民データ活用推進基本法………344, 348
官民データ活用推進計画……………350
機関の共同設置………………………351
機微情報……27, 32, 55, 80, 114, 158, 159, 251,
　　　　　　　　　　　　341, 345, 360
基本法……………………………………1, 14
基本理念………………………………69, 349
行政機関の保有する個人情報の保護に関す
　る法律……6, 259, 275, 313, 333, 344, 354
行政機関の保有する情報の公開に関する法
　律……………6, 20, 279, 318, 333, 336, 357
行政機関の保有する電子計算機処理に係る
　個人情報の保護に関する法律……5, 16, 72

事項索引　363

行政機関（等）非識別加工情報
　………　29, 278, 282, 286, 323, 334, 348, 349
行政機関非識別加工情報取扱事業者…　286
行政機関非識別加工情報ファイル
　……………………………………　286, 317
行政手続における特定の個人を識別するため
　の番号の利用等に関する法律　…　9, 195, 354
行政不服審査法……………………………　356
競争入札……………………………………　295
共同利用　……………………　57, 165, 269, 273
規律管轄権…………………………………　166
記録情報……………………………………　284
苦情の処理　………………………　96, 131, 301
経過規定……………………………………　176
経過措置………………………………　310, 330
欠格事由……………………………………　291
権限の委任……………………………　151, 233, 328
広域連携……………………………………　351
広域連合……………………………………　351
公益上の義務的開示………………………　319, 322
公益上の裁量的開示　…………　309, 319, 322
効果理論……………………………………　167
合議制機関…………………………………　150
公示送達……………………………………　171
拘束的企業準則………………………………　157, 164
公表義務……………………………………　109
公文書等の管理に関する法律……………　357
国外犯………………………………………　308
国際捜査共助………………………………　173
個人識別符号　…　32, 77, 85, 87, 106, 188, 249,
　　　　　　　　　260, 279, 315, 324, 340, 345, 359
個人識別符号概念…………………………　340
個人情報
　………　84, 249, 256, 260, 279, 281, 345, 359
　――の取得………………………………　264

個人情報事務取扱登録簿…………………　342
個人情報データベース等
　…………………………　89, 97, 154, 226, 257, 262
個人情報データベース等提供罪………　153
個人情報取扱事業者
　…………　54, 89, 97, 160, 182, 229, 257, 262
個人情報取扱事務登録制度………………　342
個人情報取扱事務登録簿…………………　347, 352
個人情報の保護に関する基本方針
　………………………　27, 114, 148, 252, 340, 344
個人情報の保護に関する法律
　………………………　259, 278, 313, 344, 354
個人情報の保護に関する法律に係るEU域
　内から十分性認定により移転を受けた個
　人データの取扱いに関する補完的ルール
　………………………………………　121, 254
個人情報の保護に関する法律についてのガ
　イドライン（匿名加工情報編）……　255
個人情報ファイル
　………………　154, 282, 317, 342, 347, 349
個人情報ファイル簿　……　283, 290, 347, 352
個人情報保護委員会　…　28, 81, 144, 159, 301
個人情報保護委員会規則…………………　180
個人情報保護委員会事務局レポート：匿名
　加工情報……………………………………　255
個人情報保護指針………　5, 78, 107, 142, 255
個人情報保護条例…　8, 22, 71, 184, 252, 259,
　　　　　　　　　　340, 344, 354, 355, 357, 360
個人情報保護審査会………………………　358
個人データ……………………………　93, 98, 263
個人の秘密…………………………………　306
個人番号………………………………　9, 195, 354
個人番号利用事務等実施者………………　354

さ　行

裁決 …………………………………… 356
サイバーセキュリティ ……………… 185
サイバーセキュリティ基本法 ……… 186
索引情報 ……………………………… 106
削除情報 ……………………… 289, 307, 308
参加人 ………………………………… 358
散在情報 ……………………………… 282
識別禁止義務 ………………… 105, 111, 308
識別非特定情報 ……………………… 102
事業承継 ……………………… 165, 269
事業所管大臣 ………………… 151, 170, 234
施行状況調査 ………………………… 302
死者の情報 …………………………… 260
施設等機関 …………………………… 240
自治会名簿 …………………………… 99
執行管轄権 …………………………… 167
執行命令 ……………………………… 329
実地調査 ……………………………… 302
指導および助言 ……………………… 304
児童オンラインプライバシー保護法 … 86
従業者 ………………………… 94, 267
従事者 ………………………… 300, 306
十分性認定 …… 116, 134, 149, 157, 158, 251
住民基本台帳データ ………………… 71
住民基本台帳ネットワークシステム（住基ネット） ……………………………… 72
住民票コード ………………………… 194
主張書面 ……………………………… 358
守秘義務 ……………………………… 181
主務大臣制 …………… 28, 58, 81, 144, 159
準個人情報 …………………………… 53
消去 …………………………… 127, 267
消極的属人主義 ……………………… 167

照合禁止義務 ………………… 104, 281
消費者プライバシー権利章典 ……… 48, 85
情報公開条例 ………………… 9, 357
情報提供 ……………………………… 337
資料の提出の要求 …………………… 302
審議会 ………………………………… 240
審査請求 ……………………………… 357
　不作為についての── ………… 358
審査請求人 …………………… 356, 358
審査庁 ………………………………… 356
人種差別撤廃条約 …………………… 117
審理員 ………………………………… 356
随意契約 ……………………………… 295
セクトラル方式 ……………………… 2
セグメント方式 ……… 2, 14, 185, 187, 259
センシティブデータ ………………… 158
専門委員 ……………………………… 151
総括管理機関 ………………………… 301
相互保証 ……………………………… 174
総務省情報公開・個人情報保護審査会
　……………………………………… 357
属性削除 ……………………………… 106
属地主義 ……………………………… 166

た　行

第三者提供 ……… 95, 125, 254, 267, 341, 360
立入検査 ……………………………… 303
地方公共団体 ………………………… 244
地方公共団体情報システム機構 …… 194
地方支分部局 ………………………… 238
調査票情報 …………………… 338, 348
直接送達 ……………………………… 171
直罰 …………………………… 153, 187
訂正等 ………………………………… 271
訂正等請求権 ………………………… 135

事項索引　365

データ形式 …………………………… 342
データ・ショッピング ………………… 161
データ・ヘブン ………………………… 161
データ保護プライバシー・コミッショナー
　　国際会議 ……………………… 61, 148
データマッチング ……………………… 73
適用除外 ………………………………… 155
手数料 ………………… 295, 298, 320, 323
電算処理ファイル ………………… 284, 286
電磁的記録 ………………… 232, 349, 358
東京都特定個人情報の保護に関する条例
　　…………………………………………… 13
統計情報 …………………………… 79, 106
同窓会名簿 ……………………………… 99
特殊法人 ………………………………… 18
特定個人情報 ………………………… 9, 354
特定個人情報ファイル ………………… 154
特定個人情報保護委員会 … 43, 58, 144, 179
特定個人情報保護委員会規則 ………… 180
特定個人情報保護団体 …………… 78, 108
特定個人情報保護評価 ………… 43, 64, 76
特定歴史公文書等 ……………………… 357
独任制機関 ……………………………… 150
特別の機関 ……………………………… 239
匿名加工情報
　　……… 78, 100, 184, 230, 255, 336, 350, 359
匿名加工情報データベース等
　　………………… 79, 112, 282, 286, 317
匿名加工情報取扱事業者
　　………………………… 105, 112, 282, 286
匿名データ
　　…… 51, 79, 108, 155, 293, 312, 338, 348, 350
匿名データの作成・提供に係るガイドライ
　　ン …………………………………… 52
独立行政法人(等) ………………… 18, 298

独立行政法人等の保有する個人情報の保護
　　に関する法律
　　………………… 7, 259, 275, 313, 333, 344, 354
独立行政法人等の保有する情報の公開に関
　　する法律 ………… 7, 20, 283, 333, 357
独立行政法人等非識別加工情報 ……… 282
独立行政法人等非識別加工情報取扱業者
　　…………………………………………… 286
独立行政法人等非識別加工情報ファイル
　　…………………………………………… 286
トップコーディング …………………… 337
トレーサビリティ ………………… 27, 140, 166

な　行

内閣府公文書管理委員会 ……………… 357
内部部局 ………………………………… 239
日本版ノーアクションレター制度 …… 45
任意的意見聴取 …………………… 285, 318
認定個人情報保護団体
　　………………………… 4, 142, 170, 230, 255

は　行

パーソナルデータ ……………………… 37
パーソナルデータの利活用に関する制度改
　　正大綱 ………… 46, 86, 103, 127, 275
パーソナルデータの利活用に関する制度見
　　直し方針 …………………………… 37
罰　則 …………………………… 96, 182, 306
非識別加工情報 ……… 34, 281, 342, 347, 350
非識別非特定情報 ……………………… 102
必要的意見聴取 …………………… 285, 318
標的基準 ………………………………… 167
不開示情報 ………… 283, 309, 320, 336, 347
不服申立て ……………………………… 356
不服申立人 ……………………………… 356

部分開示 …………………… 280, 285, 336
プライバシー影響評価 ………… 43, 64, 75
プライバシー・コミッショナー … 58, 150, 172
プライバシー・バイ・デザイン …… 63, 77
プロファイリング ………………………… 63
分掌職 ………………………………… 239
弁明書 ………………………………… 358
報告の要求 …………………………… 302
法　　令 ……………………………… 123
保有個人情報 ……………… 155, 282, 349
保有個人データ …………… 95, 139, 263, 270
本人開示 ………………………… 279, 301
本人確認情報 ……………………… 73, 195
本人参加の原則 ……………………… 134
本人収集原則 ………………………… 273

ま　行

マニュアル処理 ………… 284, 317, 342, 349
マニュアル処理ファイル ……………… 286
明示義務 ……………………………… 110
名簿業者 ……………………… 26, 65, 100
名簿屋問題 ………………………… 65, 66
目的外提供 ……………… 172, 273, 278
目的外利用 …………… 172, 264, 288, 334
目的変更 ……………………………… 127

モザイク・アプローチ
  ……… 6, 38, 77, 84, 104, 187, 250, 279, 281
モデル契約 ……………… 157, 162, 164

や・ら行

要配慮個人情報
  …… 27, 32, 80, 114, 159, 205, 251, 261, 265,
       269, 281, 287, 310, 316, 340, 341, 345, 360
予定価格 ……………………………… 295
立法管轄権 …………………………… 166
領域主義 ……………………………… 166
領事送達 ……………………………… 171
利用停止等 …………………………… 272
利用停止等請求権 …………………… 135
利用目的
  ——による制限 ……………………… 264
  ——の特定 …………………………… 263
  ——の変更 …………………………… 263

A-Z

APEC-CBPR …………………………… 163
APEC-CPEA …………………………… 61
APPA …………………………………… 149
GPEN …………………………… 148, 171
JISQ15001: 2006 …………………… 252
LGWAN ………………………………… 72

判 例 索 引

最大判昭和 26・8・1 民集 5 巻 9 号 489 頁 …………………………………… 137
最大判昭和 39・5・27 民集 18 巻 4 号 676 頁 …………………………………… 118
東京高判昭和 49・9・26 税務訴訟資料 76 号 848 頁 ……………………………… 137
京都地判昭和 53・9・29 判タ 395 号 132 頁 ……………………………………… 137
最判昭和 62・9・22 集民 151 号 685 頁 …………………………………………… 137
東京高決平成 5・6・23 高民 46 巻 2 号 43 頁 …………………………………… 118
東京高判平成 12・10・26 判タ 1094 号 242 頁 …………………………………… 192
最判平成 17・7・19 民集 59 巻 6 号 1783 頁 ……………………………………… 134
東京地判平成 19・6・27 判時 1978 号 27 頁 ………………… 60, 130, 134, 150, 158
東京地判平成 20・3・28 判例集未登載 …………………………………………… 280
最決平成 21・1・15 民集 63 巻 1 号 46 頁 ………………………………………… 21
最判平成 23・6・14 集民 237 号 21 頁 …………………………………………… 293
福岡地判平成 23・12・20 判例集未登載 ………………………………………… 130
東京地判平成 25・9・6 判例集未登載 …………………………………………… 130
東京地判平成 26・9・10 判例集未登載 ………………………………………… 130
東京高判平成 27・5・20 判例集未登載 ………………………………………… 130

個人情報保護法制
Legal System of Personal Information Protection

2019 年 9 月 10 日　初版第 1 刷発行

著　者	宇　賀　克　也
発行者	江　草　貞　治
発行所	株式会社　有　斐　閣

郵便番号 101-0051
東京都千代田区神田神保町 2-17
電話 (03) 3264-1314〔編集〕
(03) 3265-6811〔営業〕
http://www.yuhikaku.co.jp/

印刷・大日本法令印刷株式会社／製本・大口製本印刷株式会社
© 2019, UGA Katsuya. Printed in Japan
落丁・乱丁本はお取替えいたします。

★定価はカバーに表示してあります。

ISBN 978-4-641-22774-3

JCOPY　本書の無断複写 (コピー) は、著作権法上での例外を除き、禁じられています。複写される場合は、そのつど事前に (一社) 出版者著作権管理機構 (電話03-5244-5088, FAX03-5244-5089, e-mail：info@jcopy.or.jp) の許諾を得てください。

本書のコピー，スキャン，デジタル化等の無断複製は著作権法上での例外を除き禁じられています。本書を代行業者等の第三者に依頼してスキャンやデジタル化することは，たとえ個人や家庭内での利用でも著作権法違反です。